中1範囲の5科の力が実戦レベルまで伸びる問題集

contents

英語

数学

理科

社会

国語

※国語は、いちばん後ろから始まります。

高校入試問題の掲載について

- 問題の出題意図を損なわない範囲で、問題や写真の一部を変更・省略、また、解答形式を変更したところがあります。
- 問題指示文、表記、記号などは、全体の統一のために変更したところがあります。
- 解答・解説は、各都道府県発表の解答例をもとに、編集部が作成したものです。

本書の特長

中１範囲の５教科の力を、「基礎レベル問題」と「入試レベル問題」の２ステップで、入試レベルまで伸ばすことができます。くわしくてわかりやすい別冊解答つき。

本書の使い方

１項目は、「基礎レベル問題」と「入試レベル問題」の見開き２ページ構成です。

1 基礎レベル問題で、基本的な内容をまとめておさらいしましょう。

定期テストレベルの内容や重要用語を見直すのに適した問題を集めています。

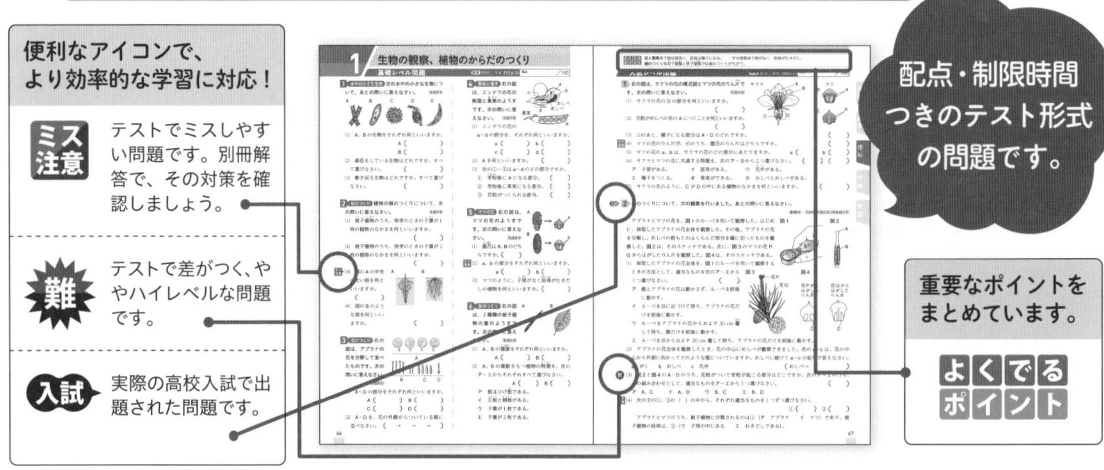

便利なアイコンで、より効率的な学習に対応！
ミス注意
テストでミスしやすい問題です。別冊解答で、その対策を確認しましょう。
難
テストで差がつく、ややハイレベルな問題です。
入試
実際の高校入試で出題された問題です。
1 生物の観察、植物のからだのつくり
基礎レベル問題
配点・制限時間つきのテスト形式の問題です。
重要なポイントをまとめています。
よくでるポイント

2 入試レベル問題で、高校入試に通用する得点力をつけましょう。

高校入試に出題されるようなレベルの高い問題を集めています。

3 答え合わせと見直しをしましょう。

問題を解いたら、答え合わせをしましょう。できなかった問題は、解説をよく読んでもう一度解き直すと、理解が定着し、弱点克服に役立ちます。

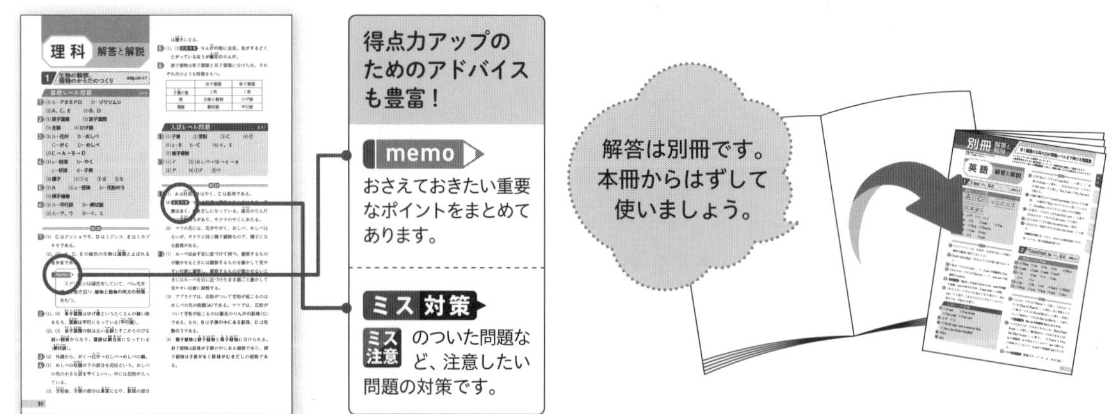

理科 解答と解説
得点力アップのためのアドバイスも豊富！
memo
おさえておきたい重要なポイントをまとめてあります。
ミス対策
ミス注意 のついた問題など、注意したい問題の対策です。
解答は別冊です。本冊からはずして使いましょう。
別冊
英語 解答と解説

英語

1 I am ～. など

基礎レベル問題

時間 30分　解答 別冊 p.1　得点　／100

1 アルファベット　アルファベットの順になるように、□に当てはまる文字を、大文字・小文字に注意して書きなさい。　5点×3

(1) □ B □ D

(2) q □ s □

(3) w □ □ z

2 あいさつ　次のあいさつに当たる英語を下から選んで、記号で答えなさい。　5点×4

(1) おはようございます。　(　　)

(2) 元気ですか。　(　　)

(3) さようなら。　(　　)

(4) はじめまして。　(　　)

ア	How are you?
イ	Nice to meet you.
ウ	Good morning.
エ	Goodbye.

3 「私は～です」　___に適する語を(　　)に書きなさい。　5点×4

(1) 私は前田みなみです。
I ___ Maeda Minami.
(　　)

(2) 私は東京出身です。
___ am from Tokyo.
(　　)

(3) 私はおなかがすいています。
I ___ hungry.
(　　)

(4) 私はテニスの選手です。
___ a tennis player.
(　　)

4 「あなたは～です」　___に適する語を(　　)に書きなさい。　5点×3

(1) あなたはジムです。
You ___ Jim.
(　　)

(2) あなたはカナダ出身です。
___ are from Canada.
(　　)

(3) あなたは野球のファンです。
___ a baseball fan.
(　　)

ミス注意 **5** 「私は～ではありません」　___に適する語を(　　)に書きなさい。　5点×3

(1) 私は12歳ではありません。
I am ___ twelve.
(　　)

(2) 私はサッカーの選手ではありません。
I ___ not a soccer player.
(　　)

(3) 私は大阪出身ではありません。
I'm ___ from Osaka.
(　　)

6 「あなたは～ですか」　___に適する語を(　　)に書きなさい。　5点×3

(1) あなたはリサですか。
― はい、そうです。
___ you Lisa?
― Yes, I am.
(　　)

(2) あなたは北海道出身ですか。
― はい、そうです。
Are you from Hokkaido?
― Yes, ___ am.
(　　)

(3) あなたは13歳ですか。
― いいえ、ちがいます。
Are you thirteen?
― No, I'm ___.
(　　)

入試レベル問題

時間 30分 解答 別冊 p.1 得点 ／100

1 (　)に適する語を書きなさい。 10点×4

(1) 私は小島健二です。 (　　)(　　) Kojima Kenji.

(2) 私は京都出身です。 (　　)(　　) Kyoto.

(3) あなたはAチームですか。 (　　)(　　) on Team A?

(4) [(3)に答えて]いいえ、ちがいます。 No, (　　)(　　).

2 次の絵のふきだしに合う英文を□から選んで、記号で答えなさい。 10点×2

(1)

(2)

(1) (　　)　(2) (　　)

ア Good morning.	イ I'm fine, thank you.	ウ Good afternoon.	エ Goodbye.

3 次の日本文を英語に直しなさい。 10点×2

(1) 私はサッカーのファンではありません。 サッカーのファン：a soccer fan

＿＿＿＿＿＿＿＿＿＿＿＿＿＿＿＿

(2) あなたは大阪(おおさか)出身ですか。

＿＿＿＿＿＿＿＿＿＿＿＿＿＿＿＿

入試 **4** 次の英文が、日本語と同じ意味になるように、□に入る最も適当な英語1語を語群から選んで書きなさい。 (北海道) 10点

□ to meet you.

はじめまして。

語群

Kind	First	Nice	Now

(　　)

入試 **5** 次の対話が成り立つように、□に入る適当な英語1語を書きなさい。ただし、□内の＿には記入例にならい、1文字ずつ書くものとする。 (北海道) 10点

記入例

b o o k

A : Takashi, [＿ ＿ ＿] you from Tokyo?

B : No, I'm from Hokkaido.

(　　)

2 This[He] is ～. など

基礎レベル問題

時間 30分　解答 別冊 p.1　得点　／100

1「これは～です」 ＿＿ に適する語を（　）に書きなさい。　4点×5

(1) これは私の自転車です。
＿＿ is my bike.
（　　　）

(2) あれは図書館です。
That ＿＿ a library.
（　　　）

(3) 彼はサムです。
He ＿＿ Sam.
（　　　）

(4) 彼女は私の友達です。
She ＿＿ my friend.
（　　　）

ミス注意 (5) 彼は東京出身です。
＿＿ from Tokyo.
（　　　）

2「これは～ではありません」 ＿＿ に適する語を（　）に書きなさい。　4点×4

(1) これは私のかばんではありません。
This is ＿＿ my bag.
（　　　）

(2) 彼はニックではありません。
He is ＿＿ Nick.
（　　　）

(3) あれは私たちの学校ではありません。
That's ＿＿ our school.
（　　　）

(4) 彼女は教師ではありません。
She ＿＿ a teacher.
（　　　）

3 a と an （　）に a か an を書きなさい。不要なら×を入れなさい。　4点×6

(1) This is（　　　）soccer ball.
ミス注意 (2) That is（　　　）apple tree.
(3) He is not（　　　）my father.
ミス注意 (4) That's（　　　）old hotel.
(5) She is（　　　）Lisa.
(6) That isn't（　　　）bookstore.

4「これは～ですか」 ＿＿ に適する語を（　）に書きなさい。　4点×5

(1) これはあなたの本ですか。
＿＿ this your book?
（　　　）

(2) 彼は医師ですか。
＿＿ he a doctor?
（　　　）

(3) あれはあなたの教室ですか。
― はい、そうです。
Is that your classroom?
― Yes, ＿＿ is.
（　　　）

(4) 彼女はカナダ出身ですか。
― いいえ、ちがいます。
Is she from Canada?
― No, she ＿＿.
（　　　）

(5) あれは何ですか。
― お寺です。
＿＿ is that?
― It's a temple.
（　　　）

5「彼らは～です」 ＿＿ に適する語を（　）に書きなさい。　4点×5

(1) 彼らは 20 歳です。
＿＿ are twenty years old.
（　　　）

(2) 私たちは奈良にいます。
We ＿＿ in Nara.
（　　　）

(3) 彼らは今日、ひまではありません。
They're ＿＿ free today.
（　　　）

(4) 私たちはアメリカ出身ではありません。
We're ＿＿ from America.
（　　　）

(5) 彼らは忙しいですか。― はい。
Are they busy? ― Yes, they ＿＿.
（　　　）

よくでるポイント 「これ[彼]は～です」▶ This [He] is ～.　「これ[彼]は～ではありません」▶ This [He] is not ～.
「これ[彼]は～ですか」▶ Is this [he] ～?　「彼らは～です」▶ They are ～.

入試レベル問題

時間 30分　解答 別冊 p.2　得点　／100

1 絵の内容に合う対話文を完成させなさい。　4点×7

(1)

A : (　　　)(　　　) a dog?
B : No, (　　　)(　　　). It's a cat.

A : あれは犬ですか？
B : いいえ、ちがいます。ねこです。

ミス注意 (2)

A : (　　　) this?
B : (　　　)(　　　) umbrella.

A : これは何ですか？
B : かさです。

2 次の日本文を英語に直しなさい。　8点×4

(1) あれは鳥ではありません。

____

(2) これはあなたのペンですか。

____

(3) こちらはジム(Jim)です。彼は私の弟です。

____

(4) 彼は上手なサッカー選手ですか。

____

入試 **3** 次の日本文の内容と合うように、英文中の(　　)内のア～ウからそれぞれ最も適しているものを1つずつ選び、記号で答えなさい。　(大阪府) 8点×4

(1) あなたの好きな歌は何ですか。
What (ア am　イ is　ウ are) your favorite song?　(　　)

(2) これらは彼のラケットです。
These (ア am　イ are　ウ is) his rackets.　(　　)

(3) あれらの教科書はあなたのものですか。
(ア Am　イ Is　ウ Are) those textbooks yours?　(　　)

(4) 机の上のあれらのノートは彼女のものです。　(大阪府・改)
Those notebooks on the desk (ア am　イ are　ウ is) hers.　(　　)

入試 **4** 次の対話文について、(　　)に入る最も適切なものをア～エから1つ選び、記号で答えなさい。　(沖縄県) 8点

A : Do you know the new students from America?
B : Yes. Sam and Andy (　　　) in my class.
ア be　イ am　ウ is　エ are　(　　)

3 I like ～.

基礎レベル問題

時間 30分　解答 別冊 p.2　得点　／100

1 「私は～が好きです」 ＿＿に適する語を（　　）に書きなさい。　4点×8

(1) 私は英語が好きです。
I ＿＿ English.
（　　　　）

(2) あなたはバスケットボールをします。
You ＿＿ basketball.
（　　　　）

(3) 私たちは横浜に住んでいます。
We ＿＿ in Yokohama.
（　　　　）

(4) 彼らは自転車で学校へ行きます。
They ＿＿ to school by bike.
（　　　　）

(5) 私はギターを弾きます。
I ＿＿ the guitar.
（　　　　）

(6) あなたにはお姉さんがいます。
You ＿＿ a sister.
（　　　　）

(7) 彼らは英語を話します。
They ＿＿ English.
（　　　　）

(8) 私たちは夕食後に勉強します。
We ＿＿ after dinner.
（　　　　）

2 「私は～が好きではありません」 ＿＿に適する語を（　　）に書きなさい。　3点×4

(1) 私はねこが好きではありません。
I ＿＿ like cats.
（　　　　）

(2) あなたは朝、テレビを見ません。
You ＿＿ watch TV in the morning.
（　　　　）

(3) 私たちは歩いて学校へ行きません。
We do ＿＿ walk to school.
（　　　　）

(4) 彼らは私の弟を知りません。
They ＿＿ not know my brother.
（　　　　）

3 名詞の複数形 次の語の複数形を書きなさい。　2点×8

(1) book（本） →（　　　　）
(2) dog（犬） →（　　　　）
(3) girl（女の子） →（　　　　）
(4) watch（腕時計） →（　　　　）
(5) dish（皿） →（　　　　）
(6) glass（コップ） →（　　　　）
(7) country（国） →（　　　　）
(8) family（家族） →（　　　　）

4 名詞の複数形 ＿＿に適する語を（　　）に書きなさい。　2点×5

(1) 私はペンを10本持っています。
I have ten ＿＿.
（　　　　）

(2) あなたにはお兄さんが2人います。
You have two ＿＿.
（　　　　）

(3) 私たちは毎週月曜日に授業が5つあります。
We have five ＿＿ on Mondays.
（　　　　）

(4) 私は箱が4つ必要です。
I need four ＿＿.
（　　　　）

ミス注意 (5) 彼らは毎年夏に2つの都市を訪れます。
They visit two ＿＿ every summer.
（　　　　）

5 数 次の数を英語で書きなさい。　3点×10

(1) 3（　　　　）
(2) 8（　　　　）
(3) 11（　　　　）
(4) 12（　　　　）
(5) 17（　　　　）
(6) 20（　　　　）
(7) 26（　　　　）
(8) 34（　　　　）
(9) 45（　　　　）
(10) 100（　　　　）

よくでるポイント 「私は～が好きです」▶ I like ～.　「私は～が好きではありません」▶ I don't like ～.
名詞の複数形▶基本は語の最後に(e)s。　＊ country → countries となる語もある。

入試レベル問題

時間 30分　解答 別冊 p.3　得点　／100

1 (　)に適する語を書きなさい。　5点×6

(1) 私は野球をします。　(　　)(　　) baseball.
(2) 私たちは火曜日に英語を勉強します。We (　　)(　　) on Tuesday.
ミス注意 (3) 彼らは犬が好きではありません。　They (　　)(　　) dogs.
(4) あなたは腕時計を2つ持っています。You (　　)(　　)(　　).
(5) 私は毎月、本を8冊読みます。　I (　　)(　　)(　　) every month.
(6) 私は7時に学校へ行きます。　I (　　)(　　) school at (　　).

2 日本文の意味を表す英文になるように、(　)内の語を並べかえなさい。　7点×5

(1) 私はピアノを弾きます。　(play / piano / I / the)

______

(2) 彼らは日本語を話しません。　(speak / they / Japanese / don't)

______

(3) 私たちはサッカーがとても好きです。　(very / we / soccer / much / like)

______

(4) 私はペンを12本持っています。　(pens / have / twelve / I)

______

(5) 私たちは夕食後にテレビを見ません。　(don't / TV / dinner / we / watch / after)

______

3 次の和也の自己紹介を読んで、その内容に合う英文を書きなさい。　7点×4

こんにちは、ぼくは和也です。
(1) 千葉(ちば)に住んでいます。
(2) ねこを3匹飼っています。
(3) 音楽が好きです。
(4) でも、英語の歌は知りません。

英語の歌：English songs

Hi, I'm Kazuya.

(1) ______

(2) ______

(3) ______

(4) But ______.

入試 **4** 次の日本文の内容と合うように、英文中の(　)内のア～ウから最も適しているものを1つ選び、記号で答えなさい。　(大阪府) 7点

私たちは毎日、私たちの教室をそうじします。
We (ア clean　イ close　ウ watch) our classroom every day.　(　　)

4 Do you ～?

基礎レベル問題

時間 30分　解答 別冊 p.3　得点　／100

1 「あなたは～しますか」 ＿＿に適する語を（　　）に書きなさい。　4点×5

(1) あなたはギターを弾きますか。
＿＿ you play the guitar?
（　　　　）

(2) あなたはこの歌を知っていますか。
＿＿ you know this song?
（　　　　）

(3) あなたは犬が好きですか。
— はい、好きです。
Do you like dogs? — Yes, I ＿＿.
（　　　　）

(4) あなたは朝、テレビを見ますか。
— いいえ、見ません。
Do you watch TV in the morning?
— No, I ＿＿.
（　　　　）

(5) あなたは野球をしますか。
— はい、します。
Do you play baseball? — Yes, I ＿＿.
（　　　　）

2 「あなたは何を～しますか」 ＿＿に適する語を（　　）に書きなさい。　5点×5

(1) あなたは水曜日に何を勉強しますか。
What ＿＿ you study on Wednesday?
（　　　　）

(2) あなたは朝食に何を食べますか。
＿＿ do you have for breakfast?
（　　　　）

ミス注意 (3) あなたは何の音楽(music)が好きですか。
＿＿ ＿＿ do you like?
（　　　　）（　　　　）

(4) あなたは毎週土曜日には何をしますか。
＿＿ do you do on Saturdays?
（　　　　）

(5) あなたは誕生日に何がほしいですか。
— 自転車がほしいです。
What do you want for your birthday?
— I ＿＿ a bike.
（　　　　）

3 「いくつの～」 ＿＿に適する語を（　　）に書きなさい。　5点×5

(1) あなたは鉛筆を何本持っていますか。
＿＿ ＿＿ pencils do you have?
（　　　　）（　　　　）

(2) あなたは兄弟が何人いますか。
＿＿ ＿＿ brothers do you have?
（　　　　）（　　　　）

(3) 彼らは車を何台持っていますか。
How many ＿＿ do they have?
（　　　　）

ミス注意 (4) あなたは腕時計をいくつ持っていますか。
How many ＿＿ do you have?
（　　　　）

(5) 彼らは何匹の犬を飼っていますか。
— ２匹の犬を飼っています。
How many dogs do they have?
— They have ＿＿ ＿＿.
（　　　　）（　　　　）

4 some と any **some** か **any** の適するほうを（　　）に書きなさい。　5点×6

(1) 私はペンを何本か持っています。
I have ＿＿ pens.
（　　　　）

(2) 私には兄弟が１人もいません。
I don't have ＿＿ brothers.
（　　　　）

(3) 私たちは箱がいくつか必要です。
We need ＿＿ boxes.
（　　　　）

(4) あなたはまんがを何冊か持っていますか。
Do you have ＿＿ comic books?
（　　　　）

(5) 私たちはペットを１匹も飼っていません。
We don't have ＿＿ pets.
（　　　　）

(6) あなたは鳥が(１羽でも)見えますか。
Do you see ＿＿ birds?
（　　　　）

入試レベル問題

時間 30分　解答 別冊 p.3　得点　／100

1 次の疑問文に対する適切な応答を□から選んで、書きなさい。 10点×4

(1) Do you know my brother? — ____________

(2) How many caps do you have? — ____________

(3) What do you study on Friday? — ____________

(4) What color do you like? — ____________

I like caps.	I study English and math.	No, I don't.
I like blue.	I have three caps.	Yes, I am.

2 次の対話文を読んで、あとの問題に答えなさい。 10点×3

A : Hi, Ken. Oh, you have a soccer ball.
①(あなたはサッカーをするの？)
B : ②(うん、するよ。) I play it every Sunday.
③(do / what / you / do) on Sundays?
A : I go to the library.

(1) ①②の(　　)の日本語を英語に直しなさい。

① ____________

② ____________

(2) ③の(　　)内の語を並べかえて、英文を完成させなさい。

____________ on Sundays?

入試 **3** 次の対話文を読んで、□に最も適するものを、それぞれア～エから１つずつ選び、記号で答えなさい。 (徳島県) 10点×2

(1) *A* : I like this singer. Do you know her name?
B : □
A : Her name is Takako. She is popular in Japan right now.
ア Yes, I do.　イ Yes, she is.　ウ No, I don't.　エ No, she is not.　(　　)

(2) *A* : Do you and your brother play baseball?
B : □ We play on the same team.
ア Yes, I do.　イ No, I don't.　ウ Yes, we do.　エ No, we don't.　(　　)

入試 **4** 次の対話が成り立つように、(　　)内の語を並べかえて、英文を完成させなさい。(富山県・改) 10点

A : May I help you?
B : Well, (any / bags / do / for / have / my / you) sister?
A : Yes, we do. This one is very popular among young girls.

(注)May I help you?：いらっしゃいませ[お手伝いしましょうか]。

Well, ____________ sister?

英語　数学　理科　社会　国語

5 I can ～.

基礎レベル問題

時間 30分　解答 別冊 p.4　得点 ／100

1 「～できます」 ___ に適する語を(　　)に書きなさい。　4点×6

(1) 私はギターを弾くことができます。
I ___ play the guitar.
(　　　　)

(2) 真美は上手にスケートをすることができます。
Mami ___ skate well.
(　　　　)

(3) 私はカレーを作ることができます。
I ___ ___ curry.
(　　　　)(　　　　)

(4) ケンはスキーをすることができます。
Ken ___ ___.
(　　　　)(　　　　)

(5) リサは日本語が上手に話せます。
Lisa ___ ___ Japanese well.
(　　　　)(　　　　)

(6) 私の犬は速く走ることができます。
My dog ___ ___ fast.
(　　　　)(　　　　)

2 「～できません」 ___ に適する語を(　　)に書きなさい。　4点×5

(1) 私はスペイン語を読むことができません。
I ___ read Spanish.
(　　　　)

(2) あなたたちはここで自転車に乗ることはできません。
You ___ ride bikes here.
(　　　　)

(3) 私はフルートを吹くことができません。
I ___ ___ the flute.
(　　　　)(　　　　)

(4) 私の妹は速く泳げません。
My sister ___ ___ fast.
(　　　　)(　　　　)

(5) スミスさんは日本食を作ることができません。
Mr. Smith ___ ___ Japanese food.
(　　　　)(　　　　)

3 「～できますか」 ___ に適する語を(　　)に書きなさい。　5点×8

(1) あなたはバスケットボールができますか。
___ you play basketball?
(　　　　)

(2) マイクは卵を食べられますか。
___ Mike eat eggs?
(　　　　)

(3) あなたはこの漢字が読めますか。
___ you ___ this *kanji*?
(　　　　), (　　　　)

(4) [(3)に答えて]はい、読めます。
Yes, ___ ___.
(　　　　)(　　　　)

(5) あなたの弟はスケートができますか。
___ your brother ___?
(　　　　), (　　　　)

(6) [(5)に答えて]いいえ、できません。
No, ___ ___.
(　　　　)(　　　　)

(7) あなたはいくつの言語を話せますか。
How many languages ___ you ___?
(　　　　), (　　　　)

(8) 彼女は何を上手に料理できますか。
___ ___ she cook well?
(　　　　)(　　　　)

4 「～してもいいですか」など ___ に適する語を(　　)に書きなさい。　4点×4

(1) あなたのペンを使ってもいいですか。
___ ___ use your pen?
(　　　　)(　　　　)

(2) ドアを開けてくれますか。
___ ___ open the door?
(　　　　)(　　　　)

(3) これを食べてもいい？ — いいよ。
___ ___ have this? — Sure.
(　　　　)(　　　　)

(4) 手伝ってくれる？— いいよ。
___ ___ help me? — OK.
(　　　　)(　　　　)

よくでるポイント 「～できます」▶ can ～　「～できません」▶ can't[cannot] ～　「あなたは～できますか」▶ Can you ～?
「～してもいいですか」(許可) ▶ Can I ～?　「～してくれますか」(依頼) ▶ Can you ～?

入試レベル問題

時間 30分　解答 別冊 p.4　得点 ／100

1 次の英文への応答として適切なものを[　　]内から選んで、記号を○で囲みなさい。　10点×3

(1) Can you play tennis? — [ア No, I don't.　イ Yes, I can.　ウ Yes, I am.]

(2) Can I read your letter? — [ア Yes, you are.　イ OK.　ウ Thank you.]

(3) Can you help me? — [ア Sure.　イ No, you can't.　ウ Yes, please.]

2 次の日本文を英語に直しなさい。　10点×5

(1) 私の妹は上手にピアノを弾くことができます。

＿＿＿＿＿＿＿＿＿＿＿＿＿＿＿＿＿＿＿＿

(2) 私は今日、図書館へ行くことができません。

＿＿＿＿＿＿＿＿＿＿＿＿＿＿＿＿＿＿ today.

(3) 窓を閉めてくれますか。

＿＿＿＿＿＿＿＿＿＿＿＿＿＿＿＿＿＿＿＿

(4) 彼はどんなスポーツをすることができますか。

＿＿＿＿＿＿＿＿＿＿＿＿＿＿＿＿＿＿＿＿

(5) あなたは何本の木を見ることができますか。

＿＿＿＿＿＿＿＿＿＿＿＿＿＿＿＿＿＿＿＿

入試 **3** 次の絵の場面に合うように、□に入る適当な英語１語を書きなさい。　(北海道・改)　10点

You □ eat here.　(　　　)

入試 **4** 次の絵は、愛子(**Aiko**)がオーストラリアでホームステイをするメアリー(**Mary**)の家を初めて訪問した時の様子である。対話が成り立つように、(　　)の語を使って、英語を書きなさい。ただし３語以上の英語で表現し、大文字にする必要がある文字は大文字にすること。　(長崎県)　10点

Aiko : You have many books.
Mary : Yes.　I love books.
Aiko : Oh, is this book difficult?
Mary : No.　You can try.
Aiko : (borrow)?
Mary : Of course.

＿＿＿＿＿＿＿＿＿＿＿＿＿＿＿＿＿＿?

英語　数学　理科　社会　国語

6 命令文

基礎レベル問題

時間 30分　解答 別冊 p.5　得点　／100

1 「～しなさい」 次の英文を「～しなさい」という文に書きかえるとき、＿＿に適する語を（　）に書きなさい。 3点×4

(1) You open your book.
＿＿ your book.
（　　　）

(2) You study English hard.
＿＿ English hard.
（　　　）

ミス注意 (3) You are quiet.
＿＿ quiet.
（　　　）

ミス注意 (4) You are kind to your friends.
＿＿ kind to your friends.
（　　　）

2 「～しなさい」 ＿＿に適する語を（　）に書きなさい。 4点×7

(1) 顔を洗いなさい。
＿＿ your face.
（　　　）

(2) 英語で話しなさい。
＿＿ in English.
（　　　）

(3) こちらへ来なさい、ジム。
＿＿ here, Jim.
（　　　）

(4) 美幸、すわりなさい。
Miyuki, ＿＿ down.
（　　　）

(5) 私のペンを使って。
＿＿ my pen.
（　　　）

ミス注意 (6) 気をつけなさい。
＿＿ careful.
（　　　）

(7) 窓を開けてください。
＿＿ open the window.
（　　　）

3 「～してはいけません」 ＿＿に適する語を（　）に書きなさい。 5点×7

(1) この部屋を使ってはいけません。
＿＿ ＿＿ this room.
（　　　）（　　　）

(2) ここでサッカーをしてはいけません。
＿＿ ＿＿ soccer here.
（　　　）（　　　）

(3) この川で泳いではいけません。
＿＿ ＿＿ in this river.
（　　　）（　　　）

(4) 日本語を話してはいけません。
＿＿ ＿＿ Japanese.
（　　　）（　　　）

ミス注意 (5) 遅れてはいけません。
＿＿ ＿＿ late.
（　　　）（　　　）

ミス注意 (6) ドアを閉めないでください。
＿＿ ＿＿ close the door.
（　　　）（　　　）

ミス注意 (7) ここで写真を撮らないでください。
＿＿ take pictures here, ＿＿.
（　　　），（　　　）

4 「～しましょう」 ＿＿に適する語を（　）に書きなさい。 5点×5

(1) バレーボールをしましょう。
＿＿ ＿＿ volleyball.
（　　　）（　　　）

(2) 公園へ行きましょう。
＿＿ ＿＿ to the park.
（　　　）（　　　）

(3) テレビを見ましょう。
＿＿ ＿＿ TV.
（　　　）（　　　）

(4) 英語を勉強しましょう。
＿＿ ＿＿ English.
（　　　）（　　　）

(5) 夕食を食べましょう。
＿＿ ＿＿ dinner.
（　　　）（　　　）

入試レベル問題

時間 30分　解答 別冊 p.5　得点　／100

英語　数学　理科　社会　国語

1 次の絵のふきだしに合う英文を□から選んで、記号で答えなさい。　10点×3

(1)（　　）　(2)（　　）　(3)（　　）

ア　Let's have lunch.
イ　Please run fast.
ウ　Don't run here.
エ　Use this umbrella.
オ　Don't use this umbrella.

2 次のようなとき英語でどのようにいうか、英文を書きなさい。　10点×4

(1)　クッキーを食べようとする弟に「手を洗いなさい」というとき。

____

(2)　友達を誘って「いっしょにバスケットボールをしましょう」というとき。

____

(3)　少し離れたところにいる友達に「こっちへ来て」というとき。

____

(4)　遊泳禁止の湖で泳いでいる人に、ライフガードが「ここで泳いではいけません」というとき。

____

入試 **3** 次の日本文の内容と合うように、英文中の（　　）内のア～ウから最も適しているものを１つ選び、記号で答えなさい。　（大阪府）10点

そのカードにあなたの名前を書いてください。
Please (ア read　イ touch　ウ write) your name on the card.　（　　）

入試 **4** 次の絵の場面に合うように、□に入る適当な英語１語を書きなさい。　（北海道・改）10点

Please □ quiet here.　（　　）

入試 **5** 次の①、②は、大学生のタクヤ(**Takuya**)が、友人のロドリゴ(**Rodrigo**)とアメリカに旅行した時の出来事を描いたイラストである。②の場面で、タクヤは何といったと思いますか。話の流れをふまえ、□に入る言葉を英語で書きなさい。ただし、語の数は10語程度(. , ? ! などの符号は語数に含まない)とすること。　（千葉県・改）10点

①

HOTEL
Takuya
Rodrigo

②

I'm so hungry.
That's a good idea!

____

7 He likes ～.

基礎レベル問題

時間 30分　解答 別冊 p.5　得点　／100

ミス注意 1 主語による動詞の形のちがい 主語に注意して、___に適する語を(　　)に書きなさい。

4点×6

(1) 私は野球が好きです。
I ___ baseball.
(　　　　)

(2) 彼は野球が好きです。
He ___ baseball.
(　　　　)

(3) あなたはピアノを弾きます。
You ___ the piano.
(　　　　)

(4) 彼女はピアノを弾きます。
She ___ the piano.
(　　　　)

(5) 彼女たちは歩いて学校へ行きます。
They ___ to school.
(　　　　)

(6) 私の姉は歩いて学校へ行きます。
My sister ___ to school.
(　　　　)

2 「彼は～しません」 ___に適する語を(　　)に書きなさい。

5点×4

(1) 彼はギターを弾きません。
He ___ play the guitar.
(　　　　)

(2) 私の母はまんがを読みません。
My mother doesn't ___ comic books.
(　　　　)

(3) グリーンさんは神戸に住んでいません。
Ms. Green ___ ___ in Kobe.
(　　　　)(　　　　)

(4) 由美は私の兄を知りません。
Yumi ___ ___ my brother.
(　　　　)(　　　　)

3 「彼は～しますか」 ___に適する語を(　　)に書きなさい。

6点×6

(1) 彼はコーヒーを飲みますか。
___ he drink coffee?
(　　　　)

(2) ケイトはテニスをしますか。
___ Kate play tennis?
(　　　　)

(3) あなたのお父さんは犬が好きですか。
___ your father ___ dogs?
(　　　　), (　　　　)

(4) 麻衣子はピアノを弾きますか。
___ Maiko ___ the piano?
(　　　　), (　　　　)

(5) 小田先生はコンピューターを使いますか。
— はい、使います。
Does Ms. Oda use a computer?
— Yes, she ___.
(　　　　)

(6) ビルはねこを飼っていますか。
— いいえ、飼っていません。
Does Bill have a cat?
— No, he ___.
(　　　　)

4 注意すべき3人称単数現在形(3単現) (　　)の語を適する形にかえて、(　　)に書きなさい。

4点×5

(1) He (watch) TV every day.
(　　　　)

(2) She (go) to school by bike.
(　　　　)

(3) Yuri sometimes (wash) the dishes.
(　　　　)

(4) My brother (study) English every day.
(　　　　)

ミス注意 (5) Kenji (have) two dogs.
(　　　　)

入試レベル問題

時間 30分　解答 別冊 p.6　得点　／100

1 次の絵のふきだしを読み、その内容に合う英文を書きなさい。　10点×3

こちらはブラウン先生です。 (1) 彼女は横浜(よこはま)に住んでいます。
(2) 英語を教えています。 (3) 日本語を話します。

This is Ms. Brown.

(1) ______________________

(2) ______________________

(3) ______________________

2 次の対話文を読んで、あとの問題に答えなさい。　(1)(3) 15点、(2) 10点

A : My brother likes baseball.
B : Nice!　I like baseball, too.　①(he / baseball / does / play)?
A : ② No, [　　　]. 　③ He watches baseball games on TV.

(1) ①の(　　)の語を並べかえて「彼は野球をしますか。」という文を完成させなさい。

______________________?

(2) 下線部②の[　　]に適する語句を入れて、英文を完成させなさい。
No, ______________.

(3) 下線部③の英文を否定文に書きかえなさい。

____

入試 **3** 次の対話が成り立つように、(　　)内の語(句)を並べかえて、英文を完成させなさい。(富山県)　15点

A : How many classes does your school have in a day?
B : We usually have six classes.
A : (begin / does / time / what / your school)?
B : At 8:15.

______________________?

入試 **4** 次の絵は、愛子(**Aiko**)がオーストラリアでホームステイをするメアリー(**Mary**)の家を初めて訪問した時の様子である。対話が成り立つように、(　　)の語句を使って、英語を書きなさい。ただし、3語以上の英語で表現し、大文字にする必要がある文字は大文字にすること。　(長崎県)　15点

Mary : We spend a lot of time in this room.
Aiko : Wow, do you play the piano?
Mary : No.　(my brother).

______________________.

8 曜日、時刻など

基礎レベル問題

時間 30分　解答 別冊 p.6　得点 ／100

1 「何時ですか」 ___ に適する語を(　)に書きなさい。 4点×9

(1) 何時ですか。
___ ___ is it?
(　　)(　　)

(2) 何時ですか。— 3時15分です。
What time is it? — It's ___ ___.
(　　)(　　)

(3) 何時ですか。— 11時30分です。
What time is it? — It's ___ ___.
(　　)(　　)

ミス注意 (4) 何時ですか。— 4時です。
What time is it? — It's ___.
(　　)

ミス注意 (5) 何時ですか。— 8時です。
What time is it? — It's ___ ___.
(　　)(　　)

(6) 何時ですか。— 12時40分です。
What time is it? — ___ twelve forty.
(　　)

(7) 何時ですか。— 2時です。
What time is it? — ___ ___.
(　　)(　　)

(8) あなたは何時に起きますか。
___ ___ do you get up?
(　　)(　　)

(9) [(8)に答えて] 7時に起きます。
I get up ___ ___.
(　　)(　　)

2 曜日 次の日本語を英語で書きなさい。 3点×7

(1) 日曜日 (　　)
(2) 月曜日 (　　)
(3) 火曜日 (　　)
(4) 水曜日 (　　)
(5) 木曜日 (　　)
(6) 金曜日 (　　)
(7) 土曜日 (　　)

3 「何曜日ですか」 ___ に適する語を(　)に書きなさい。 3点×3

(1) 今日は何曜日ですか。
___ ___ is it today?
(　　)(　　)

(2) 今日は何曜日ですか。— 月曜日です。
What day is it today? — ___ Monday.
(　　)

(3) 今日は何曜日ですか。— 土曜日です。
What day is it today? — It's ___.
(　　)

4 月 次の日本語を英語で書きなさい。 2点×7

(1) 1月 (　　)
(2) 3月 (　　)
(3) 4月 (　　)
(4) 7月 (　　)
(5) 8月 (　　)
(6) 11月 (　　)
(7) 12月 (　　)

5 序数 次の日本語を英語で書きなさい。 2点×7

(1) 1番目 (　　)
(2) 2番目 (　　)
(3) 5番目 (　　)
(4) 12番目 (　　)
(5) 20番目 (　　)
(6) 23番目 (　　)
(7) 31番目 (　　)

6 「何月何日ですか」 ___ に適する語を(　)に書きなさい。 3点×2

(1) 今日は何月何日ですか。
What's the ___ today?
(　　)

(2) 今日は何月何日ですか。
— 2月10日です。
What's the date today? — It's ___ 10.
(　　)

よくでるポイント 「何時ですか」▶ What time is it?　時刻の表し方▶〈時＋分〉の順に数をいう。
「今日は何曜日ですか」▶ What day is it today?　日付の表し方▶〈月＋日にち〉の順にいう。

入試レベル問題

時間 30分　解答 別冊 p.7　得点　／100

1 それぞれ順番どおりに並ぶように、(　　)に適する語を書きなさい。　3点×10

(1) Sunday →（　　　　）→ Tuesday → Wednesday →（　　　　）
(2) January →（　　　　）→ March →（　　　　）→ May
(3) June →（　　　　）→ August → September →（　　　　）
(4) fifth →（　　　　）→ seventh →（　　　　）→ ninth
(5) eleventh →（　　　　）→（　　　　）→ fourteenth

2 次の疑問文に対する適切な応答を□から選んで、記号で答えなさい。　3点×3

(1) What day is it today? —（　　）
(2) What time is it? —（　　）
(3) What's the date today? —（　　）

ア It's May 30.	イ I'm thirteen.
ウ It's one fifty.	エ It's Friday.

3 日本文の意味を表す英文になるように、(　　)内の語を並べかえなさい。　6点×3

(1) 私は6時30分に起きます。　(six / get / at / I / thirty / up)

(2) 私たちは火曜日にサッカーをします。　(soccer / Tuesday / we / on / play)

(3) 私の誕生日は6月30日です。　(is / thirtieth / birthday / June / my)

4 次の日本文を英語に直しなさい。ただし、数字も英語でつづること。　7点×4

(1) 何時ですか。

難 (2) あなたはふつう何時に寝ますか。

(3) 今日は9月3日です。

ミス注意 (4) ユミは水曜日に英語を勉強します。

5 次の対話文を読んで、あとの問題に答えなさい。　(1)6点、(2)5点、(3)4点

A : Is it November 20 today?
B : No.　①(11月21日だよ。)
A : Thanks.　② What day is it today?
B : It's Saturday.
A : So tomorrow is [　③　].　(注)so：それでは　tomorrow：明日

(1) ①の(　　)の日本語を英語に直しなさい。ただし数字も英語でつづること。

(2) 下線部②の英文の意味を書きなさい。

(3) [　③　]に適する曜日を書きなさい。

9 How ～? など

基礎レベル問題

時間 30分 解答 別冊 p.7 得点 ／100

1 「どう」「どのように(して)」 ＿＿に適する語を（　）に書きなさい。 4点×3

(1) お元気ですか。
＿＿ ＿＿ you?
（　　　）（　　　）

(2) あなたは学校へどのようにして来ますか。
＿＿ ＿＿ you come to school?
（　　　）（　　　）

(3) [(2)に答えて]自転車で来ます。
I come ＿＿ bike.　（　　　）

2 「何歳」「いくら」 ＿＿に適する語を（　）に書きなさい。数字も英語でつづること。 5点×4

(1) あなたは何歳ですか。
＿＿ ＿＿ are you?
（　　　）（　　　）

(2) [(1)に答えて]13歳です。
I'm ＿＿.　（　　　）

(3) このかばんはいくらですか。
＿＿ ＿＿ is this bag?
（　　　）（　　　）

(4) [(3)に答えて]4,000円です。
＿＿ 4,000 yen.　（　　　）

3 その他の How ～? ＿＿に適する語句を下から選んで、（　）に書きなさい。 5点×4

(1) この授業はどのくらいの長さですか。
＿＿＿＿ is this class?
（　　　）

(2) あなたの身長はどのくらいですか。
＿＿＿＿ are you?
（　　　）

(3) 駅はどのくらい遠いですか。
＿＿＿＿ is the station?
（　　　）

(4) あなたはまんがを何冊持っていますか。
＿＿＿＿ comic books do you have?
（　　　）

How far	How tall
How many	How long

4 「だれ」「どこ」 ＿＿に適する語を（　）に書きなさい。 4点×6

(1) ブラウンさんとはだれですか。
＿＿ ＿＿ Ms. Brown?
（　　　）（　　　）

(2) [(1)に答えて]彼女は私の英語の先生です。
＿＿ my English teacher.
（　　　）

(3) 私のノートはどこですか。
＿＿ ＿＿ my notebook?
（　　　）（　　　）

(4) [(3)に答えて]あの机の上です。
It's ＿＿ that desk.
（　　　）

(5) あなたはどこに住んでいますか。
＿＿ ＿＿ you live?
（　　　）（　　　）

(6) [(5)に答えて]大阪に住んでいます。
I ＿＿ ＿＿ Osaka.
（　　　）（　　　）

5 「いつ」「どちら」「なぜ」 ＿＿に適する語を（　）に書きなさい。 4点×6

(1) あなたはいつサッカーをするのですか。
＿＿ ＿＿ you play soccer?
（　　　）（　　　）

(2) [(1)に答えて]土曜日にします。
I play it ＿＿ ＿＿.
（　　　）（　　　）

(3) どちらがあなたのかさですか。
＿＿ is your umbrella?
（　　　）

(4) あなたはどちらの本がほしいのですか。
＿＿ ＿＿ do you want?
（　　　）（　　　）

(5) あなたはなぜ夏が好きなのですか。
＿＿ ＿＿ you like summer?
（　　　）（　　　）

ミス注意 (6) なぜ真理はおこっているのですか。
＿＿ ＿＿ Mari angry?
（　　　）（　　　）

入試レベル問題

時間 30分　解答 別冊 p.7　得点 ／100

1 次の疑問文に対する適切な応答を□から選んで、記号で答えなさい。 7点×6

(1) When is the party? —(　　)
(2) How old are you? —(　　)
(3) How much is this? —(　　)
(4) How long is lunch time? —(　　)
(5) Where's my racket? —(　　)
(6) How do you go to the library? —(　　)

ア	It's 45 minutes.	イ	I'm twelve.
ウ	It's 1,000 yen.	エ	It's on Sunday.
オ	I go there by bus.		
カ	It's under the desk.		

2 次の対話文を読んで、あとの問題に答えなさい。 (1)(2) 10点、(3) 8点

A : Paul, do you know Jun?
B : No. ①(ジュンってだれ?)
A : He's a popular actor. He lives near my house.
B : Wow! ②(you / where / live / do)?
A : I live in Yokohama. I like him.
B : [③]?
A : Because his drama is very interesting.

(注)popular : 人気のある　actor : 俳優　drama : ドラマ

(1) ①の(　)の日本語を英語に直しなさい。

____

(2) ②の(　)内の語を並べかえて、英文を完成させなさい。

____________________?

(3) [③]に当てはまる1語を書きなさい。 ________

入試 **3** 次の文の(　)の中に入れるのに最も適するものを、あとのア~エの中から1つ選び、記号で答えなさい。 (神奈川県) 10点

(　　　) do you have for breakfast, rice or bread?　(注)bread : パン

ア When　イ Which　ウ Why　エ How　(　　)

入試 **4** 次の(　)内の語句を並べかえて、英文を完成させなさい。 (岩手県) 10点

A : It's cold in Iwate today.
B : Is it snowy there?
A : Yes, a little. (the weather / is / how) in Tokyo today?
B : It's cloudy but warm.

____________________ in Tokyo today?

入試 **5** 次の対話文について、(　)内の語を正しく並べかえて意味が通る文を完成させ、その並べかえた順に記号をすべて書きなさい。 (沖縄県) 10点

A : Excuse me. (ア I　イ can　ウ many　エ books　オ how) borrow here?
B : Five. You can keep them for two weeks.
A : Thank you very much.　(　→　→　→　→　)

10 代名詞

基礎レベル問題

時間 30分　解答 別冊 p.8　得点　／100

1 「〜は」 ___に適する語を(　　)に書きなさい。　4点×5

(1) あなたはロンドン出身ですか。
Are ___ from London?
(　　　)

(2) 彼はバスケットボールをします。
___ plays basketball.
(　　　)

(3) 私たちは中国語を話しません。
___ don't speak Chinese.
(　　　)

(4) 彼らはサッカーの選手です。
___ are soccer players.
(　　　)

(5) 彼女はどこに住んでいますか。
Where does ___ live?
(　　　)

2 「〜の」 ___に適する語を(　　)に書きなさい。　5点×6

(1) 私の父は料理をします。
___ father cooks.
(　　　)

(2) 私は彼女の弟を知っています。
I know ___ brother.
(　　　)

(3) あれは私たちの学校です。
That's ___ school.
(　　　)

(4) 私たちは彼女たちの歌が好きです。
We like ___ songs.
(　　　)

(5) あなたたちの犬はテーブルの下にいます。
___ dog is under the table.
(　　　)

(6) さくら公園はその庭で有名です。
Sakura Park is famous for ___ garden.
(　　　)

3 「〜を」 ___に適する語を(　　)に書きなさい。　5点×6

(1) 私は彼を知りません。
I don't know ___.
(　　　)

(2) あちらは森先生です。私は彼女が好きです。
That's Ms. Mori.　I like ___.
(　　　)

(3) 私は彼女たちと学校に行きます。
I go to school with ___.
(　　　)

(4) 私たちのためにピアノを弾いてください。
Please play the piano for ___.
(　　　)

(5) グリーンさんは私を知りません。
Mr. Green doesn't know ___.
(　　　)

(6) あなたのご両親はあなたを愛しています。
Your parents love ___.
(　　　)

4 「〜のもの」 ___に適する語を(　　)に書きなさい。　4点×5

(1) このノートは私のものです。
This notebook is ___.
(　　　)

(2) どちらのペンがあなたのものですか。
Which pen is ___?
(　　　)

(3) このコンピューターは私たちのものです。
This computer is ___.
(　　　)

(4) これはだれのかばんですか。
___ bag is this?
(　　　)

(5) [(4)に答えて]彼女のものです。
It's ___.
(　　　)

よくでるポイント 「私たちの」▶ our 「彼らの」▶ their 「彼を」▶ him 「彼女を」▶ her
「私のもの」▶ mine 「あなたのもの」▶ yours 「私たちを」▶ us 「彼らを」▶ them

入試レベル問題

時間 30分 解答 別冊 p.8 得点 ／100

1 次の日本文を英語に直しなさい。 10点×3

(1) 私たちの兄は、彼女のことが好きです。

____

(2) 私たちを手伝ってください。 手伝う、助ける：help

____

(3) あなたたちは、彼らといっしょに野球をしますか。

____

2 ジェニーと由美が雑誌を見て話しています。次の対話文を読んで、あとの問題に答えなさい。 10点×4

Jenny : Look. He's cool!
Yumi : I know ①(he). He's a writer.
Jenny : Really? Are ②(he) books popular?
Yumi : Yes. He has a sister, and she's also a writer.
Jenny : Wow. Do you have ③(they) books?
Yumi : Yes, I have some. ④ The books are interesting.

(注)cool：かっこいい writer：作家 popular：人気のある

(1) ①～③の( )の語を、それぞれ適切な形にかえなさい。
① ________ ② ________ ③ ________

(2) 下線部④の語句を適切な代名詞にかえなさい。 ________

入試 **3** ( )に当てはまる最も適切な英語を、下のア～エから１つ選び、記号で答えなさい。(長野県・改)

〈公園での会話〉 10点

Mike : I found this soccer ball over there. Is this yours?
Kei : Yes, it's ( ). We finished playing soccer an hour ago. Thank you.

ア me イ her ウ ours エ their (注)finished playing ～：～をし終えた ( )

入試 **4** 次の対話が完成するように、( )の中の語を適切な形にして書きなさい。 (山口県) 10点

A : Do you know about this man?
B : Yes, he is a musician. I know some of (he) songs. ( )

入試 **5** 次の絵は、愛子(**Aiko**)がオーストラリアでホームステイをするメアリー(**Mary**)の家を初めて訪問した時の様子である。対話が成り立つように、( )の語を使って、英語を書きなさい。ただし、3語以上の英語で表現し、大文字にする必要がある文字は大文字にすること。 (長崎県) 10点

Aiko : Do you play tennis?
Mary : No, I don't.
Aiko : (racket)?
Mary : This is my sister's. She likes tennis.

______________________________?

11 現在進行形

基礎レベル問題

時間 30分　解答 別冊 p.9　得点　／100

1 「〜しています」 ＿＿に適する語を（　）に書きなさい。 4点×6

(1) 私はテレビを見ています。
I'm ＿＿ TV.
（　　　）

(2) 彼女はテニスをしています。
She's ＿＿ tennis.
（　　　）

(3) 兄は英語の本を読んでいます。
My brother ＿＿ ＿＿ an English book.
（　　　）（　　　）

ミス注意 (4) 私は手紙を書いています。
I ＿＿ ＿＿ a letter.
（　　　）（　　　）

ミス注意 (5) 彼らはこの部屋を使っています。
They ＿＿ ＿＿ this room.
（　　　）（　　　）

ミス注意 (6) ケンは公園を走っています。
Ken ＿＿ ＿＿ in the park.
（　　　）（　　　）

2 「〜していません」 ＿＿に適する語を（　）に書きなさい。 4点×5

(1) 私はピアノを弾いていません。
I'm ＿＿ ＿＿ the piano.
（　　　）（　　　）

(2) 彼は音楽を聞いてはいません。
He's ＿＿ ＿＿ to music.
（　　　）（　　　）

(3) 真美は料理をしているのではありません。
Mami ＿＿ ＿＿.
（　　　）（　　　）

(4) 私たちはランチを食べているのではありません。
We ＿＿ ＿＿ lunch.
（　　　）（　　　）

ミス注意 (5) 兄は川で泳いでいるのではありません。
My brother ＿＿ ＿＿ in the river.
（　　　）（　　　）

3 「〜していますか」 ＿＿に適する語を（　）に書きなさい。 5点×8

(1) あなたはあの鳥を見ているのですか。
＿＿ you ＿＿ at that bird?
（　　　），（　　　）

(2) 彼女はお皿を洗っているのですか。
＿＿ she ＿＿ the dishes?
（　　　），（　　　）

(3) あなたは勉強しているのですか。
＿＿ you ＿＿?
（　　　），（　　　）

(4) [(3)に答えて]はい、そうです。
Yes, ＿＿ ＿＿.
（　　　）（　　　）

(5) あなたの弟さんは眠っているのですか。
＿＿ your brother ＿＿?
（　　　），（　　　）

(6) [(5)に答えて]いいえ、ちがいます。
No, ＿＿ ＿＿.
（　　　）（　　　）

(7) 彼らはテレビゲームをしているのですか。
＿＿ they ＿＿ video games?
（　　　），（　　　）

(8) [(7)に答えて]はい、そうです。
Yes, ＿＿ ＿＿.
（　　　）（　　　）

4 「何をしていますか」 ＿＿に適する語を（　）に書きなさい。 4点×4

(1) あなたは何をしているのですか。
＿＿ are you ＿＿?
（　　　），（　　　）

(2) [(1)に答えて]勇太を待っています。
＿＿ ＿＿ for Yuta.
（　　　）（　　　）

(3) 彼は何をしているのですか。
＿＿ is he ＿＿?
（　　　），（　　　）

(4) あなたは何を勉強しているのですか。
＿＿ ＿＿ you studying?
（　　　）（　　　）

よくでるポイント 「〜しています」▶〈be 動詞＋動詞の ing 形〉。否定文は be 動詞のあとに not。疑問文は be 動詞で文を始める。
ing 形▶ふつうは最後に ing。e で終わる語 → e をとって ing。run・swim など → 最後の１字を重ねて ing。

入試レベル問題

時間 30分　解答 別冊 p.9　得点　／100

1 次の疑問文に対する適切な応答を□から選んで、記号で答えなさい。　8点×3

(1) Is she writing a letter? —(　　)
(2) Are you looking at that girl? —(　　)
(3) What is she doing? —(　　)

ア No, I'm not.　イ Yes, I do.
ウ Yes, she is.　エ She's studying.

2 次の日本文を英語に直しなさい。　10点×3

(1) 私は音楽を聞いています。

______

(2) ケビン(Kevin)はプールで泳いでいるのではありません。　プール：the pool

______

(3) だれがピアノを弾いているのですか。

______

3 絵の内容について、次の問いに英語で答えなさい。　10点×2

(1) Is Taro playing the guitar?

______

(2) What are Lisa and Ken doing?

______

入試 **4** 次の英文が、日本語と同じ意味になるように、(　)内の語を並べかえて書きなさい。(北海道) 8点

彼は、今、クラスメートと野球をしています。

He is (with / playing / baseball) his classmates now.

He is ______ his classmates now.

入試 **5** 次の対話文を読んで、□に最も適するものを、ア〜エから１つ選び、記号で答えなさい。

(徳島県・改) 8点

A : Are you using your dictionary now?
B : □　You can use it.
A : Oh, thank you.　I forgot mine at home.　(注)forgot：忘れた

ア Yes, I am.　イ Yes, I can.　ウ No, I'm not.　エ No, I can't.　(　　)

入試 **6** 春樹(Haruki)と留学生のアン(Ann)が話をしています。場面に合う対話になるように3語以上の英語を書きなさい。

(富山県・改) 10点

①What are you doing, Haruki?
②(　　　　　　　).
③Oh, I saw it in the *gym. Let's go there.

______

*gym：体育館

12 一般動詞の過去の文

基礎レベル問題

時間 30分　解答 別冊 p.10　得点　／100

1 一般動詞の過去形・規則動詞　次の動詞の過去形を書きなさい。　2点×7

(1) play → (　　　)
(2) watch → (　　　)
(3) live → (　　　)
(4) use → (　　　)
(5) like → (　　　)
(6) study → (　　　)
(7) try → (　　　)

2 一般動詞の過去形・不規則動詞　次の動詞の過去形を書きなさい。　3点×8

(1) go → (　　　)
(2) come → (　　　)
(3) have → (　　　)
(4) make → (　　　)
(5) get → (　　　)
(6) do → (　　　)
(7) see → (　　　)
ミス注意 (8) read → (　　　)

3 「～しました」　___に適する語を(　　)に書きなさい。　3点×6

(1) 私は昨日テニスをしました。
I ___ tennis yesterday.
(　　　)

(2) 兄は昨夜、皿を洗いました。
My brother ___ the dishes last night.
(　　　)

(3) 私たちは3年前は大阪に住んでいました。
We ___ in Osaka three years ago.
(　　　)

(4) 彼らは先週この部屋を使いました。
They ___ this room last week.
(　　　)

(5) 私は図書館で英語を勉強しました。
I ___ English at the library.
(　　　)

(6) 真理は犬を飼っていました。
Mari ___ a dog.
(　　　)

4 「～しませんでした」　___に適する語を(　　)に書きなさい。　4点×4

(1) 私は昨夜はテレビを見ませんでした。
I ___ watch TV last night.
(　　　)

(2) 彼はギターを弾きませんでした。
He ___ play the guitar.
(　　　)

(3) 彼女は学校に来ませんでした。
She ___ ___ to school.
(　　　)(　　　)

(4) 私たちは朝食を食べませんでした。
We ___ ___ breakfast.
(　　　)(　　　)

5 「～しましたか」　___に適する語を(　　)に書きなさい。　4点×7

(1) あなたは私の自転車を使いましたか。
___ you use my bike?
(　　　)

(2) あなたは東京に住んでいましたか。
___ you ___ in Tokyo?
(　　　), (　　　)

(3) [(2)に答えて]はい、住んでいました。
Yes, ___ ___.
(　　　)(　　　)

(4) 彼女は英語を勉強しましたか。
___ she ___ English?
(　　　), (　　　)

(5) [(4)に答えて]いいえ、しませんでした。
No, ___ ___.
(　　　)(　　　)

(6) トムは先週末、何をしましたか。
What ___ Tom ___ last weekend?
(　　　), (　　　)

(7) [(6)に答えて]彼は海に行きました。
He ___ to the sea.
(　　　)

よくでるポイント 「～しました」▶ I play<u>ed</u> tennis.(私はテニスをしました。) ＊過去のことは動詞の過去形で表す。
「～しませんでした」▶ didn't ～ 「あなたは～しましたか」▶ Did you ～?

入試レベル問題

時間 30分 解答 別冊 p.10 得点 ／100

1 次の英文を読んで、あとの問題に答えなさい。 8点×5

Ms. Smith ①(go) to Kyoto last month. She ②(visit) some old temples. She liked them.

Her friend Mr. Kato lives in Osaka and he ③(come) to Kyoto, too. They ④(have) dinner together.

(注)visit：訪れる temple：寺

(1) ①～④の( )の語を適切な形にかえなさい。

① ＿＿＿＿ ② ＿＿＿＿ ③ ＿＿＿＿ ④ ＿＿＿＿

(2) 英文の内容について、次の質問に英語で答えなさい。

Did Ms. Smith go to Osaka last month? ＿＿＿＿＿＿＿＿

入試 **2** 次の対話が成り立つように、□に入る適当な英語１語を書きなさい。ただし、□内の＿には記入例にならい、１文字ずつ書くものとする。 (北海道) 10点

記入例 [b o o k]

A : What did you eat for lunch, Mariko?

B : I [＿ ＿ ＿] a hamburger. (　　　)

入試 **3** 次の(　　)内の語を最も適切な形にして、対話文を完成させなさい。ただし、１語で答えること。 (千葉県) 10点

A : Your bag is beautiful.

B : Thank you! My mother (buy) it for me last week. (　　　)

入試 **4** 次の対話文について、(　　)に入る最も適切なものをア～エから１つ選び、記号で答えなさい。 (沖縄県) 10点

A : This is a great picture!

B : I (　　　) this picture. ア heard イ wrote ウ drew エ understood

A : Did you? I like it very much. (　　)

入試 **5** 次の絵に合うように、(1)、(2)の□に入る適当な英語１語をそれぞれ書きなさい。 (北海道) 10点×2

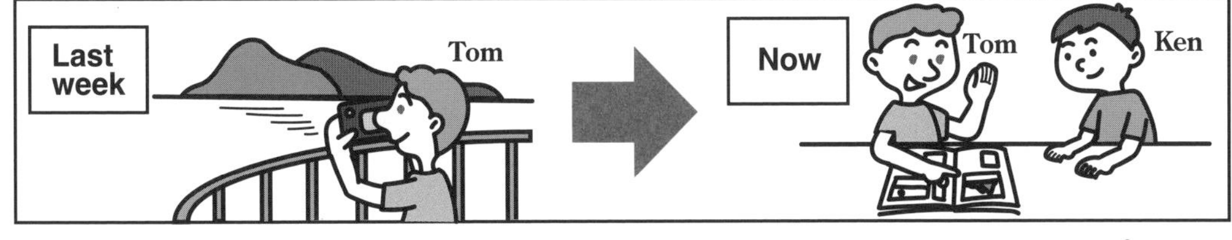

(1) Tom [　　　] some beautiful pictures last week. (　　　)

(2) Tom is [　　　] the pictures to Ken now. (　　　)

入試 **6** 次の絵において、２人の対話が成り立つように、質問に対する答えを、主語と動詞を含む英文１文で書きなさい。 (北海道) 10点

＿＿＿＿＿＿＿＿＿＿＿＿

英語 数学 理科 社会 国語

13 be 動詞の過去の文・過去進行形

基礎レベル問題

時間 30分　解答 別冊 p.11　得点　／100

1 「～でした」 ＿＿に適する語を(　　)に書きなさい。 4点×5

(1) 私は昨日、忙しかった。
I ＿＿ busy yesterday.
(　　　　)

(2) メグは先週、大阪にいました。
Meg ＿＿ in Osaka last week.
(　　　　)

(3) 先週の日曜日は晴れていませんでした。
It was ＿＿ sunny last Sunday.
(　　　　)

(4) あなたたちは疲れていましたか。
＿＿ you tired?
(　　　　)

(5) [(4)に答えて]はい、疲れていました。
Yes, we ＿＿.
(　　　　)

2 「～していました」 ＿＿に適する語を(　　)に書きなさい。 5点×5

(1) 私はピアノを弾いていました。
I was ＿＿ the piano.
(　　　　)

(2) 私たちは夕食を食べていました。
We were ＿＿ dinner.
(　　　　)

(3) 彼女はキッチンで料理をしていました。
She ＿＿ ＿＿ in the kitchen.
(　　　　)(　　　　)

(4) 彼らは図書館で勉強していました。
They ＿＿ ＿＿ in the library.
(　　　　)(　　　　)

(5) ベンとボブは海で泳いでいました。
Ben and Bob ＿＿ ＿＿ in the sea.
(　　　　)(　　　　)

3 「～していませんでした」 ＿＿に適する語を(　　)に書きなさい。 5点×5

(1) 私は音楽を聞いてはいませんでした。
I ＿＿ ＿＿ listening to music.
(　　　　)(　　　　)

(2) 私たちはテレビを見てはいませんでした。
We ＿＿ not ＿＿ TV.
(　　　　), (　　　　)

(3) 彼女は宿題をしてはいませんでした。
She ＿＿ not ＿＿ her homework.
(　　　　), (　　　　)

(4) ケンは手紙を書いてはいませんでした。
Ken ＿＿ ＿＿ a letter.
(　　　　)(　　　　)

(5) 少年たちは公園を走ってはいませんでした。
The boys ＿＿ ＿＿ in the park.
(　　　　)(　　　　)

4 「～していましたか」 ＿＿に適する語を(　　)に書きなさい。 6点×5

(1) あなたは眠っていたのですか。
＿＿ you ＿＿?
(　　　　), (　　　　)

(2) あなたの妹は本を読んでいたのですか。
＿＿ your sister ＿＿ a book?
(　　　　), (　　　　)

(3) [(2)に答えて]はい、そうです。
Yes, ＿＿ ＿＿.
(　　　　)(　　　　)

(4) あなたたちは何をしていたのですか。
＿＿ ＿＿ you doing?
(　　　　)(　　　　)

(5) [(4)に答えて]私たちはお皿を洗っていました。
We ＿＿ ＿＿ the dishes.
(　　　　)(　　　　)

よくでるポイント 「～でした」▶主語がI、３人称単数のときは was、それ以外のときは were。
「～していました」▶〈was/were ＋動詞の ing 形〉。否定文・疑問文は現在進行形と同様につくる。

入試レベル問題

時間 30分　解答 別冊 p.11　得点　／100

1 次の(　　)内の語を並べかえて、英文を完成させなさい。　10点×2

A : Good evening, Mr. Davis.
B : Good evening, Akira. (1) (school / were / for / why / late / you) this morning?
A : Because I got up late.
B : What time did you get up?
A : At 7:45.
B : Oh! (2) I (school / to / walking / was) at that time.

(1) ＿＿＿＿＿＿＿＿＿＿＿＿ this morning?

(2) I ＿＿＿＿＿＿＿＿＿＿＿＿ at that time.

2 次の日本文を英語に直しなさい。　10点×5

(1) 私たちは昨日、ひまでした。

(2) あなたのおばあさんの調子はどうでしたか。

(3) その生徒たちは何をしていたのですか。

(4) [(3)に答えて]彼らはカレーを作っていました。　カレー：curry

(5) あなたのお母さんはどこへ行くところだったのですか。

入試 **3** 次の日本文の内容と合うように、英文中の(　　)内のア～ウから最も適しているものを１つ選び、記号で答えなさい。　(大阪府)　10点

私はその時、ダンスを練習していました。
I was (ア practice　イ practiced　ウ practicing) dance then.　(　　)

入試 **4** 次の対話文の□に入れるのに最も適当なものを、下のア～エから１つ選び、記号で答えなさい。　(熊本県)　10点

A : Where is Taro now?　I'm looking for him.
B : I saw him at the □.　He was waiting for a train for Aso.
ア hospital　イ library　ウ museum　エ station　(　　)

入試 **5** 次の(　　)内の語句を意味が通るように並べかえて、ア、イ、ウ、エの記号を用いて答えなさい。　(栃木県)　10点

(ア writing　イ was　ウ a letter　エ my sister) in English.
(　→　→　→　)

英語　数学　理科　社会　国語

14 There is ～. の文

基礎レベル問題

時間 30分　解答 別冊 p.11　得点　／100

1 「～があります」 ___ に適する語を（　）に書きなさい。　6点×4

(1) 部屋の中に机が１つあります。

___ ___ a desk in the room.

（　　　）（　　　）

(2) テーブルの上に本が２冊あります。

___ ___ two books on the table.

（　　　）（　　　）

ミス注意 (3) びんの中に水が少しあります。

___ ___ a little water in the bottle.

（　　　）（　　　）

ミス注意 (4) 公園に犬が何匹かいました。

___ ___ some dogs in the park.

（　　　）（　　　）

2 「～がありません」 ___ に適する語を（　）に書きなさい。　6点×2

(1) この町に図書館はありません。

There ___ ___ a library in this town.

（　　　）（　　　）

ミス注意 (2) 動物園にコアラはいませんでした。

There ___ any koalas in the zoo.

（　　　）

3 場所を表す語句 ___ に適する語を（　）に書きなさい。　4点×4

(1) いすの下に鉛筆があります。

There's a pencil ___ the chair.

（　　　）

(2) この近くにバス停はありますか。

Is there a bus stop ___ here?

（　　　）

(3) 壁に時計があります。

There's a clock ___ the wall.

（　　　）

ミス注意 (4) そこに古い家がありました。

There was an old house ___.

（　　　）

4 「～がありますか」 ___ に適する語を（　）に書きなさい。　8点×3

(1) *A* : ___ ___ a bed by the window?

B : Yes, ___ ___.

A : 窓のそばにベッドがありますか。

B : はい、あります。

（　　　）（　　　），（　　　）（　　　）

(2) *A* : ___ ___ any balls in the box?

B : No, ___ ___.

A : その箱の中にボールはありますか。

B : いいえ、ありません。

（　　　）（　　　），（　　　）（　　　）

(3) *A* : ___ ___ a bookshop here last year?

B : Yes, ___ ___.

A : 昨年ここに書店がありましたか。

B : はい、ありました。

（　　　）（　　　），（　　　）（　　　）

5 「いくつありますか」 ___ に適する語を（　）に書きなさい。　8点×3

(1) *A* : ___ ___ pens ___ ___ on the desk?

B : Three.

A : 机の上にペンは何本ありますか。

B : ３本です。

（　　　）（　　　），（　　　）（　　　）

(2) *A* : ___ ___ boys are there in the room?

B : There ___ ___.

A : その部屋に男の子は何人いますか。

B : ６人います。

（　　　）（　　　），（　　　）（　　　）

(3) *A* : ___ many ___ were there in the park?

B : There ___ ___.

A : 公園に子供は何人いましたか。

B : ３人いました。

（　　　），（　　　），（　　　）（　　　）

よくでる ポイント 「～があります」▶ There is[are] ～. あとに場所を表す語句を続ける。
There is[are] ～. の否定文 ▶ be 動詞のあとに not。　There is[are] ～. の疑問文 ▶ be 動詞で文を始める。

入試レベル問題

時間 30分　解答 別冊 p.12　得点　／100

1 日本文の意味を表す英文になるように、(　　)内の語を並べかえなさい。　8点×2

難 ミス注意 (1) この本の中におもしろい話は1つもありません。
(interesting / in / there / stories / no / are) this book.
＿＿＿＿＿＿＿＿＿＿＿＿＿＿＿＿ this book.

(2) 水族館にイルカはいましたか。
(any / were / at / there / the / dolphins) aquarium?
＿＿＿＿＿＿＿＿＿＿＿＿＿＿＿＿ aquarium?

2 絵の内容について、次の問いに英語で答えなさい。　8点×3

(1) Is there a guitar under the window?
＿＿＿＿＿＿＿＿＿＿＿＿＿＿＿＿

(2) Are there any erasers on the desk?
＿＿＿＿＿＿＿＿＿＿＿＿＿＿＿＿

(3) How many books are there on the desk?
＿＿＿＿＿＿＿＿＿＿＿＿＿＿＿＿

3 次の日本文を英語に直しなさい。　10点×3

(1) 木のそばに自転車が2台あります。
＿＿＿＿＿＿＿＿＿＿＿＿＿＿＿＿

(2) 駅の近くに郵便局はありますか。　郵便局：a post office
＿＿＿＿＿＿＿＿＿＿＿＿＿＿＿＿

(3) あなたの学校に生徒は何人いますか。
＿＿＿＿＿＿＿＿＿＿＿＿＿＿＿＿

入試 **4** 次の日本文の内容と合うように、英文中の(　　)内のア～ウから最も適しているものを1つ選び、記号で答えなさい。　(大阪府) 10点

その地域にはたくさんのよいレストランがあります。
There (ア be　イ is　ウ are) many nice restaurants in the area.　(　　)

入試 **5** 次の対話文について、(　　)に入る最も適切なものをア～エから1つ選び、記号で答えなさい。　(沖縄県) 10点

A : There (　　) a lot of children in the park.　Why?
B : They have a summer festival today.
ア be　イ am　ウ are　エ is　(　　)

入試 **6** 次の(　　)内の語を最も適当な形にして、対話文を完成させなさい。ただし、1語で答えること。　(千葉県) 10点

A : There (be) many trees around here 20 years ago.
B : Really?　We can only see tall buildings now.　(　　)

15 未来の文

基礎レベル問題

時間 30分　解答 別冊 p.12　得点　／100

1 be going to の文　＿に適する語を（　）に書きなさい。　5点×3

(1) 私は京都を訪問する予定です。
I'm ＿ to visit Kyoto.
（　　）

(2) ボブは来週、日本を出発する予定です。
Bob ＿ ＿ to leave Japan next week.
（　　）（　　）

(3) 私たちは明日、サッカーをする予定です。
We ＿ ＿ to play soccer tomorrow.
（　　）（　　）

2 be going to の否定文・疑問文　＿に適する語を（　）に書きなさい。　5点×3

(1) 彼女は買い物に行く予定はありません。
She ＿ ＿ to go shopping.
（　　）（　　）

(2) *A*：あなたはあのホテルに滞在する予定ですか。
B：はい、そうです。
A：＿ you ＿ to stay at that hotel?
B：Yes, I ＿.
（　　），（　　），（　　）

(3) 彼は何について話すつもりですか。
What ＿ he ＿ to talk about?
（　　），（　　）

3 will の文　＿に適する語を（　）に書きなさい。　5点×3

(1) 私たちは今日の午後、数学を勉強します。
We ＿ study math this afternoon.
（　　）

(2) 私はあとであなたに電話します。
＿ call you later.
（　　）

ミス注意 (3) 彼は明日、忙しいでしょう。
He ＿ ＿ busy tomorrow.
（　　）（　　）

4 will の否定文・疑問文　（　）内の指示にしたがって書きかえるとき、＿に適する語を（　）に書きなさい。　5点×3

(1) I will buy the new book.（否定文に）
I ＿ ＿ buy the new book.
（　　）（　　）

ミス注意 (2) We'll play soccer tomorrow.（否定文に）
We ＿ play soccer tomorrow.
（　　）

(3) It will be cold tomorrow.（疑問文に）
＿ it ＿ cold tomorrow?
（　　），（　　）

5 未来の疑問文　＿に適する語を（　）に書きなさい。　8点×5

(1) *A*：＿ you going to make dinner?
B：Yes, I ＿.
A：あなたは夕食を作る予定ですか。
B：はい、その予定です。
（　　），（　　）

(2) *A*：＿ she come here at five?
B：No, she ＿.
A：彼女は５時にここに来るでしょうか。
B：いいえ、来ないでしょう。
（　　），（　　）

(3) *A*：Where are you ＿ to go?
B：I'm ＿ to go to Tom's house.
A：あなたはどこへ行く予定ですか。
B：トムの家へ行く予定です。
（　　），（　　）

(4) *A*：What ＿ she ＿ after school?
B：She ＿ practice the piano.
A：彼女は放課後、何をするでしょうか。
B：ピアノを練習するでしょう。
（　　），（　　），（　　）

(5) *A*：＿ it ＿ sunny tomorrow?
B：No, it ＿.　It'll be rainy.
A：明日は晴れるでしょうか。
B：いいえ。雨が降るでしょう。
（　　），（　　），（　　）

入試レベル問題

時間 30分　解答 別冊 p.13　得点　／100

1 下の表は健が住んでいる町の天気予報です。表の内容に合う対話文を完成させなさい。　8点×5

5月3日(木)	4日(金)	5日(土)	6日(日)

Kate : I'm (1)(　　　　　) to visit your town this weekend.
　How (2)(　　　　　) the weather (3)(　　　　　) this weekend?

ミス注意 *Ken* : (4)(　　　　　) (5)(　　　　　) sunny this weekend.

2 次の日本文を(　　)内の語を使って英語に直しなさい。　10点×2

(1) 今日はいつ雨が降りますか。(will)

____

難 (2) あなたはどのくらいそこに滞在する予定ですか。(going)

____

3 彩香(**Ayaka**)とデイビッド(**David**)が話しています。次の対話文を読んで、流れに合うように、[A]、[B]に入る英語を書きなさい。　10点×2

Ayaka : Hi, David. [　　A　　] next Sunday?
David : Well, I'm going to go to the library in the morning.
Ayaka : Only for the morning?
David : Yes.
Ayaka : Good.　Next Sunday afternoon, I'm going to go and watch a tennis match.　I have two tickets.　[　　B　　]
David : Sure.　That'll be nice.

(注)tennis match：テニスの試合　ticket(s)：チケット

A ____ next Sunday?

B ____

入試 **4** 次の(　　)内の語を意味が通るように並べかえて、ア、イ、ウ、エ、オの記号を用いて答えなさい。ただし、文頭にくる語も小文字で示してある。　(栃木県) 10点

(ア of　イ who　ウ care　エ will　オ take) the dog?

(　　→　　→　　→　　→　　)

入試 **5** 次の対話について、(　　)内の語をすべて用い、意味が通るように並べかえて、正しい英文を完成させなさい。　(宮崎県・改) 10点

A : I'm going to go to Canada to study English next week.
B : Really?　(come / you / when / back / will) to Japan?

(注)to study English：英語を勉強するために

____ to Japan?

テストに役立つ

中1英語 学習した文型のまとめ

be動詞 2~5,26~27ページ

主語	be動詞(現在形)	be動詞(過去形)
I	am	was
you, 複数	are	were
heなど3人称単数	is	was

	《現在》	《過去》
□ ふつうの文	He is a soccer player. (彼はサッカーの選手です。)	He was a soccer player. (彼はサッカーの選手でした。)
□ 否定文	He isn't a soccer player. (彼はサッカーの選手ではありません。)	He wasn't a soccer player. (彼はサッカーの選手ではありませんでした。)
□ 疑問文	Is he a soccer player? (彼はサッカーの選手ですか。)	Was he a soccer player? (彼はサッカーの選手でしたか。)
□ 答え方	Yes, he is. / No, he isn't. (はい。/いいえ。)	Yes, he was. / No, he wasn't. (はい。/いいえ。)

一般動詞 6~9,14~15,24~25ページ

	《現在》	《現在(3人称単数)》	《過去》
□ ふつうの文	I like dogs. (私は犬が好きです。)	She runs fast. (彼女は速く走ります。)	I played tennis. (私はテニスをしました。)
□ 否定文	I don't like dogs. (私は犬が好きではありません。)	She doesn't run fast. (彼女は速く走りません。)	I didn't play tennis. (私はテニスをしませんでした。)
□ 疑問文	Do you like dogs? (あなたは犬が好きですか。)	Does she run fast? (彼女は速く走りますか。)	Did you play tennis? (あなたはテニスをしましたか。)
□ 答え方	Yes, I do. / No, I don't. (はい。/いいえ。)	Yes, she does. / No, she doesn't. (はい。/いいえ。)	Yes, I did. / No, I didn't. (はい。/いいえ。)

進行形 22~23,26~27ページ

	《現在進行形》	《過去進行形》
□ ふつうの文	I'm watching TV. (私はテレビを見ています。)	We were playing basketball. (私たちはバスケットボールをしていました。)
□ 否定文	I'm not watching TV. (私はテレビを見ていません。)	We weren't playing basketball. (私たちはバスケットボールをしていませんでした。)
□ 疑問文	Are you watching TV? (あなたはテレビを見ていますか。)	Were you playing basketball? (あなたたちはバスケットボールをしていたのですか。)
□ 答え方	Yes, I am. / No, I'm not. (はい。/いいえ。)	Yes, we were. / No, we weren't. (はい。/いいえ。)

数学

1 正負の数の加減

基礎レベル問題

時間 30分　解答 別冊 p.14　得点　／100

1 正負の数の表し方 次の数を、正(せい)の符号(ふごう)、負(ふ)の符号をつけて表しなさい。　3点×2

(1)　0より12大きい数

(　　　)

(2)　0より8小さい数

(　　　)

2 数直線 下の数直線で、A、Bにあたる数を答えなさい。　3点×2

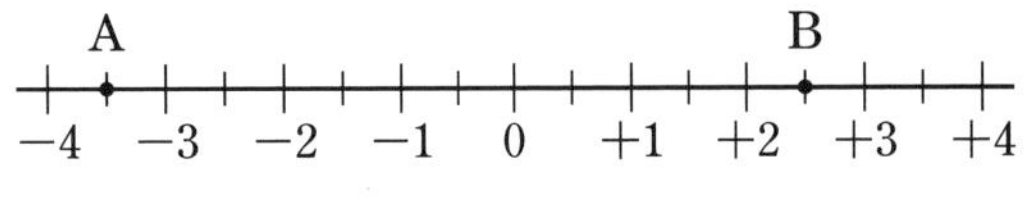

A(　　　)　B(　　　)

3 反対の性質を表す 地点Aから東へ5kmの地点を+5kmと表すと、地点Aから西へ2.5kmの地点はどのように表せますか。　3点

(　　　)

4 絶対値 次の数の絶対値(ぜったいち)を求めなさい。　3点×3

(1)　$+14$

(　　　)

(2)　$-\frac{5}{7}$

(　　　)

(3)　-10.2

(　　　)

5 正負の数の大小 次の各組の数の大小を、不等号を使って表しなさい。　3点×4

(1)　$+5$、-7

(　　　)

ミス注意 (2)　-4、-6

(　　　)

(3)　$-\frac{3}{5}$、$-\frac{3}{4}$

(　　　)

ミス注意 (4)　-9、$+1$、-8

(　　　)

6 加法 次の計算をしなさい。　4点×6

(1)　$(+5)+(+8)$

(　　　)

(2)　$(-4)+(-4)$

(　　　)

(3)　$(+12)+(-6)$

(　　　)

(4)　$(-7)+(+9)$

(　　　)

(5)　$(-15)+(+15)$

(　　　)

(6)　$0+(-10)$

(　　　)

7 減法 次の計算をしなさい。　4点×6

(1)　$(+10)-(+7)$

(　　　)

ミス注意 (2)　$(+5)-(-13)$

(　　　)

(3)　$(-4)-(+8)$

(　　　)

(4)　$(-25)-(-17)$

(　　　)

(5)　$0-(-9)$

(　　　)

(6)　$(-13)-0$

(　　　)

8 加減の混じった計算 次の計算をしなさい。　4点×4

(1)　$(-16)+(-11)+(+5)$

(　　　)

(2)　$(+9)-(-12)+(-8)$

(　　　)

(3)　$(+5)-(+6)+(-3)-(-1)$

(　　　)

(4)　$(-13)-(-4)-(+7)+(-10)$

(　　　)

よくでるポイント　2数の和▶同符号どうしは絶対値の和に共通な符号を、異符号どうしは絶対値の差に絶対値の大きいほうの符号をつける。　減法▶ひく数の符号を変えて、加法に直す。

入試レベル問題

時間 30分　解答 別冊p.14　得点　／100

1 A〜Eの5人でゲームをしたら、平均点が70点でした。右の表は、平均点を基準にして、5人の得点を表したものです。次の問いに答えなさい。　4点×2

A	B	C	D	E
＋13	－6	0	＋2	－9

（単位：点）

(1) Bさんの得点は何点ですか。

（　　　）

(2) 得点の最も高い人と最も低い人との差は何点ですか。

（　　　）

入試 **2** 絶対値が7より小さい整数は全部で何個あるか求めなさい。　（鹿児島県）5点

（　　　）

3 次の問いに答えなさい。　5点×3

(1) 次の各組の数の大小を、不等号を使って表しなさい。

① 3、－0.2、0　（　　　）

ミス注意 ② －0.1、－0.01、－1　（　　　）

(2) 次の数を小さい順に並べて書きなさい。

$\frac{5}{2}$、－8.3、0.4、0、－3、1.6、$-\frac{22}{9}$

（　　　）

4 次の計算をしなさい。　6点×10

(1) －7＋(－8)　（　　　）

入試 (2) 3＋(－7)　（兵庫県）（　　　）

(3) －9－(－5)　（　　　）

入試 (4) －8－5　（大分県）（　　　）

入試 (5) $\frac{1}{2}-\frac{5}{6}$　（福島県）（　　　）

(6) $-\frac{5}{9}-\frac{7}{6}$　（　　　）

入試 (7) 6－5－(－2)　（広島県）（　　　）

入試 (8) －7－(－2)－1　（山形県）（　　　）

入試 (9) 2－11＋5　（新潟県）（　　　）

(10) －2＋8－5＋4　（　　　）

5 次の計算をしなさい。　6点×2

(1) 1.7－(＋1.9)－(－2.1)－1.6　（　　　）

(2) $\frac{1}{3}-\left(+\frac{1}{4}\right)-\frac{13}{6}-\left(-\frac{7}{2}\right)$　（　　　）

英語　数学　理科　社会　国語

2 正負の数の乗除

基礎レベル問題

時間 30分　解答 別冊 p.15　得点　／100

1 乗法 次の計算をしなさい。　3点×5

(1) $(+5)\times(+6)$　（　　）

(2) $(-7)\times(-9)$　（　　）

(3) $(-11)\times4$　（　　）

(4) $3\times(-6)\times2$　（　　）

(5) $(-2)\times(-4)\times(-8)$　（　　）

2 累乗の計算 次の計算をしなさい。　3点×3

(1) $(-2)^3$　（　　）

ミス注意 (2) -9^2　（　　）

(3) $(4\times2)^2$　（　　）

3 除法 次の計算をしなさい。　3点×4

(1) $(+28)\div(+7)$　（　　）

(2) $(+72)\div(-8)$　（　　）

(3) $(-48)\div6$　（　　）

(4) $0\div(-3)$　（　　）

4 乗除の混じった計算 次の計算をしなさい。　3点×4

(1) $9\times(-6)\div(-3)$　（　　）

(2) $-18\div2\times(-5)$　（　　）

ミス注意 (3) $48\div(-4)\div6$　（　　）

(4) $\left(-\frac{3}{2}\right)\div(-12)\times16$　（　　）

5 四則の混じった計算 次の計算をしなさい。　3点×4

(1) $12-(+8)\times2$　（　　）

(2) $(-32)\div8-6\times(-3)$　（　　）

(3) $2\times(4-13)\div6$　（　　）

(4) $(-3)^2+6\times(-2^3)$　（　　）

6 分配法則 次の計算を、くふうしてしなさい。　5点×2

(1) $\left(-\frac{1}{3}+\frac{1}{2}\right)\times12$　（　　）

(2) $-18\times\left(-2+\frac{2}{3}\right)$　（　　）

7 数の範囲 次の数は、下の数の集合の図でどの部分に入りますか。ア、イ、ウの記号で答えなさい。　5点×3

(1) 0.3　（　　）

(2) 46　（　　）

(3) -150　（　　）

数（ア（整数（イ（自然数　ウ））））

8 素因数分解 次の問いに答えなさい。　5点×3

(1) 次の自然数を、素因数分解しなさい。

① 24　（　　）

② 90　（　　）

(2) 45にできるだけ小さい自然数をかけて、積がある自然数の2乗になるようにしたい。どんな数をかければよいですか。　（　　）

よくでるポイント **2数の積・商**▷同符号の2数では、絶対値の積・商に正の符号を、異符号の2数では、絶対値の積・商に負の符号をつける。 **計算の順序**▷①かっこの中・累乗→②乗除→③加減の順に計算する。

入試レベル問題

時間 30分　解答 別冊 p.15　得点　／100

1 次の計算をしなさい。 6点×6

入試 (1) $8\times(-7)$ （三重県）

（　　）

入試 (2) $-\dfrac{2}{3}\times\left(-\dfrac{3}{4}\right)$ （鳥取県）

（　　）

入試 (3) $14\div(-7)$ （栃木県）

（　　）

入試 (4) $\dfrac{3}{8}\div\left(-\dfrac{1}{6}\right)$ （宮崎県）

（　　）

(5) $-\dfrac{2}{3}\times\left(-\dfrac{1}{4}\right)\div\left(-\dfrac{5}{3}\right)$

（　　）

(6) $\dfrac{4}{3}\div(-8)\times\dfrac{1}{2}\div\left(-\dfrac{2}{3}\right)$

（　　）

入試 **2** 次の計算をしなさい。 6点×4

(1) $-3\times(5-8)$ （秋田県）

（　　）

(2) $\dfrac{4}{5}\div(-4)+\dfrac{8}{5}$ （山梨県）

（　　）

(3) $(-2)^2\times3+(-15)\div(-5)$ （青森県）

（　　）

(4) $-6^2+4\div\left(-\dfrac{2}{3}\right)$ （京都府）

（　　）

3 次の計算を、くふうしてしなさい。 6点×2

(1) $96\times\left(\dfrac{1}{6}-\dfrac{1}{16}\right)$

（　　）

(2) $4.5\times2.5+4.5\times27.5$

（　　）

入試 **4** 2つの整数 m、n について、計算の結果がいつも整数になるとは限らないものを、次のア～エから1つ選び、記号で答えなさい。 （山口県） 10点

ア　$m+n$　　イ　$m-n$　　ウ　$m\times n$　　エ　$m\div n$

（　　）

ミス注意 **5** 右の表は、ある工場の月曜日から金曜日までの生産高が、300個を基準としてそれよりどれだけ多いかを表したものです。この5日間で、1日の生産高の平均は何個かを答えなさい。 8点

曜　日	月	火	水	木	金
基準との差(個)	$+14$	-15	0	-11	-3

（　　）

入試 **6** $\dfrac{252}{n}$ の値が、ある自然数の2乗となるような、最も小さい自然数 n の値を求めなさい。

（茨城県） 10点

（　　）

3 文字式の表し方

基礎レベル問題

時間 30分　解答 別冊 p.16　得点 ／100

1 積・商の表し方 次の式を、文字式の表し方にしたがって表しなさい。　3点×8

(1) $y \times x$　（　　）

(2) $a \times (-1) \times b$　（　　）

(3) $(x+3) \times 5$　（　　）

(4) $a \times b \times a \times 2$　（　　）

(5) $n \div 4$　（　　）

(6) $x \div (-y)$　（　　）

(7) $(a+7) \div 6$　（　　）

(8) $x \div (-2) \times y$　（　　）

2 四則の混じった式の表し方 次の式を、文字式の表し方にしたがって表しなさい。　3点×8

(1) $20 \times m + 1$　（　　）

(2) $x \div 3 - 10$　（　　）

ミス注意 (3) $x - 0.1 \times y$　（　　）

(4) $2 \times a \times a + a$　（　　）

(5) $3 \times a - b \times 4 \times c$　（　　）

(6) $5 \times x + y \div 4$　（　　）

(7) $4 \times (a+b) - c$　（　　）

(8) $(x+y) \div 6 - z \times 6$　（　　）

3 数量の表し方 次の数量を表す式を書きなさい。　4点×9

(1) 1冊 a 円のノート5冊と100円のボールペン1本を買ったときの代金の合計　（　　）

(2) 1辺が x cm の正方形の面積　（　　）

(3) a の4倍と b の3倍の和　（　　）

(4) 1個250 g のかんづめ x 個を70 g のかごにつめたときの重さの合計　（　　）

(5) x km の道のりを、2時間で歩いたときの速さ　（　　）

(6) 300ページの本を、1日に30ページずつ n 日間読んだときの残りのページ数　（　　）

(7) 100円硬貨(こうか)が a 枚、10円硬貨が b 枚、1円硬貨が c 枚あるときの金額の合計　（　　）

ミス注意 (8) m 人の9％の人数　（　　）

(9) a g の4割の重さ　（　　）

4 式の値 次の問いに答えなさい。　4点×4

(1) $a=5$ のとき、次の式の値(あたい)を求めなさい。

① $2a+8$　（　　）

② $\dfrac{25}{a}$　（　　）

(2) $x=-4$ のとき、次の式の値を求めなさい。

① $7-3x$　（　　）

ミス注意 ② $-2x^2$　（　　）

よくでるポイント　**文字式の表し方**▶①記号×をはぶき、数は文字の前に、②同じ文字の積は累乗の指数、③÷は使わず、分数の形で書く。　**式の値**▶×や÷の記号を使った式に直し、負の数はかっこをつけて代入する。

入試レベル問題

時間 30分　解答 別冊 p.16　得点　／100

1 次の式を、文字式の表し方にしたがって表しなさい。　5点×4

(1) $m\times n\times 4\times n$　(　　　)

(2) $10\times x+(y-2)\div 3$　(　　　)

(3) $-1\times(a+b)-(a-b)\div c$　(　　　)

(4) $5\div x+y\times y\times z\times 7$　(　　　)

2 次の式を、記号×、÷を使って表しなさい。　5点×4

(1) $-6a^2b$　(　　　)

(2) $6x-\dfrac{y}{5}$　(　　　)

(3) $\dfrac{m+1}{3}-2n^2$　(　　　)

難 ミス注意 (4) $\dfrac{7a}{4b^2}+9ab$　(　　　)

3 次の数量を表す式を書きなさい。　6点×4

(1) 8 km の道のりを、はじめの x km は時速 4 km で歩き、残りの道のりは時速 5 km で歩いたときにかかった時間　(　　　)

(2) 百の位の数が a、十の位の数が b、一の位の数が 9 である 3 けたの自然数　(　　　)

(3) 走り幅(はば)とびの記録が、1 回目 x m、2 回目 y m のときの 2 回の記録の平均　(　　　)

入試 (4) 桃の果汁が 31％の割合でふくまれている飲み物がある。この飲み物 a mL にふくまれている桃の果汁の量　(福島県・改)　(　　　)

入試 **4** 縦が x cm、横が y cm の長方形がある。このとき、$2(x+y)$ は長方形のどんな数量を表していますか。　(青森県)　8点

(　　　)

5 次の問いに答えなさい。　7点×4

入試 (1) $a=-3$ のとき、$4a+21$ の値を求めなさい。　(大阪府)　(　　　)

入試 (2) $a=-6$ のとき、$-2a+14$ の値を求めなさい。　(大阪府)　(　　　)

(3) $x=-3$、$y=2$ のとき、次の式の値を求めなさい。

① $2x+3y$　(　　　)

② $-2x+\dfrac{y}{2}$　(　　　)

英語　数学　理科　社会　国語

4 文字式の計算

基礎レベル問題

時間 30分　解答 別冊 p.17　得点　／100

1 項と係数 次の式の項（こう）と、文字をふくむ項の係数を答えなさい。　2点×6

(1) $x-2y$

項（　　　　）

x の係数（　　）、y の係数（　　）

ミス注意 (2) $a-\dfrac{b}{3}+\dfrac{7}{2}$

項（　　　　）

a の係数（　　）、b の係数（　　）

2 式を簡単にする 次の計算をしなさい。3点×6

(1) $3x+4x$　（　　　）

(2) $7a-6a$　（　　　）

(3) $8x+2+5x$　（　　　）

(4) $6y-1+7-2y$　（　　　）

(5) $a+3-2a-4$　（　　　）

(6) $-4x+5-(-4x)-9$　（　　　）

3 1次式の加減 次の計算をしなさい。　3点×7

(1) $2x+(x+3)$　（　　　）

(2) $(5a-4)-(6a+7)$　（　　　）

(3) $(3x+6)+(-8+4x)$　（　　　）

ミス注意 (4) $9-3a-(4a-5)$　（　　　）

(5) $-6b+6+(b-6)$　（　　　）

(6) $(-2a-5)-(5-2a)$　（　　　）

(7) $(y+6)-(-y+1)$　（　　　）

4 1次式の乗除 次の計算をしなさい。3点×11

(1) $7a\times2$　（　　　）

(2) $(-3)\times8m$　（　　　）

(3) $(-x)\times(-6)$　（　　　）

(4) $-3(4a+3)$　（　　　）

(5) $(2x-3)\times(-2)$　（　　　）

(6) $-10a\div5$　（　　　）

(7) $18y\div(-3)$　（　　　）

(8) $12x\div\left(-\dfrac{3}{2}\right)$　（　　　）

(9) $(20x+12)\div4$　（　　　）

(10) $(30b-24)\div(-6)$　（　　　）

(11) $(6y-27)\div18$　（　　　）

5 関係を表す式 次の数量の関係を、等式または不等式で表しなさい。　(1)〜(4) 3点×4、(5) 4点

(1) 1冊 a 円のノート5冊の代金は b 円です。　（　　　）

(2) 時速 x km で2時間歩くと、歩いた道のりは y km です。　（　　　）

(3) y の5倍は20より小さいです。　（　　　）

(4) 正の整数 a を6でわると、商は b で余りは5です。　（　　　）

(5) 1個3kg の品物 a 個を b kg の箱に入れると、重さの合計は14kg 以下です。　（　　　）

よくでるポイント ▶文字の部分が同じ項は、**計算法則** $mx+nx=(m+n)x$ を使って、1つの項にまとめることができる。

1次式の除法▶分数の形にするか、わる数を逆数にして乗法に直して計算する。

入試レベル問題

時間 30分　解答 別冊 p.17　得点 ／100

1 次の計算をしなさい。　5点×4

入試 (1) $\frac{2}{3}a+\frac{1}{4}a$ （栃木県）
（　　　　）

入試 (2) $\frac{4}{5}x-\frac{2}{3}x$ （三重県）
（　　　　）

(3) $\frac{1}{2}a-\left(\frac{1}{3}a-4\right)$
（　　　　）

(4) $\left(\frac{3}{4}x+2\right)-\left(\frac{1}{2}x-3\right)$
（　　　　）

2 次の計算をしなさい。　5点×8

(1) $-14\left(\frac{2}{7}x-\frac{1}{2}\right)$
（　　　　）

(2) $\frac{5a+2}{7}\times21$
（　　　　）

入試 (3) $(15x+20)\div5$ （岩手県）
（　　　　）

入試 (4) $x-3+6(x+1)$ （大阪府）
（　　　　）

入試 (5) $2(a+5)+(7a-8)$ （山口県）
（　　　　）

入試 ミス注意 (6) $2(x+1)-(1-x)$ （沖縄県）
（　　　　）

難 (7) $6\left(\frac{1}{3}a-1\right)-\frac{1}{2}(2a-4)$
（　　　　）

入試 難 (8) $\frac{2x-3}{6}-\frac{3x-2}{9}$ （22 愛知県）
（　　　　）

入試 **3** 次の数量の関係を、等式または不等式で表しなさい。　6点×3

(1) 100個のいちごを6人にx個ずつ配ったところ、y個余った。 （栃木県）
（　　　　）

(2) ある数xを3倍した数は、ある数yから4をひいて5倍した数より小さい。 （富山県）
（　　　　）

(3) ある科学館の入館料は、おとな1人a円、子ども1人b円である。おとな3人と子ども4人の入館料の合計は3000円より安い。 （長崎県）
（　　　　）

4 ある美術館の入館料は、おとな1人がa円、子ども1人がb円です。このとき、次の式はどんな数量の関係を表していますか。　5点×2

(1) $2a+4b=1600$ （　　　　）

(2) $3a\leqq7b$ （　　　　）

5 右の図のように、マッチ棒を使って正六角形を左から右へ順につくっていきます。正六角形とマッチ棒の数について、次の問いに答えなさい。　6点×2

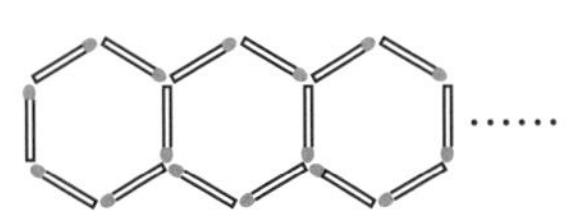

(1) 正六角形をn個つくるとき、必要なマッチ棒の本数をnを使って表しなさい。
（　　　　）

(2) 正六角形を10個つくるとき、必要なマッチ棒の本数を求めなさい。
（　　　　）

5 方程式の解き方

基礎レベル問題

時間 30分　解答 別冊 p.18　得点　／100

1 方程式と解 次の問いに答えなさい。　3点×2

(1) −1、2、3のうち、方程式 $4x-3=3x$ の解を答えなさい。

（　　　）

(2) 次の方程式のうち、−3が解であるものを選び、記号で答えなさい。

㋐ $2x+3=7$　　㋑ $9-x=2x$

㋒ $4x+1=5x+4$

（　　　）

2 等式の性質 等式の性質を使って、次の方程式を解きなさい。　3点×6

(1) $x+25=74$　（　　　）

(2) $x-12=8$　（　　　）

(3) $\frac{x}{4}=-2$　（　　　）

(4) $3x=15$　（　　　）

(5) $-5x=40$　（　　　）

(6) $x+4.2=6$　（　　　）

3 方程式の解き方 次の方程式を解きなさい。　4点×6

(1) $x-6=4$　（　　　）

(2) $-4x+5=-15$　（　　　）

(3) $3x=2x+7$　（　　　）

(4) $4x=9+5x$　（　　　）

(5) $6x-8=x+2$　（　　　）

(6) $7-x=x+5$　（　　　）

4 かっこのある方程式 次の方程式を解きなさい。　4点×3

(1) $2(x+5)=12$　（　　　）

(2) $3(x-3)=5x-7$　（　　　）

ミス注意 (3) $6x=3-(2x-5)$　（　　　）

5 係数に小数をふくむ方程式 次の方程式を解きなさい。　4点×4

(1) $0.4x+0.1=1.7$　（　　　）

(2) $2.5x=2x-3$　（　　　）

(3) $0.6x+2=0.8x-1.4$　（　　　）

(4) $0.08x+0.3=0.02x$　（　　　）

6 係数に分数をふくむ方程式 次の方程式を解きなさい。　4点×4

(1) $\frac{x}{2}-2=\frac{x}{4}$　（　　　）

(2) $\frac{1}{2}x=\frac{2}{3}x-\frac{2}{3}$　（　　　）

ミス注意 (3) $\frac{1}{4}x-2=\frac{7}{8}x+\frac{1}{2}$　（　　　）

(4) $\frac{2x+5}{3}=\frac{x-5}{4}$　（　　　）

7 比例式 次の比例式で、x の値を求めなさい。　4点×2

(1) $3:5=18:x$　（　　　）

(2) $x:12=6:8$　（　　　）

よくでるポイント　**方程式の解き方**▶ x をふくむ項を左辺に、数の項を右辺に集めて、$ax=b$ の形に整理し、両辺を x の係数 a でわる。　**いろいろな方程式**▶係数に小数や分数がある場合は、整数に直してから解く。

入試レベル問題

時間 30分　解答 別冊 p.18　得点　／100

1 次の方程式を解きなさい。　4点×8

(1) $4x+1=17$　（　　）

(2) $-7=-8x-23$　（　　）

(3) $5x-11=-6x$　（　　）

入試 (4) $6x-1=4x-9$　（群馬県）　（　　）

入試 (5) $4x+3=x-6$　（沖縄県）　（　　）

入試 (6) $7x-2=x+1$　（22 埼玉県）　（　　）

入試 (7) $2x+7=1-x$　（熊本県）　（　　）

(8) $-3a+7=7a+2$　（　　）

2 次の方程式を解きなさい。　5点×10

入試 (1) $4(x+8)=7x+5$　（23 東京都）　（　　）

(2) $4(2x+5)=6(3x-5)$　（　　）

入試 (3) $0.16x-0.08=0.4$　（京都府）　（　　）

入試 ミス注意 (4) $1.3x+0.6=0.5x+3$　（23 埼玉県）　（　　）

(5) $0.1-0.15x=0.2(x-3)$　（　　）

難 (6) $3(0.5x-1)=2.2x+4$　（　　）

入試 (7) $\frac{3}{2}x+1=10$　（秋田県）　（　　）

(8) $\frac{1}{2}x+5=\frac{5}{6}x+\frac{4}{3}$　（　　）

入試 難 (9) $x-7=\frac{4x-9}{3}$　（千葉県）　（　　）

入試 ミス注意 (10) $\frac{5-3x}{2}-\frac{x-1}{6}=1$　（鳥取県）　（　　）

3 次の比例式で、x の値を求めなさい。　3点×6

入試 (1) $3:8=x:40$　（沖縄県）　（　　）

入試 (2) $x:12=3:2$　（大阪府）　（　　）

(3) $14.4:x=12:10$　（　　）

(4) $5:x=\frac{2}{3}:\frac{4}{5}$　（　　）

(5) $2:3=x:(x+2)$　（　　）

難 (6) $(x+1):(2x-2)=3:4$　（　　）

英語　数学　理科　社会　国語

6 方程式の応用

基礎レベル問題

時間 30分　解答 別冊 p.19　得点　／100

1 解と係数の問題 **x についての方程式 $4x-a=2x+3a$ の解が 2 であるとき、次の問いに答えなさい。** 5点×2

(1) 方程式に $x=2$ を代入して、a についての方程式をつくりなさい。

(　　　)

(2) (1)の方程式を解いて、a の値を求めなさい。

(　　　)

2 過不足の問題 **鉛筆(えんぴつ)を何人かの子どもに配るのに、1人に3本ずつ配ると9本余り、4本ずつ配ると8本たりません。子どもの人数を x 人として、次の問いに答えなさい。** 5点×4

ミス注意 (1) 3本ずつ配るとき、鉛筆の本数を x の式で表しなさい。

(　　　)

(2) 4本ずつ配るとき、鉛筆の本数を x の式で表しなさい。

(　　　)

(3) x についての方程式をつくり、子どもの人数を求めなさい。

方程式(　　　)

子どもの人数(　　　)

3 速さの問題 **弟は家を出発して、分速 70 m で 1500 m 離(はな)れた図書館に向かいました。その10分後に、兄が同じ道を分速 210 m の自転車で弟を追いかけました。次の問いに答えなさい。** 6点×4

(1) 兄が出発してから x 分後に弟に追いつくとして、追いつくまでに兄と弟が進む道のりを、x の式で表しなさい。

兄(　　　)

弟(　　　)

(2) (1)より、方程式をつくり、兄が出発して何分後に弟に追いつくか求めなさい。

方程式(　　　)

答え(　　　)

4 代金の問題 **1本120円のジュースを何本かと360円の弁当を1個買ったら、代金の合計が960円でした。次の問いに答えなさい。** 5点×2

(1) 買ったジュースの本数を x 本として、方程式をつくりなさい。

(　　　)

(2) (1)の方程式を解いて、買ったジュースの本数を求めなさい。

(　　　)

5 整数の問題 **ある数の5倍から1ひいた数が、ある数の7倍に3を加えた数と等しくなります。次の問いに答えなさい。** 6点×2

(1) ある数を x として、方程式をつくりなさい。

(　　　)

(2) (1)の方程式を解いて、ある数を求めなさい。

(　　　)

6 割合の問題 **ある中学校の生徒数は450人です。そのうち、女子の生徒数は男子の生徒数の80％です。次の問いに答えなさい。** 6点×2

(1) 男子の生徒数を x 人として、方程式をつくりなさい。

(　　　)

ミス注意 (2) (1)の方程式を解いて、女子の生徒数を求めなさい。

(　　　)

7 比例式の利用 **あるクッキーを作るとき、小麦粉 40g に砂糖 15g の割合で混ぜます。小麦粉を 100g にしたとき、次の問いに答えなさい。** 6点×2

(1) 砂糖を x g として、この関係を比例式で表しなさい。

(　　　)

(2) (1)の比例式から、小麦粉を 100g にしたときの砂糖の量を求めなさい。

(　　　)

よくでるポイント **方程式の応用問題**▶問題文から等しい数量関係を読み取り、わからない数量をxとして方程式をつくる。
よく使う数量関係▶代金＝単価×個数、時間＝道のり÷速さ

入試レベル問題

時間 30分　解答 別冊 p.19　得点　／100

1 次の問いに答えなさい。　12点×2

入試 (1) xについての方程式 $7x-3a=4x+2a$ の解が $x=5$ であるとき、aの値を求めなさい。（鹿児島県）

（　　　）

(2) xについての方程式 $4(x-a)-2=-3x+2a$ の解が8であるとき、aの値を求めなさい。

（　　　）

2 1個50円のあめと1個80円のチョコレートを合わせて12個買いました。そのときの代金の合計は750円でした。あめとチョコレートは、それぞれ何個買いましたか。　12点

あめ（　　　）
チョコレート（　　　）

入試 **3** チョコレートが何個かと、それを入れるための箱が何個かあります。1個の箱にチョコレートを30個ずつ入れたところ、すべての箱にチョコレートを入れてもチョコレートは22個余りました。そこで、1個の箱にチョコレートを35個ずつ入れていったところ、最後の箱はチョコレートが32個になりました。このとき、箱の個数を求めなさい。　（茨城県）12点

（　　　）

入試 **4** Aさんは、午後1時ちょうどに家を出発して1500 m離れた公園に向かいました。はじめは毎分50 mの速さで歩いていましたが、途中から毎分90 mの速さで走ったところ、午後1時24分ちょうどに公園に着きました。このとき、Aさんが走り始めた時刻を求めなさい。　（22 埼玉県）12点

（　　　）

ミス注意 **5** 一の位の数が3である2けたの自然数があります。この自然数の十の位の数と一の位の数を入れかえてできる数は、もとの自然数より36小さくなります。もとの自然数を求めなさい。　12点

（　　　）

入試 **6** ある洋品店では、ワイシャツを定価の3割引きで買うことができる割引券を配布しています。割引券1枚につきワイシャツ1着だけが割引きされます。この割引券を3枚使って同じ定価のワイシャツを5着買ったところ、代金が8200円でした。このとき、ワイシャツ1着の定価を求めなさい。ただし、消費税は考えないものとします。　（茨城県）14点

（　　　）

入試 **7** 紅茶が450 mL、牛乳が180 mLあります。紅茶と牛乳を5：3の割合で混ぜて、ミルクティーを作ります。紅茶を全部使ってミルクティーを作るには、牛乳はあと何mL必要か、求めなさい。
（秋田県）14点

（　　　）

英語　数学　理科　社会　国語

7 比例とグラフ

基礎レベル問題

時間 30分　解答 別冊 p.20　得点　／100

1 関数の意味 次のうち、y が x の関数であるものをすべて選び、記号で答えなさい。 5点

㋐　1本50円のえんぴつを x 本買ったときの代金 y 円

㋑　サッカーのシュートを x 回したときの、ゴールした回数 y 回

㋒　長方形の縦の長さが 10 cm、横の長さが x cm のときの、周の長さ y cm

（　　　　　）

2 比例と比例定数 次のそれぞれについて、y を x の式で表しなさい。また、y が x に比例するかどうかを調べ、比例する場合は比例定数を答えなさい。 4点×3

(1)　1束10本の花を x 束買ったときの全部の花の本数 y 本

（　　　　　）

ミス注意 (2)　25 km の道のりを、時速 x km で進むときにかかる時間 y 時間

（　　　　　）

(3)　底辺が x cm、高さが 6 cm の平行四辺形の面積 y cm²

（　　　　　）

3 比例の式 次の問いに答えなさい。 4点×2

(1)　y は x に比例し、$x=2$ のとき $y=6$ です。y を x の式で表しなさい。

（　　　　　）

(2)　y は x に比例し、$x=-1$ のとき $y=2$ です。$x=3$ のときの y の値(あたい)を求めなさい。

（　　　　　）

4 比例の関係と表 次の表は、それぞれ y が x に比例する関係を表したものです。表の空らんにあてはまる数を求めなさい。 4点×2

(1)

x	-5	-2	3	ウ	エ
y	ア	-12	イ	24	42

(2)

x	-8	-2	4	ウ	エ
y	ア	6	イ	-24	-30

5 比例の関係と変域 30 L 入る空(から)の水そうに、水がいっぱいになるまで、毎分 3 L の割合で水を入れます。水を入れ始めてから x 分後の水の量を y L として、次の問いに答えなさい。 5点×3

(1)　y を x の式で表しなさい。

（　　　　　）

(2)　水を入れ始めてから何分後に、水そうはいっぱいになりますか。

（　　　　　）

ミス注意 (3)　x の変域を不等号を使って表しなさい。

（　　　　　）

6 座標 次の問いに答えなさい。 4点×8

(1)　右の図で、点A、B、C、Dの座標を求めなさい。

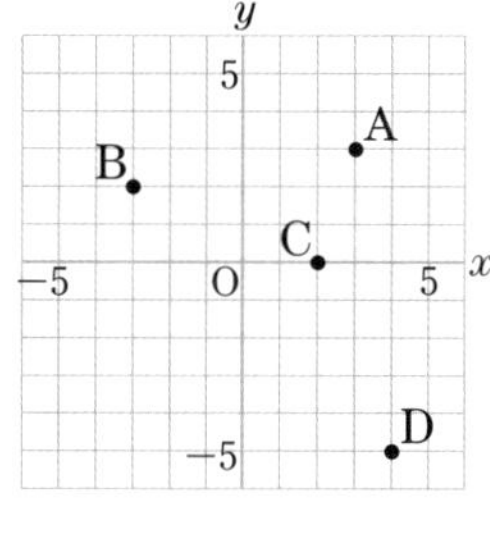

点A（　　　）
点B（　　　）
点C（　　　）
点D（　　　）

(2)　次の点を、上の図にかき入れなさい。

E(2、5)　　F(0、−2)
G(−5、1)　　H(−4、−3)

7 比例のグラフ 次の問いに答えなさい。 5点×4

(1)　下の図に、次の比例のグラフをかきなさい。

①　$y=3x$
②　$y=-2x$
③　$y=\frac{1}{2}x$

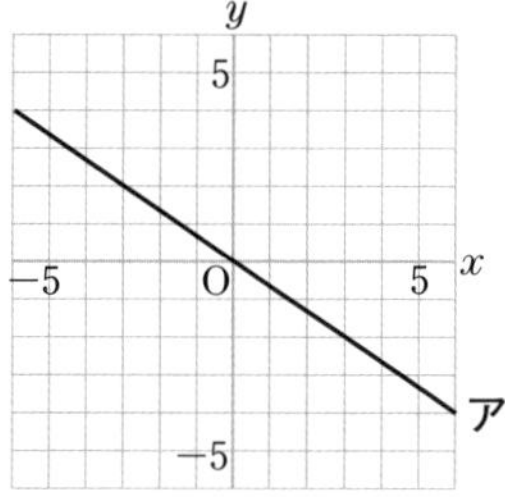

(2)　右の図のアは、比例のグラフです。y を x の式で表しなさい。

（　　　　　）

よくでるポイント ▷xの値を決めるとそれに対応してyの値もただ1つに決まるとき、**yはxの関数**である。 **比例の式**▷$y=ax$（aは比例定数） **比例のグラフ**▷原点を通る直線。 **変域**▷変数のとりうる値の範囲。

入試レベル問題

時間 30分　解答 別冊 p.20　得点　／100

1 次の問いに答えなさい。 4点×3

入試 (1) yはxに比例し、$x=-2$のとき$y=10$である。xとyの関係を式に表しなさい。（徳島県）

（　　　　）

(2) yがxに比例し、グラフが点(2、−8)を通る直線であるとき、yをxの式で表しなさい。

（　　　　）

入試 (3) yはxに比例し、$x=10$のとき、$y=-2$である。このとき、$y=\frac{2}{3}$となるxの値を求めなさい。（三重県）

（　　　　）

2 右の図について、次の問いに答えなさい。 6点×4

(1) 点Aの座標を求めなさい。

（　　　　）

(2) 点Aについて、次のような点の座標を求めなさい。

① x軸(じく)について対称(たいしょう)な点B（　　　　）

ミス注意 ② 原点について対称な点C（　　　　）

難 (3) 点A、B、Cを頂点として三角形を作ります。三角形ABCの面積を求めなさい。ただし、座標の1めもりを1cmとします。

（　　　　）

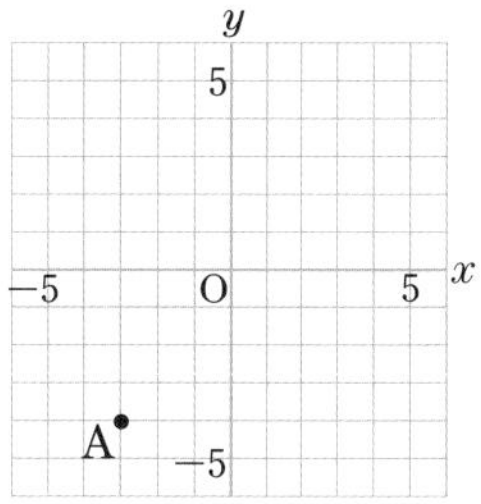

3 右の図について、次の問いに答えなさい。 7点×4

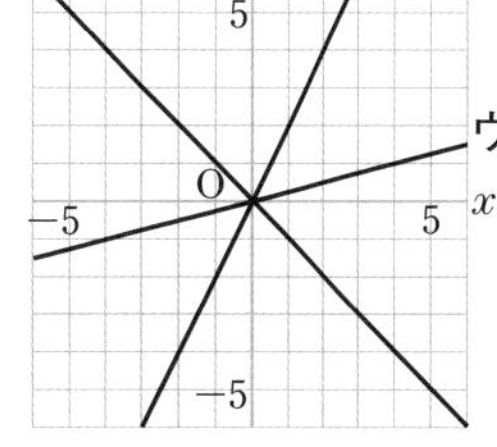

(1) グラフがア～ウになる関数を、下の①～⑤から選びなさい。

① $y=2x$ ② $y=\frac{1}{2}x$ ③ $y=-3x$ ④ $y=\frac{1}{4}x$ ⑤ $y=-x$

ア（　　　）イ（　　　）ウ（　　　）

(2) xの値が増加するとyの値が減少するグラフをア～ウから選び、記号で答えなさい。（　　　　）

4 右の図で、点Pは長方形ABCDの辺AB上をAからBまで動きます。APの長さをx cm、三角形APDの面積をy cm²とするとき、次の問いに答えなさい。 9点×4

(1) yをxの式で表しなさい。

（　　　　）

(2) xの変域を求めなさい。

（　　　　）

(3) yの変域を求めなさい。

（　　　　）

ミス注意 (4) xとyの関係を表すグラフを右の図にかきなさい。

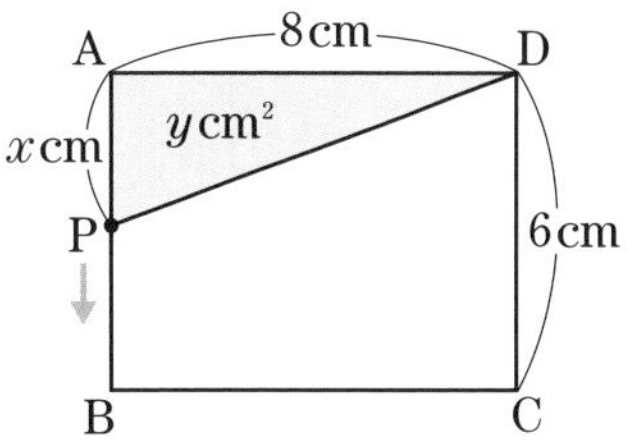

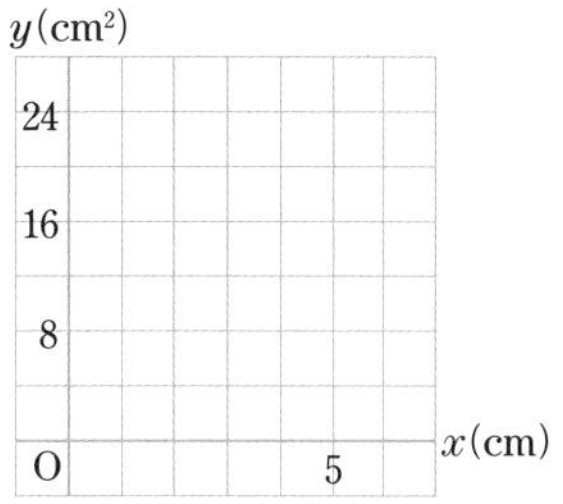

8 反比例とグラフ

基礎レベル問題

時間 30分　解答 別冊 p.21　得点　／100

1 反比例を表す式 次の式のうち、y が x に反比例するものをすべて選び、記号で答えなさい。　7点

㋐ $y=\frac{2}{x}$　　㋑ $y=\frac{x}{2}$

㋒ $x+y=4$　　㋓ $xy=4$

（　　　　）

2 反比例の性質 $y=\frac{6}{x}$ について、次の問いに答えなさい。　7点×3

(1) 下の表の空らんにあてはまる数を求めなさい。

x	−6	−3	−2	−1	2	3	6
y	ア	イ	−3	ウ	3	エ	オ

ミス注意 (2) x の値(あたい)が3倍になると、y の値はどのように変わりますか。

（　　　　）

ミス注意 (3) x の変域が $1 \leqq x \leqq 6$ のとき、y の変域を求めなさい。

（　　　　）

3 反比例の式 次の問いに答えなさい。　7点×4

(1) y は x に反比例し、$x=2$ のとき $y=18$ です。比例定数を求めなさい。

（　　　　）

(2) y は x に反比例し、$x=7$ のとき $y=4$ です。y を x の式で表しなさい。

（　　　　）

(3) y は x に反比例し、$x=2$ のとき $y=-6$ です。y を x の式で表しなさい。

（　　　　）

(4) y は x に反比例し、$x=4$ のとき $y=8$ です。$x=-2$ のときの y の値を求めなさい。

（　　　　）

4 反比例のグラフ 次の問いに答えなさい。　7点×2

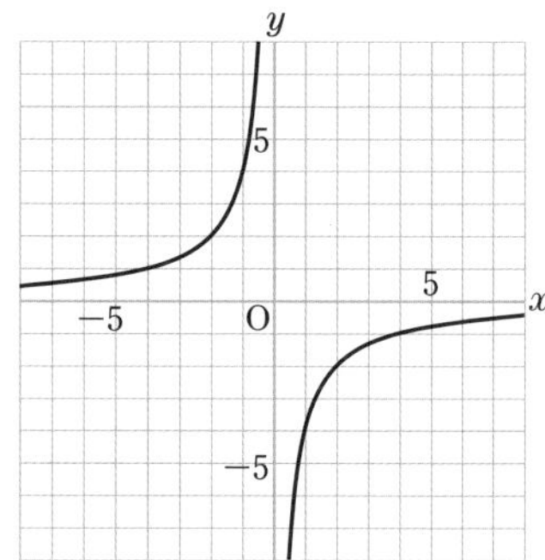

(1) 上の図は反比例のグラフです。y を x の式で表しなさい。

（　　　　）

(2) $y=\frac{8}{x}$ について、下の表の空らんをうめ、上の図にグラフをかきなさい。

x	−8	−4	−2	−1	1	2	4	8
y								

5 比例の利用 巻いてある針金の重さをはかったら、900 g ありました。同じ針金 2 m の重さをはかったら 50 g でした。次の問いに答えなさい。　7点×2

(1) 針金 x m の重さを y g として、y を x の式で表しなさい。

（　　　　）

(2) 巻いてある針金の長さを求めなさい。

（　　　　）

6 反比例の利用 60 L の水が入る空(から)の水そうがあります。この水そうに毎分 x L ずつ水を入れるとき、いっぱいになるまでに y 分間かかるとして、次の問いに答えなさい。　8点×2

(1) y を x の式で表しなさい。

（　　　　）

(2) 毎分 1.5 L ずつ水を入れると、水そうがいっぱいになるまでに何分間かかりますか。

（　　　　）

入試レベル問題

時間 30分　解答 別冊 p.21　得点　／100

1 **y が x に反比例するものをすべて選び、記号で答えなさい。** 10点

ア　底辺が x cm、高さが 6 cm の三角形の面積 y cm^2

イ　1 辺が x cm の正方形の周の長さ y cm

ウ　1200 m の道のりを毎分 x m の速さで歩くときにかかる時間 y 分

エ　面積が 36 cm^2 の平行四辺形の底辺 x cm と高さ y cm

（　　　　）

入試 **2** 次の問いに答えなさい。 10点×4

(1)　y は x に反比例し、$x=-2$ のとき $y=8$ である。y を x の式で表しなさい。　（栃木県）

（　　　　）

(2)　y は x に反比例し、$x=4$ のとき $y=-5$ である。このときの比例定数を求めなさい。　（山梨県）

（　　　　）

(3)　y は x に反比例し、$x=2$ のとき $y=3$ である。$x=5$ のときの y の値を求めなさい。　（熊本県）

（　　　　）

(4)　y は x に反比例し、$x=-6$ のとき $y=2$ である。$y=3$ のときの x の値を求めなさい。　（兵庫県）

（　　　　）

3 **兄と妹が家を同時に出発し、それぞれ一定の速さで 1200 m 離(はな)れたスポーツセンターに行きます。右のグラフは、出発してから x 分後に進んだ道のりを y m として、x と y の関係を表したものです。次の問いに答えなさい。** (1) 5点×2、(2) 10点

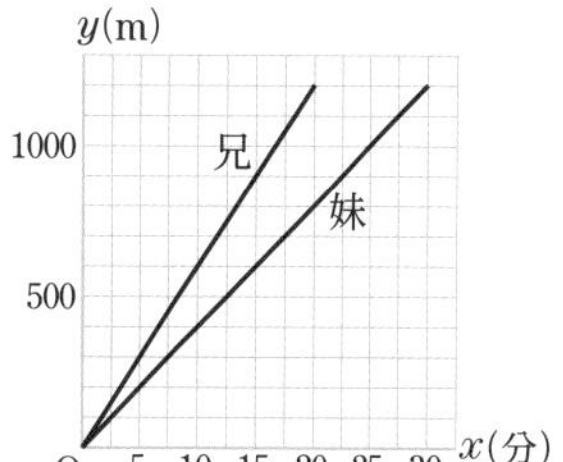

(1)　兄と妹の x、y の関係を、それぞれ式に表しなさい。

兄（　　　　）　妹（　　　　）

(2)　2 人が歩き始めてから 12 分後には、兄と妹は何 m 離れていますか。

（　　　　）

入試 **4** **右の図において、①は関数 $y=\frac{a}{x}$ のグラフ、②は関数 $y=bx$ のグラフです。①のグラフ上に x 座標が 3 である点 A をとり、四角形 ABCD が正方形となるように、3 点 B、C、D をとると、2 点 B、C の座標は、それぞれ（7、2）、（7、6）となりました。このとき、次の問いに答えなさい。** （山形県） 15点×2

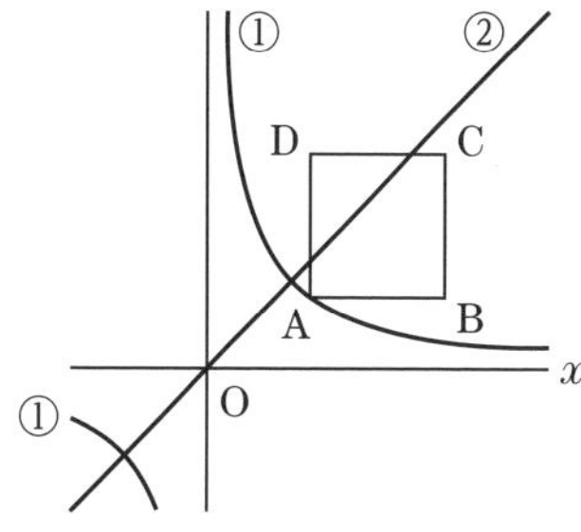

(1)　a の値を求めなさい。

（　　　　）

(2)　関数 $y=bx$ のグラフが四角形 ABCD の辺上の点を通るとき、b のとる値の範囲を、不等号を使って表しなさい。

（　　　　）

英語　数学　理科　社会　国語

9 平面図形の基礎

基礎レベル問題

時間 30分　解答 別冊 p.22　得点　／100

1 直線、線分、半直線　下の図の㋐〜㋒について、次の(1)〜(3)にあうものを選び、記号で答えなさい。　4点×3

(1)　直線 AB（　　　）　㋐ A———B
(2)　線分 AB（　　　）　㋑ A———B
(3)　半直線 AB（　　　）　㋒ A———B

2 線分の長さの関係　下の図で、点 P は線分 AB の中点、点 Q、R は線分 PB を 3 等分する点です。このとき、次の線分の長さの関係を式で表しなさい。　6点×2

A　P　Q　R　B

(1)　線分 AB と線分 AP　（　　　　）
(2)　線分 PQ と線分 PB　（　　　　）

3 垂直・平行・角の表し方　下の図で、ひし形 ABCD の対角線の交点を O とするとき、次の問いに答えなさい。　6点×4

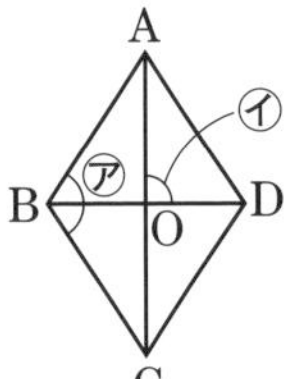

(1)　対角線 AC と BD の位置関係を、記号を使って表しなさい。
（　　　　）

(2)　辺 AB と辺 CD の位置関係を、記号を使って表しなさい。
（　　　　）

ミス注意 (3)　㋐、㋑の角を、記号を使って表しなさい。

㋐（　　　　）　㋑（　　　　）

4 点や直線の距離　下の図のように、方眼上に点 A〜D と、直線 ℓ があります。次の問いに答えなさい。　6点×2

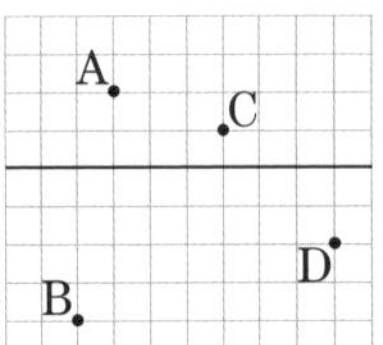

(1)　直線 ℓ との距離（きょり）が最も短い点を答えなさい。
（　　　）

ミス注意 (2)　直線 ℓ との距離が 3 cm となる直線を右上の図にかき入れなさい。ただし、方眼の 1 めもりは 1 cm とします。

5 平行移動　下の図の △ABC を、矢印 OP の方向に、OP の長さだけ平行移動させてできる △A′B′C′ をかきなさい。　8点

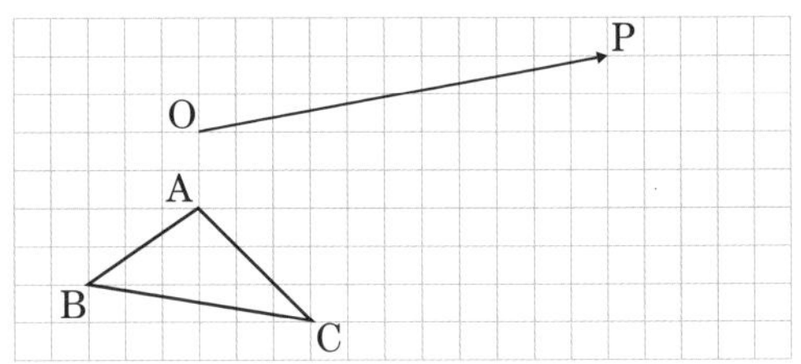

6 対称移動　下の図の △ABC を、直線 ℓ を対（たい）称（しょう）の軸（じく）として対称移動させてできる △A′B′C′ をかきなさい。　8点

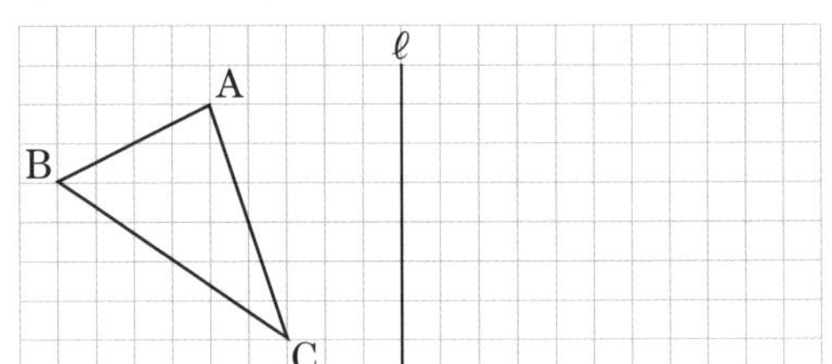

7 回転移動　下の図の △ABC を、点 O を中心として、時計の針の回転と同じ方向に 180°回転移動させてできる △A′B′C′ をかきなさい。　8点

A　B　O　C

8 移動して重なる図形　下の図は 6 つの合同な正三角形を組み合わせたものです。次の問いに答えなさい。　8点×2

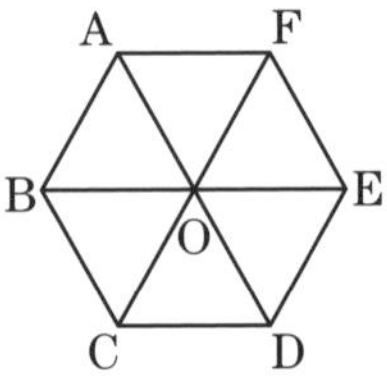

(1)　△ABO を平行移動させて重なり合う三角形をすべて答えなさい。
（　　　　）

(2)　△ABO を対称移動させて △CBO に重ねたときの、対称の軸を答えなさい。　（　　　　）

入試レベル問題

時間 30分　解答 別冊 p.23　得点　／100

1 右の図は、直線 AF を対称の軸とする線対称な図形です。次の問いに答えなさい。　10点×4

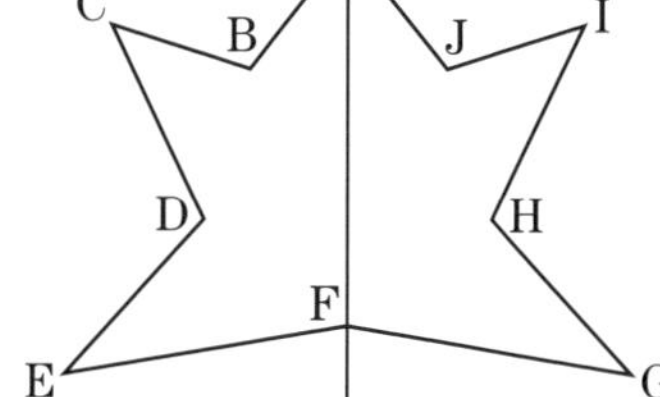

(1) 直線 AF と直線 DH の関係を、記号を使って表しなさい。

（　　　　　　）

(2) 直線 BJ と直線 EG の関係を、記号を使って表しなさい。

（　　　　　　）

(3) 直線 AF からの距離が、頂点 C と等しい頂点を答えなさい。

（　　　　　　）

(4) ∠BAF と ∠BAJ の大きさの関係を式で表しなさい。

（　　　　　　）

2 下の図の △ABC を、次の①→②→③の順で移動させた図をそれぞれかきなさい。　12点

① 矢印 PQ の方向に、PQ の長さだけ平行移動させる。

② 点 O を回転の中心として、時計の針と反対方向に 90°回転移動させる。

③ 直線 ℓ を対称の軸として、対称移動させる。

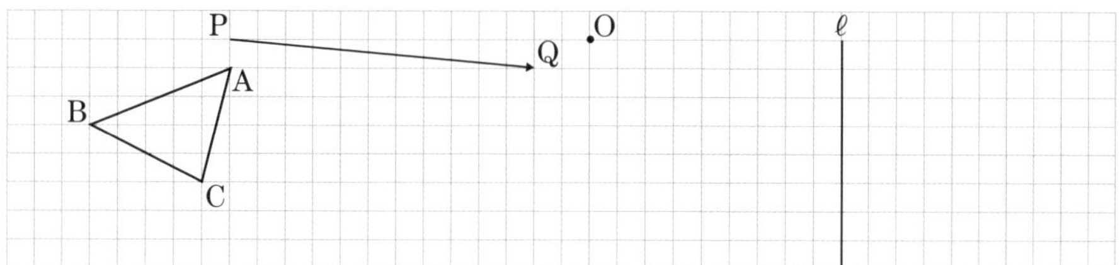

3 右の図は、16 個の合同な直角二等辺三角形を組み合わせたものです。次の問いに答えなさい。　12点×3

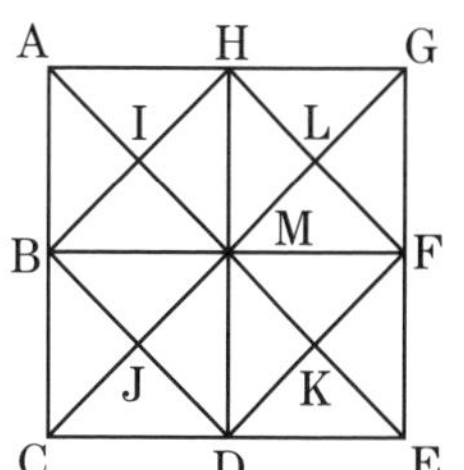

(1) △ABI を平行移動させて重ね合わせることができる三角形を、すべて答えなさい。　（　　　　　　）

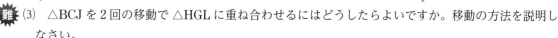

ミス注意 (2) △BCJ を 1 回の移動で △DEK に重ね合わせるにはどうしたらよいですか。移動の方法を説明しなさい。

（　　　　　　）

難 (3) △BCJ を 2 回の移動で △HGL に重ね合わせるにはどうしたらよいですか。移動の方法を説明しなさい。

（　　　　　　）

入試 **4** 右の図のように、正方形 ABCD、正方形 EFCG があります。正方形 ABCD を、点 C を中心として、時計まわりに 45°だけ回転移動させると、正方形 EFCG に重ね合わせることができます。このとき、∠x の大きさを求めなさい。

（秋田県）12点

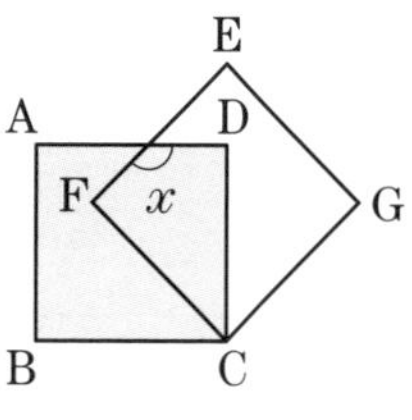

（　　　　　　）

10 作　図

基礎レベル問題

時間 30分　解答 別冊 p.23　得点　／100

1 垂直二等分線の作図 下の図の △ABC について、次の問いに答えなさい。 8点×2

(1) 辺 AB の垂直二等分線 ℓ を作図しなさい。

(2) 辺 BC の中点 M を作図しなさい。

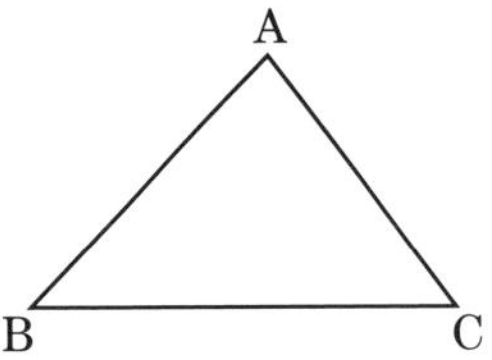

2 角の二等分線の作図 下の図の △ABC で、∠B の二等分線と辺 AC との交点 P を作図して求めなさい。 10点

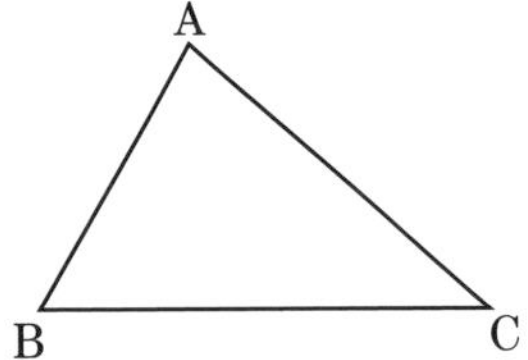

3 垂線の作図 次の直線を作図しなさい。 10点×2

(1) 下の図で、点 O を通る直線 ℓ の垂線

(2) 下の図で、点 A を通る直線 ℓ の垂線

ミス注意 **4** 三角形の高さの作図 下の図の △ABC で、辺 BC を底辺とするときの高さ AH を作図しなさい。 10点

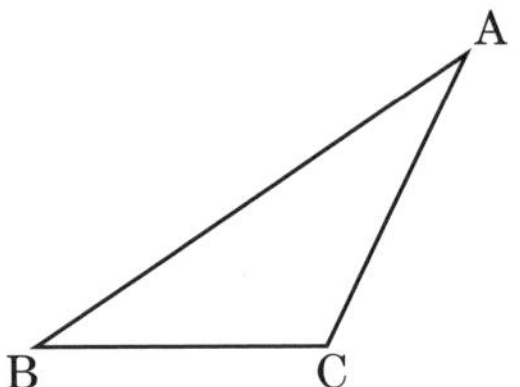

5 特別な角の作図 次の問いに答えなさい。 10点×2

(1) 右の図で、60° の ∠CAB を作図しなさい。

(2) (1)でつくった 60° の ∠CAB を利用して、30° の ∠DAB を作図しなさい。

6 距離が等しい点の作図 次の問いに答えなさい。 12点×2

(1) 下の図で、直線 ℓ 上にあって、2点 A、B からの距離（きょり）が等しい点 P を作図しなさい。

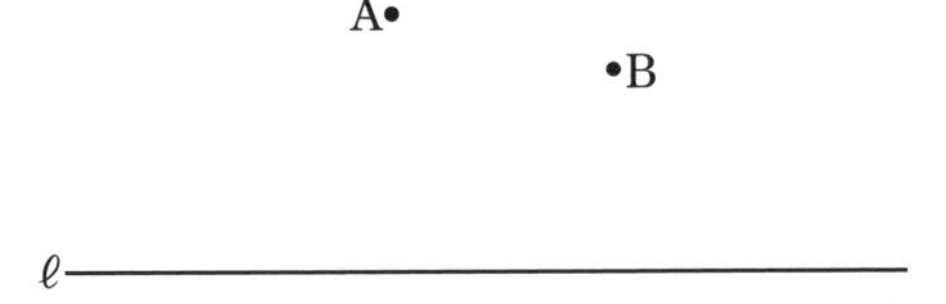

(2) 下の図の四角形 ABCD で、3辺 AB、BC、CD からの距離が等しい点 P を作図しなさい。

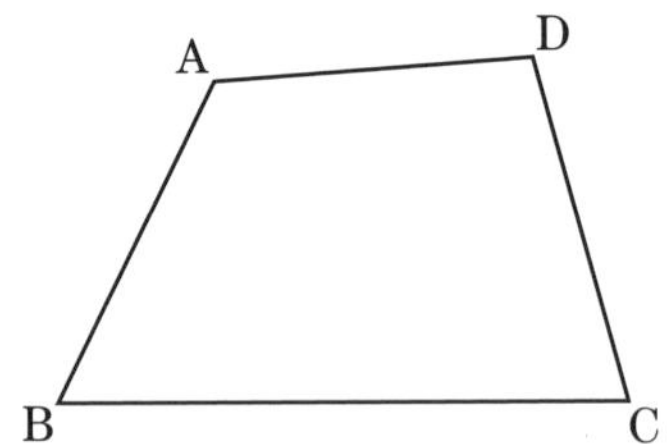

よくでるポイント 2点A、Bからの距離が等しい点▶線分ABの垂直二等分線上にある。
2辺OA、OBまでの距離が等しい点▶∠AOBの二等分線上にある。

入試レベル問題

時間 30分　解答 別冊 p.24　得点　　／100

1 右の図の△ABCについて、次の問いに答えなさい。　10点×2

(1) 底辺をABとするときの高さCHを作図しなさい。

(2) BN＝CNとなるような辺AB上の点Nを作図して求めなさい。

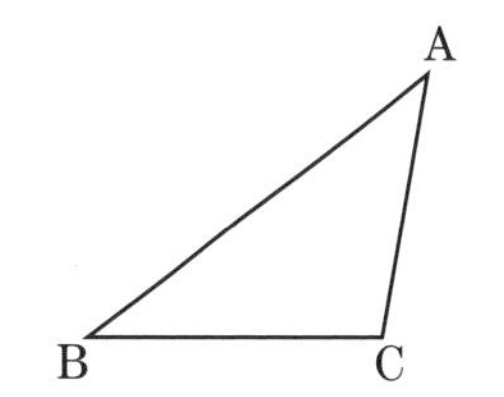

入試 **2** 右の図のように、3点A、B、Cがあります。このとき、次の条件を満たす点Pを作図によって求めなさい。また、点Pの位置を示す文字Pもかきなさい。　（千葉県）16点

条件
- 点Pは、線分ACの中点と点Bを結ぶ直線上の点である。
- 直線APと直線BPは垂直に交わる。

A
B
C

入試 **3** 右の図のような正三角形ABCの辺AC上に、∠APB＝75°となる点Pを作図しなさい。また、点Pの位置を示す文字Pも図の中にかき入れなさい。　（佐賀県）16点

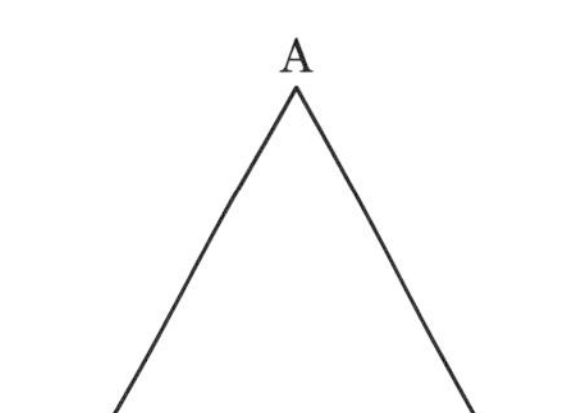

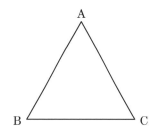

ミス注意 **4** 右の図の△DEFは、△ABCを回転移動させたものです。この移動の回転の中心Oを作図して求めなさい。　16点

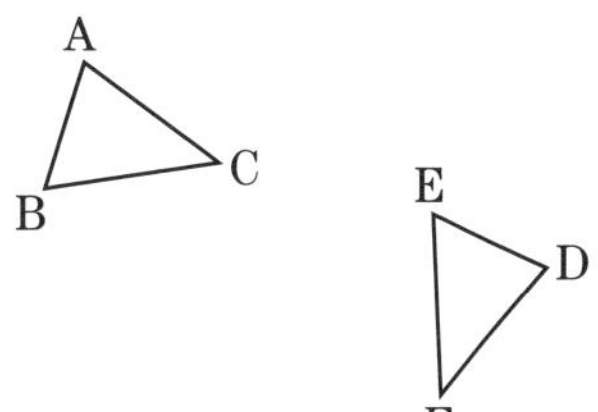

入試 **5** 右の図のような、△ABCがあります。2辺AB、ACから等しい距離にあり、2点A、Bから等しい距離にある点Pを、作図によって求めなさい。　（高知県）16点

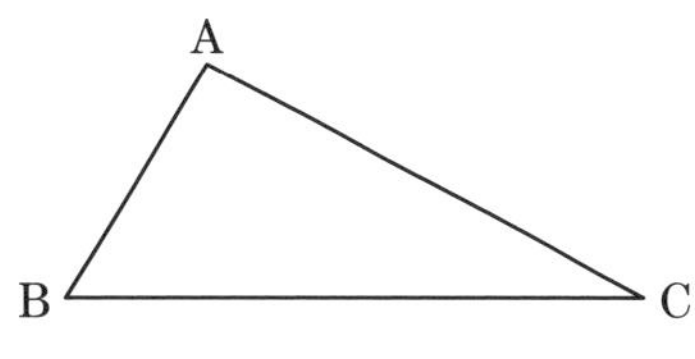

難 **6** 右の図のような、直線ℓと2点A、Bがあります。ℓ上に点Pをとり、PとA、PとBをそれぞれ結ぶとき、AP＋PBが最短になるような点Pを作図して求めなさい。　16点

11 円とおうぎ形の計量

基礎レベル問題

時間 30分　解答 別冊 p.24　得点　／100

1 円とおうぎ形 下の図は、円周上の2点A、Bと、円の中心Oを結んだものです。次の問いに答えなさい。　4点×4

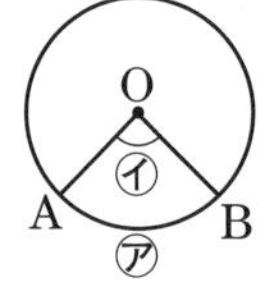

(1) AからBまでの円周の部分㋐を、記号を使って表しなさい。

(　　　)

(2) 2点A、Bを結ぶ線分ABを何というか、答えなさい。

(　　　)

(3) 線分OA、OBと㋐の部分で囲まれた図形を何というか、答えなさい。

(　　　)

(4) 角㋑を何というか、答えなさい。

(　　　)

2 おうぎ形の中心角と弧 下の図のおうぎ形で、∠AOB＝∠BOC＝∠CODのとき、次の長さの関係を式で表しなさい。　4点×2

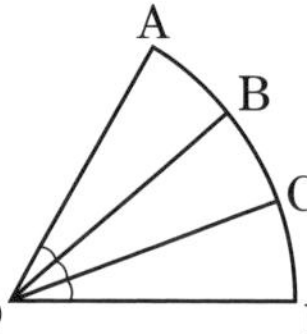

(1) $\overset{\frown}{AB}$ と $\overset{\frown}{BC}$　(　　　)

(2) $\overset{\frown}{AD}$ と $\overset{\frown}{CD}$　(　　　)

3 円の接線の作図 下の図で、円周上の点Aを通る円Oの接線を作図しなさい。　6点

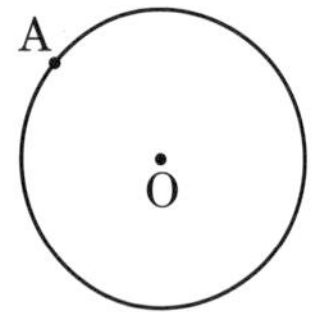

4 おうぎ形の対称の軸の作図 下のおうぎ形OABの対称(たいしょう)の軸(じく)を作図しなさい。　6点

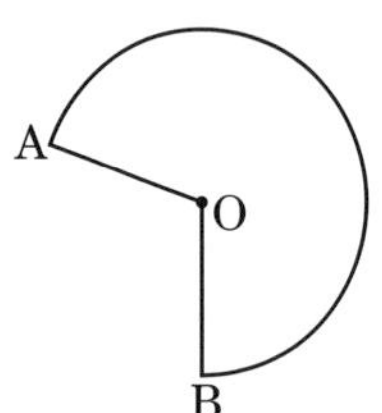

5 円の接線と角 下の図は、円外の点Pから円Oに2本の接線をひき、それぞれの接点をA、Bとしたものです。点AとO、点BとOを結ぶとき、次の問いに答えなさい。　6点×2

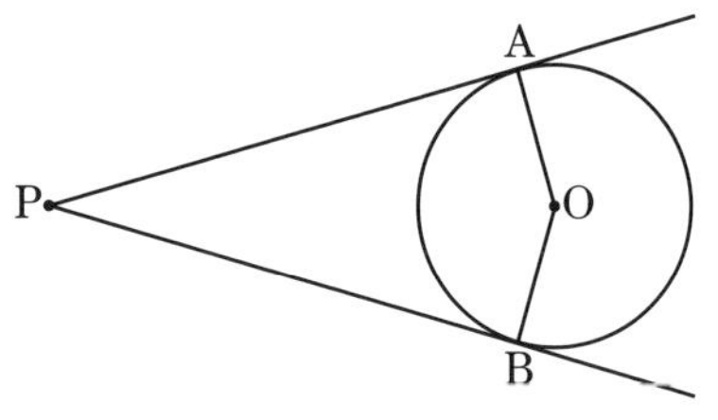

(1) ∠PAOの大きさを求めなさい。

(　　　)

ミス注意 (2) ∠APB＝32°のとき、∠AOBの大きさを求めなさい。

(　　　)

6 円の周の長さと面積 直径が10 cmの円について、周の長さと面積を求めなさい。ただし、円周率はπとします。　6点×2

(1) 周の長さ　(　　　)

(2) 面積　(　　　)

7 おうぎ形の計量 次の問いに答えなさい。ただし、円周率はπとします。　8点×5

(1) 図1のおうぎ形の弧(こ)の長さと面積を求めなさい。

図1

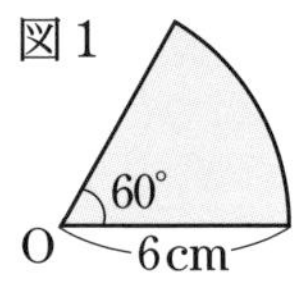

① 弧の長さ　(　　　)

② 面積　(　　　)

(2) 図2のおうぎ形の弧の長さと面積を求めなさい。

図2

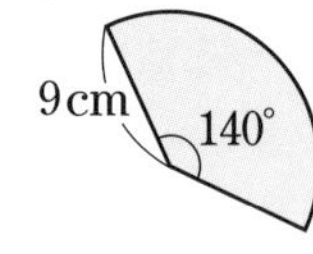

① 弧の長さ　(　　　)

② 面積　(　　　)

(3) 半径が10 cm、面積が25π cm^{2}のおうぎ形の中心角を求めなさい。

(　　　)

よくでるポイント **円の接線の性質**▷円の接線は、その接点を通る半径と垂直に交わる。 ●おうぎ形の弧の長さ ℓ と、面積 S（半径 r、中心角 $a°$）▷$\ell=2\pi r\times\frac{a}{360}$、$S=\pi r^2\times\frac{a}{360}$ （$S=\frac{1}{2}\ell r$）

入試レベル問題

時間 30分 解答 別冊 p.25 得点 ／100

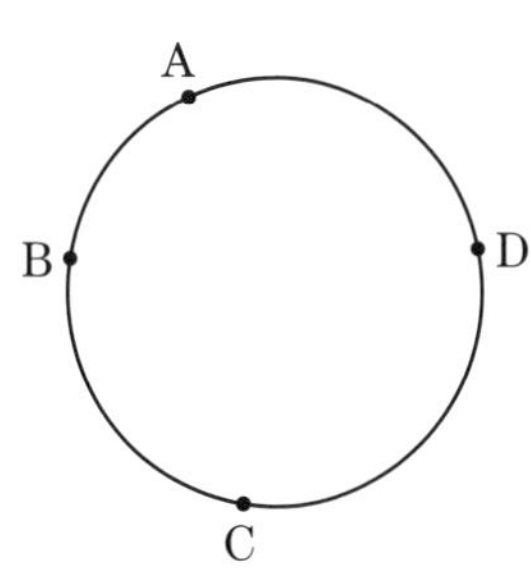

入試 **1** 右の図のように、円周上に4点A、B、C、Dがあります。円の中心を作図によって求めるとき、どの点が円の中心となるか、次のア〜エから1つ選んで、その符号を書きなさい。（兵庫県） 10点

ア　弦ACの中点
イ　弦ACと弦BDの交点
ウ　弦BCの垂直二等分線と弦CDの垂直二等分線の交点
エ　∠ABCの二等分線と∠BCDの二等分線の交点

（　　　）

入試 **2** 右の図のように、直線 ℓ と直線 ℓ 上の点A、直線 ℓ 上にない点Bがあります。点Aで直線 ℓ に接し、点Bを通る円の中心Oを作図しなさい。（徳島県・改） 10点

•B

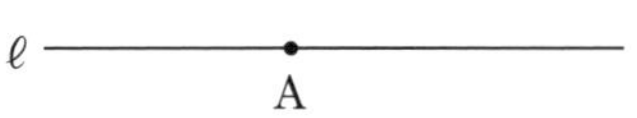

3 右の図について、次の問いに答えなさい。 10点×2

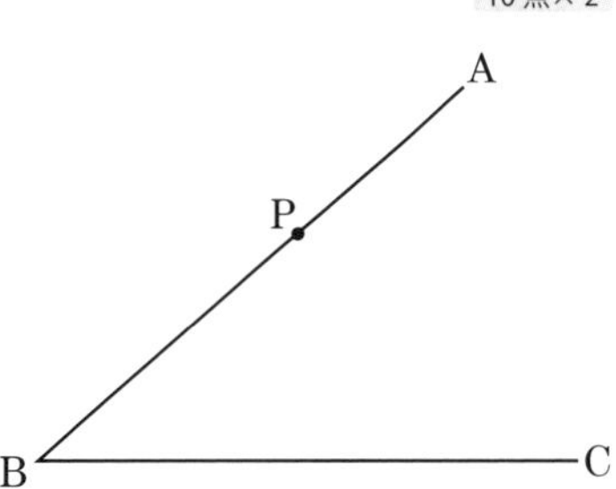

難 (1)　∠ABCの辺ABに点Pで接し、辺BCにも接する円を作図しなさい。

(2)　(1)で作図した円と辺BCの接点をQとして、点Pと円の中心O、点QとOを結びます。∠PBQの大きさが40°のとき、∠POQの大きさを求めなさい。

（　　　）

4 次の問いに答えなさい。ただし、円周率は π とします。 10点×3

入試 (1)　半径が5 cm、中心角が72°のおうぎ形の面積を求めなさい。（福島県）

（　　　）

(2)　半径が12 cm、弧の長さが 5π cmのおうぎ形の面積を求めなさい。

（　　　）

(3)　半径が18 cm、弧の長さが 3π cmのおうぎ形の中心角を求めなさい。

（　　　）

5 次の問いに答えなさい。ただし、円周率は π とします。 10点×3

ミス注意 (1)　右の図は、2つのおうぎ形を組み合わせた図形です。色をつけた部分の周の長さと面積を求めなさい。

①　周の長さ　（　　　）
②　面積　（　　　）

(2)　右の図は、正方形の中に2つのおうぎ形がかかれたものです。色をつけた部分の面積を求めなさい。

（　　　）

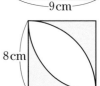

12 いろいろな立体

基礎レベル問題

時間 30分　解答 別冊 p.25　得点　／100

1 いろいろな立体 下の図の(1)～(4)の立体の名前を答えなさい。　4点×4

(1)

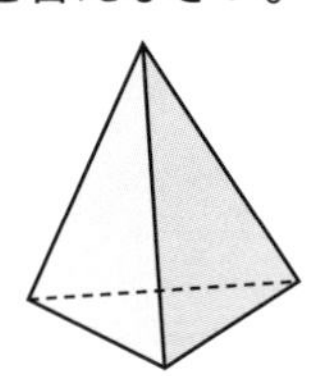

(2)

(　　　　　)　(　　　　　)

(3)

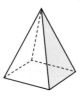

(4)

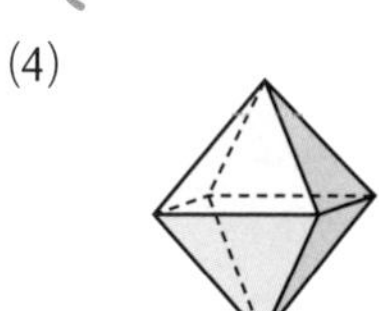

どの面も合同な正三角形

(　　　　　)　(　　　　　)

2 正多面体 下の表は、正多面体についてまとめたものです。ア～カにあてはまることばや数を答えなさい。　4点×6

	面の形	頂点の数	辺の数	面の数
正四面体	正三角形	4	エ	4
正六面体	ア	8	オ	6
正八面体	正三角形	ウ	12	8
正十二面体	イ	20	30	12
正二十面体	正三角形	12	30	カ

3 角柱の展開図 下の図2は、頂点をA、B、C、D、E、F、G、Hとする図1の立方体の展開図です。図2のア～カにあたる頂点の記号を答えなさい。　4点×6

図1

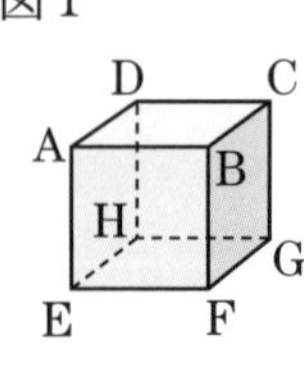

図2

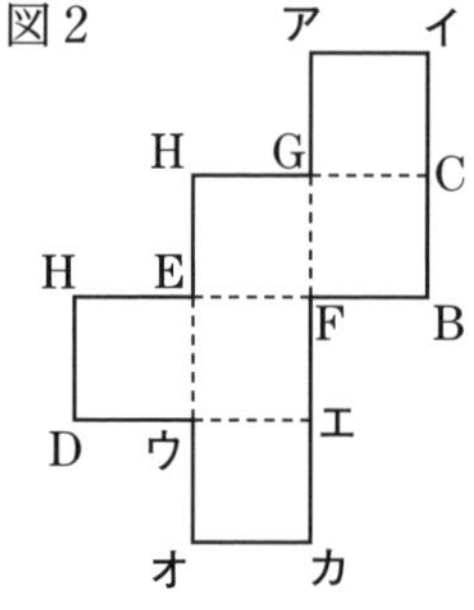

ア(　　)　イ(　　)　ウ(　　)
エ(　　)　オ(　　)　カ(　　)

4 円柱の展開図 右の円柱の展開図をかくとき、側面の長方形の縦、横の長さはそれぞれ何cmにすればよいですか。ただし、円周率はπとします。　4点×2

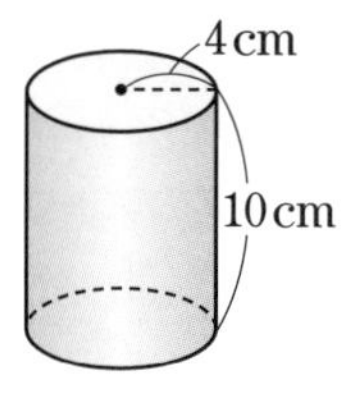

縦(　　　)　横(　　　)

5 円錐の展開図 右の円錐(えんすい)の展開図で、側面のおうぎ形の弧(こ)の長さと中心角の大きさを求めなさい。ただし、円周率はπとします。　4点×2

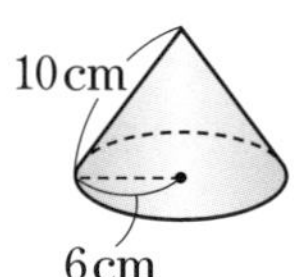

弧の長さ(　　　)
中心角(　　　)

6 正多面体の展開図 下の図は、正四面体ABCDの展開図です。ア～ウにあたる頂点の記号を答えなさい。　5点×3

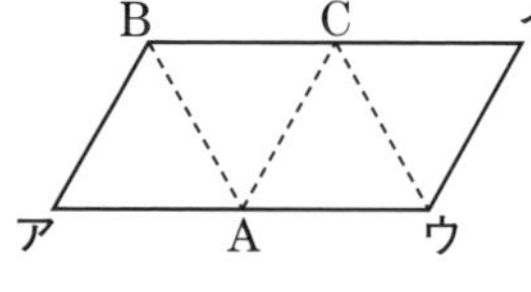

ア(　　)
イ(　　)
ウ(　　)

ミス注意 **7 展開図とひもの長さ** 下の図1のように、直方体の表面に辺BC、FGを通って、DからEまでひもをかけます。ひもの長さを最も短くするには、どのようにかければよいですか。このときのひものようすを、図2の展開図にかき入れなさい。　5点

図1

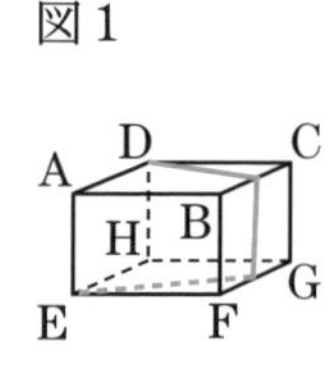

図2

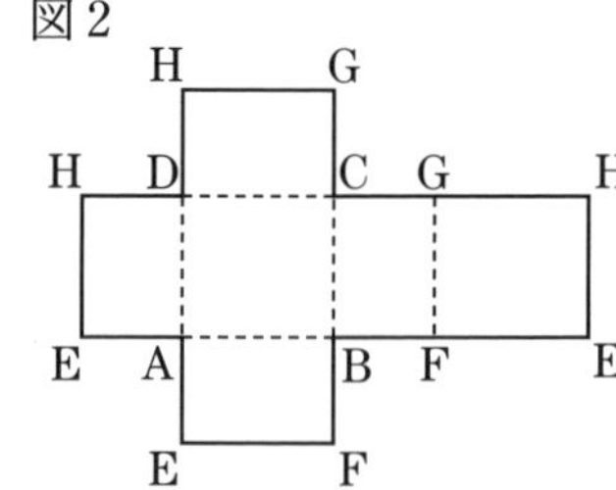

よくでるポイント　**円錐の展開図**▶側面のおうぎ形の弧の長さは、底面の円周の長さに等しい。
正多面体▶すべての面が合同な正多角形で、どの頂点にも面が同じ数だけ集まっている立体。

入試レベル問題

時間 30分　解答 別冊 p.26　得点　／100

1 下の(1)～(5)の条件にあてはまる立体を、次のア～キからすべて選び、記号で答えなさい。　5点×5

ア．三角柱	イ．三角錐	ウ．直方体	エ．円柱	オ．四角錐	カ．球	キ．円錐

(1) 多面体　（　　　）
(2) 底面が１つの立体　（　　　）
(3) 曲面だけで囲まれている立体　（　　　）
(4) 側面が長方形である立体　（　　　）
(5) １つの平面と１つの曲面で囲まれている立体　（　　　）

入試 **2** 右の図は、母線の長さが 8 cm、底面の円の半径が 3 cm の円錐の展開図です。図のおうぎ形 OAB の中心角の大きさを求めなさい。
（22 埼玉県）15点

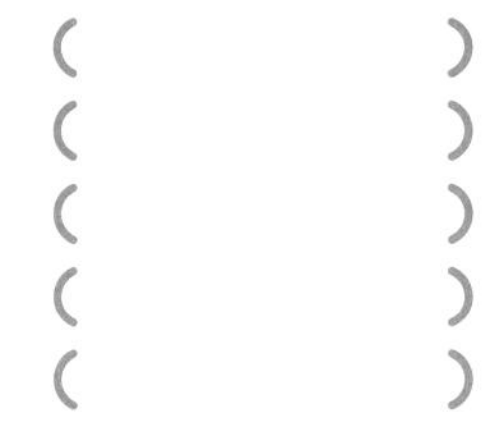

（　　　）

3 右の図は、すべての面が正三角形でできている、ある立体の展開図です。この展開図を組み立ててできる立体について、次の問いに答えなさい。　6点×5

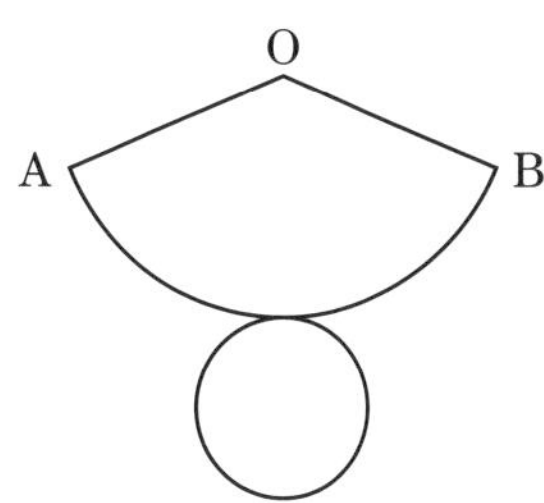

(1) この立体の名前を答えなさい。　（　　　）
(2) 頂点 A に集まる辺の数を答えなさい。　（　　　）
(3) 頂点 A に集まる面の数を答えなさい。　（　　　）
(4) 頂点 B と重なる頂点を答えなさい。　（　　　）
ミス注意 (5) 辺 FG と重なる辺を答えなさい。　（　　　）

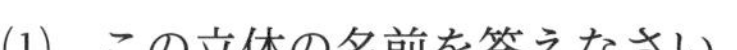

入試 **4** 右の図は、立方体の展開図を示したものです。この展開図を組み立てたとき、線分 AB と平行で、長さが等しくなる線分を展開図にかき入れなさい。
（北海道）15点

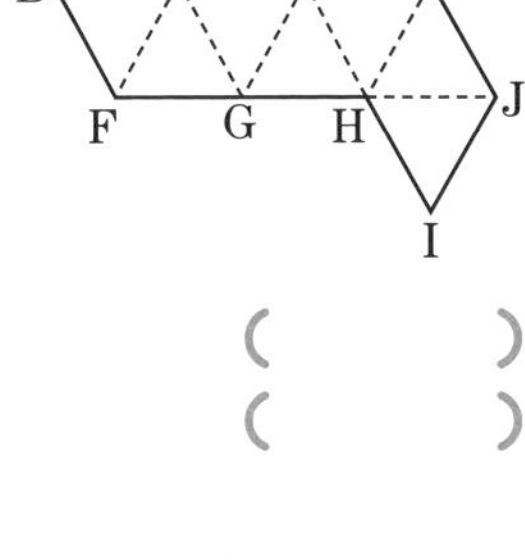

入試 **5** 右の図は、立方体の展開図です。この展開図を組み立ててできる立体において、頂点 P と頂点 A、B、C、D をそれぞれ結ぶ線分のうち、最も長いものはどれですか。次のア～エから１つ選び、その記号を書きなさい。
（奈良県）15点

ア　線分 PA　　イ　線分 PB　　ウ　線分 PC　　エ　線分 PD

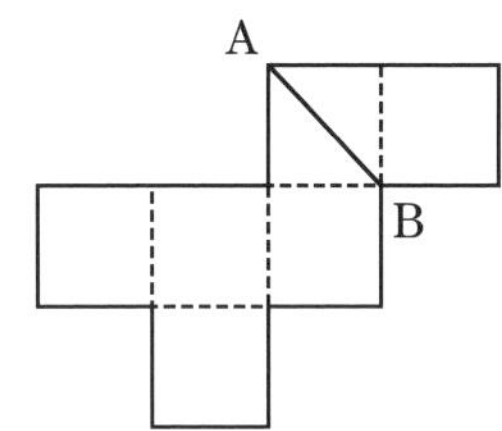

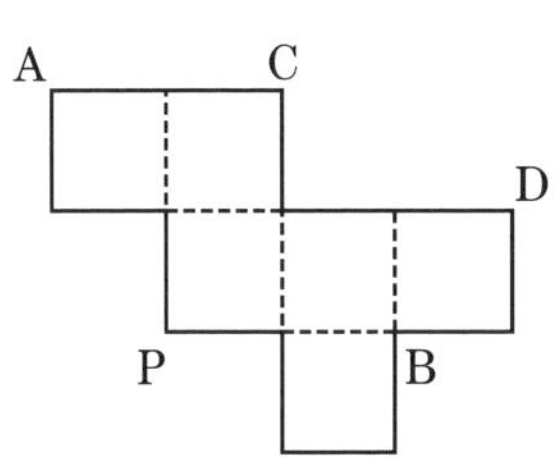

（　　　）

13 直線や平面の位置関係

基礎レベル問題

時間 30分　解答 別冊 p.26　得点　／100

1 平面の決定 次の(1)〜(3)で、平面がただ1つに決まるものに○を、決まらないものに×をかきなさい。　5点×3

(1) 平行な2つの直線 ℓ と m のどちらもふくむ平面　(　　)

(2) ねじれの位置にある2つの直線 ℓ と m のどちらもふくむ平面　(　　)

(3) 1つの直線上にある3つの点A、B、Cをすべてふくむ平面　(　　)

2 空間内の平面と直線 下の直方体について、次の面や辺をすべて答えなさい。　5点×3

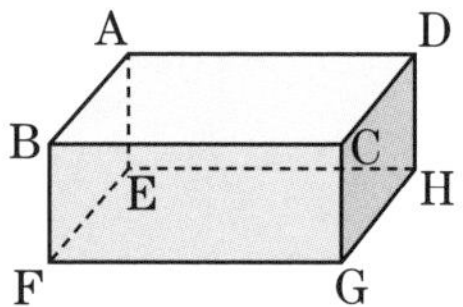

(1) 面BFGCと平行な辺
(　　)

(2) 辺BCと垂直な面
(　　)

ミス注意 (3) 辺BCとねじれの位置にある辺
(　　)

3 2平面の位置関係 右の図の立体は、立方体を2つに分けてできた三角柱です。次の面をすべて答えなさい。　5点×2

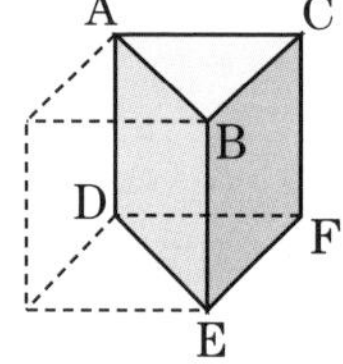

(1) 面ADFCと垂直な面
(　　)

(2) 面ABCと平行な面
(　　)

4 直線と平面の位置関係 空間内にある直線や平面について、つねに正しいものをすべて選び、記号で答えなさい。　6点

㋐ 1つの平面に垂直な2つの直線は垂直
㋑ 1つの直線に垂直な2つの平面は平行
㋒ 1つの平面に平行な2つの平面は平行
㋓ 1つの直線に垂直な2つの直線は垂直

(　　)

5 3つの直線と平面 空間内にある3直線 ℓ、m、n と3平面P、Q、Rについて、次の(1)、(2)が正しいかどうかを答えなさい。　6点×2

(1) $\ell \perp m$、$m \perp n$ ならば、$\ell /\!/ n$ である。
(　　)

(2) P∥R、R⊥Q ならば、P⊥Q である。
(　　)

6 面の動きと立体 次の立体は、それぞれどんな平面図形をそれと垂直な方向に一定の距離(きょり)だけ動かしたものとみることができますか。　6点×2

(1) 円柱　(2) 三角柱

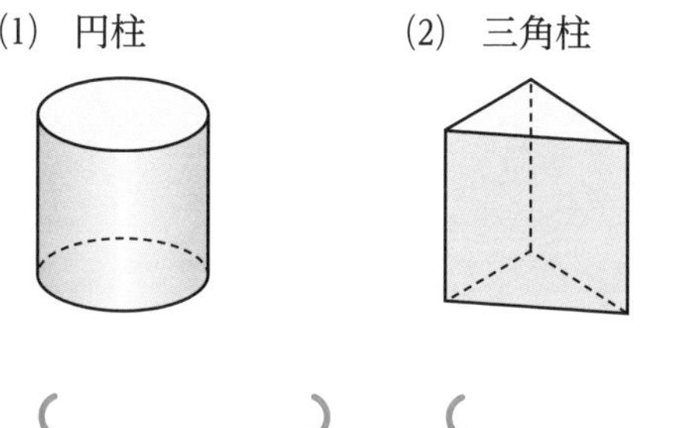

(　　)　(　　)

7 回転体 次のような図形を、直線 ℓ を軸(じく)として1回転させると、どのような立体ができますか。できる立体の名前を答えなさい。　6点×3

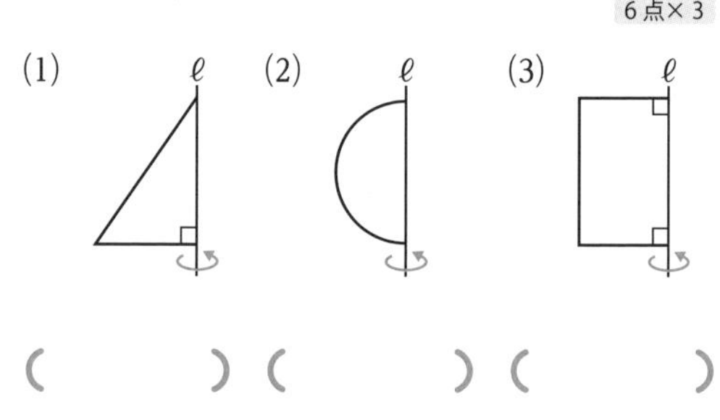

(　　)　(　　)　(　　)

8 投影図 次の投影(とうえい)図(ず)が表す立体の名前を答えなさい。　6点×2

(1)

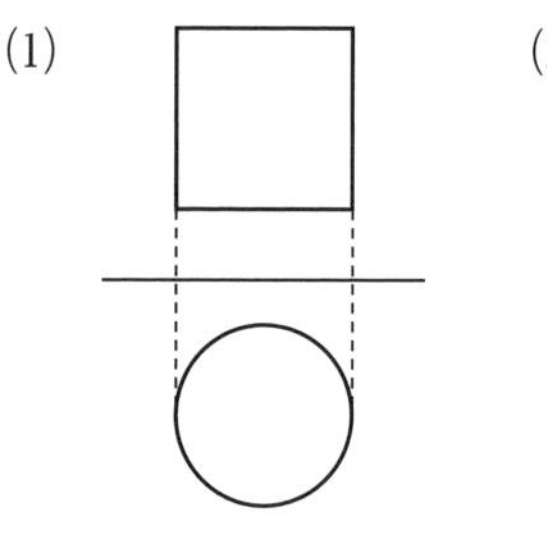

(2)

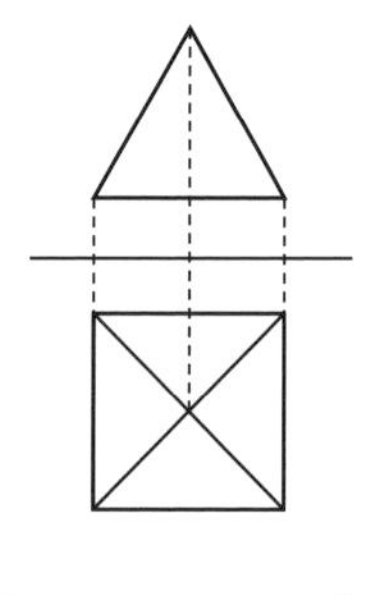

(　　)　(　　)

よくでるポイント
空間内の直線や平面▶直線や平面の位置関係は、直方体をもとに考えるとよい。
ねじれの位置▶空間内で、平行でなく、交わらない2直線の位置関係。

入試レベル問題

時間 30分　解答 別冊 p.27　得点　／100

1 右の図の正五角柱で、次の位置関係にある辺や面をすべて答えなさい。 7点×4

(1) 辺 AF と垂直な面 （　　　）

(2) 辺 AF と平行な面 （　　　）

(3) 面 AFGB と平行な辺 （　　　）

ミス注意 (4) 辺 AB とねじれの位置にある辺 （　　　）

2 右の図は、三角柱の展開図です。これを組み立ててできる三角柱について、次の問いにア～オの記号で答えなさい。 7点×3

(1) 辺 AB と垂直になる面はどれですか。 （　　　）

(2) アの面と平行になる面はどれですか。 （　　　）

難 (3) ウの面と垂直になる面はどれですか。 （　　　）

入試 **3** 空間内に、直線 ℓ をふくむ平面 A と、直線 m をふくむ平面 B があります。直線 ℓ、平面 A、直線 m、平面 B の位置関係について、つねに正しいものを、次のア～エから1つ選び、記号で答えなさい。

ア　平面 A と平面 B が平行であるならば、直線 ℓ と直線 m は平行である。 （山形県） 15点

イ　直線 ℓ と直線 m が平行であるならば、平面 A と平面 B は平行である。

ウ　平面 A と平面 B が垂直であるならば、直線 ℓ と平面 B は垂直である。

エ　直線 ℓ と平面 B が垂直であるならば、平面 A と平面 B は垂直である。 （　　　）

4 次の(1)～(3)の立体は、右のア～オのどの平面図形を、直線 ℓ を軸として1回転させてできたものと考えられますか。記号で答えなさい。 7点×3

(1) （　　　）　(2) （　　　）　(3) （　　　）

入試 **5** 次のア～オの投影図は、三角柱、三角錐、四角錐、円錐、球のいずれかを表しています。ア～オのうち、三角錐を表している投影図を1つ選び、記号で答えなさい。 （群馬県） 15点

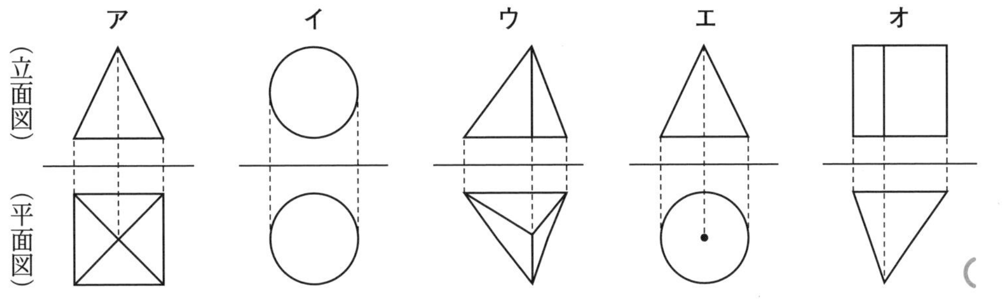

（　　　）

14 立体の計量

基礎レベル問題

時間 30分　解答 別冊 p.27　得点　／100

※円周率は、πとする。

1 角柱の表面積 下の図は、三角柱とその展開図です。次の問いに答えなさい。　5点×3

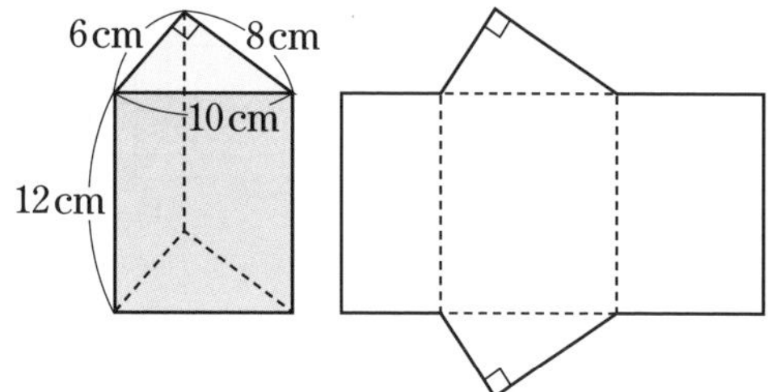

(1) 底面積を求めなさい。
(　　　　　)

(2) 側面積を求めなさい。
(　　　　　)

ミス注意 (3) 表面積を求めなさい。
(　　　　　)

2 円柱の表面積 下の図は、円柱とその展開図です。次の問いに答えなさい。　5点×3

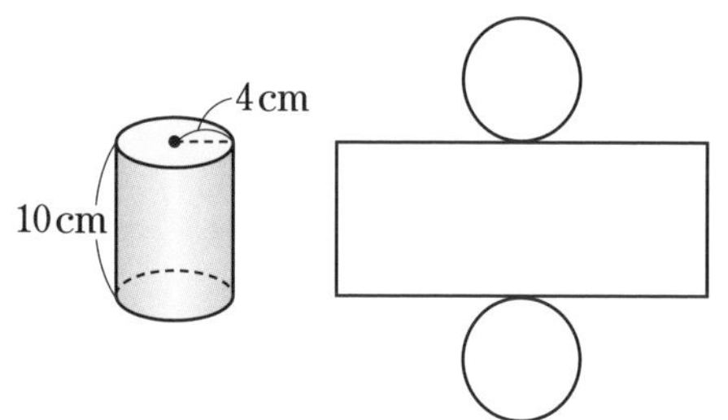

(1) 底面積を求めなさい。
(　　　　　)

(2) 側面積を求めなさい。
(　　　　　)

(3) 表面積を求めなさい。
(　　　　　)

3 角柱・円柱の体積 次の問いに答えなさい。　5点×2

(1) 底面が1辺10cmの正方形で、高さが15cmの正四角柱の体積を求めなさい。
(　　　　　)

(2) 底面の半径が3cm、高さが9cmの円柱の体積を求めなさい。
(　　　　　)

4 円錐の表面積 下の図は、円錐(えんすい)とその展開図です。次の問いに答えなさい。　6点×4

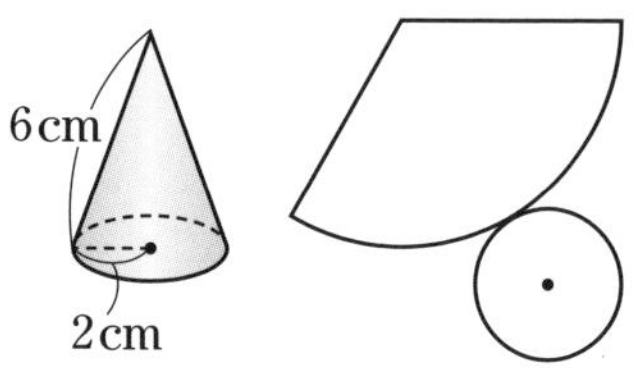

(1) 底面積を求めなさい。
(　　　　　)

(2) 側面のおうぎ形の中心角を求めなさい。
(　　　　　)

(3) 側面積を求めなさい。
(　　　　　)

(4) 表面積を求めなさい。
(　　　　　)

5 角錐の体積 右の図の正四角錐について、次の問いに答えなさい。　6点×2

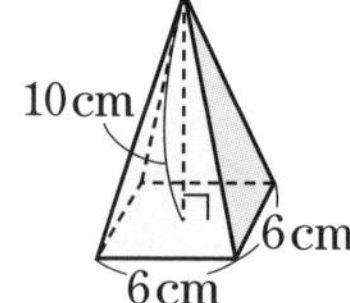

(1) 底面積を求めなさい。
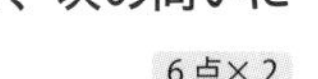
(　　　　　)

ミス注意 (2) 体積を求めなさい。
(　　　　　)

6 球の表面積と体積 半径3cmの球について、次の問いに答えなさい。　6点×2

(1) 表面積を求めなさい。
(　　　　　)

(2) 体積を求めなさい。
(　　　　　)

7 回転体 右の長方形ABCDの辺CDを軸(じく)として1回転させてできる回転体について、次の問いに答えなさい。　6点×2

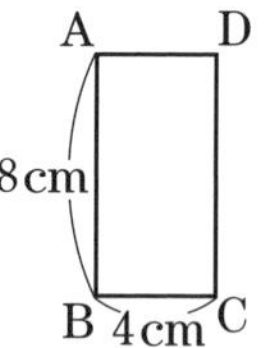

(1) 何という立体ができますか。
(　　　　　)

(2) この立体の体積を求めなさい。
(　　　　　)

よくでるポイント **表面積**▶角柱・円柱の表面積＝側面積＋底面積×2、角錐・円錐の表面積＝側面積＋底面積
体積▶底面積 S、高さ h の、角柱・円柱の体積 $V=Sh$、角錐・円錐の体積 $V=\frac{1}{3}Sh$

入試レベル問題

時間 30分　解答 別冊 p.28　得点　／100

1 次の立体の表面積と体積を求めなさい。　8点×4

(1) 四角柱

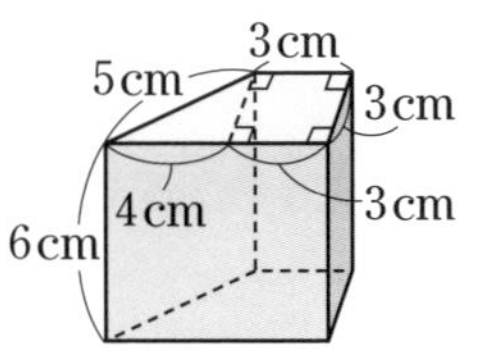

(2) 正四角錐

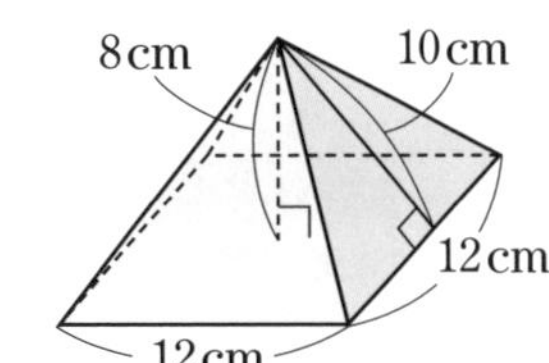

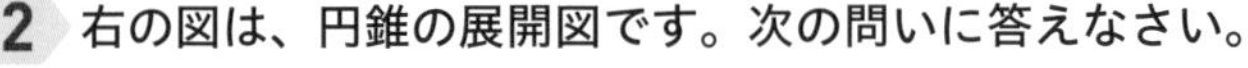

(1) 表面積（　　　　）　体積（　　　　）

(2) 表面積（　　　　）　体積（　　　　）

2 右の図は、円錐の展開図です。次の問いに答えなさい。　10点×3

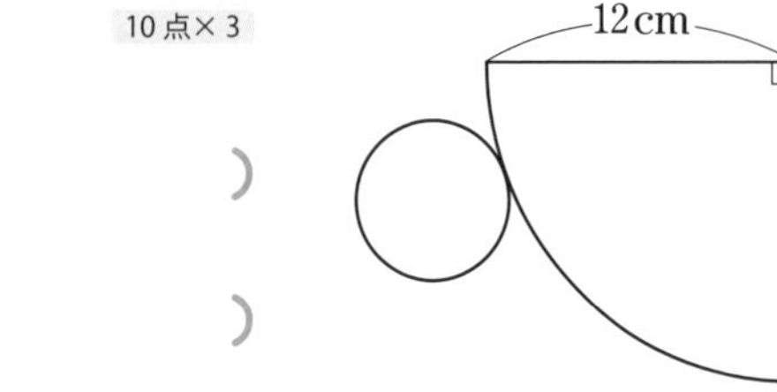

難 (1) この円錐の底面の半径を求めなさい。

（　　　　）

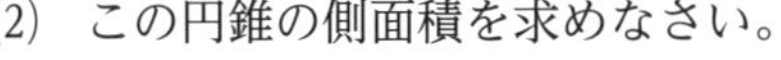

(2) この円錐の側面積を求めなさい。

（　　　　）

(3) この円錐の表面積を求めなさい。

（　　　　）

入試 **3** 右の図は、円柱の投影図です。この円柱の体積を求めなさい。（愛媛県）12点

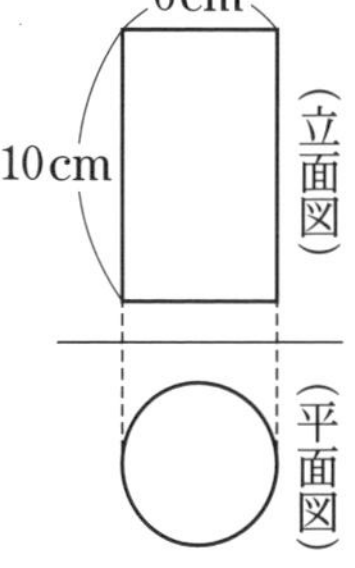

（　　　　）

入試 **4** 右の図の △ABC は、辺 AB、BC、CA の長さがそれぞれ 5、3、4 の直角三角形です。この三角形を、直線 ℓ を軸として 1 回転させてできる回転体の体積を求めなさい。ただし、辺 BC と ℓ は垂直です。（滋賀県）13点

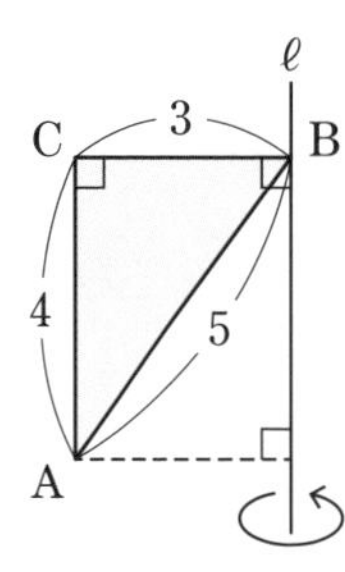

（　　　　）

入試 **5** 右の図は、正四角錐の展開図です。正方形 ABCD の対角線 AC の長さは 4 cm であり、この展開図を組み立ててできる正四角錐の体積を求めると、$\frac{32}{3}$ cm³ でした。このとき、正四角錐の高さを求めなさい。（千葉県）13点

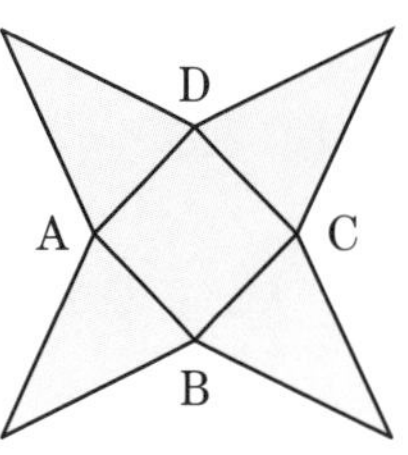

（　　　　）

15 データの活用

基礎レベル問題

時間 30分　解答 別冊 p.28　得点　／100

1 度数分布表　下の表は、あるクラスのハンドボール投げの記録です。次の問いに答えなさい。　3点×4

ハンドボール投げの記録

階級(m)	度数(人)
以上 未満	
5 ～10	2
10～15	4
15～20	12
20～25	16
25～30	6
合　計	40

(1) 記録が 10 m の人が入っている階級を答えなさい。（　　　）

(2) 階級の幅(はば)を答えなさい。（　　　）

(3) 15 m 以上 20 m 未満の階級の階級値(かいきゅうち)を求めなさい。（　　　）

(4) 20 m 以上 25 m 未満の階級の度数を答えなさい。（　　　）

2 ヒストグラムと度数折れ線　上の**1**の度数分布表について、次の問いに答えなさい。　4点×2

(1) 右のヒストグラムを完成させなさい。

(2) 右の図に、度数折れ線をかき入れなさい。

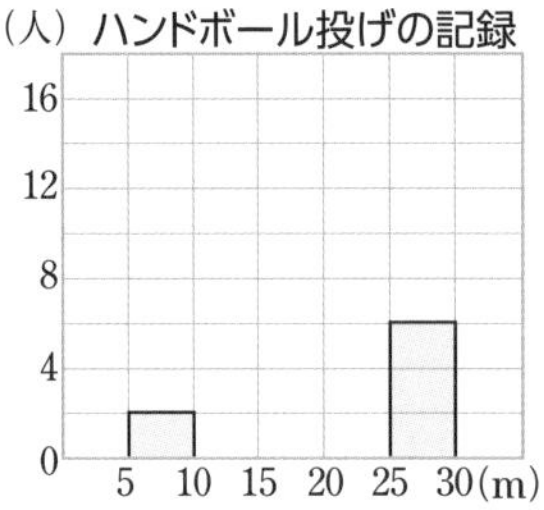

(人) ハンドボール投げの記録

(縦軸 0, 4, 8, 12, 16　横軸 5, 10, 15, 20, 25, 30(m))

3 相対度数　下の表は、**1**の度数分布表から相対度数(そうたいどすう)と累積相対度数(るいせきそうたいどすう)を調べてまとめたものです。次の問いに答えなさい。　5点×6

ハンドボール投げの記録

階級(m)	度数(人)	相対度数	累積相対度数
以上 未満			
5 ～10	2	0.05	0.05
10～15	4	ア（　　）	0.15
15～20	12	0.30	0.45
20～25	16	イ（　　）	ウ（　　）
25～30	6	0.15	1.00
合　計	40	エ（　　）	

(1) 表のア～エにあてはまる数を求めなさい。

(2) ハンドボール投げの記録について、次の人は全体の何％ですか。

① 15 m 未満　（　　　）

② 20 m 以上　（　　　）

4 代表値　下の表は、卵 10 個の重さを調べた結果の度数分布表です。次の問いに答えなさい。　5点×5

卵の重さ

階級(g)	階級値(g)	度数(個)	階級値×度数
以上 未満			
44～46	45	1	45
46～48	47	1	ア（　　）
48～50	49	4	196
50～52	51	3	イ（　　）
52～54	53	1	53
合　計		10	494

(1) 表のア、イにあてはまる数を求めなさい。

(2) この表から、卵の重さの平均値を求めなさい。（　　　）

(3) 中央値はどの階級に入るか答えなさい。（　　　）

(4) 最頻値(さいひんち)を求めなさい。（　　　）

5 範囲と代表値　下の資料は、あるくつ屋で 1 日に売れたくつのサイズを調べたものです。次の問いに答えなさい。　5点×3

1 日に売れたくつのサイズ

23	24.5	27	26	25.5	22.5	25
27.5	26	23.5	24	26.5	26	22
23	26.5	25.5	22.5	26		

〈単位は cm〉

(1) くつのサイズの分布の範囲を求めなさい。（　　　）

(2) 中央値を求めなさい。（　　　）

(3) 最頻値を求めなさい。（　　　）

6 相対度数と確率　下の表は、あるボタンを 1 個投げる実験をくり返したとき、表になった回数を調べたものです。これについて、次の問いに答えなさい。　5点×2

回数	50	100	200	500	800	1000
表	36	67	131	322	518	649

(1) 800 回投げたときの、表になる相対度数を、四捨五入して小数第 3 位まで求めなさい。（　　　）

(2) 表が出る確率と裏が出る確率はどちらのほうが大きいといえますか。（　　　）

よくでるポイント　**代表値**▶平均値、中央値(メジアン)…中央の値、最頻値(モード)…最も多く出てくる値
確率▶あることがらの起こりやすさを表す数。多数回の試行で、相対度数が近づく数。

入試レベル問題

時間 30分　解答 別冊 p.29　得点　／100

1 右の表は、ある中学校の1年1組40人と1年生全体120人の50m走の記録を調べ、表に整理したものです。次の問いに答えなさい。　(1)2点×6、(2)(3)各14点

50m走の記録

階級(秒)	1年1組		1年生全体	
	度数(人)	相対度数	度数(人)	相対度数
以上 未満				
7.0～7.4	4	0.10	6	ア
7.4～7.8	10	0.25	12	イ
7.8～8.2	12	0.30	30	ウ
8.2～8.6	8	0.20	42	エ
8.6～9.0	4	0.10	18	オ
9.0～9.4	2	0.05	12	カ
合計	40	1.00	120	1.00

(1) 右の表のア～カにあてはまる数を求めなさい。

ア(　　　)　イ(　　　)
ウ(　　　)　エ(　　　)
オ(　　　)　カ(　　　)

(2) 右のグラフは、1年1組の相対度数を、度数折れ線に表したものです。ここに、1年生全体の相対度数の折れ線を重ねてかきなさい。

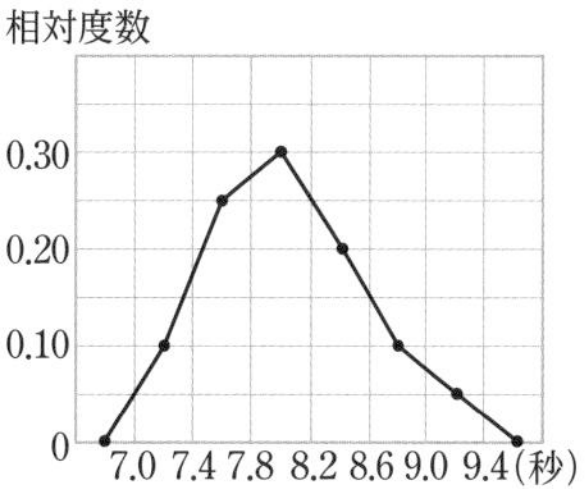

(3) 1年1組と1年生全体を比べて、どちらの記録のほうがよいといえますか。また、その理由も説明しなさい。

(　　　)

入試 **2** 右の表は、A中学校の1年生30人とB中学校の1年生90人について、ある日の睡眠(すいみん)時間を調べ、その結果を度数分布表に整理したものです。この表からわかることを述べた文として正しいものを、次のア～エから1つ選び、その記号を書きなさい。　(愛媛県)　15点

階級(時間)	A中学校	B中学校
	度数(人)	度数(人)
以上 未満		
4 ～ 5	0	1
5 ～ 6	3	8
6 ～ 7	10	27
7 ～ 8	9	29
8 ～ 9	7	21
9 ～ 10	1	4
計	30	90

ア　A中学校とB中学校で、最頻値は等しい。
イ　A中学校とB中学校で、8時間以上9時間未満の階級の相対度数は等しい。
ウ　A中学校で、7時間未満の生徒の割合は、40%以下である。
エ　B中学校で、中央値がふくまれる階級は、6時間以上7時間未満である。

(　　　)

入試 **3** 右の表は、あるクラスの生徒20人のハンドボール投げの記録を度数分布表に整理したものです。記録が20m以上24m未満の階級の相対度数を求めなさい。また、28m未満の累積相対度数を求めなさい。

(青森県)　15点×2

階級(m)	度数(人)
以上 未満	
16～20	4
20～24	6
24～28	1
28～32	7
32～36	2
計	20

相対度数(　　　)、累積相対度数(　　　)

入試 **4** 6人の生徒が1か月間に読んだ本の冊数を少ない順に並べると、右のようになりました。6人の生徒が1か月間に読んだ本の冊数の平均値と中央値が同じとき、aの値を求めなさい。　(22 愛知県)　15点

1、3、5、a、10、12

(単位：冊)

(　　　)

テストに役立つ

中1数学 よくあるミスとその対策

正負の数 p.34〜37

□ **正負の数の乗法**

ミス 答えの符号のミス

対策 答えの符号を決めてから計算！

▶負の数が { 偶数個 ⇒ ＋ / 奇数個 ⇒ − }

例 $(-3)\times(+5)\times(-2)=+(3\times5\times2)$

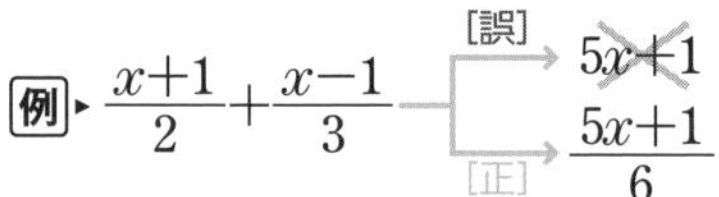

文字と式 p.38〜41

□ **分数の形の式の加減**

ミス 分母をはらってしまうミス

対策 文字式の計算 ⇒ 通分する / 方程式 ⇒ 分母をはらう } ２つを区別！

例 $\frac{x+1}{2}+\frac{x-1}{3}$ [誤]→ ~~$5x+1$~~　[正]→ $\frac{5x+1}{6}$

方程式 p.42〜45

□ **係数に分数をふくむ方程式**

ミス 分母をはらうときの、整数の項へのかけ忘れ

対策 かっこをつけて、分母の公倍数をかける！

例 $\frac{1}{3}x+2=\frac{1}{6}x$

[誤]→ $\frac{1}{3}x\times6+2=\frac{1}{6}x\times6$ （×）

[正]→ $\left(\frac{1}{3}x+2\right)\times6=\frac{1}{6}x\times6$

比例と反比例 p.46〜49

□ **比例や反比例の式**

ミス x の値と y の値を逆に代入するミス

対策 x の値は右辺の x に、y の値は左辺の y に代入する！

例 y が x に比例し、$x=3$ のとき、$y=-6$

⇒ 式を $y=ax$ とすると、

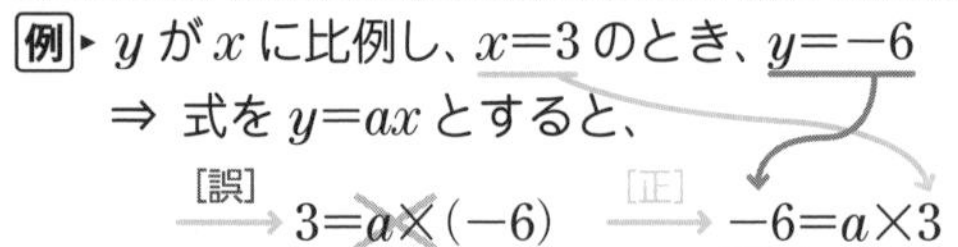

平面図形 p.50〜55

□ **弧をもつ図形の周の長さ**

ミス 線分の長さをたし忘れるミス

対策 図形の周がどの部分か、よく確認！

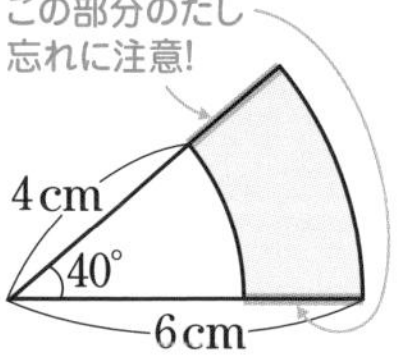

例 右上の図で、色のついた部分の周の長さは、

$2\pi\times4\times\frac{40}{360}+2\pi\times6\times\frac{40}{360}+2+2$

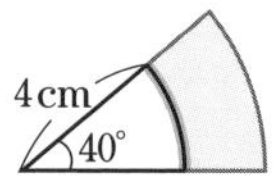

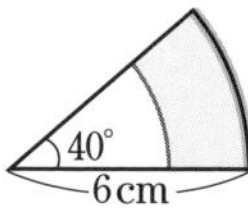

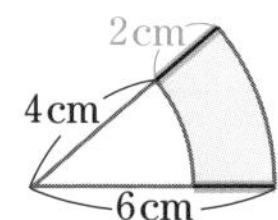

空間図形 p.56〜61

□ **空間内の直線や平面の位置関係**

ミス 延長すると交わることの見落とし

対策 直線や平面は限りなく広がっているものと考える！

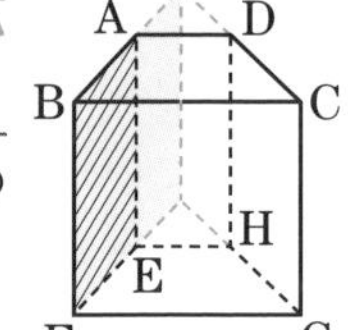

例 右の図で、面 ABFE と交わる直線は、

⇒ AD、BC、EH、FG、

CD、GH ←延長すると交わる！

□ **球の計量**

ミス 公式を正しく覚えていないミス

対策 ２つの公式を正しく区別！

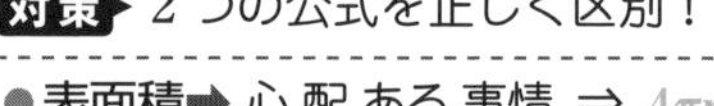

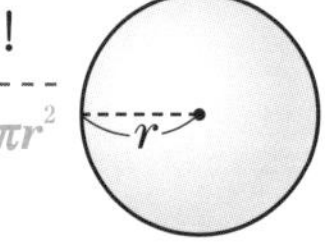

●体積➡身の上に心 配 ある から 参上 ⇒ $\frac{4}{3}\pi r^3$

（身の上に＝$\frac{4}{3}$、心配＝π、ある＝r、参上＝3乗）

データの活用 p.62〜63

□ **中央値**

ミス 偶数個のデータの中央値

対策 データの個数が偶数のとき、中央値は、中央の２つの値の平均値！

例 下のような 12 個のデータで、中央値は、

2　3　4　4　5　5　6　6　6　6　7　8

[誤]→ ~~6~~　[正]→ (5＋6)÷2＝5.5

理 科

1 生物の観察、植物のからだのつくり

基礎レベル問題

時間 30分　解答 別冊 p.30　得点　／100

1 水中の小さな生物 次の水中の小さな生物について、あとの問いに答えなさい。　3点×4

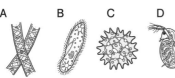

A　B　C　D　E

(1)　A、Bの生物をそれぞれ何といいますか。
A（　　　　）
B（　　　　）

(2)　緑色をしている生物はどれですか。すべて選びなさい。（　　　　）

(3)　動き回る生物はどれですか。すべて選びなさい。（　　　　）

2 根のつくり 植物の根のつくりについて、次の問いに答えなさい。　3点×4

(1)　被子植物のうち、発芽のときの子葉が1枚の植物のなかまを何といいますか。
（　　　　）

(2)　被子植物のうち、発芽のときの子葉が2枚の植物のなかまを何といいますか。
（　　　　）

ミス注意 (3)　図のAの中央の太い根を何といいますか。
（　　　　）

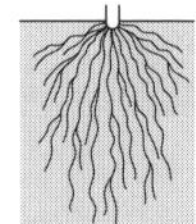

(4)　図のBのような根を何といいますか。（　　　　）

3 花のつくり 右の図は、アブラナの花を分解して並べたものです。次の問いに答えなさい。　4点×5

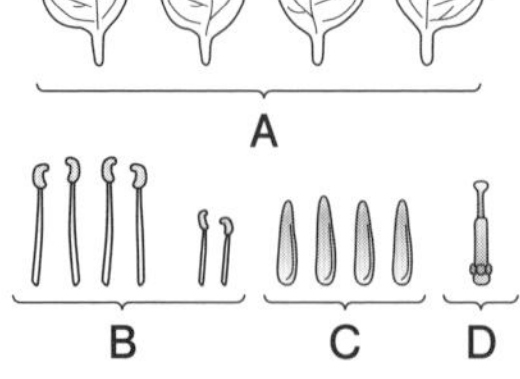

(1)　A～Dの部分をそれぞれ何といいますか。
A（　　　　）　B（　　　　）
C（　　　　）　D（　　　　）

(2)　A～Dを、花の外側からついている順に並べなさい。（　→　→　→　）

4 果実と種子 右の図は、エンドウの花の断面と果実のようすです。次の問いに答えなさい。　3点×8

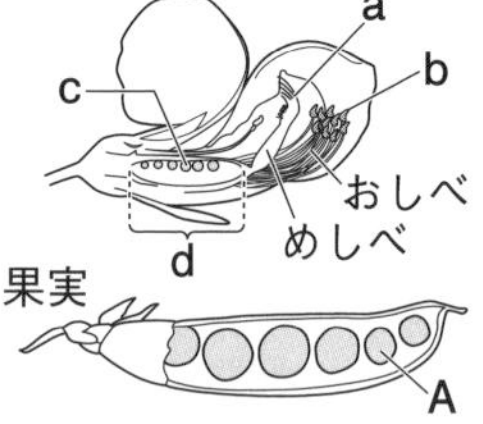

(1)　エンドウの花のa～dの部分を、それぞれ何といいますか。
a（　　　　）　b（　　　　）
c（　　　　）　d（　　　　）

(2)　Aを何といいますか。（　　　　）

(3)　次の①～③はa～dのどの部分ですか。
①　受粉後にAになる部分。（　　　　）
②　受粉後に果実になる部分。（　　　　）
③　花粉がつくられる部分。（　　　　）

5 マツの花 右の図は、マツの花のようすです。次の問いに答えなさい。　3点×4

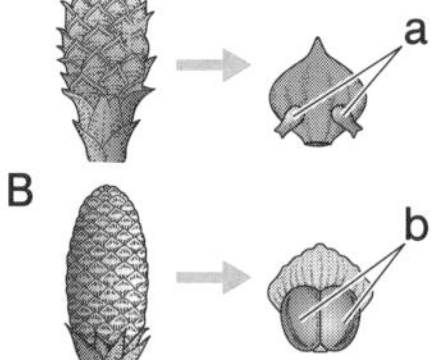

(1)　雌花はA、Bのどちらですか。（　　　　）

ミス注意 (2)　a、bの部分をそれぞれ何といいますか。
a（　　　　）　b（　　　　）

(3)　マツのように、子房がなく胚珠がむきだしの植物を何といいますか。（　　　　）

6 葉のつくり 右の図は、2種類の被子植物の葉のようすです。次の問いに答えなさい。　5点×4

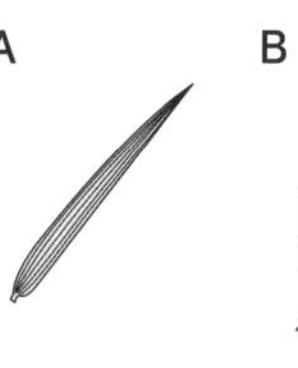

(1)　A、Bの葉脈をそれぞれ何といいますか。
A（　　　　）　B（　　　　）

(2)　A、Bの葉脈をもつ植物の特徴を、次のア～エからそれぞれすべて選びなさい。
A（　　　　）　B（　　　　）

ア　根はひげ根である。
イ　主根と側根がある。
ウ　子葉が1枚である。
エ　子葉が2枚である。

よくでるポイント **花と果実**▷子房は果実に、胚珠は種子になる。 **マツの花**▷子房がなく、胚珠がむきだし。
根のつくり▷双子葉類と単子葉類では根のつくりがちがう。

入試レベル問題

時間 30分 解答 別冊 p.30 得点 ／100

1 右の図は、サクラの花の模式図とマツの花のりん片です。次の問いに答えなさい。 7点×9

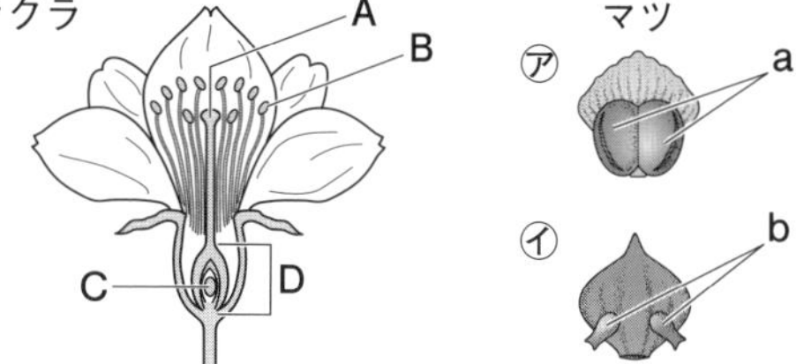

(1) サクラの花のDの部分を何といいますか。 (　　)

(2) 花粉がめしべの先のAにつくことを何といいますか。 (　　)

(3) (2)のあと、種子になる部分はA～Dのどれですか。 (　　)

ミス注意 (4) マツの花のりん片㋐、㋑のうち、雌花のりん片はどちらですか。 (　　)

(5) マツの花のa、bは、サクラの花のA～Dのどの部分にあたりますか。 a (　　) b (　　)

(6) サクラとマツの花に共通する特徴を、次のア～カから2つ選びなさい。 (　　)(　　)

ア 子房がある。　イ 胚珠がある。　ウ 花弁がある。
エ 種子をつくる。　オ 果実ができる。　カ おしべとめしべがある。

(7) サクラの花のように、CがDの中にある植物のなかまを何といいますか。 (　　)

入試 **2** 花のつくりについて、次の観察を行いました。あとの問いに答えなさい。

(愛媛県) (1)～(3) 7点×3、(4) 8点×2

アブラナとマツの花を、図1のルーペを用いて観察した。はじめに、採取したアブラナの花全体を観察した。その後、アブラナの花を分解し、めしべの根もとのふくらんだ部分を縦に切ったものを観察した。図2は、そのスケッチである。次に、図3のマツの花P、Qからはがしたりん片を観察した。図4は、そのスケッチである。

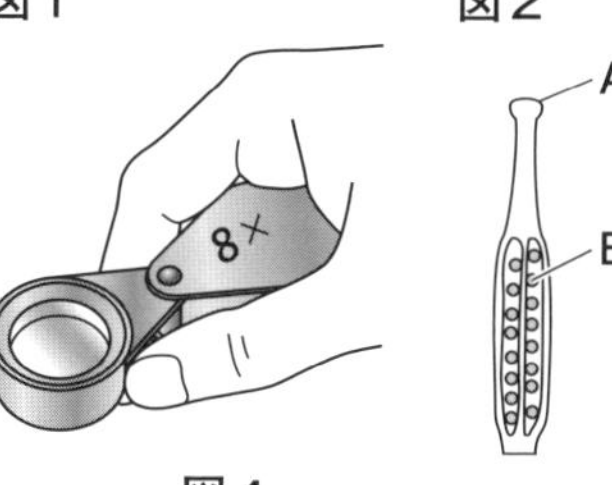

(1) 採取したアブラナの花全体を、図1のルーペを用いて観察するときの方法として、適当なものを次のア～エから1つ選びなさい。 (　　)

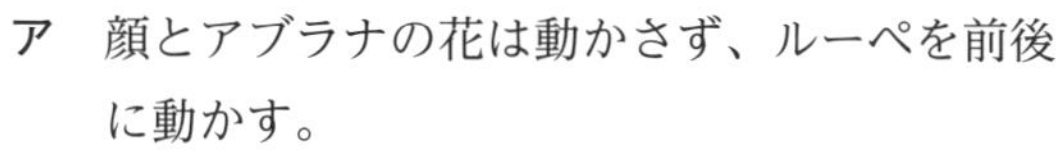

ア 顔とアブラナの花は動かさず、ルーペを前後に動かす。
イ ルーペを目に近づけて持ち、アブラナの花だけを前後に動かす。
ウ ルーペをアブラナの花からおよそ30 cm 離して持ち、顔だけを前後に動かす。
エ ルーペを目からおよそ30 cm 離して持ち、アブラナの花だけを前後に動かす。

図3 花P 花Q

図4 花Pからはがしたりん片 C　花Qからはがしたりん片 D

(2) アブラナの花全体を観察したとき、花の中心にめしべが観察できました。次のa～cは、花の中心から外側に向かってどのような順についていますか。めしべに続けてa～cの記号で答えなさい。

a がく　b おしべ　c 花弁 (めしべ→　　)

難 (3) 図2と図4のA～Dのうち、花粉がついて受粉が起こる部分はどこですか。次のア～エのうち、その組み合わせとして、適当なものをア～エから1つ選びなさい。 (　　)

ア A、C　イ A、D　ウ B、C　エ B、D

ミス注意 (4) 次の文の①、②の｛　｝の中から、それぞれ適当なものを1つずつ選びなさい。

①(　　) ②(　　)

アブラナとマツのうち、被子植物に分類されるのは①｛ア アブラナ　イ マツ｝であり、被子植物の胚珠は、②｛ウ 子房の中にある　エ むきだしである｝。

2 植物の分類

基礎レベル問題

時間 30分　解答 別冊 p.31　得点　／100

1 花がさく植物　次の図は、サクラとイチョウの花のつくりを模式的に表したものです。あとの問いに答えなさい。　5点×6

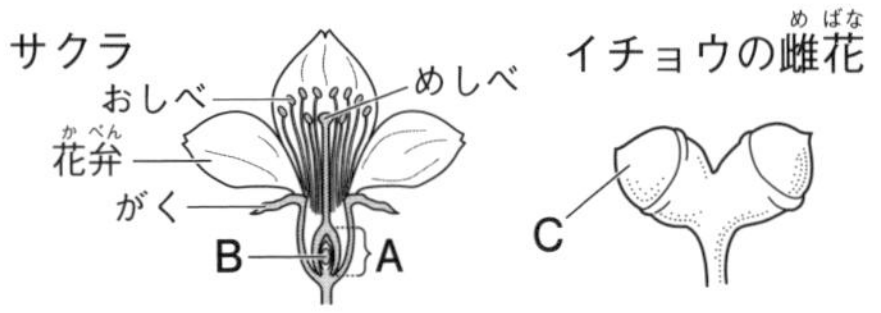

サクラ　おしべ　めしべ　花弁　がく　B　A　イチョウの雌花　C

(1) A～Cの部分をそれぞれ何といいますか。

A（　　　）　B（　　　）

C（　　　）

(2) サクラの花のように、BがAの中にある植物を何といいますか。（　　　）

(3) イチョウの雌花のように、Cがむきだしになっている植物を何といいますか。

（　　　）

ミス注意 (4) サクラとイチョウで、受粉したあとに共通してできるものは何ですか。

（　　　）

2 植物の分類　次の図は、ある観点によって植物を分類したものです。あとの問いに答えなさい。　6点×4

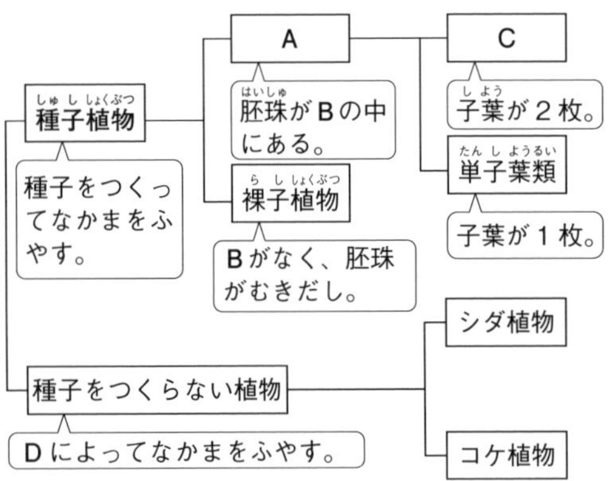

(1) Aにあてはまる分類名を何といいますか。

（　　　）

(2) 種子植物を、Aと裸子植物に分けるときの観点であるBにあてはまる言葉を何といいますか。（　　　）

(3) Cにあてはまる分類名を何といいますか。

（　　　）

(4) 種子をつくらない植物の、Dにあてはまる言葉を何といいますか。（　　　）

3 マツ　マツの花について、次の問いに答えなさい。　7点×2

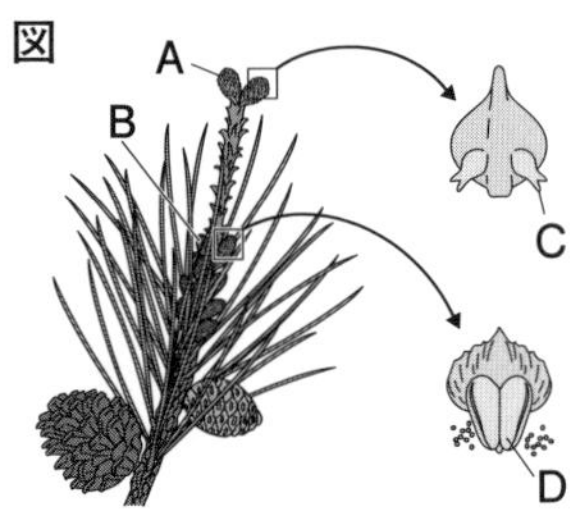

(1) 図は、マツの枝の先端付近を表したものです。雌花はA、Bのどちらですか。

（　　　）

(2) 図のマツで、将来種子になる部分はC、Dのどちらですか。（　　　）

4 シダ植物　右の図は、イヌワラビのからだのようすとその一部を示したものです。次の問いに答えなさい。　4点×4

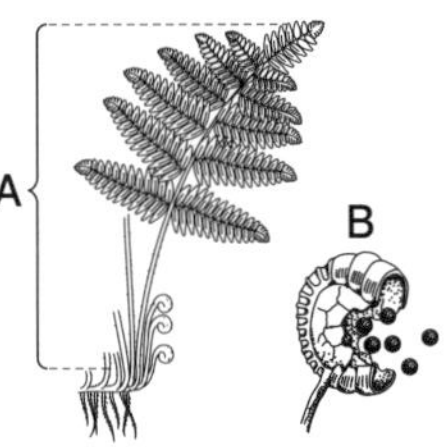

ミス注意 (1) Aは、イヌワラビのからだの何という部分にあたりますか。（　　　）

(2) Bは何ですか。（　　　）

(3) イヌワラビは何をつくってふえますか。

（　　　）

(4) イヌワラビの特徴を、次のア～ウから選びなさい。

（　　　）

ア　花がさく。　イ　栄養分をつくる。

ウ　根・茎・葉の区別がない。

5 ゼニゴケ　右の図は、ゼニゴケのようすです。次の問いに答えなさい。　4点×4

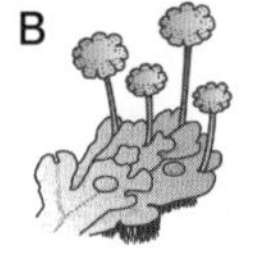

ミス注意 (1) 雌株はA、Bのどちらですか。（　　　）

(2) ゼニゴケは何をつくってふえますか。

（　　　）

(3) ゼニゴケのような植物のなかまを何といいますか。（　　　）

(4) (3)の植物のなかまは、根や茎、葉の区別はありますか。（　　　）

よくでるポイント **植物の分類**▷種子植物は子房の有無、子葉の数、花弁のつくりによって分類する。
シダ植物・コケ植物▷どちらも胞子でふえるが、シダ植物は根・茎・葉の区別がある。

入試レベル問題

時間 30分　解答 別冊 p.31　得点　／100

1 次の A～E の植物について、あとの問いに答えなさい。 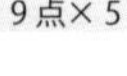 9点×5

A 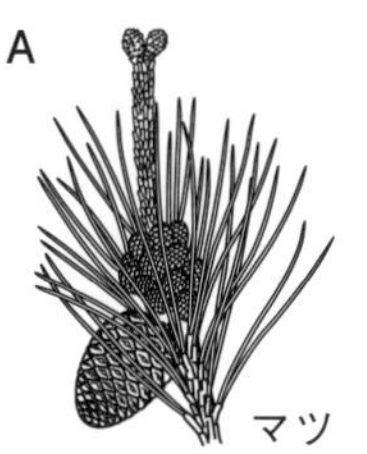

B 

C 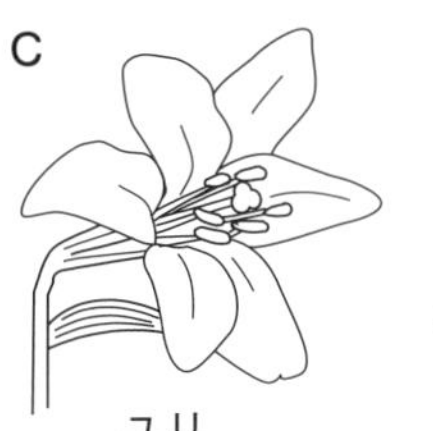

D 

E 

(1) A～E の植物はまとめて何というなかまですか。（　　　）

(2) A・B と C・D・E の 2 つのグループに分けたとき、A・B のグループにあてはまる特徴は何ですか。次のア～エからすべて選びなさい。（　　　）

ア 胚珠がない。　イ 子房がない。　ウ 果実ができる。　エ 雄花と雌花がある。

(3) C・D・E の植物はまとめて何というなかまですか。（　　　）

ミス注意 (4) C・D・E のうち、D・E の植物は何というなかまですか。また、そのなかまの特徴を、次のア～ウから選びなさい。　名称（　　　）　記号（　　　）

ア 発芽のときの子葉は 1 枚である。　イ 葉脈は網目状である。

ウ 根はひげ根である。

2 右の図は、スギゴケとイヌワラビのからだのようすです。次の問いに答えなさい。 9点×5

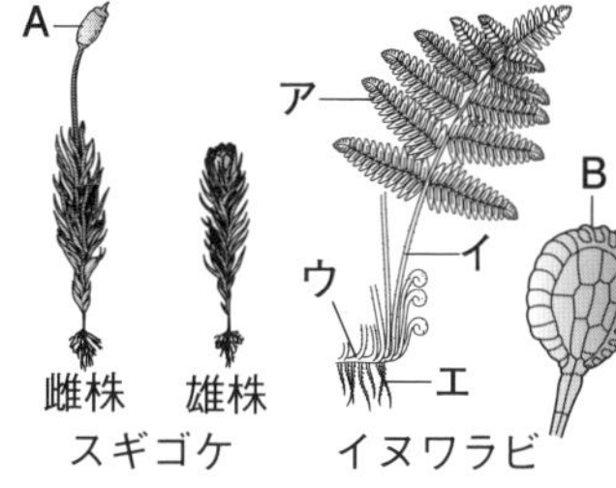

(1) スギゴケの A は何といいますか。（　　　）

(2) イヌワラビの B は、からだのどの部分にできたものですか。（　　　）

ミス注意 (3) イヌワラビの茎はどれですか。図のア～エから選び、記号で答えなさい。（　　　）

(4) イヌワラビとスギゴケに共通する特徴を、次のア～オから選びなさい。（　　　）

ア 雄株と雌株がある。　イ 胞子でふえる。　ウ 根・茎・葉の区別がある。

エ 花がさく。　オ 水をからだ全体から吸収する。

(5) イヌワラビのような植物のなかまを何といいますか。（　　　）

入試 **3** 下の図は、10 種類の植物を観察し、なかま分けしたものです。植物は、花の形やからだのつくりのいろいろな特徴をもとに、なかま分け（分類）することができます。図の A～F の植物のなかまの特徴について述べた文として、適当なものを次のア～エから 1 つ選びなさい。（沖縄県・改） 10点

（　　　）

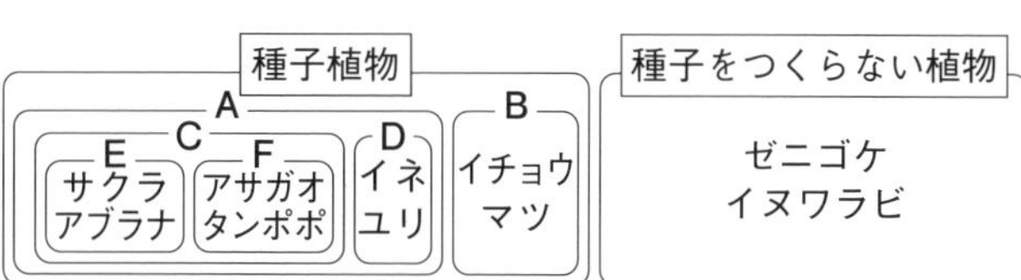

ア A のなかまは胚珠がむきだしになっている。

イ C のなかまの根を観察すると太い根はなく、たくさんの細い根のみが見られた。

ウ D のなかまの葉を観察すると葉脈が網の目のようになっていた。

エ F のなかまの花を分解し、観察すると花弁の根もとがくっついていた。

3 動物の分類

基礎レベル問題

時間 30分　解答 別冊 p.31　得点　／100

1 背骨のある動物 次の5種類の動物の骨格について、あとの問いに答えなさい。　3点×6

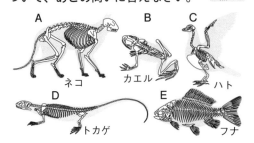

A ネコ　B カエル　C ハト　D トカゲ　E フナ

(1) 図のような背骨のある動物をまとめて何といいますか。（　　　）

(2) A～Eの動物のなかまを、それぞれ何類といいますか。

A（　　　）　B（　　　）

C（　　　）　D（　　　）

E（　　　）

2 動物の分類 次の(1)～(6)にあてはまるものをそれぞれすべて記号で選びなさい。　5点×6

(1) 節足動物　（　　　）

ア　エビ　　イ　ウニ

ウ　バッタ　エ　セミ

(2) 軟体動物　（　　　）

ア　イカ　イ　ナマコ　ウ　ミミズ

(3) 昆虫類のからだの特徴ではないもの　（　　　）

ア　3対のあしをもっている。

イ　外とう膜をもつ。

ウ　からだが頭部・腹部の2つに分けられる。

エ　えらをもつ。

(4) 昆虫類　（　　　）

ア　クモ　　イ　ムカデ

ウ　トンボ　エ　チョウ

(5) 甲殻類ではないもの　（　　　）

ア　エビ　イ　カニ

ウ　クモ　エ　ムカデ

(6) 軟体動物の特徴ではないもの　（　　　）

ア　背骨をもつ。

イ　節のないやわらかいあしをもつ。

ウ　外とう膜をもつ。

エ　すべて水中で生活する。

3 背骨のない動物 次の図は、背骨のない動物です。あとの問いに答えなさい。　4点×7

(1) 背骨のない動物のなかまをまとめて何といいますか。（　　　）

(2) AやBのように、からだがかたい殻でおおわれ、あしに節がある動物のなかまを何といいますか。（　　　）

(3) AやBのからだをおおうかたい殻を何といいますか。（　　　）

(4) Cは殻がなく、内臓が厚い膜でおおわれています。このような動物のなかまを何といいますか。（　　　）

(5) Cの内臓をおおう膜を何といいますか。（　　　）

(6) 次の動物は、A～Cのどのなかまですか。

① からだが3つの部分に分かれ、あしが6本ある。（　　　）

ミス注意 ② アサリなどの貝類も同じなかまである。（　　　）

4 背骨のある動物の特徴 背骨のある動物の特徴について、次の問いに答えなさい。　4点×6

(1) 植物を食物とする動物を何といいますか。（　　　）

(2) ほかの動物を食物とする動物を何といいますか。（　　　）

(3) 卵をうむなかまのふやし方を何といいますか。（　　　）

(4) 子どもを体内である程度育ててからうむなかまのふやし方を何といいますか。（　　　）

ミス注意 (5) 背骨のある動物のうち、(4)のふえ方をするなかまは何類ですか。（　　　）

(6) 両生類の子（幼生）は、皮膚と何で呼吸をしますか。（　　　）

よくでるポイント 脊椎動物▶魚類、両生類、は虫類、鳥類、哺乳類。　無脊椎動物▶節足動物、軟体動物など。
動物の分類▶背骨はあるか、子はどう生まれるか、呼吸のしかたはどうかなど。

入試レベル問題

時間 30分　解答 別冊 p.32　得点 ／100

1 右の図の脊椎動物について、次の問いに答えなさい。　5点×5

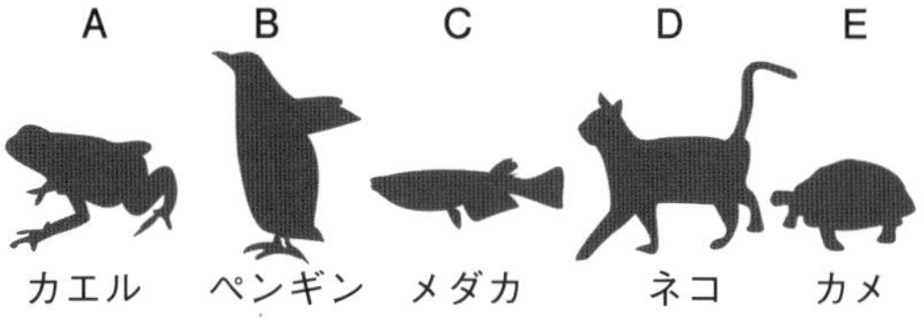

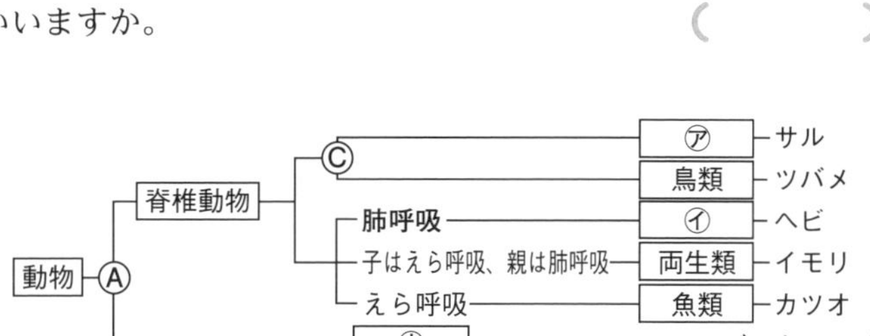

(1) A、B、Eの脊椎動物のなかまをそれぞれ何類といいますか。
A（　　　）
B（　　　）
E（　　　）

(2) Cのなかまは何で呼吸しますか。（　　　）

(3) Dの動物のなかまのふえ方を何といいますか。（　　　）

2 右の図は、A～Cの観点によって動物を分類したものです。次の問いに答えなさい。　6点×6

動物─Ⓐ─脊椎動物─Ⓒ─㋐─サル
　　　　　　　　　　　　└鳥類─ツバメ
　　　　　　　　　肺呼吸─㋑─ヘビ
　　　　　　　　　子はえら呼吸、親は肺呼吸─両生類─イモリ
　　　　　　　　　えら呼吸─魚類─カツオ
　　　└無脊椎動物─Ⓑ─㋒─バッタ、エビ
　　　　　　　　　　　└軟体動物─アサリ

(1) A～Cにあてはまる動物の分類の観点を、次のア～エからそれぞれ選びなさい。

A（　　　）B（　　　）C（　　　）

ア　背骨があるか、ないか。　　イ　一生えら呼吸か、肺呼吸か。
ウ　卵生か、胎生か。　　エ　外骨格があるか、ないか。

(2) ㋐～㋒にあてはまる動物のなかまの名称を答えなさい。

㋐（　　　）㋑（　　　）㋒（　　　）

入試 **3** まさとさんは、動物に興味をもち、無脊椎動物である軟体動物について、教科書や資料集で調べたことをノートにまとめました。次の問いに答えなさい。　（三重県・改）13点×3

【まさとさんのノートの一部】

軟体動物であるアサリのからだのつくりは、右の図のように模式的に表すことができる。

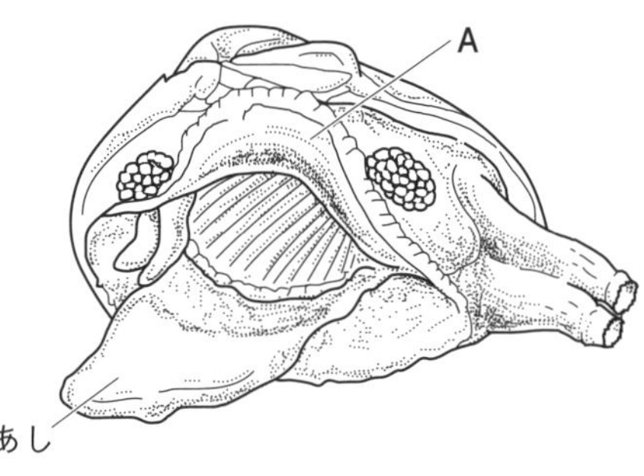

(1) 図で示したAは、内臓をおおう膜です。Aを何といいますか。

（　　　）

(2) 次の文は、アサリのあしについて説明したものです。文中の（　　　）に入る最も適当な言葉は何ですか。漢字で答えなさい。（　　　）

> アサリのあしは筋肉でできており、昆虫類や甲殻類のあしに見られる特徴である、骨格や（　　　）がない。

(3) アサリのように、軟体動物になかま分けすることができる動物はどれですか。次のア～オから適当なものを1つ選びなさい。（　　　）

ア　クラゲ　　イ　ミジンコ　　ウ　イソギンチャク　　エ　イカ　　オ　ミミズ

英語　数学　理科　社会　国語

4 物質の性質と気体

基礎レベル問題

時間 30分　解答 別冊 p.32　得点　／100

1 金属の性質 次の問いに答えなさい。 4点×3

(1) 金属に共通する特徴を、次のア～エから2つ選びなさい。（　　）（　　）

ア 電気をよく通す。

イ 熱が伝わりにくい。

ウ 引っ張ってもほとんどのびない。

エ 特有の光沢がある。

(2) 金属以外の物質を何といいますか。（　　）

2 密度 次の問いに答えなさい。 4点×3

(1) 密度は物質 $1\,cm^3$ あたりの何の大きさを表したものですか。（　　）

(2) 物質の質量が同じとき、密度が大きいほど体積はどうなりますか。（　　）

(3) 体積 $50.0\,cm^3$、質量 448.0 g の物質の密度は何 g/cm^3 ですか。（　　）

3 ガスバーナーの使い方

右の図のガスバーナーについて、次の問いに答えなさい。 4点×3

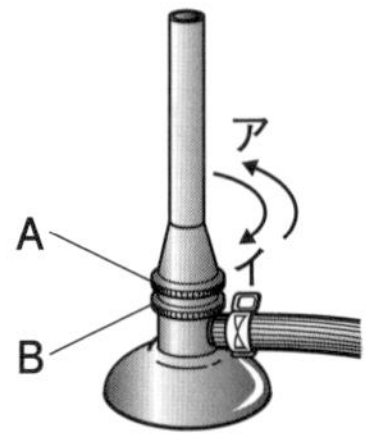

(1) Aのねじを何といいますか。（　　）

ミス注意 (2) A、Bのねじをゆるめるとき、ア、イのどちらに回しますか。（　　）

(3) 点火するときゆるめるねじは、A、Bのどちらですか。（　　）

4 物質の性質 右の図のように、石灰水を入れた集気びんの中で砂糖を燃やしました。次の問いに答えなさい。 4点×3

(1) 砂糖を燃やしたあと、ふたをしてよく振ると石灰水はどうなりますか。（　　）

(2) (1)から、砂糖が燃えたときにできた物質は何ですか。（　　）

(3) 砂糖のように、燃えたとき(2)ができる物質を何といいますか。（　　）

5 物質の区別 次のア～クの物質を区別します。あとの問いに答えなさい。 6点×2

ア デンプン	イ ガラス	
ウ エタノール	エ 鉄	オ 紙
カ 銅	キ ロウ	ク アルミニウム

(1) 上のア～クから、有機物をすべて選びなさい。（　　）

(2) 上のア～クから、金属をすべて選びなさい。（　　）

6 気体の集め方 次の図は、気体を集める方法です。あとの問いに答えなさい。 3点×4

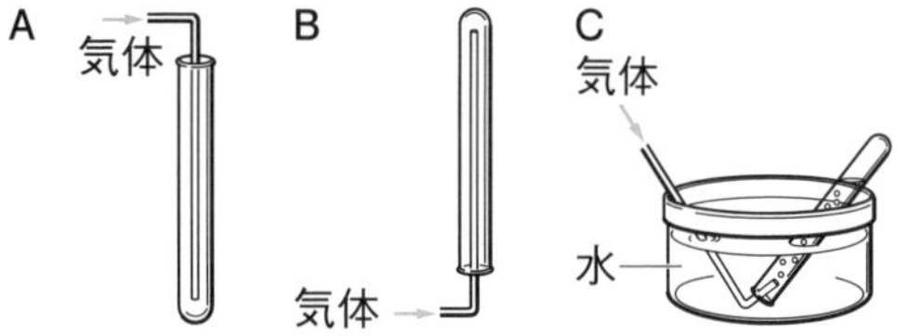

ミス注意 (1) A、Bの集め方を何といいますか。

A（　　）B（　　）

(2) 水にとけにくい気体の集め方は、A～Cのどれですか。（　　）

(3) アンモニアを集めるには、A～Cのどの方法がよいですか。（　　）

7 気体の性質 次のA～Dの気体について、あとの問いに答えなさい。 4点×7

A 酸素　　B 二酸化炭素

C 水素　　D アンモニア

(1) 次の①～⑤は、A～Dのどの気体の性質ですか。それぞれ記号で答えなさい。

① ものを燃やす性質がある。（　　）

② 強い刺激臭がある。（　　）

③ 火を近づけると燃える。（　　）

④ 空気の 1.5 倍くらい重い。（　　）

⑤ 水に非常にとけやすい。（　　）

(2) 次の①、②で発生する気体は、A～Dのどれですか。それぞれ記号で答えなさい。

① うすい塩酸に亜鉛を加える。（　　）

② 二酸化マンガンにうすい過酸化水素水を加える。（　　）

よくでるポイント
物質の性質▶金属は光沢があり、電気を通し熱を伝える。有機物は燃えて二酸化炭素発生。密度は 1 cm^3 の質量。
気体▶酸素、二酸化炭素、水素、アンモニアの性質と発生法。上方置換法・下方置換法・水上置換法

入試レベル問題

時間 30分　解答 別冊 p.33　得点　　／100

1 次の A～D の物質を燃焼さじにとって加熱し、火がついたものは、さらに集気びんの中で燃やしました。火が消えてから、集気びんを振ると石灰水が白くにごるものがありました。あとの問いに答えなさい。　7点×5

A　プラスチック　　B　食塩
C　スチールウール　　D　デンプン

(1) C は金属です。金属以外の A、B、D をまとめて何といいますか。　(　　　)
(2) 石灰水が白くにごったのは、A～D のどの物質が燃えたあとですか。すべて選びなさい。　(　　　)
(3) 加熱してもほとんど変化しなかった物質は、A～D のどれですか。　(　　　)
ミス注意 (4) 有機物は A～D のどれですか。すべて選びなさい。　(　　　)
(5) (4)が有機物といえるのは、燃えたとき何という物質が生じたからですか。　(　　　)

2 右の図は、質量 48.6 g の金属 X を、30 cm^3 の水を入れた器具 A に沈めたときの水面のようすです。表は、いろいろな金属の密度です。次の問いに答えなさい。　8点×5

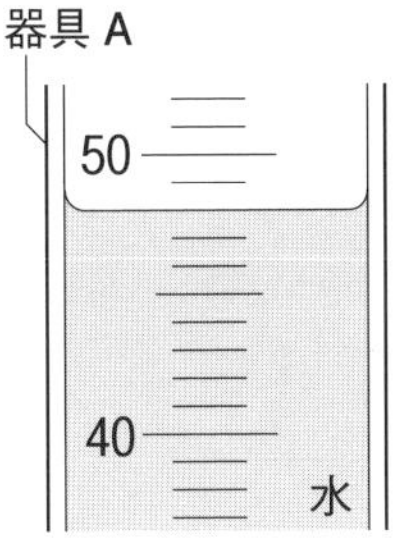

金属	密度 [g/cm^3]
鉛	11.35
銀	10.50
銅	8.96
鉄	7.87
アルミニウム	2.70
マグネシウム	1.74

(1) 器具 A を何といいますか。　(　　　)
(2) 金属 X の体積は何 cm^3 ですか。　(　　　)
(3) 密度の単位 g/cm^3 の読み方を書きなさい。　(　　　)
(4) 金属 X の密度は何 g/cm^3 ですか。　(　　　)
(5) 金属 X は何ですか。表から選んで答えなさい。　(　　　)

入試 **3** 気体の性質を調べる実験を行いました。次の問いに答えなさい。　(富山県・改)　(1)(2) 8点×2、(3) 9点

Ⅰ　図1のように質量が同じ 500 mL のペットボトル6本を用意し、A～E にはアンモニア、水素、酸素、窒素、二酸化炭素のいずれかの気体を、F には空気を入れ、ふたを閉めた。
Ⅱ　上皿てんびんを使って、質量を比較したところ、F より大きかったのは B と D、F より小さかったのは A と C であった。E については、上皿てんびんの針が左右にほぼ等しく振れ、F との質量の大小関係がはっきりわからなかった。
Ⅲ　ペットボトルのふたを開け、少量の水をすばやく加えてふたを閉め、ペットボトルを振ると、図2のように <u>C と D だけがへこんだ</u>。

図1

[いずれも1気圧で20℃の気体が入っている。]

図2

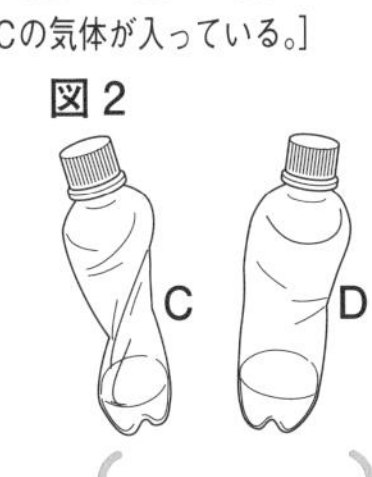

(1) E の気体は何ですか、物質名を答えなさい。　(　　　)
ミス注意 (2) A の気体を発生させる方法はどれですか。次のア～エから1つ選びなさい。　(　　　)
ア　亜鉛にうすい塩酸を加える。　　イ　石灰石にうすい塩酸を加える。
ウ　二酸化マンガンにオキシドール（うすい過酸化水素水）を加える。
エ　塩化アンモニウムと水酸化カルシウムを混ぜて加熱する。
難 (3) 下線部のようになるのは、C と D の気体にどのような性質があるからですか。「C と D の気体は、A、B、E の気体に比べて、」という書き出しに続けて答えなさい。
(C と D の気体は、A、B、E の気体に比べて、　　　　)

5 水溶液の性質

基礎レベル問題

時間 30分　解答 別冊 p.33　得点　／100

1 水溶液 右の図のように、水 100 g に砂糖を 20 g とかして砂糖水をつくりました。次の問いに答えなさい。 4点×3

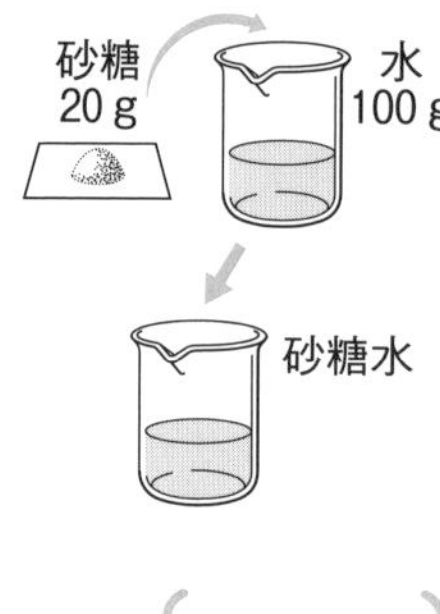

(1) 水のように、物質(ぶっしつ)をとかしている液体を何といいますか。（　　　）

(2) 砂糖のように、水にとけている物質を何といいますか。（　　　）

ミス注意 (3) 砂糖水の質量(しつりょう)は何 g ですか。（　　　）

2 水溶液の性質 次の問いに答えなさい。 4点×2

ミス注意 (1) 水溶液(すいようえき)に共通する性質は何ですか。次のア～エからすべて選びなさい。（　　　）

ア 透明である。

イ すべて無色である。

ウ 濃(こ)さはどこも同じである。

エ 水溶液の質量は溶質(ようしつ)の質量である。

(2) 水溶液の溶質の粒子(りゅうし)を ◦ で表したとき、水溶液のようすとして適切なものを、次のア～エから選びなさい。（　　　）

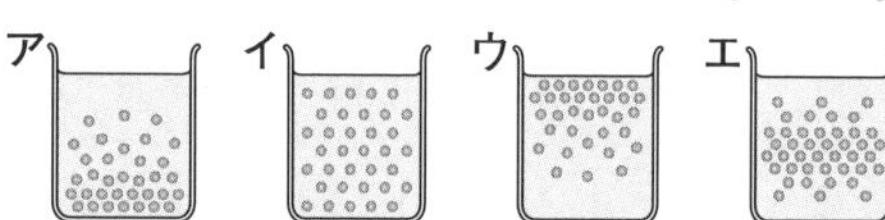

3 水溶液の濃度 水溶液の濃度(のうど)について、次の問いに答えなさい。 4点×5

(1) 次の式の A、B にあてはまる言葉は何ですか。 A（　　　） B（　　　）

質量パーセント濃度〔%〕＝

$$\frac{\text{Aの質量[g]}}{\text{Aの質量[g]} + \text{Bの質量[g]}} \times 100$$

(2) 水 85 g に砂糖 15 g をとかした砂糖水の濃度は何%ですか。（　　　）

(3) 濃度 8 %の砂糖水 200 g にとけている砂糖は何 g ですか。（　　　）

(4) 砂糖 10 g を何 g の水にとかすと濃度 10 %の砂糖水になりますか。（　　　）

4 実験の操作 右の図は、固体と液体を分ける操作を示していますが、1つ足りないものがあります。次の問いに答えなさい。 5点×5

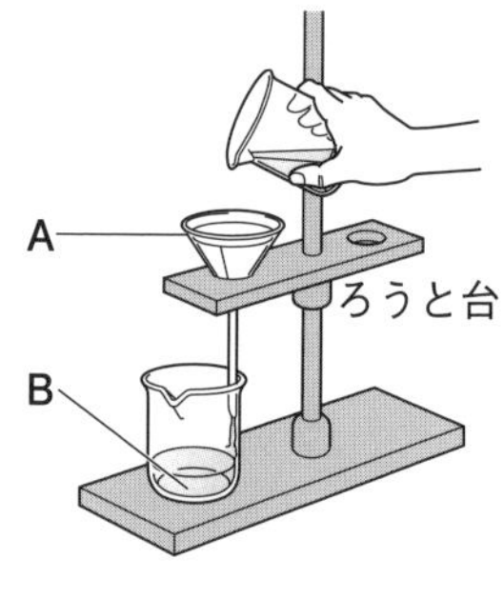

(1) 図の操作を何といいますか。（　　　）

(2) A の器具、操作によって出てきた B の液をそれぞれ何といいますか。

A（　　　） B（　　　）

(3) 足りないものは何ですか。また、それを図にかき加えなさい。（　　　）

5 水にとける物質の質量

右の図は、水の温度と 100 g の水にとける物質の質量の関係を表したグラフです。次の問いに答えなさい。 5点×4

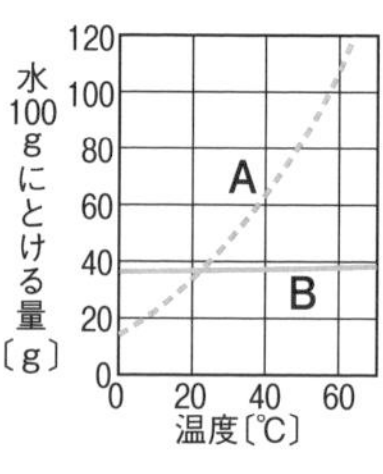

(1) 一定量（100 g）の水にとける物質の限度の質量を何といいますか。（　　　）

(2) 100 g の水に(1)の質量がとけている水溶液を何水溶液といいますか。（　　　）

(3) 水の温度が 10 ℃と 60 ℃のとき、とける質量が大きいのは、A、B のどちらですか。 10 ℃（　　　） 60 ℃（　　　）

6 溶質をとり出す 右の図の水溶液を 20 ℃まで冷やすと、一方の水溶液にたくさんの<u>白い固体</u>が現れました。次の問いに答えなさい。 5点×3

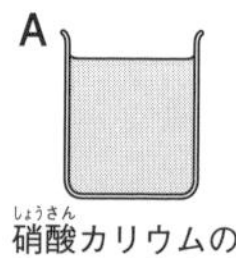

硝酸(しょうさん)カリウムの飽和水溶液（60℃）

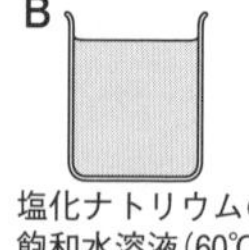

塩化ナトリウムの飽和水溶液（60℃）

(1) 下線のような固体を何といいますか。（　　　）

ミス注意 (2) 白い固体が多く現れたのは A、B のどちらですか。（　　　）

(3) 水溶液から溶質を固体としてとり出すことを何といいますか。（　　　）

よくでるポイント
水溶液▶透明で濃さは均一である。水溶液の濃さは質量パーセント濃度で表す。
溶解度▶物質の種類と水の温度によって決まっている。　**再結晶**▶水溶液を冷やすか、水を蒸発させる。

入試レベル問題

時間 30分　解答 別冊 p.34　得点　／100

1 右の図は、塩化ナトリウム、硝酸カリウムが 100 g の水にとける質量と水の温度との関係をグラフに表したものです。次の問いに答えなさい。　8点×7

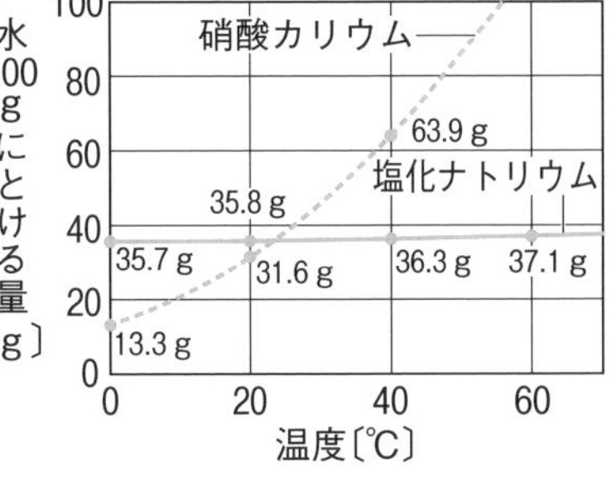

(1) 硝酸カリウムと塩化ナトリウムの水へのとけ方について、次の文の①、②にあてはまる言葉を書きなさい。

水の温度が①（　　　）ほど、硝酸カリウムのとける質量は大きいが、塩化ナトリウムのとける質量はほとんど②（　　　）。

(2) 40℃の水 100 g にそれぞれ塩化ナトリウムと硝酸カリウムをとかして飽和水溶液をつくりました。その質量が大きいのはどちらの水溶液ですか。（　　　）

(3) (2)の２つの飽和水溶液を冷やして 20℃にすると、一方の水溶液にはたくさんの白い結晶が現れましたが、もう一方の水溶液はほとんど変化が見られませんでした。

① たくさんの白い結晶が現れたのはどちらの水溶液ですか。（　　　）

② ①の水溶液に現れた白い結晶の質量は何 g ですか。（　　　）

③ 白い結晶を水溶液からとり出すには、何という操作をすればよいですか。（　　　）

④ 水溶液を冷やしても、ほとんど結晶が出なかった水溶液の溶質を結晶としてとり出すには、どのようにすればよいですか。（　　　）

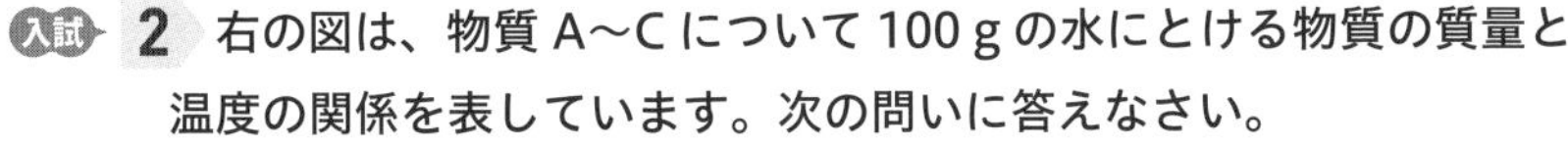

入試 **2** 右の図は、物質 A～C について 100 g の水にとける物質の質量と温度の関係を表しています。次の問いに答えなさい。

（兵庫県）(1)(2) 8点×3、(3) 10点×2

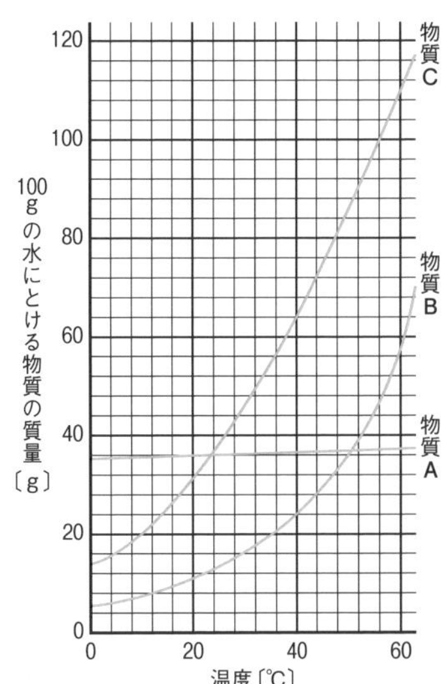

(1) 60℃の水 150 g が入ったビーカーを３つ用意し、物質 A～C をそれぞれ 120 g 加えたとき、すべてとけることができる物質として適切なものを、A～C から１つ選びなさい。（　　　）

(2) 40℃の水 150 g が入ったビーカーを３つ用意し、物質 A～C をとけ残りがないようにそれぞれ加えて３種類の飽和水溶液をつくり、この飽和水溶液を 20℃に冷やすと、すべてのビーカーで結晶が出てきました。出てきた結晶の質量が最も多いものと最も少ないものを、A～C からそれぞれ１つ選びなさい。

最も多い（　　　）　最も少ない（　　　）

(3) 水 150 g を入れたビーカーを用意し、物質 C を 180 g 加えて、よくかき混ぜました。

難 ① 物質 C をすべてとかすためにビーカーを加熱したあと、40℃まで冷やしたとき、結晶が出てきました。また、加熱により水 10 g が蒸発していました。このとき出てきた結晶の質量は何 g と考えられますか。結晶の質量として最も適切なものを、次のア～エから１つ選びなさい。（　　　）

ア　60.4 g　　イ　84.0 g　　ウ　90.4 g　　エ　140.0 g

② ①のときの水溶液の質量パーセント濃度として最も適切なものを、次のア～エから１つ選びなさい。（　　　）

ア　33 %　　イ　39 %　　ウ　60 %　　エ　64 %

6 物質の状態変化

基礎レベル問題

時間 30分　解答 別冊 p.34　得点　／100

1 物質のすがたの変化

右の図は、物質のすがたの変化を、水の場合を例にして表したものです。次の問いに答えなさい。

4点×2

(1) 図のような物質のすがたの変化を何といいますか。（　　）

(2) 加熱による変化を、ア～カからすべて選びなさい。（　　）

2 状態変化と粒子

次の図は、物質の状態をモデルで表したもので、● は物質の粒子です。あとの問いに答えなさい。 4点×4

A

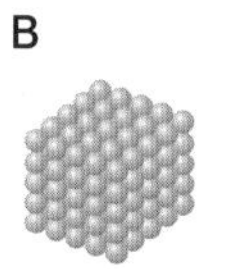

粒子が自由に飛び回る。

B

粒子が規則正しく並ぶ。

C

粒子がぶつかり合いながら動く。

(1) A～C が表している物質の状態は何ですか。 A（　　） B（　　） C（　　）

(2) 物質の状態変化で、体積と質量のうち、変化しないのはどちらですか。（　　）

3 状態変化と温度

右の図は、水を加熱したときの温度の変化を表したグラフです。次の問いに答えなさい。 4点×6

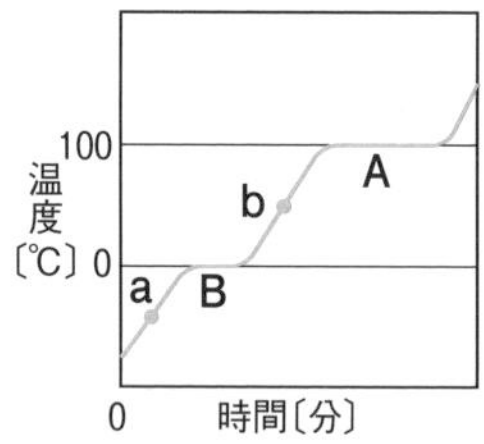

(1) a、b のときの水の状態は何ですか。 a（　　） b（　　）

(2) A の温度のとき、水はどの状態からどの状態に変化していますか。（　　）

(3) B は、水の状態がどのようになるときの温度ですか。（　　）

(4) A、B の温度をそれぞれ何といいますか。 A（　　） B（　　）

4 物質の融点・沸点

次の表の物質について、あとの問いに答えなさい。 5点×4

物質	融点〔℃〕	沸点〔℃〕
A	0	100
B	−218	−183
C	−115	78
D	63	360

(1) 物質が融点と沸点の間の温度のとき、物質の状態は何ですか。（　　）

(2) 温度が 20℃のとき、固体、液体、気体の物質はどれですか。A～D からそれぞれすべて選びなさい。 固体（　　） 液体（　　） 気体（　　）

5 物質の種類

物質の種類について、次の問いに答えなさい。 4点×3

(1) 2種類以上の物質でできているものを何といいますか。（　　）

(2) 1種類の物質でできているものを何といいますか。（　　）

(3) 次のア～エのうち、(2)の物質はどれですか。（　　）

ア 酸素　イ 砂糖水
ウ 空気　エ 海水

6 混合物の加熱

右の図のようにして、水とエタノールの混合物を加熱しました。次の問いに答えなさい。 5点×4

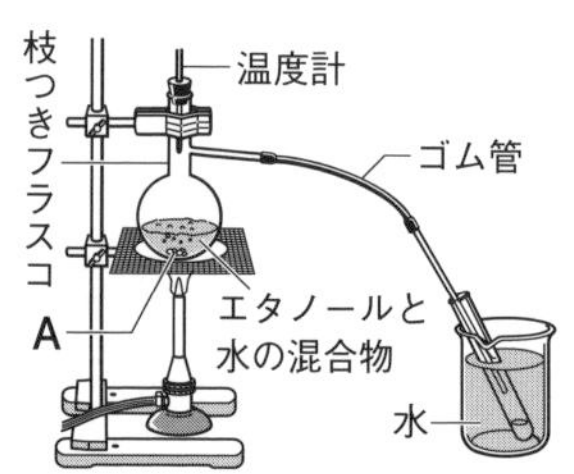

(1) 試験管を入れたビーカーに水を入れておくのはどうしてですか。（　　）

(2) 混合物に入れた A を何といいますか。（　　）

(3) 試験管に集まった液体に火を近づけると、よく燃えました。燃えた物質は何ですか。（　　）

ミス注意 (4) 混合物が沸騰したとき、水とエタノールのどちらが先に多く気体となって出てきますか。（　　）

よくでるポイント 状態変化▷体積は変化するが、質量は変化しない。 融点▷固体がとけて液体に変化するときの温度。
沸点▷液体が沸騰して気体に変化するときの温度。 蒸留(じょうりゅう)▷液体を沸騰させて気体にし、再び液体にしてとり出す。

入試レベル問題

時間 30分 解答 別冊 p.35 得点 ／100

1 図1のように、固体のパルミチン酸を試験管に入れて加熱しました。図2は、加熱した時間と温度との関係をグラフに表したものです。次の問いに答えなさい。 10点×6

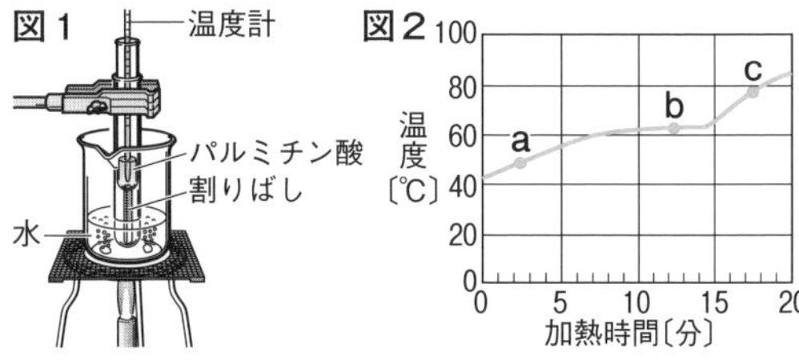

(1) b点の温度は、パルミチン酸の何を表していますか。 (　　　)

(2) a～c点ではパルミチン酸はどのような状態ですか。次のア～エからそれぞれ選びなさい。

a点(　　) b点(　　) c点(　　)

ア 固体　イ 液体　ウ 気体　エ 固体と液体が混じった状態

(3) パルミチン酸がとけてすべて液体になったのは、加熱を始めてからおよそ何分後ですか。

(　　　)

ミス注意 (4) パルミチン酸の質量を2倍に変えて同じようにして加熱すると、パルミチン酸の(1)はどのようになりますか。 (　　　)

入試 **2** 次の実験について、あとの問いに答えなさい。 (長崎県・改) 10点×4

図1のように、水とエタノールの混合物を枝つきフラスコに入れて20分間加熱し、ガラス管から出てくる液体を、氷で満たしたビーカーに入れた試験管に集め、その性質を調べました。図2は、加熱し始めてから1分ごとに水とエタノールの混合物の温度を測定してグラフに表したものです。

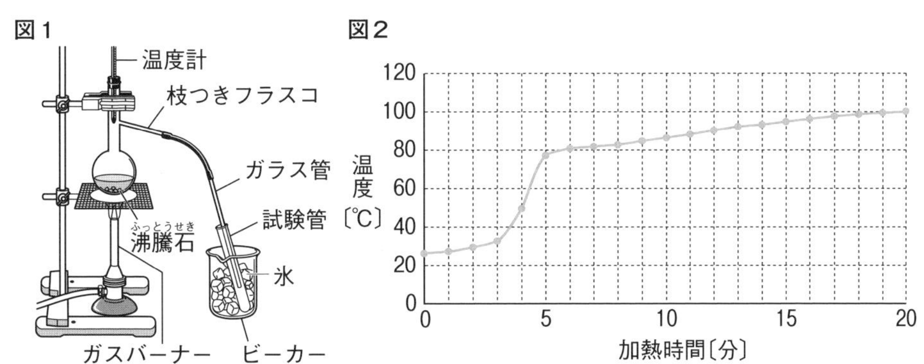

ミス注意 (1) 図2のグラフから、沸騰が始まったのは、加熱を始めて何分後ですか。 (　　　)

(2) 実験では4本の試験管を準備し、それぞれ5分間ずつ順番にガラス管から出てくる液体を回収しました。下の表は回収した液体の体積、におい、火をつけたときの反応をまとめたものです。表をもとに、試験管A～Dを加熱直後から回収した順番になるように並べなさい。(　　　)

試験管	体積	におい	火をつけたときの反応
A	8.5 cm^3	強い	長くよく燃える
B	4.6 cm^3	ほとんどしない	燃えない
C	4.7 cm^3	少しする	あまり燃えない
D	0.5 cm^3	強い	よく燃える

(3) 実験の中で行っている、混合物中の物質を分離(ぶんり)する方法を何といいますか。

(　　　)

(4) (3)の方法で混合物中の物質を分離できる理由を説明しなさい。

(　　　)

7 光と音

基礎レベル問題

時間 30分　解答 別冊 p.35　得点　／100

1 光の反射 右の図は、鏡に光が当たって反射したときのようすです。次の問いに答えなさい。　4点×3

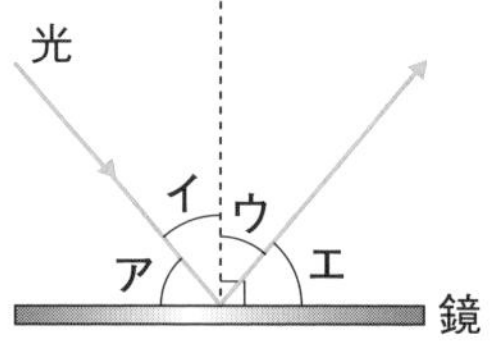

(1) 入射角、反射角は、図のどの角ですか。ア～エから選びなさい。

入射角（　　　）　反射角（　　　）

(2) 入射角と反射角の大きさは、どのような関係になっていますか。（　　　）

2 光の屈折 光の屈折のしかたについて、あとの問いに答えなさい。　4点×5

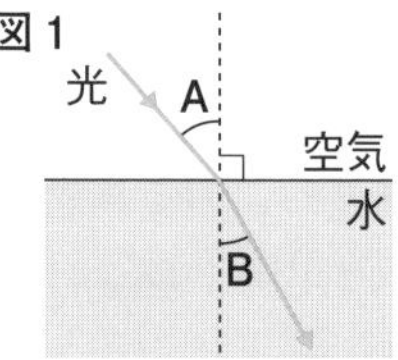

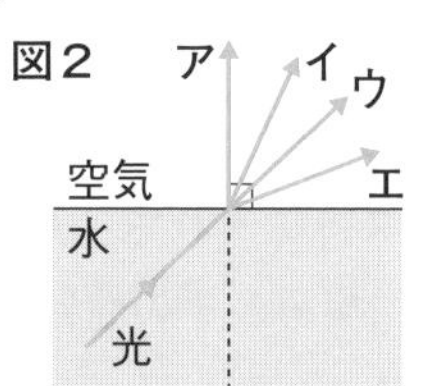

(1) 図1のA、Bの角をそれぞれ何といいますか。

A（　　　）　B（　　　）

(2) 図1のA、Bの角の大きさを比べると、どちらが大きいですか。（　　　）

(3) 図2で、屈折する光の進み方を、ア～エから選びなさい。（　　　）

(4) 図2のとき、入射角をある角度より大きくすると、光は屈折しないで、水面ですべて反射しました。この現象を何といいますか。（　　　）

3 凸レンズ 凸レンズを通る光の進み方について、次の問いに答えなさい。　5点×4

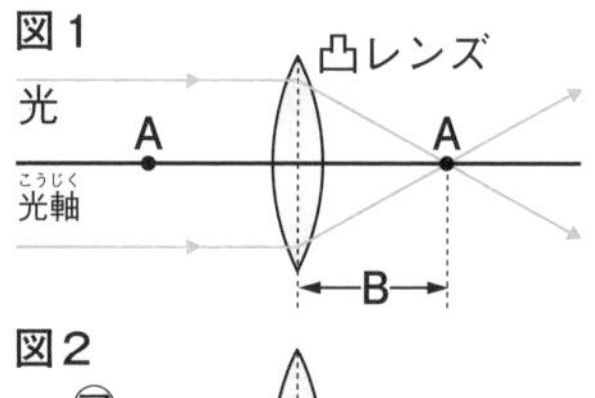

(1) 図1で、A点、Bの距離を何といいますか。

A点（　　　）　Bの距離（　　　）

(2) 図2で、凸レンズを通ったあとの㋐、㋑の光の道すじを、図に矢印をかいて表しなさい。

4 凸レンズでできる像 次の図は、凸レンズでできる像を作図したものです。あとの問いに答えなさい。　4点×5

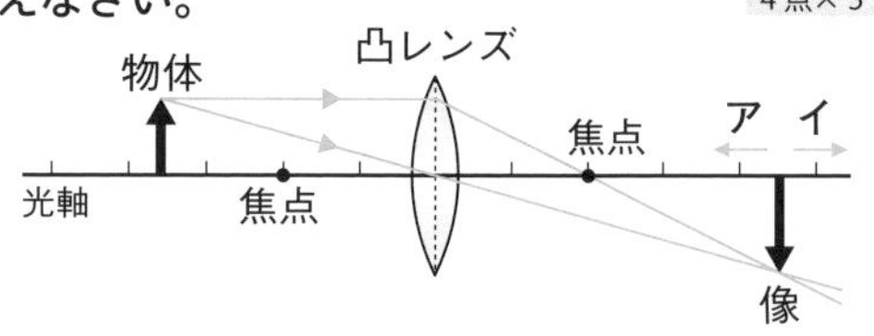

(1) 図の像は実像、虚像のどちらですか。

（　　　）

ミス注意 (2) 図の像は、物体と比べてどのような向きと大きさですか。

向き（　　　）　大きさ（　　　）

ミス注意 (3) 図の物体の位置を焦点から遠ざけました。

① 像のできる位置は、ア、イのどちらに変わりますか。（　　　）

② 像の大きさはどうなりますか。

（　　　）

5 音の伝わり方 音の伝わり方について、正しいものを、次のア～オから2つ選びなさい。

（　　　）（　　　）　4点×2

ア　音は固体中や液体中を伝わらない。
イ　音は空気が移動して伝わる。
ウ　音は真空中を伝わる。
エ　音は空気中を約 340 m/s の速さで伝わる。
オ　音は物体が振動して伝わる。

6 音の大きさと高さ 右の図は、コンピュータで調べた音の波形です。次の問いに答えなさい。　5点×4

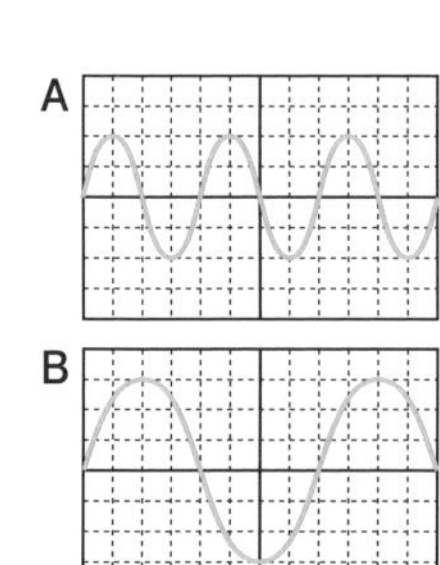

縦軸は振幅、横軸は時間

(1) AとBで、音が大きいのはどちらですか。（　　　）

(2) AとBで、音が高いのはどちらですか。

（　　　）

(3) 音の大きさのちがいは、音源の振動の何のちがいによりますか。（　　　）

(4) 音の高さのちがいは、音源の振動の何のちがいによりますか。（　　　）

よくでるポイント 反射▷入射角＝反射角　屈折▷入射角>屈折角（空気から水・ガラス）、入射角<屈折角（水・ガラスから空気）
凸レンズ▷物体が焦点の外側のとき実像、内側のとき虚像。　音▷大きさは振幅、高さは振動数。

入試レベル問題

時間 30分　解答 別冊 p.36　得点　／100

1 右の図のように、半円形レンズに光を当て、光の進み方を調べました。次の問いに答えなさい。　11点×4

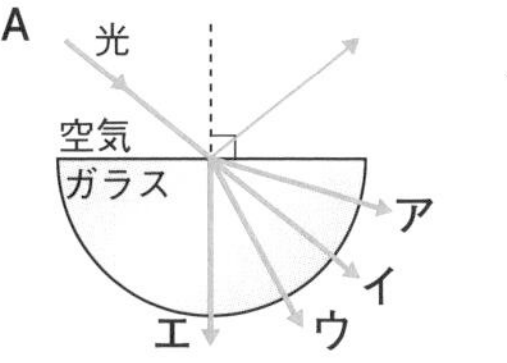

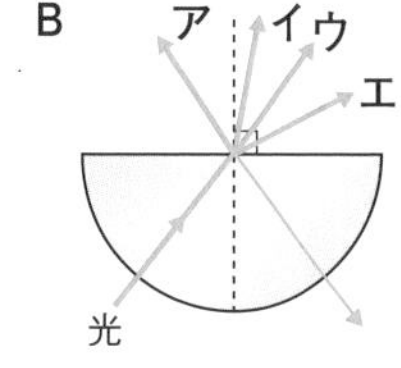

(1) Aの入射角が50°のとき、反射角は何度ですか。（　　）

(2) Bのとき、入射角の大きさと比べて屈折角は大きい、小さいのどちらですか。（　　）

(3) A、Bの屈折した光の進み方を、ア～エからそれぞれ選びなさい。　A（　　）　B（　　）

2 右の図のように、物体と凸レンズ、スクリーンを一直線上に並べると、スクリーンにはっきりした像がうつりました。次の問いに答えなさい。　8点×5

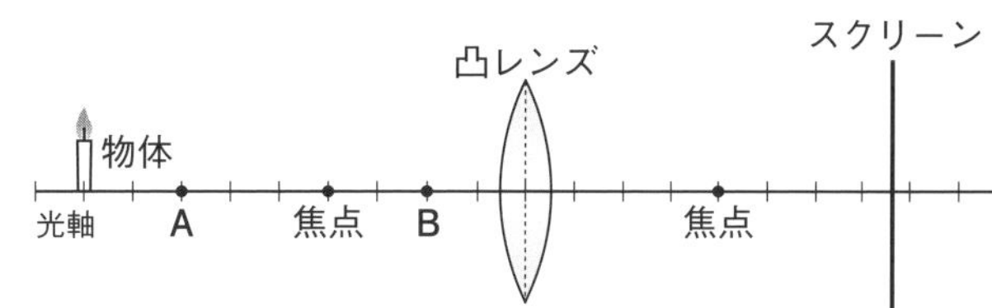

(1) スクリーンにうつった像を何といいますか。（　　）

ミス注意 (2) 物体をA点に動かすと、像ができる位置は焦点に対してどのようになりますか。また、像の大きさはどのように変化しますか。　位置（　　）　大きさ（　　）

(3) 物体をB点に動かすと、スクリーンをどこに動かしても像はうつらなくなりましたが、凸レンズを通して物体の像が見えました。この像を何といいますか。（　　）

(4) (3)の像は、物体と比べてどのような大きさですか。（　　）

入試 **3** Mさんは、理科の授業で音の学習を行いました。次の問いに答えなさい。　（埼玉県）　8点×2

理科の授業場面

声をマイクロホンでパソコンに入力して、音の波形を見てみましょう。
あー
パソコン
マイクロホン
先生
Mさん

山の数は多いですが、右の図のaをひとかたまりとしてみると、周期的なパターンが表れているのがわかります。

図　Mさんの声を分析した音の波形

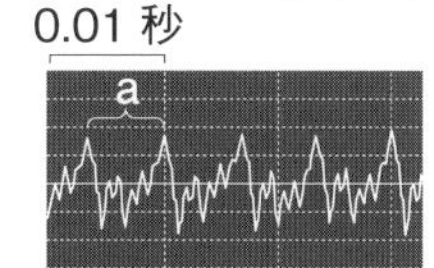

(1) 図の横軸の1目盛りが0.01秒のとき、図の波形の音の振動数は何Hzですか。なお、図のaで示した範囲の音の波形を1回の振動とする。（　　）

(2) Mさんが図で表された波形の音よりも高い声を出すと、音の波形はどのようになりますか。次のア～エから選びなさい。（　　）

ア
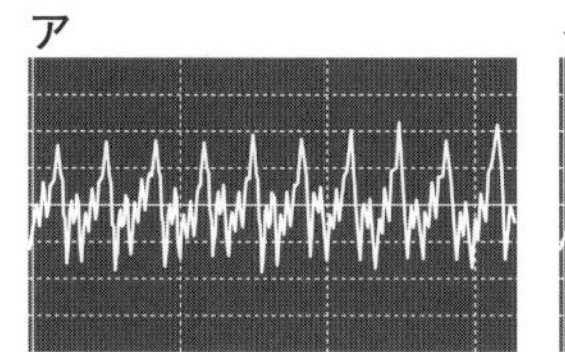

イ
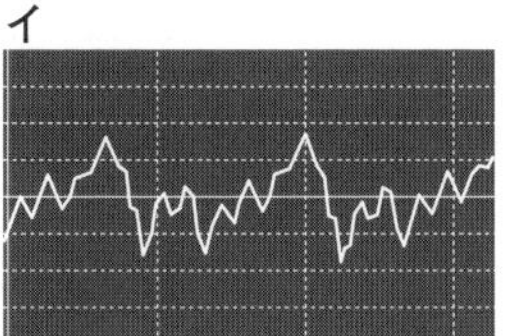

ウ
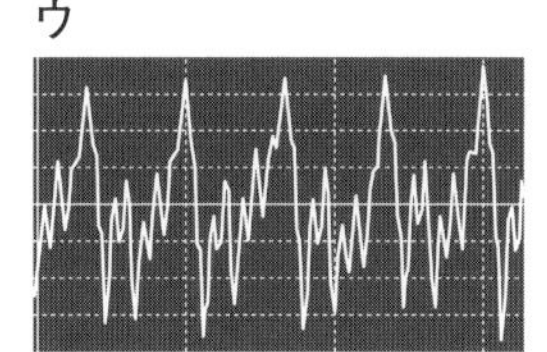

エ
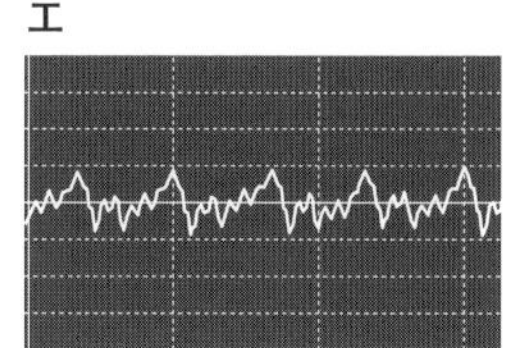

8 力のはたらき

基礎レベル問題

時間 30分　解答 別冊 p.36　得点　／100

1 力の表し方 **右の図の矢印は、地球が物体を引く力を表しています。次の問いに答えなさい。** 5点×2

糸
物体
1.5cm

(1) 地球が物体を引く力を何といいますか。(　　　)

(2) 1Nを0.5cmの長さの矢印で表すと、図の矢印が表す力は何Nですか。(　　　)

2 ばねののびと力 **図1のようにして、力とばねののびとの関係を調べると、図2のようになりました。あとの問いに答えなさい。** 6点×3

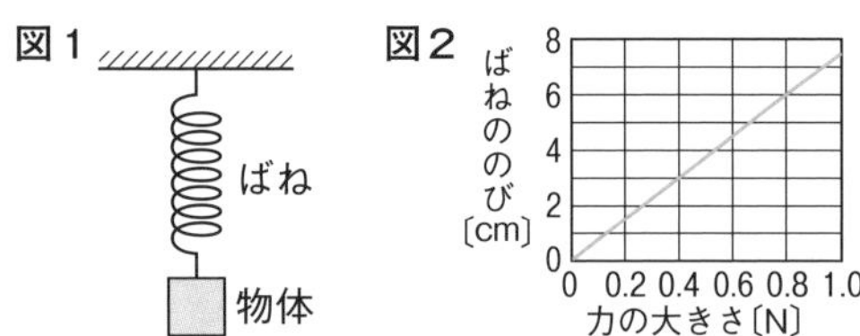

(1) **図1**で、ばねが物体を支える力は、ばねの何という力ですか。(　　　)

(2) 物体の重さが0.8Nのとき、ばねののびは何cmですか。(　　　)

(3) **図2**から、ばねののびと力の間には何という関係がありますか。(　　　)

3 力 **いろいろな力について、次の問いに答えなさい。** 6点×4

(1) 次の①～③は、いろいろな力がはたらいている例を示したものです。それぞれ何という力がはたらいていますか。**ア**～**ウ**から選びなさい。

① 床の上にあるおもちゃの自動車を手で押(お)したら、はじめは動いていたが、最後は止まった。(　　　)

② 竹ひごを手で少し曲げたが、手をはなすともとにもどった。(　　　)

③ 磁石のN極とS極を近づけたら、引き合った。(　　　)

ア 弾性力(だんせいりょく)　**イ** 摩擦力(まさつりょく)
ウ 磁力(じりょく)

(2) (1)の**ア**～**ウ**の力のうち、物体どうしが離(はな)れていてもはたらく力を選びなさい。(　　　)

4 力のつり合い **次の問いに答えなさい。** 6点×4

(1) 2力のつり合いの条件を示した次の文の(　　　)にあてはまる言葉を答えなさい。

①(　　　)　②(　　　)　③(　　　)

・2力の大きさは(　①　)。
・2力は(　②　)上にある。
・2力の向きは(　③　)である。

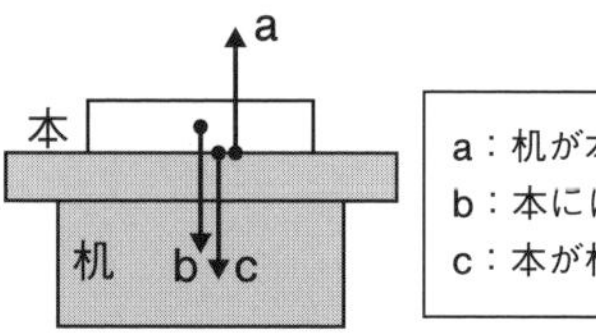

a：机が本を押す力
b：本にはたらく重力
c：本が机を押す力

(2) 上の図は、机の上に本を置いたとき、本と机それぞれにはたらく力を矢印**a**～**c**で模式的に表したものです。「2力のつり合い」の関係にある2力はどれですか。**a**～**c**から2つ選びなさい。(　　　)

5 ばねののびと重力 **200gのおもりをつるすと6cmのびるばね、上皿てんびん、300gのおもりを月面に持っていった場合について、次の問いに答えなさい。ただし、月面での重力(じゅうりょく)の大きさは、地球上の$\frac{1}{6}$の大きさとします。** 6点×3

(1) 上皿てんびんではかった物体そのものの量を何といいますか。(　　　)

(2) 上皿てんびんの一方の皿に300gのおもりをのせました。てんびんをつり合わせるためにはもう一方の皿に何gの分銅をのせればよいですか。(　　　)

ミス注意 (3) ばねに200gのおもりをつるしたとき、ばねののびは何cmになりますか。(　　　)

6 2力のつり合い **物体にはたらく2力がつり合っているものをア～エから1つ選びなさい。** (　　　) 6点

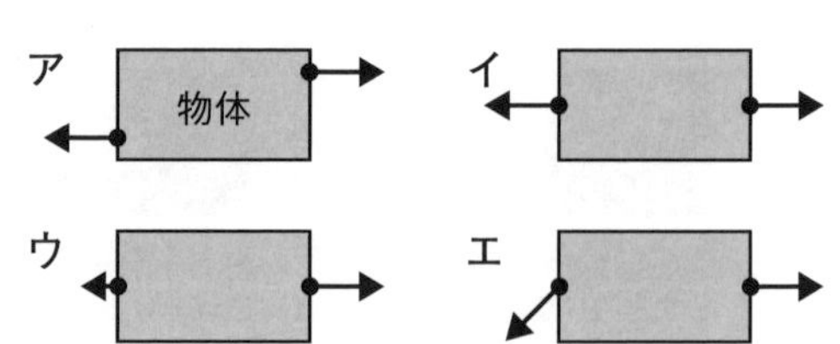

よくでるポイント **ばねののび**▷ばねにはたらく力の大きさに比例する。 **力**▷物体の形を変える。物体の動きを変える。物体を持ち上げたりする。物体を支える。 **力の大きさ**▷1Nは約100gの物体にはたらく重力の大きさと等しい。

入試レベル問題

時間 30分 解答 別冊 p.37 得点 ／100

1 次の(1)、(2)の力を、方眼の1目盛りを1N、•を作用点として、右の図に矢印をかいて表しなさい。 10点×2

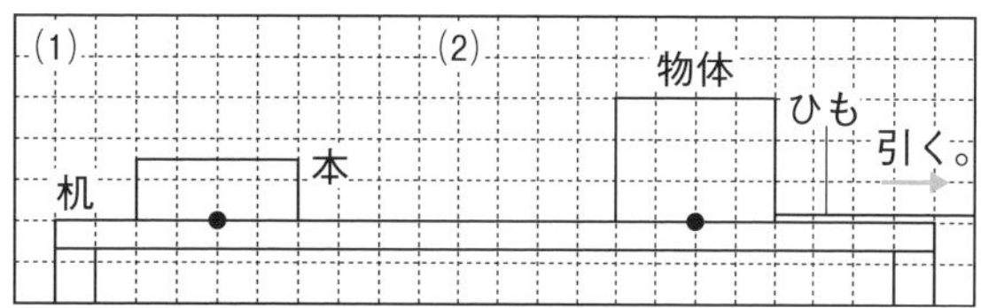

(1) 机が本を支える4Nの力

(2) 机と物体の間にはたらく5Nの摩擦力

2 右の図は、2つのばねA、Bにはたらく力とばねののびとの関係を表したグラフです。次の問いに答えなさい。 10点×4

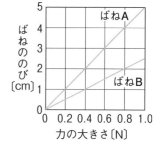

ばねA
ばねB
ばねののび〔cm〕 0 1 2 3 4 5
力の大きさ〔N〕 0 0.2 0.4 0.6 0.8 1.0

(1) ばねA、Bにはたらく力が0.6Nのとき、ばねののびはそれぞれ何cmですか。

A（　　　）　B（　　　）

(2) ばねBにおもりをつり下げるかわりに、手でばねBを2.5cmのばしました。手がばねに加えた力は何Nですか。

（　　　）

(3) ばねA、Bにそれぞれおもりをつるして同じのびにしたとき、ばねにはたらいている力が大きいばねは、A、Bのどちらですか。

（　　　）

入試 **3** 磁力の大きさを調べるために、ばねに加えた力の大きさとばねののびの関係が図1のようになるばねを使って、次のⅠ、Ⅱの手順で測定を行いました。Ⅱの結果については、下の表のとおりです。これについて、あとの問いに答えなさい。ただし、質量(しつりょう)100gの物体にはたらく重力の大きさを1Nとし、磁力は磁石間にはたらくもの以外は考えないものとします。

（長崎県） 20点×2

図1

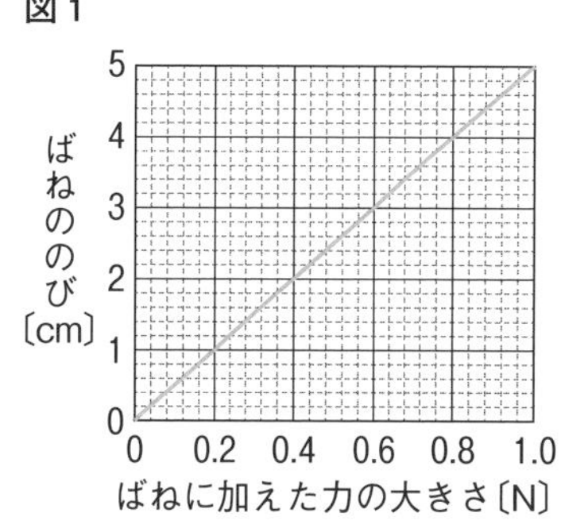

Ⅰ 図2のように、質量20gの小さな磁石Aをばねにつるして静止させ、ばねののびを測定した。

Ⅱ 図3のように、ばねにつるした磁石AのS極を、水平な床の上に固定した磁石BのN極に近づけて静止させ、磁石Aと磁石Bの距離と、ばねののびを測定した。

表

磁石Aと磁石Bの距離〔cm〕	2.0	3.0	4.0	5.0	6.0
ばねののび〔cm〕	5.0	2.8	2.0	1.6	1.4

図2

スタンド
ものさし
磁石A
(20 g)

図3

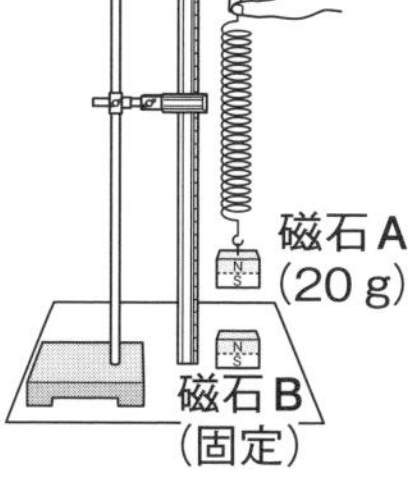

(1) Ⅰで、ばねののびは何cmですか。

（　　　）

(2) Ⅱで、磁石Aと磁石Bの距離が2.0cmのときの磁石Bが磁石Aを引く磁力の大きさは、磁石Aと磁石Bの距離が4.0cmのときの磁力の大きさの何倍ですか。

（　　　）

英語 数学 理科 社会 国語

9 火山と火成岩

基礎レベル問題

時間 30分　解答 別冊 p.37　得点　／100

1 火山の噴火 右の図は、火山の噴火のようすを模式的に表したものです。次の問いに答えなさい。　5点×4

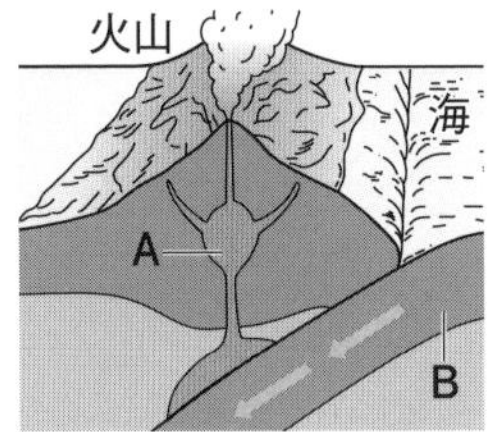

(1) Aは、高温で液体状の物質です。Aを何といいますか。（　　）

(2) 地球の表面をおおう板状の岩盤Bを何といいますか。（　　）

(3) 次の火山噴出物を何といいますか。

① 直径が2mm以下の粒（　　）

② Aが火山の火口から流れ出たもの（　　）

2 マグマの性質と火山 次の図は、火山の形を模式的に表したものです。あとの問いに答えなさい。　6点×2

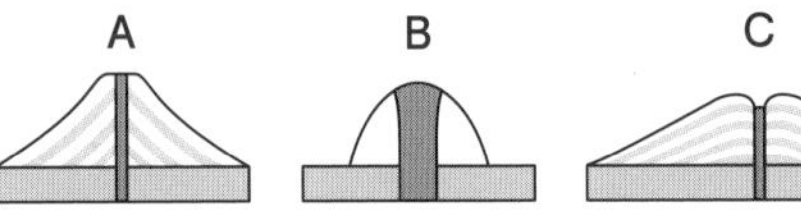

(1) A～Cの火山のマグマのねばりけが、大きいものから順に並べなさい。（　　→　　→　　）

(2) 火山噴出物が最も白っぽい色をしているのは、A～Cのどれですか。（　　）

3 火山灰の粒 右の図は、火山灰にふくまれている結晶の粒です。次の問いに答えなさい。　6点×3

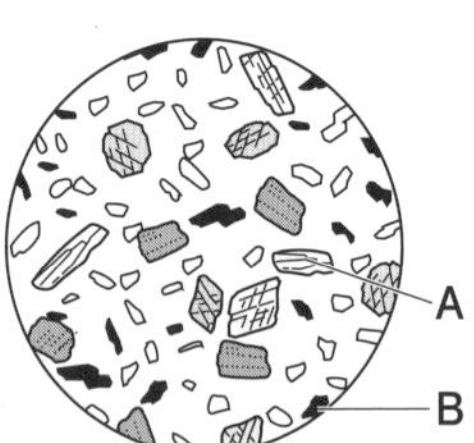

(1) 図のような、火山灰にふくまれている結晶の粒を何といいますか。（　　）

(2) 図のA、Bの粒はそれぞれ何ですか。

A　柱状で白色の粒。（　　）

B　黒色で板状にうすくはがれる。（　　）

4 マグマが冷えてできる岩石 マグマが冷えてできる岩石は、火山岩と深成岩に分けられます。次の問いに答えなさい。　5点×3

(1) マグマが冷えてできる岩石を、まとめて何といいますか。（　　）

ミス注意 (2) 火山岩と深成岩は、マグマがどのように冷えてできた岩石ですか。次のア、イからそれぞれ選びなさい。

火山岩（　　）　深成岩（　　）

ア　マグマが地下深くで長い時間かかって冷えてできた。

イ　マグマが地表付近で急に冷えてできた。

5 花こう岩 右の図は、花こう岩をルーペで観察してスケッチしたものです。次の問いに答えなさい。　5点×3

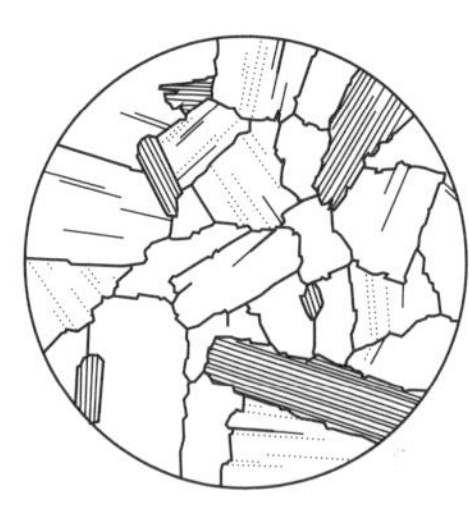

(1) 図のようなつくりを何といいますか。（　　）

(2) 花こう岩は火山岩と深成岩のどちらですか。（　　）

(3) 図のつくりをしている火成岩を、次のア～エからすべて選びなさい。（　　）

ア　玄武岩　　イ　せん緑岩

ウ　斑れい岩　　エ　流紋岩

6 安山岩 右の図は、安山岩をルーペで観察してスケッチしたものです。次の問いに答えなさい。　5点×4

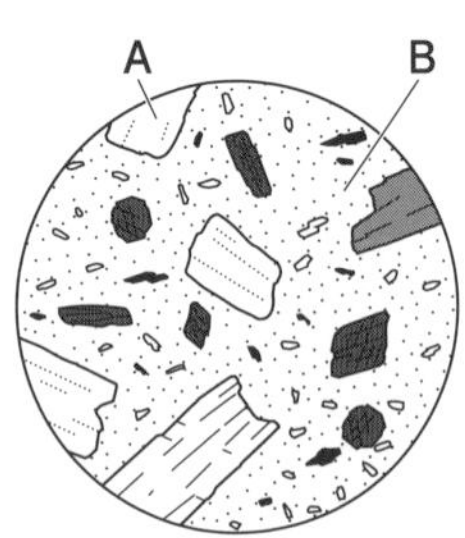

(1) 図のようなつくりを何といいますか。（　　）

(2) A、Bの部分をそれぞれ何といいますか。

A（　　）

B（　　）

(3) 安山岩は火山岩と深成岩のどちらですか。（　　）

よくでるポイント 火山の形▶マグマのねばりけによる。 火山岩▶マグマが地表付近で冷えてできた火成岩。斑晶、石基、斑状組織。
深成岩▶マグマが地下深くで冷えてできた。等粒状組織。 鉱物▶無色鉱物(石英、長石)と有色鉱物。

入試レベル問題

時間 30分 解答 別冊 p.38 得点 ／100

1 右の図は、火成岩にふくまれるおもな鉱物です。次の問いに答えなさい。 7点×4

(1) 有色鉱物はどれですか。すべて選びなさい。 (　　)

(2) a、bの鉱物をそれぞれ何といいますか。

a (　　) b (　　)

(3) 有色鉱物のふくまれる割合が多くなるほど、火成岩の色はどのようになりますか。 (　　)

a 細長い柱状 暗緑色
b 白色
c カンラン石 うすい緑色
d 石英 無色
e 黒雲母 黒色、うすくはがれる。
f 輝石 褐色

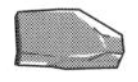

2 右の表は、火成岩の種類とふくまれるおもな鉱物、色合いをまとめたものです。次の問いに答えなさい。 8点×6

斑状組織	A	安山岩	流紋岩
等粒状組織	斑れい岩	せん緑岩	B
ふくまれるおもな鉱物	a b カンラン石	a b カクセン石	a 石英 黒雲母
色	㋐	灰色	㋑

(1) A、Bにあてはまる火成岩は何ですか。

A (　　)

B (　　)

(2) aは白色で柱状の鉱物、bは黒色で短い柱状の鉱物です。a、bは何ですか。 a (　　) b (　　)

(3) ㋐、㋑で、白っぽい色があてはまるのはどちらですか。 (　　)

難 (4) 安山岩とせん緑岩は、ふくまれている鉱物の種類や割合は同じですが、つくりがちがっています。せん緑岩は安山岩と比べてどのような場所でできたと考えられますか。

(　　)

入試 **3** 火山には、図1のA～Cのように異なるいくつかの形状があり、噴出する火山灰にふくまれる鉱物の種類や割合にも特徴があります。図2のx～zは、それぞれ、図1のA～Cの形状のいずれかの火山から噴出した火山灰を、双眼実体顕微鏡で観察し、スケッチしたものです。これについて、次の問いに答えなさい。 (愛媛県) 8点×3

図1

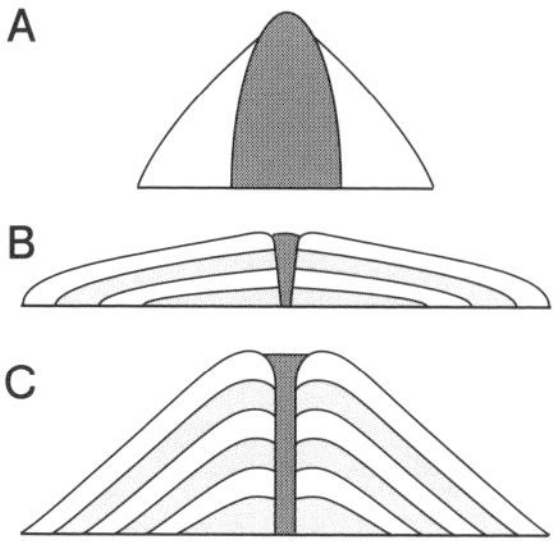

A

B

C

(1) 図1のA～Cの火山から噴出した火山灰は、図2のx～zのそれぞれどれにあたりますか。火山と噴出した火山灰の組み合わせとして、最も適当なものを次のア～エから選びなさい。 (　　)

ア Aとx、Bとy、Cとz
イ Aとx、Bとz、Cとy
ウ Aとz、Bとx、Cとy
エ Aとz、Bとy、Cとx

図2

x y z

〔有色鉱物は黒色をつけて示している。〕

(2) 次の文の①、②の［ ］の中で、それぞれ最も適当なものはどれですか。ア～エから選びなさい。

図1のA～Cの火山のうち、Aの火山を形成したマグマのねばりけが、最も①［ア 強い イ 弱い］。また、Aの火山が噴火した場合は、②［ウ 激しい エ おだやかな］噴火になることが多い。 ①(　　) ②(　　)

10 地震

基礎レベル問題

時間 30分　解答 別冊 p.38　得点　／100

1 地震発生の場所

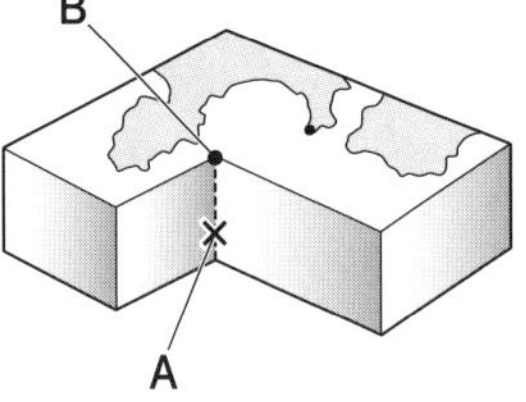

右の図で、A点は地震が発生した場所を表しています。次の問いに答えなさい。 5点×2

(1) A点を何といいますか。（　　　）

(2) B点は、A点の真上の地表の地点です。B点を何といいますか。（　　　）

2 地震計の記録

次の図は、ある地震のゆれを地震計で記録したものです。あとの問いに答えなさい。 5点×6

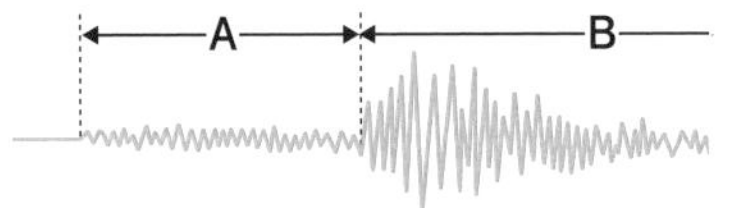

(1) A、Bのゆれをそれぞれ何といいますか。

A（　　　）　B（　　　）

ミス注意 (2) A、Bのゆれを起こす地震の波をそれぞれ何といいますか。

A（　　　）　B（　　　）

(3) Aのゆれが始まってから、Bのゆれが始まるまでの時間を何といいますか。

（　　　）

(4) 地震のA、Bのゆれが同時に始まらないのは、ゆれを伝える地震の波の何がちがうからですか。（　　　）

3 地震の伝わり方

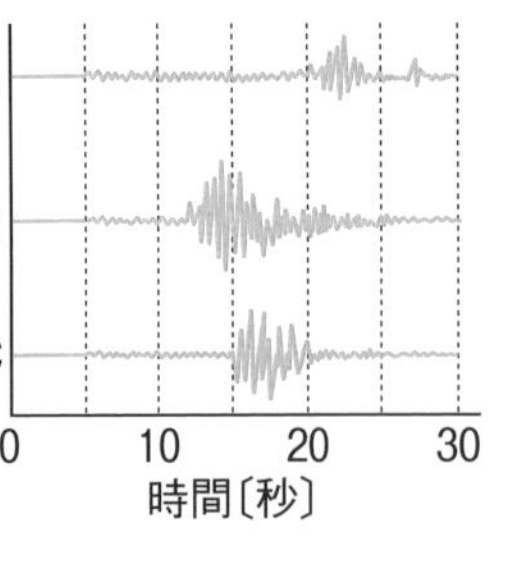

右の図は、同じ地震をA～C地点で、同じ地震計で記録したものです。次の問いに答えなさい。 5点×3

(1) C地点の初期微動継続時間は約何秒ですか。（　　　）

(2) 最も大きくゆれたのは、A～Cのどの地点ですか。（　　　）

(3) A～C地点を、震源に近いほうから順に記号を並べなさい。（　　　）

4 地震のゆれの分布

右の図は、地震のゆれの大きさの分布を表しています。次の問いに答えなさい。 4点×5

(1) 震度は、地震の何を表したものですか。

（　　　）

(2) (1)は、何段階に分けられていますか。

（　　　）

(3) この地震より規模の大きい地震が、同じ震源で起こったとすると、震央付近のゆれの大きさとゆれの範囲はどのようになりますか。

大きさ（　　　）　範囲（　　　）

(4) 地震の規模の大きさを表したものを何といいますか。（　　　）

5 地層の変形

次の図は、ある地点の地層のようすを表したものです。あとの問いに答えなさい。 5点×3

A

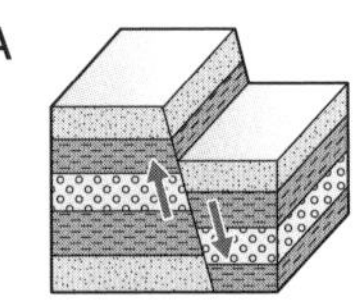

B

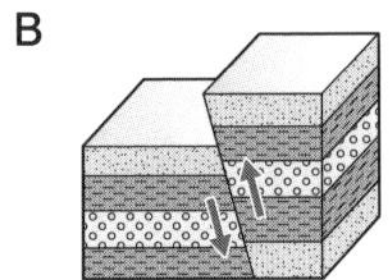

ミス注意 (1) A、Bのような地層のくいちがいを何といいますか。（　　　）

(2) A、Bにはたらく力は、それぞれ横に引っ張る力と横から押す力のどちらですか。

A（　　　）　B（　　　）

6 地震の起こるしくみ

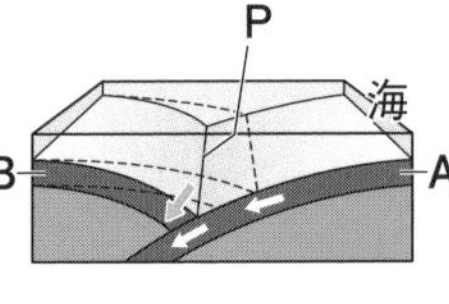

右の図は、日本列島付近のプレートA、Bの動きを表したものです。次の問いに答えなさい。 5点×2

(1) Pはプレートの境目の溝状の地形です。Pを何といいますか。（　　　）

(2) P付近で起こる大地震は、Aのプレートの動きによって引きずられたBのプレートが、どのようになるとき発生しますか。

（　　　）

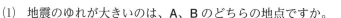

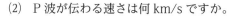

よくでるポイント　**地震のゆれ**▶P波による初期微動とS波による主要動。震源から遠いほど初期微動継続時間が長い。
震度▶地震のゆれの大きさ。　**マグニチュード**▶地震の規模の大きさ。

入試レベル問題

時間 30分　解答 別冊 p.38　得点 ／100

1 右の図は、ある地震のゆれをA、B2つの地点で記録したものです。次の問いに答えなさい。　9点×5

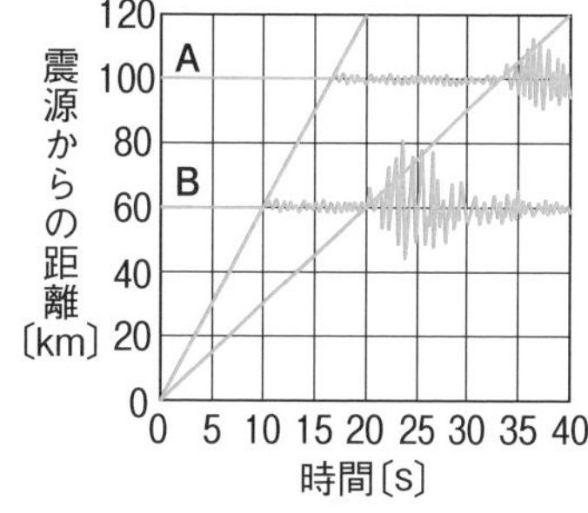

(1) 地震のゆれが大きいのは、A、Bのどちらの地点ですか。
（　　　）

(2) P波が伝わる速さは何km/sですか。（　　　）

(3) 震源からの距離が大きいほど、初期微動継続時間の長さはどのようになりますか。（　　　）

(4) 地震のゆれ始める時刻が等しい地点を、滑(なめ)らかな曲線で結んでいくと、震央を中心とするどのような形になりますか。（　　　）

(5) B地点でゆれ始めた時刻は6時43分05秒です。地震が発生した時刻は何時何分何秒ですか。

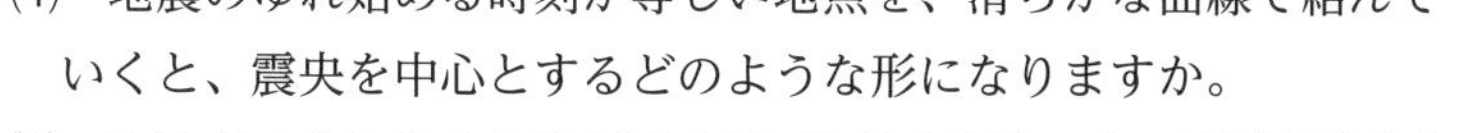
（　　　）

2 右の図は、地震Aによる震度分布を表したものです。次の問いに答えなさい。　9点×2

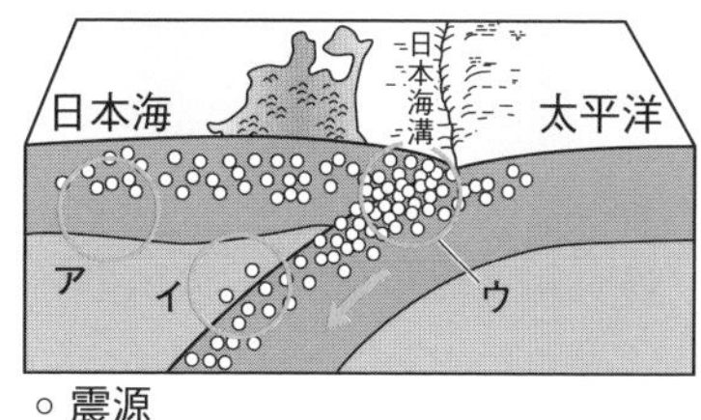

(1) 地震Aの震央はどこですか。ア～エから選びなさい。

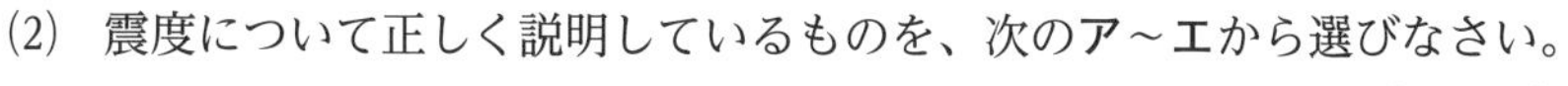
（　　　）

(2) 震度について正しく説明しているものを、次のア～エから選びなさい。
（　　　）

ア　震度は0から7までの8段階がある。
イ　地震によるゆれの程度を表す。
ウ　地震による被害の程度を表す。
エ　震央から同じ距離ならば震度も同じである。

3 右の図は、日本付近の地下と震源の分布を表しています。次の問いに答えなさい。　9点×3

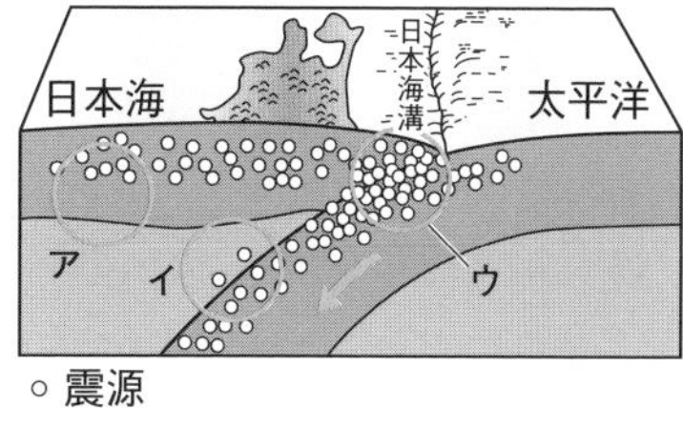

(1) 巨大地震(きょだいじしん)が発生しやすいところはどこですか。右の図中のア～ウから選びなさい。
（　　　）

(2) 震源の深さは太平洋側から日本海側へ向かってどのようになっていますか。（　　　）

(3) 規模の大きい地震が海底で起こったとき、発生する波を何といいますか。（　　　）

入試 **4** 右の図は、地震計のしくみを模式的に示したものです。地震計のしくみの説明として、最も適当なものはどれですか。次のア～エから選びなさい。（　　　）　（北海道）10点

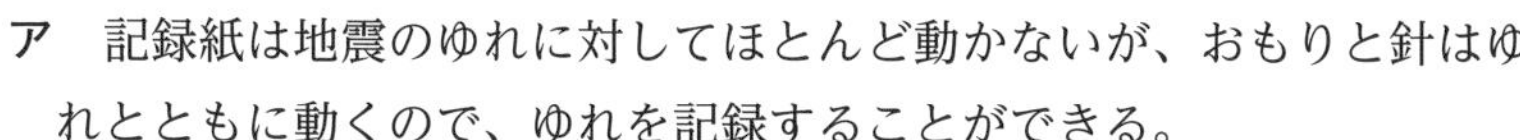

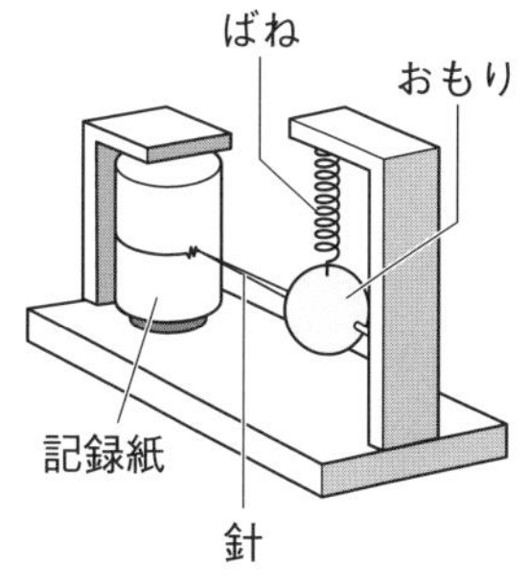

ア　記録紙は地震のゆれに対してほとんど動かないが、おもりと針はゆれとともに動くので、ゆれを記録することができる。
イ　記録紙とおもりと針が、地震のゆれとともに動くので、ゆれを記録することができる。
ウ　記録紙は地震のゆれとともに動くが、おもりと針はほとんど動かないので、ゆれを記録することができる。
エ　記録紙は地震のゆれに対してほとんど動かないが、おもりと針はゆれと反対方向に動くので、ゆれを記録することができる。

11 地層と堆積岩

基礎レベル問題

時間 30分　解答 別冊 p.39　得点　／100

1 地層のでき方 次の図は、流水によって運ばれたれき、砂、泥(どろ)が海底に堆積(たいせき)するようすです。あとの問いに答えなさい。　4点×3

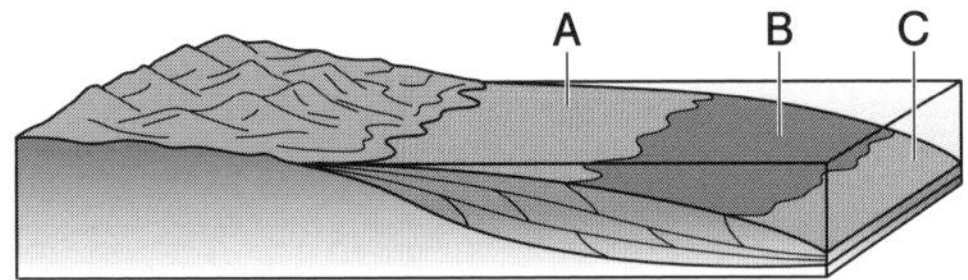

(1) れき、砂、泥を、粒(つぶ)の小さいものから順に並べなさい。（　　　）

(2) 水の中で最も速く沈(しず)むのは、れき、砂、泥のどれですか。（　　　）

ミス注意 (3) 図のA～Cのうち、おもにれきが堆積するのはどこですか。（　　　）

2 地層の観察 右の図は、がけの地層(ちそう)のようすをスケッチしたものです。次の問いに答えなさい。　4点×3

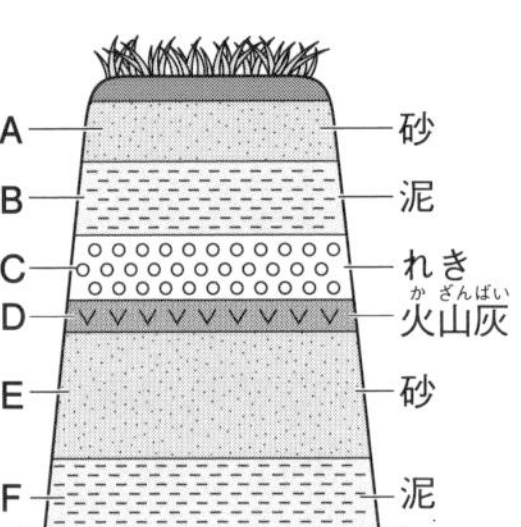

(1) A～F層のうち、最も古い層はどれですか。（　　　）

(2) A～C層は、何によって区別することができますか。（　　　）

(3) A～F層のうち、火山の活動があったことを示す層はどれですか。（　　　）

3 堆積岩 次の図は、泥・砂・れきでできた堆積(たいせき)岩(がん)です。あとの問いに答えなさい。　5点×5

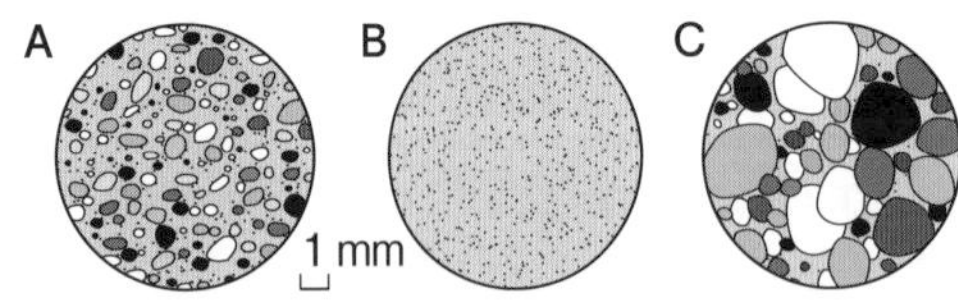

(1) A～Cの堆積岩の名称を書きなさい。

A（　　　）　B（　　　）

C（　　　）

(2) A～Cの堆積岩は、何によって区別できますか。（　　　）

(3) AやCの粒が、角がとれて丸いのは、何のはたらきを受けたことを示していますか。（　　　）

4 環境を示す化石 次の図は、地層が堆積した当時の場所や環境を知る手がかりとなる化石(かせき)です。あとの問いに答えなさい。　4点×4

A 
シジミ

B 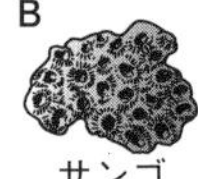
サンゴ

C 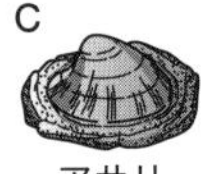
アサリ

D 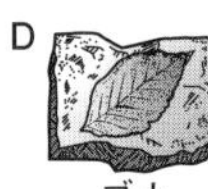
ブナ

ミス注意 (1) 図のような化石を何といいますか。（　　　）

(2) 次の①～③のことを知る手がかりとなる化石は、それぞれ図のA～Dのどれですか。

① あたたかいきれいな浅い海で堆積した。（　　　）

② 河口付近で堆積した。（　　　）

③ やや寒冷な気候であった。（　　　）

5 時代を示す化石 右の図は、地層が堆積した時代を示す化石です。次の問いに答えなさい。　5点×4

A 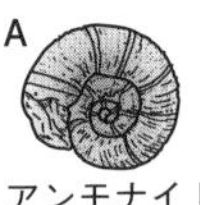
アンモナイト

B 
ビカリア

C 
サンヨウチュウ

(1) 図のような化石を何といいますか。（　　　）

(2) A～Cは、古生代(こせいだい)、中生代(ちゅうせいだい)、新生代(しんせいだい)のどの時代を示す化石ですか。

A（　　　）　B（　　　）

C（　　　）

6 変形した地層・地形 次の図は、変形した地層や、海岸で見られる階段状の地形です。あとの問いに答えなさい。　5点×3

A 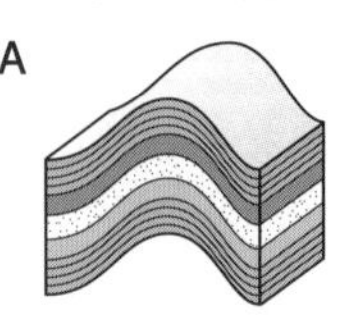

B 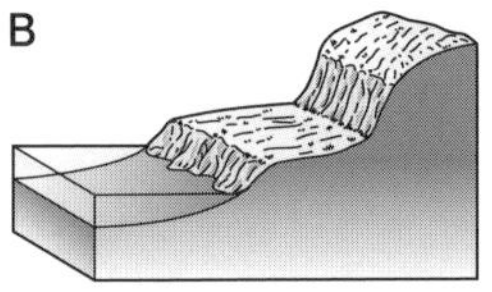

(1) Aのように、地層が波を打った状態を何といいますか。（　　　）

(2) Bのような、階段状の地形を何といいますか。（　　　）

ミス注意 (3) 地震の発生をともなう、急激な大地の変動がくり返されてできたものは、A、Bのどちらですか。（　　　）

よくでるポイント **地層のでき方**▶流水で運ばれたれき、砂、泥は、海岸に近いほど大きい粒が堆積する。 **堆積岩**▶れき岩、砂岩、泥岩、凝灰岩、石灰岩、チャートがある。 **化石**▶時代を示す示準化石と環境を示す示相化石がある。

入試レベル問題

時間 30分 解答 別冊 p.39 得点 ／100

1 **図1は、がけに見られた地層を柱状に表したものです。図2は、地層に見られた岩石のスケッチです。次の問いに答えなさい。** 7点×7

図1

A 泥岩
B 砂岩 アンモナイト
C れき岩
D 凝灰岩
E 砂岩
F 石灰岩

図2

5 mm

(1) 地層がむきだしになったがけなどを何といいますか。（　　）

(2) 図1のような図を何といいますか。（　　）

(3) 図1のA～C層のうち、最も海岸から離れた場所で堆積した層はどれですか。（　　）

(4) 図2の岩石は、図1のA～Fのどの層に見られましたか。（　　）

(5) 図1のF層の岩石は、ある薬品をかけて確認できました。ある薬品とは何ですか。（　　）

(6) 図1で、離れた場所の地層を比較するときに役に立つ層はどれですか。すべて選びなさい。また、このような層を何といいますか。 記号（　　） 名称（　　）

2 **右の図の化石について、次の問いに答えなさい。** 7点×4

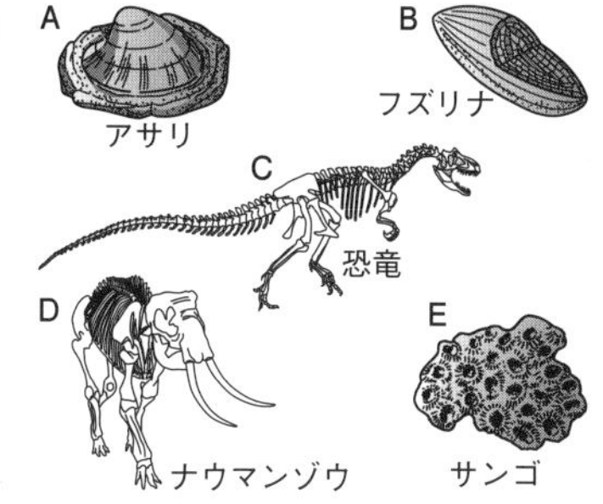

(1) A～Eを、示準化石、示相化石に分け、記号で答えなさい。
示準化石（　　） 示相化石（　　）

ミス注意 (2) 示相化石となる生物にはどのような特徴がありますか。次のア～ウから選びなさい。（　　）

ア ある限られた時代に繁栄し、その後絶滅した。
イ いろいろな環境で長く生存できる。
ウ ある限られた環境でしか生存できない。

(3) アンモナイトの化石と同じ時代を示す化石は、A～Eのどれですか。（　　）

入試 **3** **あるがけで見られる地層の特徴や重なりを調べるために観察を行いました。そのがけにはA層（れき岩）、B層（砂岩）、C層（泥岩）、D層（凝灰岩）、E層（石灰岩）の5つの層を見ることができました。右図はそのようすをスケッチしたものです。**

後日、A層～C層の堆積のようすを考察するため、理科室で、れき、砂、泥の粒子と水が入ったペットボトルを振ったあと、しばらく放置しました。観察した結果、下から順にれき、砂、泥の順番で重なっていました。これについて、次の問いに答えなさい。

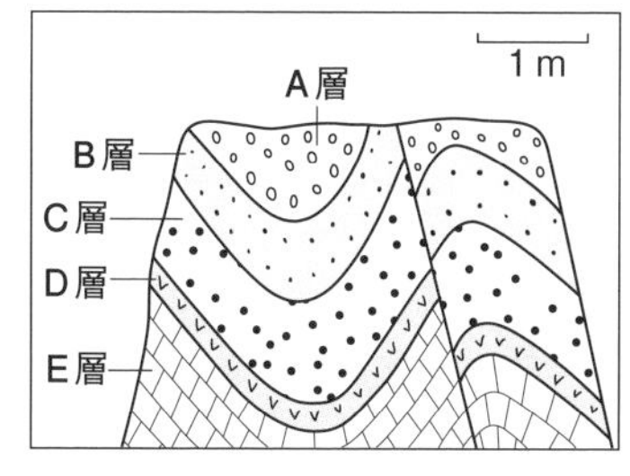

（沖縄県） (1)7点、(2)8点×2

難 (1) このがけで見られる断層の説明として、最も適当なものを次のア～エから選びなさい。（　　）

ア 火山活動によって形成されたずれ　　イ 地下で起きた大規模な岩石の破壊によるずれ
ウ 海岸にそって形成された階段状のずれ　　エ 侵食作用によって形成された地形のずれ

(2) 次の文章は、A層～C層が海底で堆積したときの環境を実験から考察したものです。①にはあてはまる言葉を［　　］の中から選び、②の［　　］にはあてはまる理由を答えなさい。

実験で、下かられき、砂、泥の順で重なったのは、細かい粒子ほど沈むのにかかる時間が長いためである。

川から流れこんだれき、砂、泥もそれぞれ沈むのにかかる時間が異なるため、泥が海岸線から見て最も①［ 近く ・ 遠く ］に堆積する。A層～C層がこの順番で重なっているのは、これらの3つの地層ができた時代に、海底だったこの場所に対して、海岸線がしだいに②［　　　］からであると考えられる。

①（　　） ②（　　）

中1理科　まちがいやすい操作や要点

植物と動物のからだと分類　p.66〜71

□ ルーペは目に近づけて持つ
⇒視野が広くなって観察しやすいからである。

□ 子房は果実に、胚珠は種子になる
⇒被子植物は、受粉すると子房が果実に、子房の中にある胚珠は種子になる。
⇒果実をつくらない裸子植物の花は、子房がなく、胚珠がむきだし。

□ 見える部分は全部が葉
⇒シダ植物のイヌワラビの茎は地下にあり(地下茎)、地表に出ている部分全体は葉である。

□ 植物の分類
⇒植物を分類するポイントは、ふえ方、子房があるかないか、葉や根のつくりのちがい。

□ 動物の分類
⇒背骨がある動物を脊椎動物、背骨がない動物を無脊椎動物に分類。

□ まちがいやすい動物の分類
⇒イルカ、クジラは水中生活をする哺乳類。イモリは両生類、ヤモリはは虫類。

身のまわりの物質と性質　p.72〜77

□ 密度は変化する
⇒物質の状態変化では、質量は変化しないが、体積は変化するため、密度は変化する。
体積が増加→**密度は小さくなる。**
体積が減少→**密度は大きくなる。**

□ 水にとけやすい気体か、とけにくい気体か
⇒水にとけやすい気体は下方置換法、上方置換法、水にとけにくい気体は水上置換法で集める。

□ 体積の増加は水だけ
⇒液体→固体のとき、水以外の物質の体積は減少するが、水は増加する。このため、氷の密度が液体の水より小さくなり、氷は水にうく。

□ 1目もりの10分の1まで読む
⇒メスシリンダーで液体の体積をはかるときは10分の1まで目分量で読む。

身のまわりの現象　p.78〜81

□ 光の道すじ
⇒光が空気中から水やガラスに進むときの道すじは、光が水やガラスから空気中に進むときの逆の道すじになる。

□ 空気が移動するわけではない
⇒音が空気中を伝わるとき、振動が伝わるだけで、空気が風のように移動するのではない。

□ 質量は変わらない
⇒質量は物体そのものの量だから、地球上でも月面上でも宇宙船の中でも変化しないが、重さは重力が変われば変化し、宇宙船の中では0に、月面上では地球上の約$\frac{1}{6}$になる。

□ 比例するのはばねののび
⇒ばねに加えた力の大きさと比例するのは、ばねののびで、ばねの長さではない。

□ 2力がつり合う条件
⇒2力の大きさが等しい。2力の向きは反対。2力は同一直線上にある。この3つの条件の1つでも欠けると2力はつり合わない。

大地の変化　p.82〜87

□ 地表で最初にゆれ始める地点
⇒震央は、震源に最も近い地表の地点なので、地震が起こると最初にゆれ始める。

□ マグニチュードは地震の規模
⇒震度は各地点のゆれの大きさを表し、マグニチュードは発生した地震の規模を表す。マグニチュードが大きいほど、ゆれる範囲は広くなり、震度が大きくなる。

□ 示準化石、示相化石に適した生物
⇒**示準化石**→地球上で広く繁栄したが、その期間が限られ、その後絶滅した生物である。
示相化石→生存できる環境が限られ、しかも現在まで子孫が生き続けている生物である。

□ 断層ができるとき地震が発生する
⇒断層は急激な大地の変動によって生じる。このときの振動が地震となる。巨大な力が長い期間はたらき続けてできるしゅう曲とはちがう。

社会

1 世界のすがた

基礎レベル問題

時間 30分 解答 別冊 p.40 得点 ／100

1 地球のすがた 次の問いに答えなさい。

(4)4点、その他5点×5

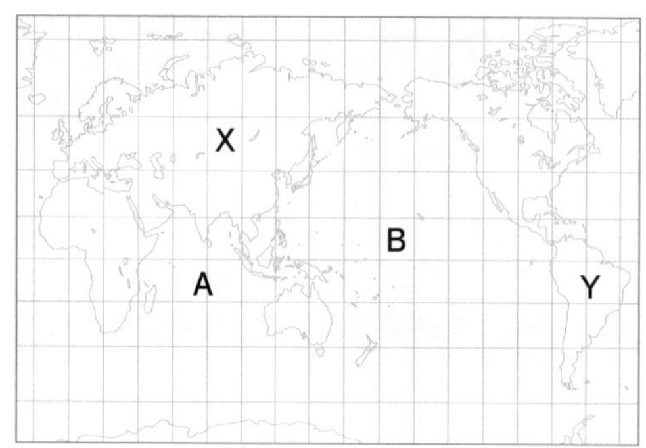

(1) 地球の表面積を陸地と海洋で分けた場合、陸地は約何割を占めていますか。

（約　　割）

(2) 地図中のXとYの大陸を何といいますか。

X（　　大陸）

Y（　　大陸）

(3) 地図中のAとBの海洋を何といいますか。

A（　　）B（　　）

(4) 上の地図は、何が正しい地図ですか。次から1つ選びなさい。

ア 経線に対する角度　イ 距離

ウ 面積　エ 形　（　　）

2 緯度と経度 次の問いに答えなさい。 4点×4

(1) 図中のXの緯線を何といいますか。

（　　）

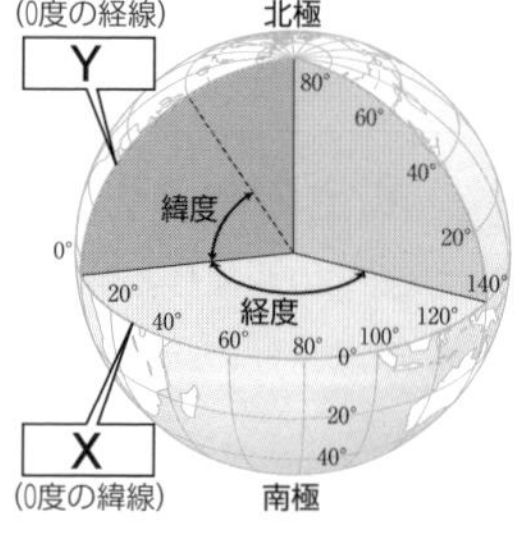

(2) 図中のXの緯線が通っている国を次から1つ選びなさい。

（　　）

ア エジプト

イ ケニア

ウ インド　エ メキシコ

(3) 図中のYの経線を何といいますか。

（　　）

(4) 図中のYの経線が通っている国を、次から1つ選びなさい。（　　）

ア アメリカ　イ ロシア

ウ イギリス　エ ドイツ

3 世界の地域区分 次の問いに答えなさい。

5点×4

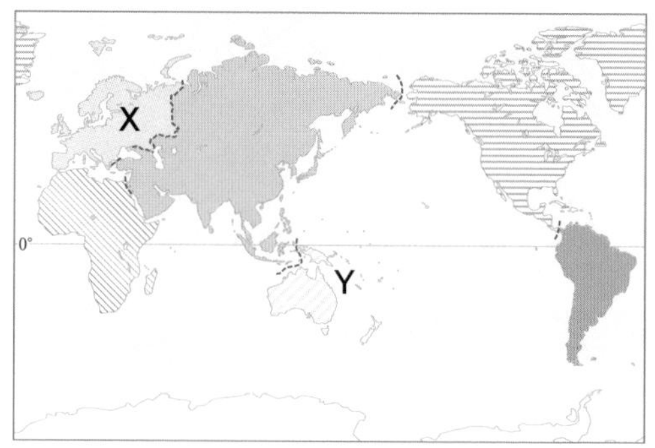

(1) 地図中のXとYの州を何といいますか。

X（　　州）

Y（　　州）

(2) アジア州を5つに分けた場合、日本は何アジアですか。次から1つ選びなさい。

ア 東アジア　イ 東南アジア

ウ 南アジア　エ 西アジア

オ 中央アジア　（　　）

(3) アフリカにみられる直線的な国境線は、何を利用した国境線ですか。（　　）

4 世界の国々の特色 次の問いに答えなさい。

5点×7

ミス注意 (1) 次のうち、島国（海洋国）を1つ選びなさい。

ア インド　イ オーストラリア

ウ イタリア　エ フィリピン

（　　）

(2) 次のうち、内陸国を1つ選びなさい。

ア 中国　イ スイス

ウ フランス　エ メキシコ

（　　）

(3) 南アメリカ州にあり、国名がスペイン語で「赤道」を意味する国はどこですか。

（　　）

(4) 世界で面積が2番目に大きな国はどこですか。また、その国が属する州はどこですか。

国（　　）州（　　州）

(5) 人口14億人をこえる国を2つ答えなさい。（　　）（　　）

入試レベル問題

時間 30分　解答 別冊 p.40　得点　／100

1 世界のすがたについて、次の問いに答えなさい。

(1)12点、その他11点×3

入試 ミス注意 (1) **地図Ⅱ**を参考に、**地図Ⅰ**中のA～Dの都市を、東京からの実際の距離が近い順に左から並べ、記号で答えなさい。(愛媛県)

（　　→　　→　　→　　）

入試 (2) 航空機を利用して東京からAに行くときの最短経路を示したものとして最も適切なものを、**地図Ⅰ**中のあ～うから1つ選びなさい。　(静岡県)（　　）

地図Ⅰ

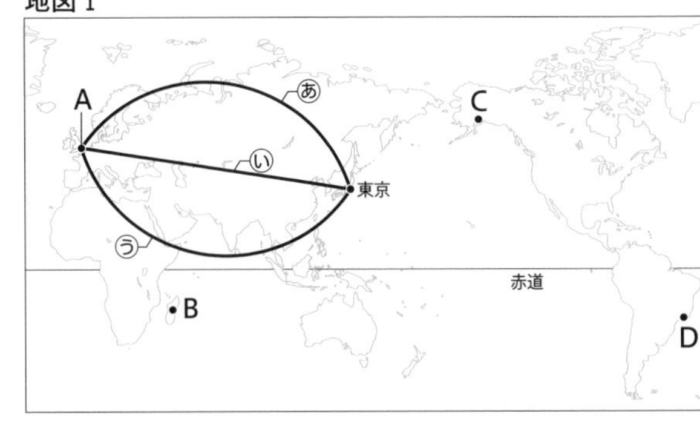

入試 (3) **地図Ⅱ**中のXは、世界の六大陸のうちの1つです。Xの大陸の名称を書きなさい。　(静岡県)

（　　）

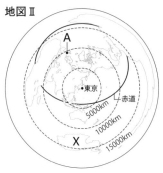

地図Ⅱ

入試 (4) **地図Ⅰ**において、赤道は直線で示されていますが、**地図Ⅱ**において、赤道は曲線で示されています。**地図Ⅱ**において、直線ですべて示される線を、次から1つ選びなさい。　(静岡県)

ア　東京を通る緯線　　イ　Aを通る緯線

ウ　東京を通る経線　　エ　Aを通る経線　　（　　）

2 世界の国々について、次の問いに答えなさい。

11点×5

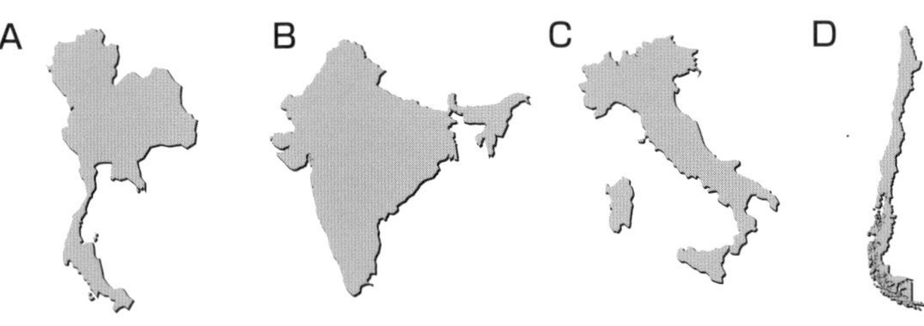

※縮尺は同じではない。

(1) A～Dの図は、世界の国々の形を表しています。次の①～④の文が述べている国を、1つずつ選びなさい。

① 人口が14億人をこえている。南アジアに属し、北部の国境にヒマラヤ山脈が連なる。
② ヨーロッパ州に属する。北部の国境にアルプス山脈が連なり、フランスやスイスなどと接している。
③ 南アメリカ州に属する。アルゼンチンとの国境にアンデス山脈が連なる。
④ 東南アジアに属する。ラオスとの国境にメコン川が流れる。

①（　　）②（　　）③（　　）④（　　）

入試 (2) 右の資料中のW～Zには、ヨーロッパ州と南アメリカ州以外の州があてはまります。上のBの国が含まれる州にあてはまるものをW～Zから1つ選びなさい。

(福岡県)（　　）

資料　人口、面積の州別の割合(2024年)　(%)

	W	X	ヨーロッパ	Y	南アメリカ	Z
人口	59.4%	17.6	9.4	7.5	5.5	0.6
面積	23.9%	22.8	17.0	16.4	13.4	6.5

(2024年版「データブック オブ・ザ・ワールド」)

2 日本のすがた

基礎レベル問題

時間 30分　解答 別冊 p.40　得点　／100

1 日本の位置 次の問いに答えなさい。

(1)(2)4点、その他5点×9

(1) 日本とほぼ同じ緯度(いど)にある国（①）と、ほぼ同じ経度(けいど)にある国（②）を、次から1つずつ選びなさい。

ア　イギリス　　イ　ギリシャ

ウ　ベトナム　　エ　オーストラリア

①（　　　）②（　　　）

(2) 次の文中のa・bから正しいものを1つずつ選びなさい。

日本の国土は、南北はおよそ北緯a〔ア　20　イ　30〕度から46度、東西はおよそ東経122度からb〔ア　145　イ　154〕度の範囲(はんい)に広がる。

a（　　　）b（　　　）

(3) 日本を含(ふく)む東アジアの地域は、ヨーロッパから見て「東の果て」にあるという見方から何と呼ばれますか。

（　　　）

ミス注意 (4) 日本の西端(せいたん)と南端(なんたん)の島を、それぞれ答えなさい。

西端（　　　）

南端（　　　）

(5) 次の文の X と Y にあてはまる語句を答えなさい。

◇　北海道の東部にある択捉島(えとろふ)、国後島(くなしり)、色丹島(しこたん)、歯舞群島(はぼまい)からなる X は、現在、 Y に占拠(せんきょ)されている。

X（　　　）

Y（　　　）

(6) 次の文中のA～Cにあてはまる語句を答えなさい。

一国の主権が及ぶ範囲を領域といい、 A （陸地の部分）、 B （Aに接する一定の範囲の海域）、 C （A・Bの上空）からなる。

A（　　　）B（　　　）

C（　　　）

(7) 日本の排他(はいた)的経済水域は、海岸線から何海里が範囲（領海を除(のぞ)く）に定められていますか。　（　　　海里）

ミス注意 **2 時差** 次の地図中のA～Cの都市は、東京との間で何時間の時差がありますか（各都市は、最も近いところを通る経線を標準時子午線としています）。

5点×3

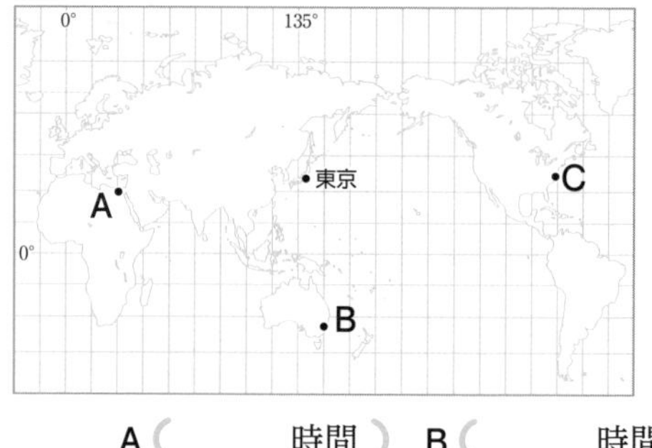

A（　　　時間）B（　　　時間）

C（　　　時間）

3 日本の地域区分 次の問いに答えなさい。

4点×6

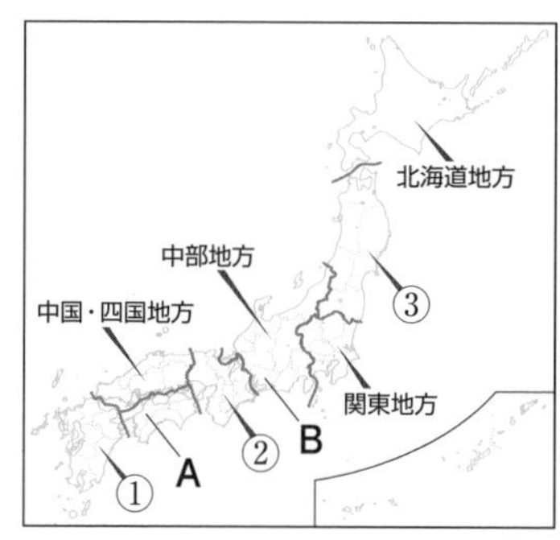

(1) 地図中のA・Bの県名に共通する漢字1字を答えなさい。（　　　）

(2) 地図中の①～③にあてはまる地方名を答えなさい。

①（　　　地方）

②（　　　地方）

③（　　　地方）

(3) 地図中の中部地方は、北から南の順に ［　　］、中央高地(ちゅうおうこうち)、東海(とうかい)の3地域に区分されます。［　　］にあてはまる地域名を答えなさい。

（　　　）

(4) 面積が最も小さい都道府県を、次から1つ選びなさい。

ア　東京都　　イ　大阪府

ウ　香川県　　エ　沖縄県

（　　　）

よくでるポイント **日本とほぼ同じ緯度**▶中国、イラン、地中海沿岸の国々、アメリカ合衆国。**日本とほぼ同じ経度の国**▶ロシア東部、中国東部、パプアニューギニア、オーストラリア。**北方領土**▶択捉島、国後島、色丹島、歯舞群島。

入試レベル問題

時間 30分　解答 別冊 p.41　得点 ／100

1 日本の位置と時差について、次の問いに答えなさい。

(2)③は20点、その他11点×4

(1) 図Ⅰを見て、次の問いに答えなさい。

① 最も早く元日を迎える場所を、ア～エから1つ選びなさい。（　　）

入試 ミス注意 ② 地図中のア～エの都市を、東京との時差が小さい順に並べなさい。(完答)　(北海道)

（　　→　　→　　→　　）

図Ⅰ

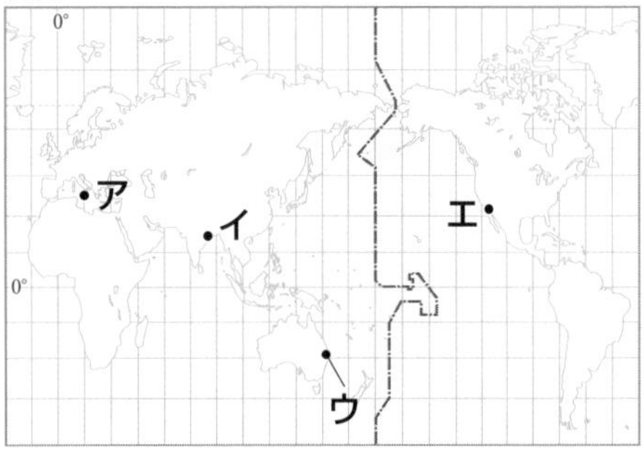

ア　イ　ウ　エ

(2) 図Ⅱを見て、次の問いに答えなさい。

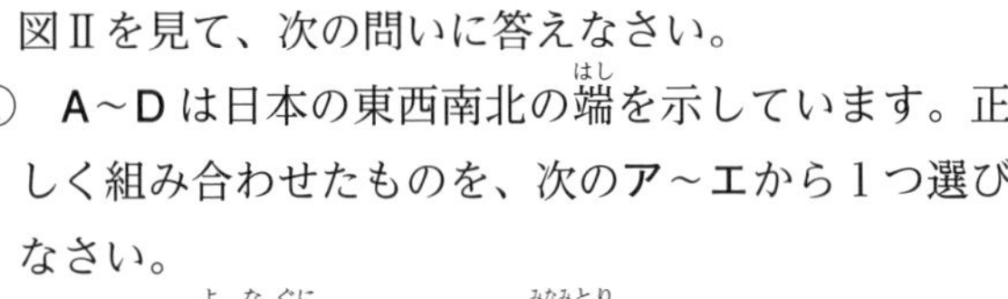

① A～Dは日本の東西南北の端を示しています。正しく組み合わせたものを、次のア～エから1つ選びなさい。

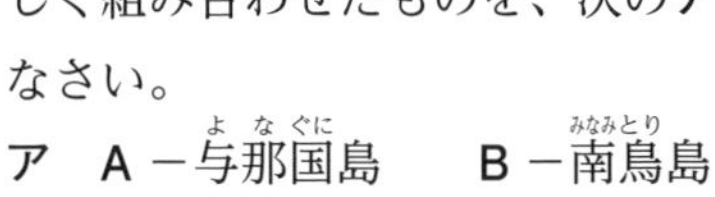

ア　A－与那国島　B－南鳥島

イ　A－択捉島　B－与那国島

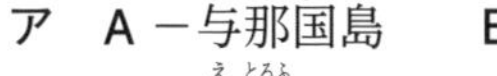

ウ　A－択捉島　B－南鳥島

エ　A－与那国島　B－沖ノ鳥島　（　　）

図Ⅱ

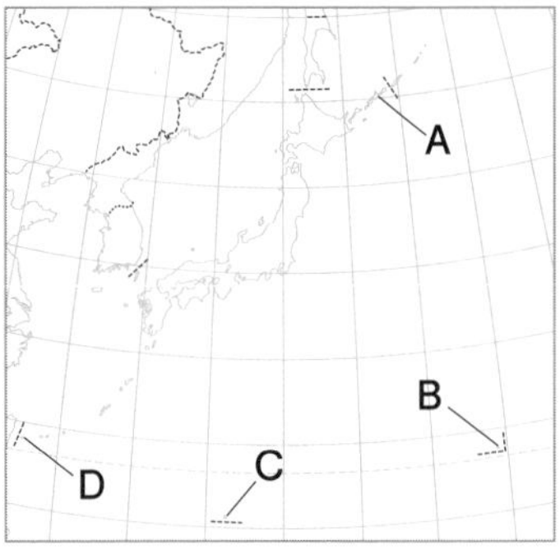

A　B　C　D

② Aの島は北方領土の1つです。北方領土にあてはまらないものを、次から1つ選びなさい。

ア　色丹島　イ　歯舞群島

ウ　国後島　エ　与那国島　（　　）

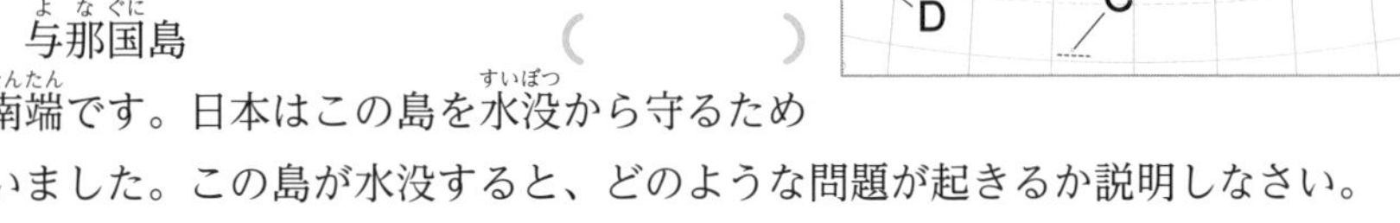

ミス注意 ③ Cの島は日本の南端です。日本はこの島を水没から守るために、護岸工事を行いました。この島が水没すると、どのような問題が起きるか説明しなさい。

（　　）

2 日本の地域区分について、次の問いに答えなさい。

12点×3

入試 (1) 地図中のあ～えの県のうち、県名と県庁所在地名が異なる県が1つだけあります。その県の県名を答えなさい。　(千葉県)

（　　）

(2) 地図中のAの地方に位置する県の組み合わせとして正しいものを、次から1つ選びなさい。

ア　埼玉県、三重県　イ　茨城県、静岡県

ウ　岡山県、神奈川県　エ　栃木県、群馬県

（　　）

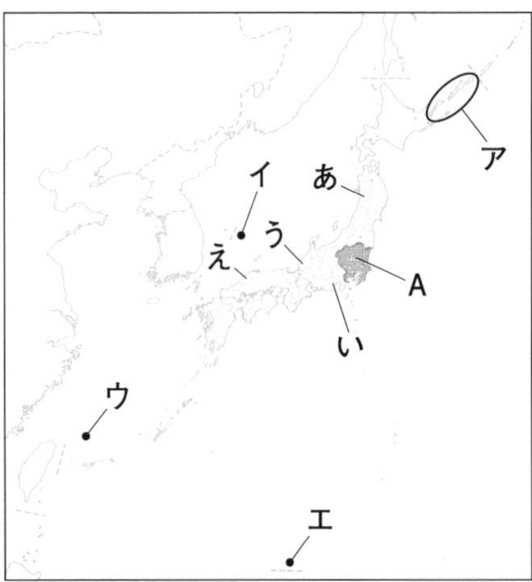

入試 (3) 次の文は、日本の領域にかかわる動きについて述べたものです。文中の下線部が表している地域を、地図中のア～エから1つ選びなさい。　(佐賀県)

> 日本政府は19世紀末に、<u>この地域</u>を調査し、日本の領土に編入しました。ところが、国連機関の調査で、この地域の海底に石油資源がある可能性が指摘されたのち、中国が領有権を主張するようになりました。

（　　）

3 世界の気候とくらし

基礎レベル問題

時間 30分　解答 別冊 p.41　得点　／100

1 気候に合ったくらし 次の問いに答えなさい。

9点×4

(1) 高床(たかゆか)の住居が多くみられる国を、次から1つ選びなさい。

ア インドネシア　イ イタリア
ウ エジプト　エ ギリシャ

（　　　）

(2) 日干(ひぼ)しれんがの住居が多くみられる国を、次から1つ選びなさい。

ア マレーシア　イ ロシア
ウ モロッコ　エ 韓国(かんこく)

（　　　）

(3) 右の写真の住居が多くみられる国を、次から1つ選びなさい。

（ピクスタ）

ア フランス
イ モンゴル
ウ ブラジル
エ ケニア

（　　　）

(4) 熱帯や乾燥帯(かんそうたい)の地域で行われている、木々を焼き、その灰(はい)を肥料(ひりょう)にして農作物をつくる農業を何といいますか。

（　　　）

2 世界の宗教とくらし 次の問いに答えなさい。

8点×4

(1) 次のうち、世界の三大宗教ではないものを1つ選びなさい。

ア 仏教　イ ヒンドゥー教
ウ イスラム教　エ キリスト教

（　　　）

(2) イスラム教の習慣を、次から1つ選びなさい。

ア 日曜日に教会に礼拝に行く。
イ 沐浴(もくよく)によって体を清める。
ウ 僧侶(そうりょ)が信者の家々をめぐり、食料や飲み物などのほどこしを受ける。
エ 1日5回、聖地メッカに向かって祈(いの)りをささげる。

（　　　）

ミス注意 (3) イスラム教の決まりで、食べることが禁じられているものを、次から1つ選びなさい。

ア 豚肉(ぶたにく)　イ 牛肉
ウ 羊肉　エ 魚

（　　　）

(4) 仏教徒がほとんどを占(し)める国を、次から1つ選びなさい。

ア ドイツ　イ イラン
ウ インド　エ タイ（　　　）

3 世界の衣食住 下の写真を見て、問いに答えなさい。

8点×4

Ⅰ　Ⅱ
（ピクスタ）

(1) 写真Ⅰの衣服と関係が深い宗教を、次から1つ選びなさい。

ア 仏教　イ キリスト教
ウ イスラム教　エ ヒンドゥー教

（　　　）

(2) 写真Ⅱの衣服がみられる国を、次から1つ選びなさい。

ア インド　イ フィリピン
ウ ペルー　エ 韓国

（　　　）

(3) 南アメリカのアンデス山脈の高地で飼われている家畜(かちく)を、次から1つ選びなさい。

ア カリブー　イ 馬
ウ らくだ　エ アルパカ

（　　　）

(4) 世界の三大穀物(こくもつ)の1つで、パン、パスタ、うどんなどの原料となるものを、次から1つ選びなさい。

ア 米　イ 小麦
ウ とうもろこし　エ じゃがいも

（　　　）

よくでるポイント　**世界の住居**▷熱帯の地域は高床の住居、乾燥帯の地域は日干しれんがの住居。
世界の宗教▷仏教、キリスト教、イスラム教が世界の三大宗教。インドは主にヒンドゥー教。

入試レベル問題

時間 30分　解答 別冊 p.42　得点　／100

1 世界の衣食住について、次の問いに答えなさい。

(1)②・(2) 10点、その他7点×7

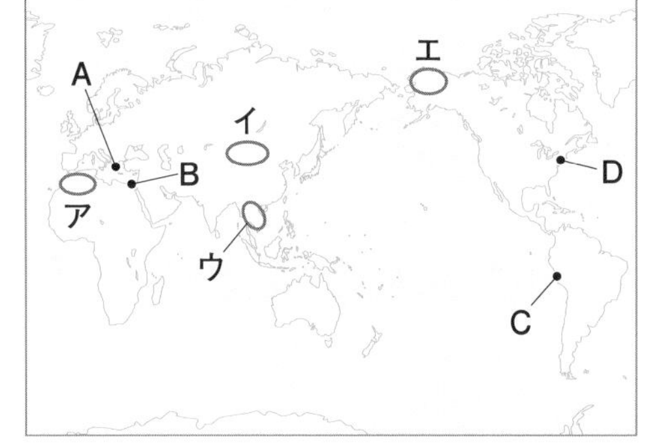

(1) 写真について、次の問いに答えなさい。

① この住居がみられる地域を、地図中のア～エから1つ選びなさい。（　　）

② この住居は、床が地面から離(はな)れています。その理由を説明しなさい。

（　　　　　　　　）

入試 ミス注意 (2) 次の表は、世界にみられる、伝統的な住居についてまとめたものです。表中の［　　］に適当な言葉を書き入れて表を完成させなさい。ただし、［　　］には、「降水量」「樹木」の2つの言葉を含(ふく)めること。（愛媛県）

地域	主な材料	共通点
熱帯雨林が広がる地域	木や葉	地域の気候に合わせて、手に入りやすい材料を使用している。
［　　　　　］	日干(ひぼ)しれんが	

（　　　　　　　　）

入試 (3) 地図中のA～Dの都市の気温と降水量を示したグラフを、右から1つずつ選びなさい。（北海道）

A（　　）　B（　　）
C（　　）　D（　　）

気温 ℃　降水量 mm
ア　年平均気温 18.9℃　年降水量 375.9mm
イ　22.3℃　29.7mm
ウ　13.5℃　1148.8mm
エ　19.6℃　2.1mm
（「理科年表2024」より作成）

入試 (4) 乾燥(かんそう)した地域には、地下水などの水を得やすいオアシスがあります。オアシスで栽培(さいばい)されている農作物として正しいものを、次から2つ選びなさい。（千葉県前期）

ア　なつめやし　　イ　キャッサバ　　ウ　小麦　　エ　米

（　　　）（　　　）

2 世界の宗教について、次の①～③の文を読んで、あとの問いに答えなさい。

(2)は7点、その他8点×3

① インドで生まれた。僧侶(そうりょ)が信者の家をめぐり、ほどこしを受ける習慣がある。
② パレスチナ地方で生まれた。日曜日に教会へ礼拝に行く習慣がある。
③ アラビア半島で生まれた。信者はラマダンという月には日の出から日没まで飲食をしない。

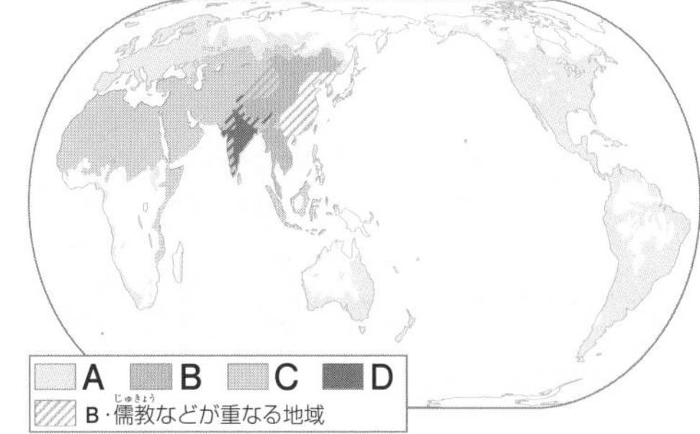

(1) 上の①～③の文は、世界の宗教について述べたものです。それぞれの宗教を信仰する人が多い地域を、地図中のA～Dから1つずつ選びなさい。

①（　　）　②（　　）　③（　　）

(2) 多くの宗教は、その教えをまとめた教典(きょうてん)をもっています。「聖書(せいしょ)」を教典とする宗教を、上の①～③から1つ選びなさい。（　　）

4 アジア州・ヨーロッパ州のようす

基礎レベル問題

時間 30分　解答 別冊 p.42　得点 ／100

1 アジア州のようす 次の問いに答えなさい。

(7)8点、その他6点×8

(1) 次の①～③と最も関係が深い国を、語群から1つずつ選びなさい。

① メコン川　② カスピ海

③ ペルシア湾

語群：カザフスタン　イラク　ラオス

①（　　　）

②（　　　）

③（　　　）

(2) アジア州の東部の気候に影響をあたえる、季節によって吹く方向が変わる風を何といいますか。（　　　）

(3) 下のグラフは、アジア州で栽培がさかんな農作物の輸出量の割合です。この農作物は何ですか。（　　　）

計5066万t	インド	タイ	ベトナム	パキスタン	アメリカ	その他
	41.5%	12.0	9.2	7.8	5.6	

(2021年)　(2023/24年版「世界国勢図会」)

(4) アジア州のプランテーションで栽培されてきた農作物として<u>あてはまらないもの</u>を、次から1つ選びなさい。

ア バナナ　イ 天然ゴム

ウ コーヒー　エ 小麦

（　　　）

(5) 下のグラフは、西アジアで多く産出する鉱産資源の産出量の割合です。この資源は何ですか。

計54.5億kL	アメリカ	サウジアラビア	ロシア	カナダ	イラク	その他
	18.9%	12.9	11.9	5.9	4.8	

(2022年)　(2023/24年版「世界国勢図会」)

（　　　）

(6) 情報通信技術産業（ICT産業）が発達しているベンガルールがある国を次から1つ選びなさい。

ア マレーシア　イ タイ

ウ シンガポール　エ インド

（　　　）

(7) 東南アジアの国々が、地域の安定を目指して結成している組織の略称を答えなさい。

（　　　）

2 ヨーロッパ州のようす 次の問いに答えなさい。

(7)8点、その他6点×6

(1) ノルウェーにみられる、氷河がけずった谷に海水が入りこんでできた細長くて深い湾を何といいますか。（　　　）

(2) ヨーロッパで広く信仰され、ヨーロッパの文化の根底となっている宗教は何ですか。

（　　　教）

(3) EU（ヨーロッパ連合）に<u>加盟していない国</u>を、次から1つ選びなさい。

ア スウェーデン　イ フランス

ウ イタリア　エ スイス

（　　　）

(4) 現在、EUで導入されている共通通貨を何といいますか。（　　　）

(5) EUで国境を物資が通過する制限が少ないことを生かして、加盟国間で共同生産をしている工業製品を、次から1つ選びなさい。

ア テレビ　イ 航空機

ウ 船舶　エ 鉄鋼

（　　　）

(6) 右のグラフは、地中海式農業で栽培されている農作物の生産量の割合です。この農作物を、次から1つ選びなさい。

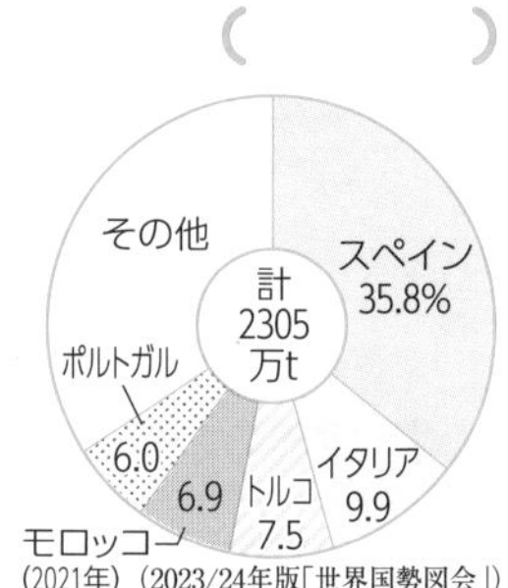

(2021年)　(2023/24年版「世界国勢図会」)

ア オリーブ　イ コーヒー

ウ オレンジ　エ ぶどう

（　　　）

(7) ヨーロッパで行われている環境対策と<u>直接には関係ないもの</u>を、次から1つ選びなさい。

ア 自転車の使用

イ 熱帯雨林地域の国立公園への指定

ウ 公共交通機関の利用の推進

エ リサイクルの推進

（　　　）

よくでるポイント **米**▶アジア東部の大河流域で栽培。インド・タイの輸出が多い。**石油**▶ペルシア湾岸が世界的な埋蔵地。
EU▶ユーロの導入、域内関税の撤廃。

入試レベル問題

時間 30分　解答 別冊 p.42　得点　　／100

1 アジア州について、次の問いに答えなさい。

11点×6

(1)　東アジアと南アジアの境にある、地図中のXの山脈を何といいますか。

（　　　　　　山脈）

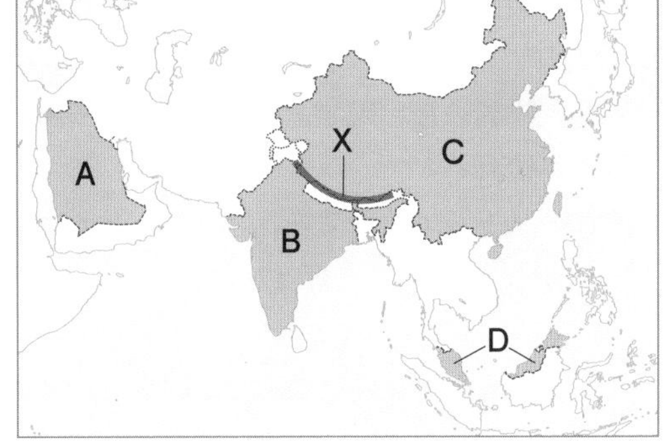

(2)　アジアには、さまざまな宗教や文化が入りまじっています。地図中のA～Dのうち、ヒンドゥー教の影響が強い国を1つ選びなさい。

（　　　）

(3)　右のグラフは、C国の民族別割合を示したものです。Yにあてはまる民族名を答えなさい。

（　　　　　　）

チョワン族 1.4　その他
Y 91.1%
(2020年)
(2024年版「データブック オブ・ザ・ワールド」)

(4)　次の①～③は、地図中のA～Dの国のいずれかについて述べています。あてはまる国をA～Dから1つずつ選びなさい。

①　英語を話す人が多いため、欧米諸国のソフトウェア会社などの進出が進み、近年、ハイテク産業の発達が著しい。

②　世界的な石油の産出地で、日本はこの国から石油を大量に輸入している。海水から淡水をつくりだす事業に、日本の企業も参入している。

③　沿岸部に経済特区を設置し、外国企業を誘致している。日本とは古くから文化的な交流が行われており、現在は日本にとって最大の貿易相手国である。

①（　　　）②（　　　）③（　　　）

2 ヨーロッパ州について、次の問いに答えなさい。

(3) 12点、その他11点×2

(1)　右の地図は、ヨーロッパ州の主な言語系統の分布を示している。A～Cのうち、ラテン系言語にあてはまるものを1つ選びなさい。

（　　　）

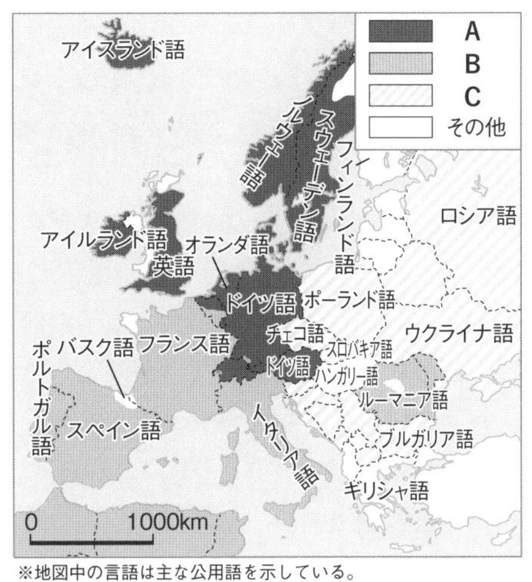

※地図中の言語は主な公用語を示している。

入試 (2)　次の文中のD・Eにあてはまる語句の組み合わせとして正しいものを、あとから1つ選びなさい。（静岡県）

　ロンドンは、大西洋を北上する［　D　］の北大西洋海流と、その上空を吹く偏西風の影響を受けて、［　E　］気候となる。

（　　　）

ア　D－寒流　E－地中海性
イ　D－寒流　E－西岸海洋性
ウ　D－暖流　E－地中海性
エ　D－暖流　E－西岸海洋性

ミス注意 (3)　EUについての説明として<u>正しくないもの</u>を、次から1つ選びなさい。

ア　すべての加盟国が共通通貨のユーロを導入している。
イ　加盟国間の国境を越える際に、多くの国でパスポートが不要である。
ウ　西ヨーロッパの国から東ヨーロッパの国へ、工場を移転する動きがみられる。
エ　加盟国間の貿易では、関税がかからない。

（　　　）

5 アフリカ州・北アメリカ州のようす

基礎レベル問題

時間 30分　解答 別冊 p.43　得点 ／100

1 アフリカ州のようす 次の問いに答えなさい。

7点×7

(1) 次の①と②の文が述べているアフリカ州の自然を何といいますか。

① 世界一長い川で、エジプトやスーダンを流れる。

② 世界一広い砂漠で、アフリカ北部に広がっている。

①（　　　　　　）

②（　　　　　　）

(2) 次の国々を植民地支配した国を、あとから１つ選びなさい。

◇ モロッコ、アルジェリア、マリ

ア イギリス　イ フランス

ウ ドイツ　エ ベルギー

（　　　　）

(3) 下のグラフは、ギニア湾岸で栽培がさかんな農作物の生産量の割合です。この農作物は何ですか。

計558万t

コートジボワール	ガーナ	インドネシア	ブラジル	エクアドル	その他
39.4%	14.7	13.0	5.4	5.4	

(2021年)　(2023/24年版「世界国勢図会」)

（　　　　　　）

(4) ケニアのプランテーションで古くから栽培がさかんな農作物を、次から１つ選びなさい。

ア 綿花　イ 茶

ウ ぶどう　エ さとうきび

（　　　　）

(5) アフリカ各地で産出し、電子機器などに使われる流通量が少ない金属を、まとめて何といいますか。カタカナで答えなさい。

（　　　　　　）

(6) 右の地図中のXの地域で進行している地球環境問題を、次から１つ選びなさい。

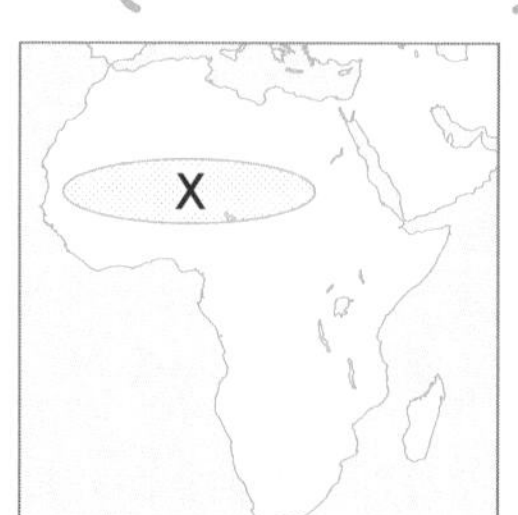

ア 酸性雨

イ 砂漠化

ウ 熱帯雨林の減少

エ オゾン層の破壊

（　　　　）

2 北アメリカ州のようす 次の問いに答えなさい。

(1)(4)(5) 10点×3、その他7点×3

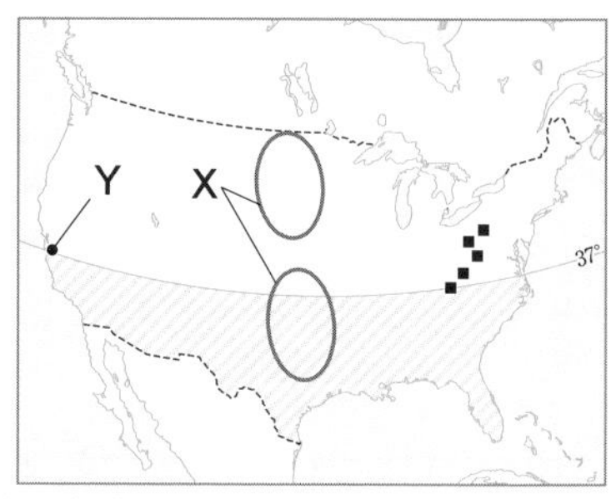

(1) 中央アメリカと南アメリカからアメリカ合衆国に移り住んだ、スペイン語を話す人々とその子孫を何といいますか。

（　　　　　　）

(2) 地図中のXはプレーリーとよばれる大草原の一部です。この地域で栽培がさかんな農作物を、次から１つ選びなさい。

ア 米　イ 小麦

ウ 果実　エ コーヒー豆

（　　　　）

(3) 地図中の■は、ある鉱産資源の主な埋蔵地を示しています。この鉱産資源を、次から１つ選びなさい。

ア 石炭　イ 鉄鉱石

ウ 石油　エ 天然ガス

（　　　　）

(4) 地図中の［斜線部］は、アメリカ合衆国の工業の中心となっている地域です。この地域を何といいますか。

（　　　　　　）

(5) 先端技術産業(ハイテク産業)が発達している、地図中のYの地域を何といいますか。

（　　　　　　）

(6) 次のグラフは、アメリカ合衆国で栽培がさかんな農作物の輸出量割合です。この農作物を、下から１つ選びなさい。

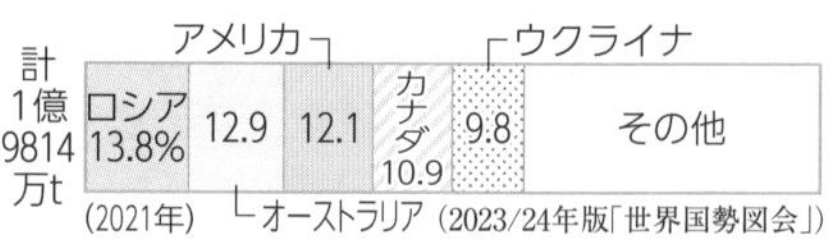

ア 米　イ とうもろこし

ウ 小麦　エ 大豆　（　　　　）

よくでるポイント **アフリカの農作物**▶カカオはギニア湾岸の国々、茶はケニアで栽培がさかん。
アメリカ合衆国の工業…サンベルトやシリコンバレーで先端技術産業が発達。

入試レベル問題

時間 30分　解答 別冊 p.43　得点　／100

1 アフリカ州について、次の問いに答えなさい。

(2)は20点、その他10点×3

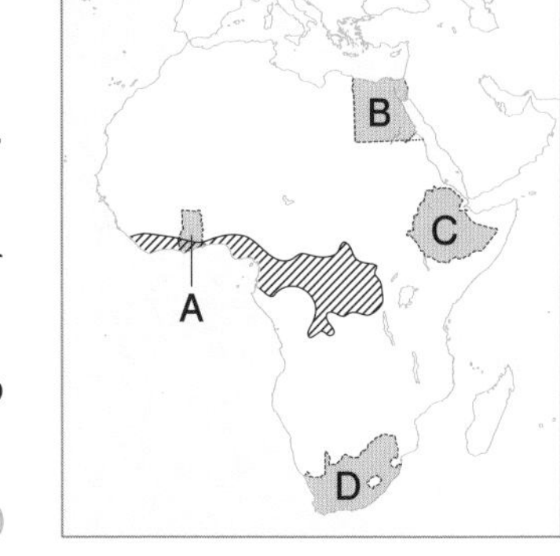

(1) 次の①～③の文が述べている国を、地図中のA～Dから1つずつ選びなさい。

① かつて、アパルトヘイトとよばれる人種隔離政策がとられた。ダイヤモンドや金などの鉱産資源が豊富である。

② ナイル川の下流域に位置する。国土のほとんどが砂漠で、ナイル川沿いの耕地で小麦やなつめやしが栽培されている。

③ かつて奴隷貿易の基地が置かれた。隣国とともに、カカオの世界的な産地となっている。

①（　　　）②（　　　）③（　　　）

入試 (2) 次の文は、地図中に▨で示したアフリカ大陸の熱帯地域や、アマゾン川の流域でみられる農業について述べたものです。文中の□にあてはまる適当な言葉を、「森林」「肥料」の2つの語を用いて15字以上20字以内で簡潔に答えなさい。（千葉県）

これらの地域では、□して作物を栽培する、伝統的な焼畑農業が行われている。

（　　　　　　　　　　）

2 北アメリカ州について、次の問いに答えなさい。

10点×5

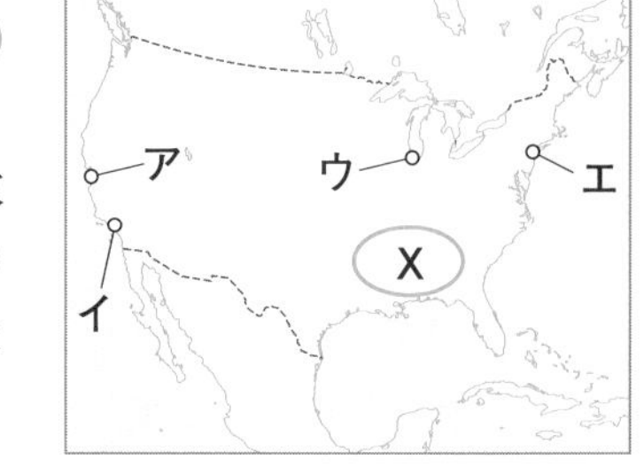

(1) 地図中のXの地域で栽培がさかんな農作物を、次から1つ選びなさい。（　　　）

ア 小麦　　イ 綿花　　ウ とうもろこし　　エ ぶどう

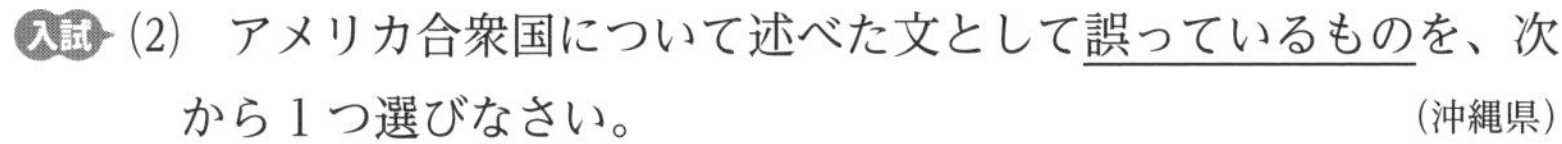

入試 (2) アメリカ合衆国について述べた文として誤っているものを、次から1つ選びなさい。（沖縄県）

ア ヨーロッパからの移民により、先住民はもともと住んでいた土地を追われた。

イ ヒスパニックというスペイン語を話す移民が増えている。

ウ 現在の人口構成の中で、アフリカ系住民の割合が最も高い。

エ 移民により、言葉も出身国も異なる人々が世界中から集まっているため、それぞれの言語や文化が混在している。（　　　）

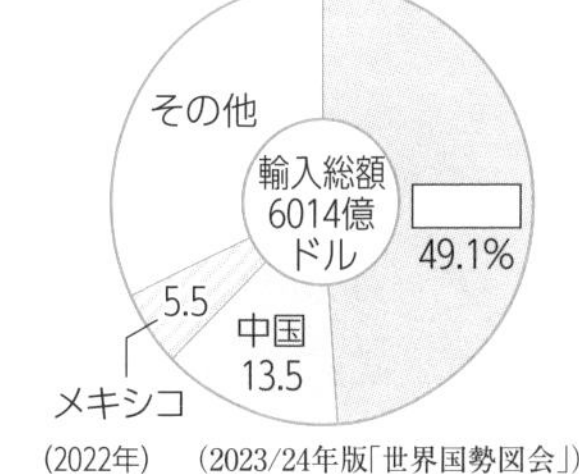

(2022年)　(2023/24年版「世界国勢図会」)

入試 (3) 右のグラフは、カナダの輸入額に占める輸入相手国の割合を示しています。□にあてはまる国の名称を答えなさい。（岡山県・改）

（　　　）

(4) 次の文が説明している都市を、地図中のア～エから1つ選びなさい。

◇ 国際連合の本部が置かれる国際政治の中心地であり、世界金融の中心地の1つであるウォール街がある。（　　　）

ミス注意 (5) 地図中のアの地点からエの地点まで東にまっすぐ進んだときに通る地形を順番に示したものを、次から1つ選びなさい。

A ロッキー山脈→グレートプレーンズ→プレーリー→中央平原

B ロッキー山脈→プレーリー→グレートプレーンズ→中央平原

C アパラチア山脈→中央平原→プレーリー→グレートプレーンズ

D アパラチア山脈→グレートプレーンズ→中央平原→プレーリー（　　　）

6 南アメリカ州・オセアニア州のようす

基礎レベル問題

時間 30分　解答 別冊 p.44　得点 ／100

1 南アメリカ州のようす 次の問いに答えなさい。

(6) 11点、その他7点×5

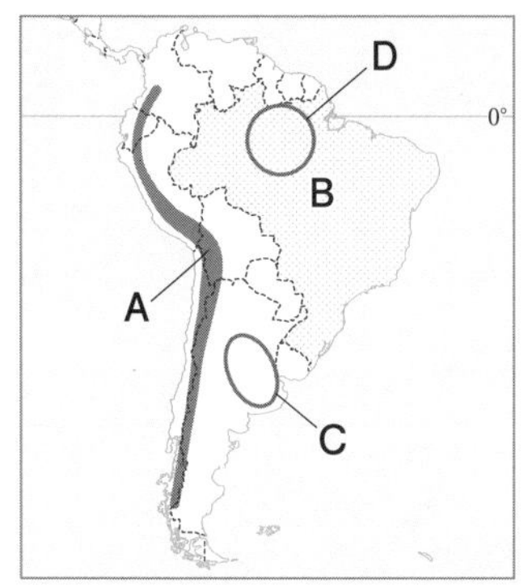

(1) チリとアルゼンチンの国境に連なる地図中のAの山脈を何といいますか。

（　　　　　　山脈）

(2) かつて、地図中のBの国を植民地支配していた国を答えなさい。

（　　　　　　）

(3) 地図中のCの地域に広がる大草原を何といいますか。次から1つ選びなさい。

ア プレーリー　イ セルバ
ウ パンパ　エ パタゴニア

（　　　　　　）

(4) 次のグラフは、南アメリカ州で栽培がさかんな農作物の生産量の割合です。この農作物を、下から1つ選びなさい。

計992万t　ブラジル 30.2%　ベトナム 18.6　インドネシア 7.7　コロンビア 5.6　エチオピア 4.6　その他
(2021年)　(2023/24年版「世界国勢図会」)

ア カカオ　イ 茶
ウ 綿花　エ コーヒー

（　　　　　　）

(5) 地図中のDの地域で被害が深刻な地球環境問題を、次から1つ選びなさい。

ア 地盤沈下　イ 酸性雨
ウ 砂漠化　エ 熱帯雨林の減少

（　　　　　　）

(6) ブラジルでは、さとうきびを原料にしたエネルギーを自動車の燃料などに利用しています。この燃料を何といいますか。

（　　　　　　）

2 オセアニア州のようす 次の問いに答えなさい。

(1) 11点×3、その他7点×3

(1) 次の①～③の文の□にあてはまる語句をそれぞれ答えなさい。

① オーストラリアでは、先住民の□が狩りと採集の生活をおくっていた。

② 18世紀以降、オーストラリアとニュージーランドは□の植民地となり、移民による開拓が進められた。

③ オーストラリアではかつて、有色人種の□を制限する政策がとられたが、現在は廃止されている。

①（　　　　）　②（　　　　）
③（　　　　）

(2) 下のグラフは、オセアニア州の国々で生産がさかんな製品の生産量の割合です。この製品は何ですか。

計106万t　中国 20.2%　オーストラリア 19.8　ニュージーランド 7.1　トルコ 4.8　イギリス 4.0　その他
(2021年)　(2023/24年版「世界国勢図会」)

ア 羊毛　イ チーズ
ウ 牛肉　エ 大豆

（　　　　　　）

(3) 地図中の■はある鉱産資源のおもな埋蔵地を示しています。あてはまる鉱産資源を次から1つ選びなさい。

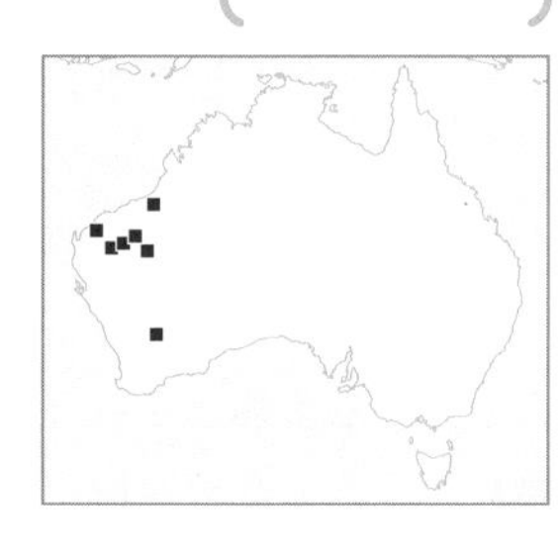

ア 石炭　イ 鉄鉱石
ウ 石油　エ 天然ガス

（　　　　　　）

(4) 下のグラフは、オーストラリアから日本への輸出品です。Xにあてはまるものを次から1つ選びなさい。

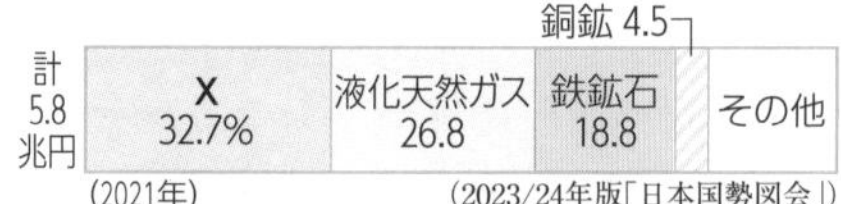

ア 自動車　イ 機械類
ウ 石炭　エ 船　（　　　　　　）

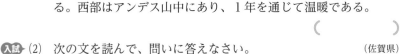

入試レベル問題

時間 30分　解答 別冊 p.44　得点　／100

1 南アメリカ州について、次の問いに答えなさい。

(2)①は 12 点、その他 9 点× 4

ミス注意 (1) 次の文は、地図中の X～Z の緯線(いせん)のいずれかが通る地域について述べたものです。説明の内容にあてはまる緯線を 1 つ選びなさい。

◇ 東部には熱帯雨林が広がり、先住民の昔ながらの生活がみられる。西部はアンデス山中にあり、1 年を通じて温暖である。

(　　　)

入試 (2) 次の文を読んで、問いに答えなさい。（佐賀県）

A の国の都市には、［ a ］ことを主な目的として、農村から移住してきた経済的に貧しい人々が集まり、右下の写真のような［ b ］と呼ばれる居住環境(かんきょう)の悪い地域が形成されることがある。

① ［ a ］にあてはまる内容を、簡潔に答えなさい。

(　　　)

② ［ b ］にあてはまる語句を答えなさい。(　　　)

（ピクスタ）

(3) 右のグラフは、地図中の B の地域で露天掘り(ろてんぼり)で採掘(さいくつ)されている鉱産資源の生産量の割合です。また、グラフと地図の A は同じ国です。あてはまる鉱産資源を次から 1 つ選びなさい。

(　　　)

ア 石油　イ 石炭　ウ 鉄鉱石　エ 天然ガス

計15.2億t	オーストラリア	A	中国	インド	その他
(2020年)	37.1%	16.2	14.8	8.4	

(2023/24年版「世界国勢図会」)

(4) 次の文の C に共通してあてはまる国名を答えなさい。

アルゼンチンやペルーは、かつて［ C ］の植民地であったことから、主に［ C ］語が話されている。

(　　　)

2 オセアニア州について、次の問いに答えなさい。

(3)は各 8 点、その他 9 点× 4

(1) 次の①～③の文は、オーストラリアに住む人々に関するものです。下線部が正しければ○を書き、正しくなければ正しい語句を書きなさい。

① 古くから先住民の<u>マオリ</u>が住み、狩(か)りと採集の生活を送っていた。

② 18 世紀から<u>スペイン人</u>の移住が進んだ結果、その植民地支配を受けた。

③ 20 世紀に<u>白豪(はくごう)主義政策(せいさく)</u>がとられ、有色人種の移民が制限された。

①(　　　)　②(　　　)　③(　　　)

ミス注意 (2) 右の地図は、オーストラリアの農業地域と降水量の分布を示したものです。このうち、X の地域で放牧がさかんな家畜(かちく)を、次から 1 つ選びなさい。

ア 豚(ぶた)　イ 羊　ウ 馬　エ ヤギ　(　　　)

X　放牧(牛)　小麦と放牧(羊)　森林その他　非農業地　酪農
— 等降水量線(mm/年)

入試 (3) 右のグラフは、オーストラリアの 1963 年と 2021 年における輸出額の品目別の割合を示しています。グラフ中の a・b にあてはまる品目を、次から 1 つずつ選びなさい。（山口県）

ア 石炭　イ 石油
ウ 羊毛　エ コーヒー

a(　　　)　b(　　　)

●1963年

a	小麦	肉類	砂糖	バター	その他
35.0%	11.7	9.3	5.7	2.4	

●2021年

鉄鉱石	b	液化天然ガス	金(非貨幣用)	その他
33.9%	13.6	10.9	5.1	

(2023/24年版「世界国勢図会」ほか)

7 文明のおこりと日本の成り立ち

基礎レベル問題

時間 30分　解答 別冊 p.45　得点　／100

1 古代文明のおこり 次の問いに答えなさい。

5点×8

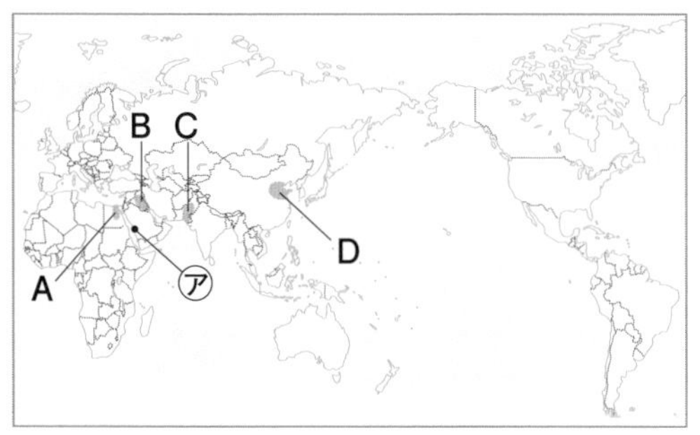

(1) 地図中のA～Dは、古代文明の発生地です。A・Dの古代文明の名前を答えなさい。

A（　　　）　D（　　　）

(2) A・Cの文明は、何という川の流域で栄えましたか。川の名前を次から1つずつ選びなさい。

ア　チグリス川　　イ　黄河（こうが／ホワンホー）
ウ　インダス川　　エ　ナイル川

A（　　　）　C（　　　）

ミス注意 (3) 次のa・bの文字は、地図中のA～Dのどの文明で使われましたか。記号で答えなさい。

a（　　　）　b（　　　）

(4) 上のaの文字を何といいますか。

（　　　）

(5) 地図中の㋐で、ムハンマドが開いた宗教を何といいますか。（　　　教）

2 中国の古代文明 次の問いに答えなさい。

6点×4

ミス注意 (1) 紀元前1600年ごろ中国の殷（いん）では、漢字のもとになった文字が使われました。この文字を何といいますか。

（　　　）

(2) 春秋（しゅんじゅう）・戦国（せんごく）時代のころ、儒教（じゅきょう）（儒学）を説いたのはだれですか。

（　　　）

(3) 紀元前221年、中国を初めて統一したのは、何という国（王朝）ですか。

（　　　）

(4) 紀元前後、漢（かん）とローマ帝国（ていこく）の間に交通路が開かれ、東西文化が交流するようになりました。この交通路の名をカタカナで答えなさい。（　　　）

3 日本のあけぼのと古代国家のおこり 次の問いに答えなさい。

(3)③6点、その他5点×6、(2)は各完答

(1) 日本に旧石器時代があったことは、何という遺跡（いせき）の発掘（はっくつ）で証明されましたか。次から1つ選びなさい。

ア　登呂（とろ）遺跡　　イ　岩宿（いわじゅく）遺跡
ウ　三内丸山（さんないまるやま）遺跡　　エ　吉野ヶ里（よしのがり）遺跡

（　　　）

(2) 次のア～カは、下のA～Cのどの時代に最も関係が深いですか。2つずつ選びなさい。

ア　埴輪（はにわ）　イ　土偶（どぐう）　ウ　貝塚（かいづか）
エ　石包丁（いしぼうちょう）　オ　須恵器（すえき）
カ　高床倉庫（たかゆか）

A　縄文（じょうもん）時代（　　　）
B　弥生（やよい）時代（　　　）
C　古墳（こふん）時代（　　　）

(3) 次の資料を見て、あとの問いに答えなさい。

a　b　c

(JOMON ARCHIVES)　(ColBase)

① aは、石を打ち欠いてつくった石器です。この石器を何といいますか。

（　　　）

② bは米づくりの開始と同じころつくられるようになった土器です。これを何といいますか。（　　　）

③ cの古墳の形式を次から1つ選びなさい。

ア　方墳（ほうふん）　イ　前方後円墳（ぜんぽうこうえんふん）
ウ　円墳（えんぷん）　（　　　）

よくでるポイント　暦▷太陽の動きをもとにした暦を太陽暦、月の動きをもとにした暦を太陰暦という。　甲骨文字▷亀の甲や牛の骨に刻まれた文字で、漢字のもとになった。　邪馬台国▷30余国を治めた国。女王卑弥呼が治め、魏に使者を送った。

入試レベル問題

時間 30分　解答 別冊 p.45　得点　／100

1 右の地図を見て、次の問いに答えなさい。　8点×6

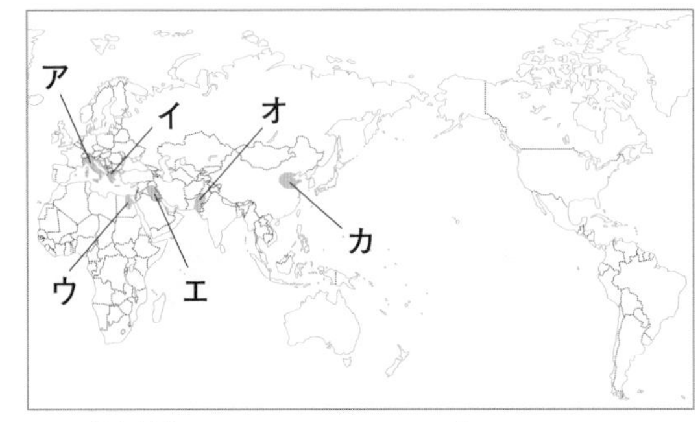

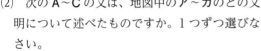

(1) 人類の出現について、約700万～600万年前に猿人(えんじん)が登場した大陸を、次から1つ選びなさい。（　　）

ア　北アメリカ大陸　　イ　ユーラシア大陸
ウ　南アメリカ大陸　　エ　アフリカ大陸

ミス注意 (2) 次のA～Cの文は、地図中のア～カのどの文明について述べたものですか。1つずつ選びなさい。

a　b

A　紀元前3000年ごろに生まれ、天文学が発達し、太陰暦(たいいんれき)がつくられた。

B　紀元前1600年ごろにおこった国の都のあとから、すぐれた青銅器が発見され、亀(かめ)の甲や牛の骨に刻まれた文字も発掘された。

C　大河のはんらんで運ばれた肥えた土を利用して農業が発達し、太陽暦(たいようれき)もつくられた。

A（　　）B（　　）C（　　）

(3) 右の写真a・bに関係の深い文明を、地図中のア～カから1つずつ選びなさい。

a（　　）b（　　）

2 次の文を読んで、あとの問いに答えなさい。　(1)(2)は各8点、その他9点×4

A　群馬県で岩宿遺跡が発見され、日本にも（　a　）時代があったことが確認された。
B　縄文土器がつくられ、b<u>表面を磨(みが)いた石器</u>も使われた。
C　大陸から伝来した稲作(いなさく)が各地に広まり、3世紀には、c<u>卑弥呼(ひみこ)</u>が中国に使者を送った。
D　近畿(きんき)から瀬戸内海(せとないかい)沿岸を中心とする地域に、古墳(こふん)がつくられるようになった。

(1) （　a　）にあてはまる時代名を答えなさい。（　　時代）

(2) 下線部bの石器を何といいますか。（　　）

(3) 縄文(じょうもん)時代の人々は、地面を掘ったくぼみに柱を立てて屋根をかけた住居に住みました。このような住居を何といいますか。（　　）

(4) 下線部cについて、3世紀に、卑弥呼が使者を送った中国の国（王朝）を次から1つ選びなさい。

ア　殷(いん)　　イ　秦(しん)　　ウ　漢(かん)　　エ　魏(ぎ)　（　　）

入試 (5) Dの文について、右は漢字が刻(きざ)まれた鉄剣の写真です。次の文は、この鉄剣について述べたものです。これを見て問いに答えなさい。（大阪府）

写真の鉄剣は、X〔ア　青森　　イ　埼玉　　ウ　熊本〕県にある稲荷山(いなりやま)古墳で出土した鉄剣である。図中の□で示した部分には「獲加多支鹵(ワカタケル)」という漢字が刻まれている。そのうしろの［　Y　］は、大和(やまと)政権（ヤマト王権）における最高権力者の称号(しょうごう)である。

① 文中のXから適切なものを1つ選びなさい。（　　）

② 文中の［　Y　］にあてはまる語を、漢字2字で書きなさい。（　　）

図

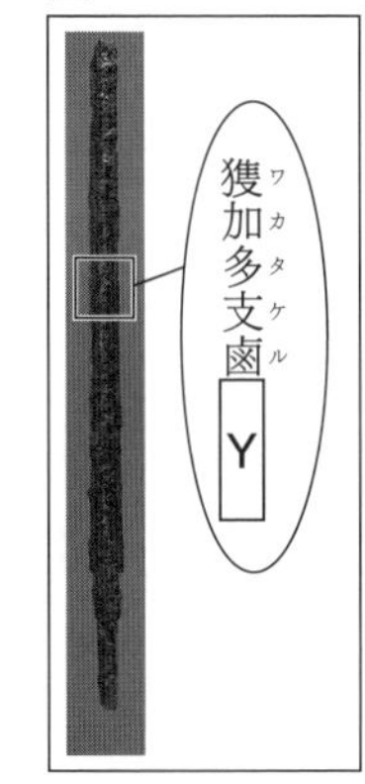

（所有：国(文化庁保管)、写真提供：埼玉県立さきたま史跡の博物館）

8 古代国家の歩みと東アジア世界

基礎レベル問題

時間 30分　解答 別冊 p.46　得点　／100

1 聖徳太子の政治と大化の改新 次の問いに答えなさい。　6点×9

(1) 聖徳太子の政治について、次のA～Cにあてはまるものを、あとのア～エから1つずつ選びなさい。

A　官位や職務の世襲をやめ、家柄に関係なく才能や功績のある人を用いた。

B　使者を中国に派遣し、対等な国交を目指した。

C　役人に対し、天皇の命令に従うことなどの心構えを示した。

ア　十七条の憲法　　イ　摂政
ウ　遣隋使　　エ　冠位十二階

A（　　）　B（　　）
C（　　）

(2) 次の文中のa・bから正しい語句を1つずつ選びなさい。

大和政権の実権をにぎったa〔ア　物部　イ　蘇我〕氏は、b〔ア　推古　イ　仁徳〕天皇を支え、聖徳太子に協力して政治を行った。

a（　　）　b（　　）

(3) 中大兄皇子らが行った政治の改革について、次の問いに答えなさい。

① 645年に始まったこの政治の改革を何といいますか。（　　）

② それまで皇族や豪族が支配していた土地と人民を、国家が直接支配することとした方針を何といいますか。

（　　）

(4) 天智天皇の死後、皇位をめぐって起こった戦乱を何といいますか。

（　　）

(5) 天武天皇の死後、即位した持統天皇がつくった都を、右のア～エから1つ選びなさい。

（　　）

2 律令制度と奈良時代の政治 次の問いに答えなさい。　(1)6点、その他5点×8

(1) 701年に制定され、その後の律令制度のもとになった法令を何といいますか。

（　　）

(2) 次の図を見て、下の問いに答えなさい。

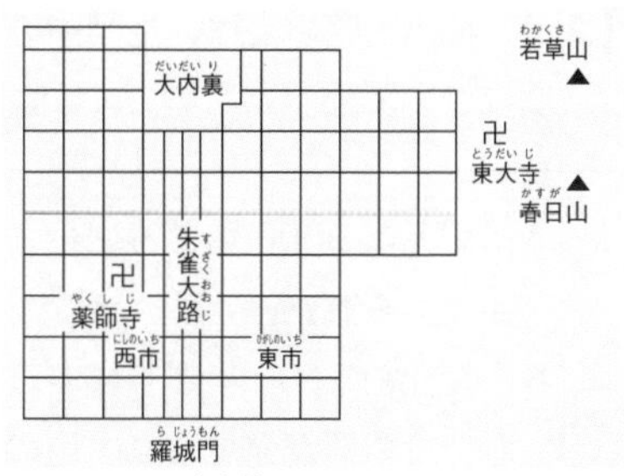

① 上の都は、中国の何という都を手本としてつくられましたか。（　　）

② 図中の東大寺をつくることを命じ、仏教の力により国家を守ろうと考えた天皇はだれですか。（　　）

③ ②の天皇の時期を中心に栄えた、国際色豊かな文化を何といいますか。

（　　）

ミス注意 (3) 次のA・Bにあてはまる税を、あとのア～エから1つずつ選びなさい。

A　織物や地方の特産物を納める。

B　労役に従う代わりに布を納める。

ア　雑徭　　イ　調　　ウ　庸　　エ　租

A（　　）　B（　　）

(4) 奈良時代に編さんされた次の書物を、あとから1つずつ選びなさい。

① 「日本書紀」に先だって編さんされた、神話や国の成り立ちを記した歴史書。

② 産物や地名の由来、伝承などを国ごとにまとめた地誌。

③ 天皇や貴族のほか、防人や農民がつくったとされる歌もおさめられた歌集。

ア　万葉集　　イ　古事記
ウ　魏志倭人伝　　エ　風土記

①（　　）　②（　　）
③（　　）

よくでるポイント **冠位十二階**▶家柄に関係なく才能や功績のある人を用いた。**大化の改新**▶中大兄皇子らが蘇我氏を倒して行った、政治の改革。**墾田永年私財法**▶新しく開墾した土地の永久私有を認めた。

入試レベル問題

時間 30分　解答 別冊 p.46　得点　／100

1 右の年表を見て、次の問いに答えなさい。

(3)は各8点、(4)③は10点、その他7点×6

年代	主なできごと
593	[a]が摂政になる
	↓ア
645	b 大化の改新が始まる
	↓イ
710	奈良に都を移す
	↓ウ
753	唐の僧鑑真が来日する
	↓エ
784	長岡京に都を移す

(1) [a]について、次の問いに答えなさい。

① [a]にあてはまる人物の名前を答えなさい。（　　　）

② [a]の人物は、小野妹子を使節として中国に送りました。この使節を何といいますか。（　　　）

(2) 下線部bの大化の改新の中心となり、のちの藤原氏の祖となった人物の名前を答えなさい。（　　　）

ミス注意 (3) 次のできごとが起こった時期を、年表中のア～エから1つずつ選びなさい。

① 壬申の乱ののち、天武天皇が即位した。

② 蘇我蝦夷・入鹿による独裁的な政治が行われた。　①（　　　）②（　　　）

(4) 律令国家の成立について、次の問いに答えなさい。

入試 ① 律令国家においては、都から地方へ役人が派遣されました。都から地方へ派遣された役人の名称を、次から1つ選びなさい。（静岡県）

ア 国司　イ 執権　ウ 関白　エ 防人　（　　　）

入試 ② 班田収授法とそれに基づく税制について、次のc・dに入る適切な語を答えなさい。（山口県）

・班田収授法とは、6歳以上のすべての人々に[c]と呼ばれる土地が与えられた制度である。

・この制度により、[c]を与えられた人々は、稲の収穫量の約3％を税として納めた。この税は[d]と呼ばれた。

c（　　　）d（　　　）

③ 743年に、朝廷は墾田永年私財法を出しました。この法令の内容を説明しなさい。

（　　　）

2 次の資料を見て、あとの問いに答えなさい。

8点×4

A　B　C　D

D

可良己呂武	（から衣
須宗尓等里都伎	すそに取りつき
奈苦古良乎	泣く子らを
意伎弖曽伎怒也	置きてぞ来ぬや
意母奈之尓志弖	母なしにして）

(1) Aは現存する世界最古の木造建築で、釈迦三尊像などが納められています。この寺院を何といいますか。（　　　）

(2) Bの大仏づくりに協力した僧を、次から1人選びなさい。

ア 行基　イ 最澄　ウ 山上憶良　エ 空海

（　　　）

(3) Cの建築物は、東大寺の倉庫として使われたものです。この建物を何といいますか。

（　　　）

入試 (4) Dの資料の歌をよんだ、九州地方の警備にあたった兵士を何といいますか。漢字2字で書きなさい。

（兵庫県）（　　　）

9 平安京と国風文化

基礎レベル問題

時間 30分　解答 別冊 p.47　得点　／100

1 平安京と貴族の政治 次の問いに答えなさい。

(4)①は各8点、その他7点×5

(1) 都を平安京に移した天皇を、次から1人選びなさい。

ア 桓武天皇　イ 推古天皇
ウ 天武天皇　エ 持統天皇

（　　　）

(2) 次の文中のa・bにあてはまる語句を、あとから1つずつ選びなさい。

[a]地方では蝦夷とよばれる人々が朝廷の支配に抵抗していたが、[b]を征夷大将軍とする軍が蝦夷の拠点を攻め、これを平定した。

ア 九州　イ 坂上田村麻呂
ウ 中臣鎌足　エ 東北
オ 阿倍仲麻呂　カ 四国

a（　　　）b（　　　）

(3) 9世紀末に、航海の危険などを理由に遣唐使の停止を提案した人物を、次から1人選びなさい。

ア 藤原頼通　イ 藤原良房
ウ 小野妹子　エ 菅原道真

（　　　）

(4) 次の系図を見て、あとの問いに答えなさい。

●はA摂政、◇はB関白　[網掛け]は藤原道長の娘

藤原兼家●◇ ― 道長●
道長の子：嬉子（後朱雀と婚姻）、威子（後一条と婚姻）、妍子（三条と婚姻）、彰子（一条と婚姻）、頼通●◇

① A・Bの役職の説明としてあてはまるものを、次から1つずつ選びなさい。

ア 天皇が幼いときに、天皇に代わって政治を動かした。

イ 国府に派遣され、国ごとの政治を行った。

ウ 九州北部の防衛にあたった。

エ 天皇が成人したあと、天皇に代わって政治を動かした。

A（　　　）B（　　　）

② A・Bの役職を代々独占して、藤原氏が行った政治を何といいますか。

（　　　）

2 東アジアの動きと国風文化 次の問いに答えなさい。

7点×7

(1) 平安時代の初めに唐（中国）に渡り、帰国後、真言宗を広めた人物名を答えなさい。

（　　　）

(2) 10世紀前半に朝鮮半島で起こった動きを、次から1つ選びなさい。

ア 高麗が新羅を滅ぼした。

イ 唐が滅び、やがて宋により統一された。

ウ 新羅が高麗を滅ぼした。

エ 宋が滅び、やがて唐により統一された。

（　　　）

(3) 平安時代には、漢字の草書体や漢字の一部分をとった[　　]が生まれ、読み書きが簡単にできるようになりました。[　　]に当てはまる語句を答えなさい。

（　　　）

(4) 右の絵を見て、次の問いに答えなさい。

（五島美術館）

① 右の絵は、ある物語を題材にして描かれたものです。この物語の名前と作者をそれぞれ答えなさい。

物語（　　　）
作者（　　　）

② ①と同じころ、清少納言が著した随筆を何といいますか。（　　　）

(5) 平安時代半ばから広まった、次の仏教の教えを何といいますか。

念仏を唱えて阿弥陀仏にすがり、死後に極楽浄土へ生まれ変わることを願った。

（　　　）

よくでるポイント **桓武天皇の政治**▶律令制の立て直し、蝦夷の平定。**摂関政治**▶藤原氏が摂政・関白を独占して行った政治。
新しい仏教▶天台宗、真言宗、浄土信仰。**国風文化**▶日本の風土や生活に合った貴族の文化。

入試レベル問題

時間 30分　解答 別冊 p.47　得点　／100

1 右の年表を見て、次の問いに答えなさい。　(3)(4)は7点、(5)②は15点、その他8点×3

年代	主なできごと
794	平安京に都を移す…a
	↓ア
866	藤原良房が摂政となる
	↓イ
936	高麗が朝鮮半島を統一する
	↓ウ
979	宋が中国を統一する
	↓エ
1016	[b]が摂政になる

(1) aの平安京が置かれた場所を、次から1つ選びなさい。
ア 京都　イ 大津　ウ 奈良　エ 大阪
(　　　)

ミス注意 (2) aのころから行われた、律令制を立て直すための政策として正しいものを、次から1つ選びなさい。
ア 戸籍に基づいて、6歳以上の男女に口分田を与えることにした。
イ それまで豪族が支配していた土地と人々を、国家が直接支配することにした。
ウ 新たに開墾した土地であれば、開墾した者が永久に所有することを認めた。
エ 兵役を免除したり、労役の日数を減らしたりした。(　　　)

(3) aからまもなく、唐（中国）へ渡って仏教を学んだ最澄が、帰国後に広めた宗派を何といいますか。(　　　)

(4) 次のできごとが起こった時期を、年表中のア～エから1つずつ選びなさい。
① 坂上田村麻呂が征夷大将軍に任じられた。
② 菅原道真の提案により、遣唐使の派遣が取りやめられた。
①(　　　) ②(　　　)

(5) [b]について、次の問いに答えなさい。
① [b]にあてはまる人物の名前を答えなさい。(　　　)
② [b]の人物のころに全盛となった摂関政治とは、どのような政治ですか。簡単に答えなさい。
(　　　)

2 次の問いに答えなさい。　8点×5

A

ア　イ　ウ　エ

B

（国立歴史民俗博物館所蔵）

(1) 空海が仏教を広める本拠地とした金剛峯寺の場所を、Aの図中のア～エから1つ選びなさい。(　　　)

(2) 藤原氏をはじめとする平安時代の貴族は、Bのような住居に住みました。この住居に見られる建築様式を何といいますか。(　　　)

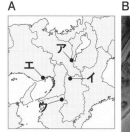

(3) Bの室内のふすまには、日本の風景などが描かれました。このような絵を何といいますか。(　　　)

(4) 藤原頼通が建てたCの建築物を何といいますか。
(　　　)

C

入試 (5) 国風文化について、紀貫之たちによってまとめられた作品は何ですか。次から1つ選びなさい。（三重県）
ア 万葉集　イ 古今和歌集
ウ 日本書紀　エ 古事記　(　　　)

10 武士のおこりと鎌倉幕府

基礎レベル問題

時間 30分　解答 別冊 p.48　得点　／100

1 武士のおこりと平氏政権 次の問いに答えなさい。　6点×8

(1) 皇族の出身で、多くの武士を従えて武士団の棟梁となったのは、平氏と何氏ですか。

(　　　　　)

(2) 右の地図を見て、次の問いに答えなさい。

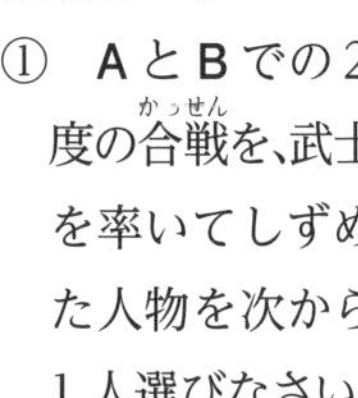

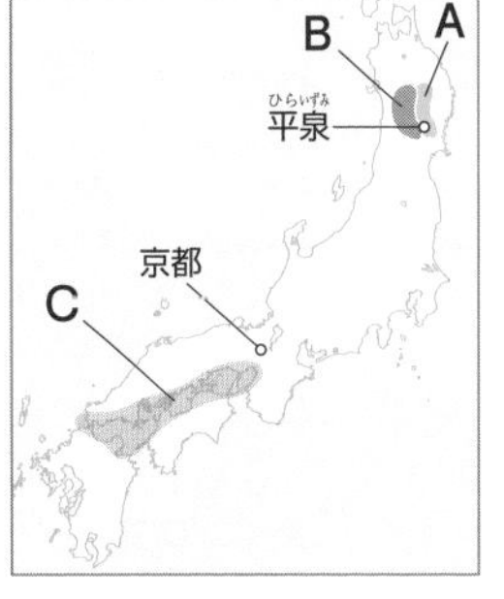

① AとBでの2度の合戦を、武士を率いてしずめた人物を次から1人選びなさい。

ア 桓武天皇　イ 源義家
ウ 平将門　エ 藤原道長

(　　　　　)

② Cの瀬戸内海を中心に、朝廷に対して反乱を起こした人物の名前を答えなさい。

(　　　　　)

(3) 白河上皇が、上皇の御所で行った政治を何といいますか。(　　　　　)

(4) 次の文の(　　)にあてはまる人名や語句を答えなさい。

1159年、(①)と源義朝の争いに藤原氏の内部争いがからんで戦いが起こった。この戦いを(②)という。(①)は、1167年に朝廷の重要な役職である(③)となって政治の実権をにぎった。

①(　　　　　)　②(　　　　　)
③(　　　　　)

(5) 平氏の政権では、大輪田泊（現在の神戸港）を修築して、ある国（王朝）と貿易が行われました。この国（王朝）を何といいますか。

(　　　　　)

2 鎌倉時代の政治と人々のくらし 次の問いに答えなさい。　6点×6

(1) 平氏は、1185年に、源氏との戦いに敗れて滅亡しました。この戦いを何といいますか。

(　　　　　)

(2) 1192年に征夷大将軍に任命された、鎌倉幕府を開いた人物はだれですか。

(　　　　　)

(3) 源氏の将軍が絶えたのち、北条氏は幕府の実権をにぎりました。この際に北条氏がついた役職を次から1つ選びなさい。

ア 関白　イ 摂政
ウ 執権　エ 太政大臣

(　　　　　)

(4) 源氏の将軍が絶えたのをみた後鳥羽上皇は、鎌倉幕府に対して乱を起こしました。この乱を次から1つ選びなさい。

ア 承久の乱　イ 壬申の乱
ウ 保元の乱　エ 屋島の戦い

(　　　　　)

(5) 鎌倉時代に始まった、米の裏作に麦などをつくる栽培方法を何といいますか。

(　　　　　)

(6) 商業が発達し、寺社の門前や交通の要地などで、月に数回の(　　)が開かれるようになりました。(　　)にあてはまる語句を漢字3字で答えなさい。(　　　　　)

3 鎌倉時代の文化 次の問いに答えなさい。　4点×4

(1) 右の資料を見て、次の問いに答えなさい。

(東大寺／撮影：飛鳥園)

① 東大寺にあるAの彫刻を何といいますか。

(　　　　　)

② Bの琵琶法師が語り伝えた、平家一門の盛衰を描いた軍記物を何といいますか。

(　　　　　)

(ColBase)

(2) ①浄土宗と②臨済宗を伝えた人物を次から1人ずつ選びなさい。

ア 法然　イ 日蓮　ウ 親鸞
エ 道元　オ 一遍　カ 栄西

①(　　　　　)　②(　　　　　)

よくでるポイント **院政**◎白河上皇が御所(院)で行った政治。**日宋貿易**◎平清盛が大輪田泊(現神戸港)を修築して行った貿易。**承久の乱**◎後鳥羽上皇が政権を朝廷に取り戻そうとして起こした乱。**御成敗式目**◎御家人に裁判の基準を示すために北条泰時が制定。

入試レベル問題

時間 30分　解答 別冊 p.48　得点 ／100

1 次のA～Eの文を読んで、あとの問いに答えなさい。　(1)②は12点、その他8点×7

A [a]上皇は、政治の実権を朝廷(ちょうてい)に取り戻(もど)そうとして兵をあげたが、幕府(ばくふ)の大軍に敗れた。

B 平清盛(たいらのきよもり)は、b二度の戦乱に勝ったのち、武士として初めて太政大臣となって、政治の実権をにぎった。また、c中国との貿易にも力を入れた。

C 白河天皇(しらかわてんのう)は、天皇の位をゆずって上皇となり、上皇の御所で自ら政治を行った。

D 北条泰時(ほうじょうやすとき)は、裁判の基準を示すために、d最初の武家法を定めた。

E 源頼朝(みなもとのよりとも)は、朝廷にe守護(しゅご)・地頭(じとう)の設置を認めさせ、御家人(ごけにん)を任命して全国に配置した。

(1) Aの文について、次の問いに答えなさい。

① [a]にあてはまる語句を答えなさい。　(　　　)

② Aの文の乱ののち、鎌倉幕府は京都に六波羅探題(ろくはらたんだい)を設置しました。この役所の役割を説明しなさい。

(　　　)

(2) Bの文について、次の問いに答えなさい。

① 下線部bについて、天皇(てんのう)と上皇(じょうこう)の対立を背景に1156年に起こった戦いを何といいますか。

(　　　)

② 下線部cの中国との貿易を、何貿易といいますか。　(　　　)

(3) Dの文の下線部dの最初の武家法を何といいますか。次から1つ選びなさい。

ア 大宝律令(たいほうりつりょう)　イ 墾田永年私財法(こんでんえいねんしざいのほう)　ウ 班田収授法(はんでんしゅうじゅのほう)　エ 御成敗式目(ごせいばいしきもく)　(　　　)

入試 ミス注意 (4) Eの文の下線部eについて、次の文中のX・Yにあてはまる語句を、1つずつ選びなさい。(北海道)

鎌倉時代の武士には、X〔ア　地頭　イ　守護〕として土地の管理や年貢(ねんぐ)の取り立てを行った者もいた。武士は一族の長が子や兄弟などをまとめ、武士が亡くなると領地は分割(ぶんかつ)して一族のY〔ア　男性のみ　イ　男性と女性〕に相続された。

X(　　　)　Y(　　　)

(5) A～Eの文を年代の古い順に並べかえなさい。(完答)　(　→　→　→　→　)

2 鎌倉時代の文化・社会について、次の問いに答えなさい。　8点×4

入試 (1) 鎌倉時代の新しい仏教(ぶっきょう)の登場について、浄土真宗(じょうどしんしゅう)と禅宗(ぜんしゅう)の説明として最も適切なものを、次から1つずつ選びなさい。(富山県)

ア 日蓮(にちれん)が、法華経(ほけきょう)の題目(南無妙法蓮華経(なむみょうほうれんげきょう))を唱えれば、人も国も救われると説いた。

イ 栄西(ようさい/えいさい)や道元(どうげん)が、座禅(ざぜん)によって自分の力で悟(さと)りを開くことを説いた。

ウ 親鸞(しんらん)が、阿弥陀如来(あみだにょらい)の救いを信じる心を強調した。

エ 一遍(いっぺん)が、踊念仏(おどりねんぶつ)や念仏の札によって布教した。

浄土真宗(　　　)　禅宗(　　　)

(2) 作品と作者が正しく組み合わされているものを、次から1つ選びなさい。

ア『新古今和歌集(しんこきんわかしゅう)』―紀貫之(きのつらゆき)　イ『方丈記(ほうじょうき)』―鴨長明(かものちょうめい)

ウ『金槐和歌集(きんかいわかしゅう)』―北条実時(ほうじょうさねとき)　エ『徒然草(つれづれぐさ)』―藤原定家(ふじわらのさだいえ(ていか))　(　　　)

(3) 鎌倉時代の定期市(ていき)で貨幣(かへい)として用いられていたものを、次から1つ選びなさい。

ア 宋銭(そうせん)　イ 和同開珎(わどうかいちん/かいほう)　ウ 寛永通宝(かんえい)　エ 富本銭(ふほんせん)

(　　　)

11 モンゴルの襲来と日本

基礎レベル問題

時間 30分　解答 別冊 p.49　得点　／100

1 元寇 次の問いに答えなさい。　5点×6

(1) 右の資料を見て、次の問いに答えなさい。

(ColBase)

① 元軍はA・Bのどちらですか。（　　）

② 元軍とともに日本に襲来した国を、次から１つ選びなさい。

ア 高句麗　イ 新羅
ウ 高麗　エ 百済　（　　）

③ 資料は、元軍の最初の日本攻撃のようすを描いたものです。この戦いは、文永の役・弘安の役のどちらですか。

（　　）

ミス注意 (2) 日本攻撃を指揮した元の皇帝の名前を答えなさい。（　　）

(3) 元軍の襲来の際、御家人らを指揮した鎌倉幕府の執権を、次から１人選びなさい。

ア 北条時政　イ 北条義時
ウ 北条泰時　エ 北条時宗

（　　）

(4) 元軍の襲来後、生活に苦しむ御家人を救うために、幕府が出した借金を帳消しにする法令を何といいますか。

（　　）

2 室町時代の政治と人々のくらし 次の問いに答えなさい。　5点×8

(1) 南北朝の動乱のときの南朝の中心人物を次から１人選びなさい。

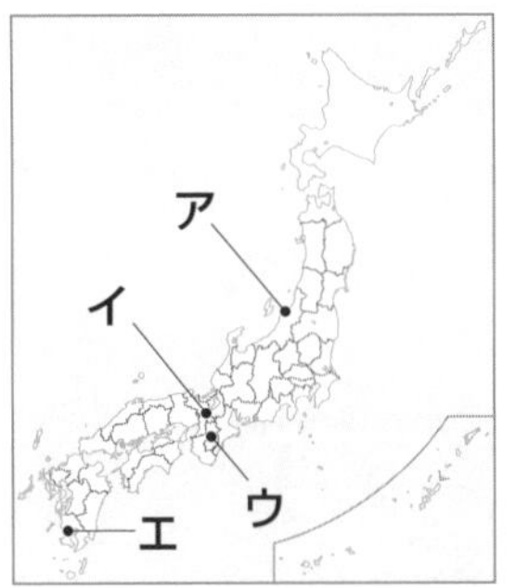

ア 後鳥羽上皇
イ 後醍醐天皇
ウ 白河上皇
エ 桓武天皇　（　　）

(2) 南朝が置かれたところを、地図中のア～エから１つ選びなさい。（　　）

(3) 右の図中のａは、鎌倉幕府の執権のような働きをしました。この役職の名前を答えなさい。

室町幕府のしくみ

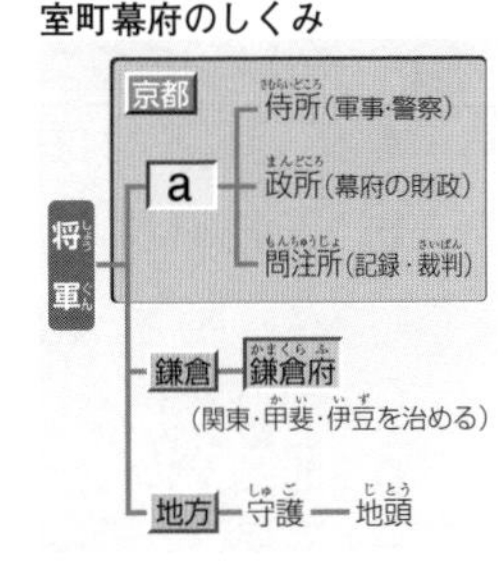

（　　）

(4) 室町時代には、勘合貿易が行われました。勘合貿易を始めた第３代将軍を次から１人選びなさい。

ア 足利尊氏　イ 足利義満
ウ 足利義政　エ 足利義昭

（　　）

(5) 勘合貿易は、何という国(王朝)との貿易ですか。（　　）

(6) 次の①・②をそれぞれ何といいますか。

① 商工業者の同業組合（　　）

② 馬を使った運送業者（　　）

(7) 農民たちは団結して、幕府に対し、徳政令や年貢の引き下げなどを要求しました。これを何といいますか。（　　）

3 室町時代の文化 次の問いに答えなさい。　6点×5

(1) 資料Ａは、現在の和風建築のもとになった建築様式です。これを何といいますか。

A

(絵・ゼンジ)

（　　）

(2) 資料Ｂの、墨の濃淡だけで描いた絵画を何といいますか。また、資料Ｂの作者の名を答えなさい。

B

(ColBase)

絵画（　　）

作者（　　）

(3) 能楽を大成したのは、観阿弥とだれですか。

（　　）

(4) 庶民の間に広まった、『一寸法師』などの絵入りの読み物を何といいますか。

（　　）

よくでるポイント **元寇**▷元のフビライが日本に服属を要求し、執権北条時宗が拒否したことから、文永の役・弘安の役が起こった。
勘合貿易▷正式の貿易船と倭寇を区別するために勘合という合い札を使って行った、日本と明との貿易（日明貿易）。

入試レベル問題

時間 30分　解答 別冊 p.49　得点　／100

1 右の年表を見て、次の問いに答えなさい。　(1)は6点、(6)は10点、その他7点×6

年代	主なできごと
1281	a 弘安の役が起こる
1334	建武の新政が始まる
1336	南朝と b 北朝が成立する
1338	（ c ）が幕府を開く
1392	南北朝が統一される
1404	d 中国との貿易が始まる
1429	e 琉球王国が成立する
1467	f 応仁の乱が起こる
	g 各地で一揆が起こる

(1) 下線部aの戦いが起こった地域を、次から1つ選びなさい。
ア 東北　イ 九州　ウ 近畿　エ 関東
（　　　）

ミス注意 (2) aの戦いの影響として正しくないものを、次から1つ選びなさい。
ア 幕府の財政が苦しくなった。
イ 十分な恩賞がなく、御家人の不満が高まった。
ウ 御家人を統制するため、御成敗式目が出された。
エ 御家人の生活苦を救うため、徳政令が出された。
（　　　）

(3) 下線部bの北朝が置かれたところを、次から1つ選びなさい。
ア 京都　イ 吉野　ウ 大阪　エ 名古屋　（　　　）

(4) （ c ）にあてはまる人物の名前を答えなさい。（　　　）

(5) 下線部dの中国との貿易では、**資料I**の合い札が使用されました。この合い札を何といいますか。（　　　）

資料I

本字壹號　本字壹號

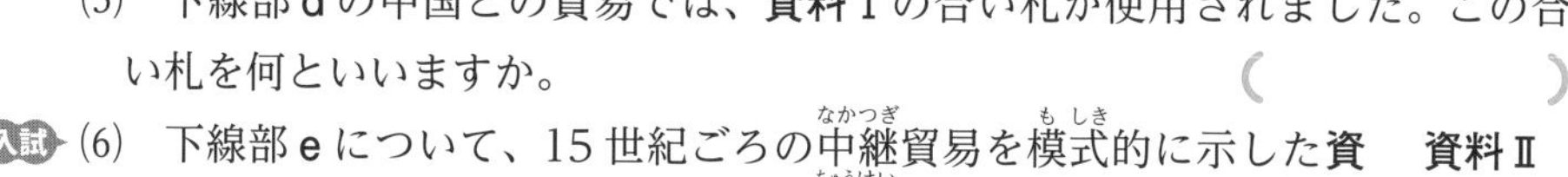

入試 (6) 下線部eについて、15世紀ごろの中継貿易を模式的に示した**資料II**を参考にして次の文の[　　]を補い、完成させなさい。（鹿児島県）
琉球王国は、日本や中国・東南アジア諸国から[　　]する中継貿易によって繁栄した。
（　　　）

資料II

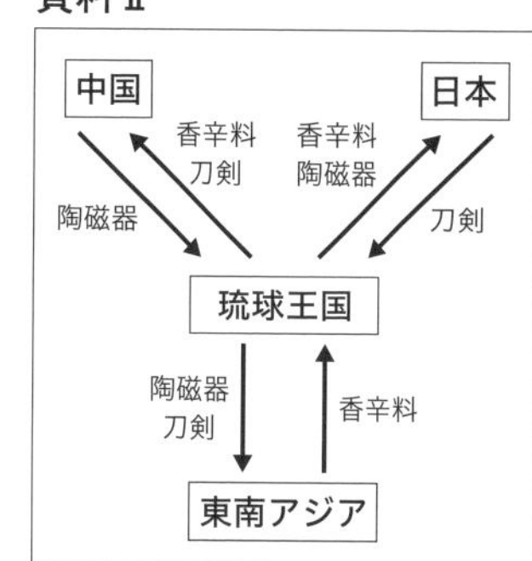

(7) 下線部fのころから広まった、身分が下の者が上の者をたおす風潮を何といいますか。（　　　）

(8) 下線部gの一揆のうち、地侍（国人）を中心に、守護大名の支配に反抗して起こった一揆を次から1つ選びなさい。
ア 正長の土一揆　イ 山城の国一揆　ウ 加賀の一向一揆　（　　　）

2 室町時代の文化・社会について、次の問いに答えなさい。　7点×6

(1) 右のA・Bの写真に関係の深いものを、次から2つずつ選びなさい。
ア 金閣　イ 円覚寺　ウ 銀閣
エ 足利尊氏　オ 足利義満　カ 足利義政
A（　　　）（　　　）
B（　　　）（　　　）

A

（絵・実田くら）

B

（絵・卯月）

入試 ミス注意 (2) 次の文は、室町時代にみられた農民の暮らしについて述べたものです。文中のC・Dから正しいものを1つずつ選びなさい。（徳島県）
村では、農民が、地域を自分たちで運営する動きがあった。そこでは、有力な農民を中心として村ごとにまとまり、C〔ア 惣　イ 座〕と呼ばれる自治組織がつくられた。また、猿楽や田楽などの芸能からは能が生まれた。さらに、能の合間に演じられ、民衆の生活や感情をよく表した喜劇であるD〔ア 連歌　イ 狂言〕も広まり、農民などの民衆も楽しんだ。
C（　　　）　D（　　　）

テストに役立つ

中1社会　覚えておきたい重要年代

文明のおこりと日本の成り立ち　p.102～103

□ 239年
卑弥呼が魏に使いを送る
…〔文くださいね　卑弥呼より〕

古代国家の歩みと東アジア世界　p.104～105

□ 593年
聖徳太子が摂政になる
…〔国民歓迎　太子の摂政〕

□ 645年
大化の改新が始まる
…〔蘇我虫殺す　大化の改新〕

□ 701年
大宝律令を定める
…〔唐まねた大宝律令　慣れ一つ〕

□ 710年
平城京に都を移す
…〔なんとすてきな　平城京〕

□ 743年
墾田永年私財法が出される
…〔制限なしさ　墾田永年私財法〕

平安京と国風文化　p.106～107

□ 794年
平安京に都を移す
…〔鳴くようぐいす　平安京〕

□ 894年
遣唐使を廃止する
…〔道真が　白紙に戻す　遣唐使〕

□ 1016年
藤原道長が摂政となる
…〔遠いむかしの　ワンマン摂政〕

武士のおこりと鎌倉幕府　p.108～109

□ 1086年
白河上皇が院政を始める
…〔院政で　一応やむなし　白河上皇〕

□ 1192年
源頼朝が征夷大将軍になる
…〔いい国鎌倉　大将軍〕

□ 1221年
承久の乱がおこる
…〔鎌倉の人に不意打ち　承久の乱〕

□ 1232年
北条泰時が御成敗式目を定める
…〔一文にしたためた　御成敗式目〕

モンゴルの襲来と日本　p.110～111

□ 1274年
文永の役がおこる
…〔元の船　とうになし　文永の役〕

□ 1333年
鎌倉幕府が滅亡する
…〔一味さんざん　幕府の滅亡〕

□ 1392年
南北朝が1つになる
…〔いざ国をまとめて　南北一つ〕

□ 1467年
応仁の乱がおこる
…〔人の世むなしい　応仁の乱〕

中1国語　よくある弱点とその対策

言葉の単位・文の組み立て

p.126・127

□文節の区切り方

①文節は、**意味を壊さないように、文をできるだけ短く区切ったもの。**このことを頭に置いて読んでみよう。

②話し口調の**「ね」「さ」「よ」を入れて読み、自然に意味が切れれば、**そこが文節の切れ目になる。

③二つ以上の単語が合わさってできている単語（複合語）は、**一語として扱う**〔「推理小説」は、「推理／小説」とは分かれない〕。

□主語・述語の見つけ方

①まず、**文末**にあることが多い**述語**をおさえる。

②**「が」「は」「も」「さえ」**などが付いた言葉を探し、**述語に対応する「何が」の形**に当てはまれば主語である。

□修飾・被修飾の関係の見つけ方

①修飾語は、係っていく文節に対して**「何を―どうする」「どんな―何」「どのように―どうだ」**などの関係を作る。

②修飾語の位置を下の文節に順にずらしていき、**意味のつながりができれば**係り受けの関係。

□並立の関係・補助の関係の見つけ方

①まず文節に区切り、二つ以上の文節のまとまりを探す。

②「並立の関係」なら、**前後を入れ替えても**意味は変わらない。

③「補助の関係」なら、下の文節は本来の意味が薄れて、**上の文節に意味を添えているだけ**である。

古文

p.116・117

□歴史的仮名遣いの現代仮名遣いへの直し方

◎歴史的仮名遣いを現代仮名遣いに直すときは、**読み方の原則に当てはめて**読み、**発音どおりに表記**する。

❶いふ→いう

❷よろづ→よろず

❸うつくしう(siu)て→うつくしゅう(syu)て

❹ゐたり→いたり

□古語の意味のつかみ方

①古語の意味の場合も、現代文と同じように、**その言葉の前後の内容から判断できる**ことが多い。次の「まじりて」と「いと」の意味を、前後の関係から考えてみよう。

㋐野山に［まじりて］竹を取りつつ……。（↓竹を取っては）

㋑三寸ばかりなる人、［いと］うつくしうてゐたり。（↓背丈三寸ほどの人が（一寸は約三センチメートル）↓かわいらしい様子で座っていた。）

②文脈のつながりをとらえるには、**その言葉が前後とどのようにつながっているか**を確かめてみるとよい。

㋐**野山に「どうする」**ことで竹が取れるか。

㋑選択肢がある場合、その中で**「うつくしうて」に最も自然に結び付く**ものはどれか。

入試レベル問題

時間 30分　解答 別冊p.51　得点　／100

入試 **1** 次の漢文（書き下し文）を読んで、あとの問いに答えなさい。（19愛知県B・改）完答25点×4

*陳太丘(ちんたいきゅう)、友と期して行く〔約束して出かけることにした〕。日中を期するに〔正午にと〕、中〔正午〕を過ぐるも至らず。太丘舎(す)てて〔そのままにして〕去る。去りて後乃(すなわ)ち至る①。*元方(げんぽう)時に年七歳、門外に戯(たわむ)る〔遊んでいた〕。客、元方に問ふア、「尊君在りや不(いな)や〔父君はおられるか〕。」と。答へてイ曰(い)はく、「君を待つこと久しきも〔あなたを長い間お待ちしていましたが〕、至らざれば已(すで)に去るウ。」と。友人便(すなわ)ち怒りて②曰はく、「人に非(あら)ざるかな。人と期して行くに相委(す)てて〔そのままにして〕去る。」と。元方曰はく、「君、家君〔父〕と日中を期すエ。日中すれども〔正午になっても〕至らざるは、則(すなわ)ち是(こ)れ信無し。子に対して父を罵るオは、則ち是れ礼無し。」と。友人慙(は)ぢて〔恥じて〕③、車を下りて之(これ)を引くカ〔引き止めようとした〕。元方門に入りて顧みず。

（『世説新語(せせつしんご)』より）

*陳太丘(ちんたいきゅう)…後漢代の人物。太丘は官名。
*元方(げんぽう)…陳太丘の子。

ミス注意 (1) ═線部ア～カの中から、主語が──線部①「至る」の主語と異なるものを二つ選び、記号で答えなさい。（　）・（　）

(2) ──線部②「怒りて」とありますが、その理由として適切なものを、次から一つ選び、記号で答えなさい。

ア　待ち合わせの時間に間に合わなかったから。
イ　一緒に出かける約束を守らず先に行ってしまったから。
ウ　父親と会う約束をしていたのに子どもが出迎(むか)えたから。
エ　一人だけ置き去りにされて恥(はじ)をかいたから。

（　）

難 (3) ──線部③「友人慙(は)ぢて」とありますが、友人は何を恥ずかしく思ったのですか。その説明として適切なものを、次から一つ選び、記号で答えなさい。

ア　非があるのは自分の方であるのに親子から謝罪されてしまったこと。
イ　友情について率直(そっちょく)な意見を述べた子どもに反論できなかったこと。
ウ　子どものわかりやすい説明で初めて友人の思いを理解できたこと。
エ　親子に対する自分の言動が不誠実かつ非礼なものであったこと。

（　）

難 (4) 次のうち、その内容がこの文章に書かれていることと一致(いっち)するものを一つ選び、記号で答えなさい。

ア　陳太丘は、あえて自ら先に出発することによって、約束を破った友人に反省させようと考えた。
イ　陳太丘は、友情よりも約束を優先して時間どおりに出発したが、友人は友情を優先すべきだと考えていた。
ウ　幼い元方は、不作法な態度をとったのが父の友人であっても、少しも遠慮(えんりょ)せずに堂々と正しいことを述べた。
エ　幼い元方は、父が非難され始めたため、機転をきかせて話題を変えて父に責任が及(およ)ばないようにした。

（　）

11 漢文

基礎レベル問題

時間 30分　解答 別冊p.51

得点 ／50

ミス注意 1 白文・訓読文・書き下し文 次のような書き方の文を何といいますか。あとから選び、記号で答えなさい。 4点×3

(1) 楚人に盾と矛とを鬻ぐ者あり。（　　）

(2) 楚人有鬻盾与矛者（　　）

(3) 楚人ニ有リ下鬻グ二盾ト与レ矛ヲ者上。（　　）

ア 白文　イ 訓読文　ウ 書き下し文

2 故事成語 次の(1)・(2)の□に入る故事成語として最も適切なものをあとから選び、記号で答えなさい。 4点×2

(1) 僕が応援しているサッカーチームは、残り三試合のうち、一試合でも負けると下部リーグに降格してしまう。選手はもちろん、応援する僕たちも決死の覚悟で、残り三試合に臨まなくてはならない。これぞ、まさに「□」である。（　　）

(2) 部活動の集合時間に五分遅刻した中島さんが、十分遅刻した森田君に向かって、「森田君、もっと早く来なくちゃだめだよ。」と言った。それを聞いていた小川君が「中島さんだって遅刻したじゃないか。森田君より五分早かっただけで、遅刻したことに変わりはないよ。」と言った。中島さんは何も言えなかった。これぞ、まさに「□」である。（　　）

ア 塞翁が馬　イ 五十歩百歩
ウ 背水の陣　エ 蛇足

3 故事成語 次の(1)〜(3)の故事成語について、①由来（故事）、②意味をそれぞれあとから選び、記号で答えなさい。 5点×6

(1) 漁夫の利　①（　　）②（　　）

(2) 杞憂　①（　　）②（　　）

(3) 推敲　①（　　）②（　　）

①
ア 唐の詩人の賈島は、詩の一節を「僧は推す月下の門」と「僧は敲く月下の門」のどちらがよいかと考えているうちに、官吏（役人）の韓愈の行列にぶつかってしまった。理由を聞いた、詩人でもある韓愈は、怒るどころか、「敲く」のほうがよいと教えてくれた。
イ しぎ（鳥）が貝を食べようとすると、貝は殻を閉じてしぎのくちばしを放さず、両者が争っていた。そこへ漁師が来て、一度にしぎと貝を捕らえた。
ウ 楚の国の項羽が漢軍に包囲されたとき、四方の漢軍が楚の歌を盛んに歌うのを聞いて、「楚軍は全て漢軍に降伏したのか。」と驚いた。
エ 杞の国の人が、天が崩れ落ちたらどうしようかと思い悩んで、寝ることも食べることもできなくなった。

②
ア 取り越し苦労。無用の心配。
イ 詩や文章の語句を何度も練り直すこと。
ウ 古い習慣にこだわって、進歩がないこと。
エ 二者が争っている隙に、第三者が利益をさらうこと。

よくでるポイント
よく使われる故事成語の由来（故事）と現代での意味を確認しよう。また、漢文的な言い回しに注意して、由来となった古典（書き下し文）を読み、その故事成語の意味を理解しよう。

入試レベル問題

時間 30分　解答 別冊p.51

得点　／50

入試 **1** 次の文章を読んで、あとの問いに答えなさい。　（岐阜県）　10点×5

老子のいはく、「欲多ければ身をそこなひ、財(たから)多ければ身をわづらはす」といへり。わづらはすとは、用心に隙(いとま)なき心なり。げにも飽(あ)き足(だ)る事を知らざる者は、欲深き故なれば、これわざはひの本(もと)也。財は又身をそこなふ種(たね)なり。この故に欲をばほしゐままにすべからず。つねに足(た)る事を知るべし。

（『浮世物語(うきよものがたり)』より）

そこなひ…悪くし　財…財宝　わづらはす…苦しめ悩ませる　用心に隙なき心…財宝を守る用心のために余裕がない　飽き足る…実際十分に満足する　欲深き故…欲が深いため　わざはひの本…災難にあう原因となる　種…原因　ほしゐままにすべからず…その欲のままに振る舞ってはいけない

(1) ══線部「ほしゐままに」を現代仮名遣いに直して書きなさい。

（　　　　　）

(2) ――線部「欲多ければ身をそこなひ、財多ければ身をわづらはす」とありますが、次の［　　］内の文は、老子のこの言葉についての作者の考えをまとめた一例です。［Ⅰ］～［Ⅲ］に当てはまる適切な言葉を、それぞれ現代語で書きなさい。ただし、［Ⅰ］は五字以内、［Ⅱ］、［Ⅲ］は五字以上十字以内とします。

> 欲が多いと、十分に満足することを知らないので、身体を悪くするなどの［Ⅰ］原因となり、財宝が多いと、［Ⅱ］のために余裕がなくなり、自分自身を［Ⅲ］ことになる。

Ⅰ □□□□□

Ⅱ □□□□□□□□□□

Ⅲ □□□□□□□□□□

(3) この話の中で、作者は欲のままに振(ふ)る舞(ま)わず、どのようなことを心がけるべきだと述べていますか。文章中から最も適切な部分を探して、十一字で書き抜(ぬ)きなさい。

□□□□□□□□□□□

基礎レベル問題

時間 30分　解答 別冊 p.52

得点　／50

1 次の文章を読んで、あとの問いに答えなさい。

今は昔、①竹取の翁(たけとりのおきな)といふ(a)ものありけり。野山にまじりて[*1]竹を取りつつ[*2]、よろづ[*3](b)のことに使ひけり。名をば、さぬきのみやつことなむいひける。

その竹の中に、もと光る[*4]竹なむ一筋ありける。②あやしがりて、③寄りて見るに、④筒(つつ)の中光りたり。⑤それを見れば、三寸ばかりなる人、いとうつくしう(c)てゐ(d)たり。

（「竹取物語」）

＊1まじりて…分け入って。　＊2取りつつ…取っては。
＊3よろづ…いろいろ。　＊4もと光る…根元の光る。

(1) **歴史的仮名遣い**　～～線部a～dを現代仮名遣い(かなづか)に直して、平仮名で書きなさい。　5点×4

a（　　）　b（　　）
c（　　）　d（　　）

(2) **登場人物**　――線部①「竹取の翁」の名前が書かれている一文を古文中から抜き出しなさい。　5点×1

（　　）

(3) **現代語訳**　――線部②「あやしがりて」の現代語訳として、最も適切なものを次から選び、記号で答えなさい。　5点×1

ア　気味悪く思って　イ　驚(おどろ)いて
ウ　不思議に思って　エ　感動して

（　　）

(4) **動作主**　――線部③「寄りて見るに」は、誰(だれ)の動作ですか。漢字一字で答えなさい。　5点×1

□

(5) **省略されている語**　――線部④「筒の中光りたり」の「中」と「光りたり」の間には、どんな言葉が省略されていますか。平仮名一字で書きなさい。　5点×1

□

ミス注意

(6) **指示する語句**　――線部⑤「それ」は、何を指していますか。最も適切なものを次から選び、記号で答えなさい。　5点×1

ア　竹の筒の中　イ　よろづのこと
ウ　三寸ほどの人　エ　野山の中

（　　）

(7) **作品が成立した時代**　「竹取物語」が成立したと考えられている時代を次から選び、記号で答えなさい。　5点×1

ア　平安(へいあん)時代の初め　イ　鎌倉(かまくら)時代の初め
ウ　室町(むろまち)時代の初め　エ　江戸(えど)時代の初め

（　　）

よくでるポイント
現代文とは異なる仮名遣(かなづか)いや表現に注意して、古文の内容を正しく読み取ろう。また、古文では主語が省略されることが多いので、誰(だれ)の動作なのかを意識して読み進めよう。

生物も、「戦わない戦略」を基本戦略としています。

自然界では、激しい生存競争が繰り広げられます。生物の進化の中で、生物たちは戦い続けました。そして、各々の生物たちは、進化の歴史の中で⑤ナンバー1になれるオンリー1のポジションを見出しました。そして、「できるだけ戦わない」という境地と地位にたどりついたのです。

ナンバー1になれるオンリー1のポジションを見つけるためには、若い皆さんは戦ってもいいのです。そして、負けてもいいのです。

たくさんのチャレンジをしていけば、たくさんの勝てない場所が見つかります。こうしてナンバー1になれない場所を見つけていくことが、最後にはナンバー1になれる場所を絞り込んでいくことになるのです。

ナンバー1になれるオンリー1のポジションを見つけるために、負けるということです。

（稲垣栄洋『はずれ者が進化をつくる　生き物をめぐる個性の秘密』〈筑摩書房〉より）

入試レベル問題

時間 30分　解答 別冊p.52

得点　/50

入試 **1** ——線部④「そんなふうに」とありますが、指し示す内容の初めの五字を書き抜きなさい。

（鹿児島県）10点×1

入試 **2** ——線部⑤「ナンバー1になれるオンリー1のポジション」とありますが、次の文はこれについて説明したものです。（A）（B）に当てはまる言葉を、Aは文章中から六字で書き抜き、Bは二十字以内で答えなさい。

・進化の歴史の中で、各々の生物たちが戦って、（　A　）を見つけるたびに変わり続け、その結果行き着いた、（　B　）自分だけの場所。

（鹿児島県）20点×2

A

B

9 説明的文章

文章中の具体例は、どんなことを言うために挙げられているのか、筆者の意図をつかもう。また、各段落の要点をつかみ、段落どうしのつながりを考えて、結論を読み取ろう。

次の文章を読んで、あとの問いに答えなさい。

競争に負けたからといって、あなたの価値が損なわれることはまったくありません。戦いに敗れたからといって、あなたが劣っているわけではありません。それは、あなたの能力が発揮できない土俵だったというだけですし、その程度の土俵だったというだけです。

①そんな競争に苦しむくらいだったら、土俵から降りても構いませんし、逃げ出しても構いません。

ニッチとはナンバー1になれるオンリー1のポジションのことでした。誰かが用意してくれた②競争の場が、あなたにとってニッチであることは稀です。

③大切なことは、どこで勝負するかです。

そのニッチで勝負することができれば、それ以外の場所では、全部負けてしまってもいいのです。

古代中国の思想家・孫子という人は「戦わずして勝つ」と言いました。孫子だけでなく、歴史上の偉人たちは「できるだけ戦わない」という戦略にたどりついているのです。

偉人たちは、どうやってこの境地にたどりついたのでしょうか。おそらく彼らはいっぱい戦ったのです。そして、いっぱい負けたのです。勝者と敗者がいたとき、敗者はつらい思いをします。どうして負けてしまったのだろうと考えます。どうやったら勝てるのだろうと考えます。

彼らは傷つき、苦しんだのです。

そして、ナンバー1になれるオンリー1のポジションを見つけたのです。④そんなふうに「戦わない戦略」にたどりついたのです。

基礎レベル問題

時間 30分　解答 別冊p.52　得点 /50

1 ——線部①「そんな競争」とありますが、それは、どのような競争ですか。（　）に当てはまる言葉を、文章中から九字で書き抜きなさい。　10点×1

・自分の（　　　）ような競争。

2 ——線部②「競争の場」を比喩表現を用いて表した漢字二字の語句を文章中から書き抜きなさい。　10点×1

3 ——線部③「大切なことは、どこで勝負するかです」とありますが、この筆者の考え方につながっている、歴史上の偉人たちの戦略を表す言葉を、文章中から五字以上十字以内で二つ書き抜きなさい。（記号は字数に数えない。）　15点×2

いような、灰島自身の内に滾るぎらぎらした光が。

「＊二・四〇でやるんじゃなかったんですか」

「ああ、決勝だけ＊二・四三にあげさしたんや。経験者がっつり揃ってる試合やったでな」

ネットに手を添えて横に撫でながら小田はコートの端まで歩き、ポールに手をついた。防護マットははずされていたのでひやりとした金属が直に手のひらに触れる。古びたブロンズ色のポールの表面には緑青が貼りついてざらざらしている。

「部の打ちあげでファミレス行くで、六時半に校門に集合な。三年の奢りやで安心しろ」

「おれを数に入れないでください」

迷惑そうに言い返された。まだ理由が足りないのかと小田は溜め息をつく。こんなにもわかりやすくバレーがやりたくてたまらないっていう渇望を放出してるくせに、いったいなにがこいつの中のブレーキになっているのか。紋代中での件とは別に、まだなにかあるのか？　基本的に［　　］で人の気持ちなど意にも介さなそうな奴が、なにかが起こることをあきらかに怖がっている。

（壁井ユカコ『2．43　清陰高校男子バレー部①』〈集英社文庫〉より）

＊片してえんかったんか＝（方言）片付けてなかったのか。

＊二・四〇、二・四三＝バレーボール競技のネットの高さ。地方大会などでは二・四〇メートルの場合もあるが、清陰高校バレーボール部では、普段から、全国大会で使用される二・四三メートルの高さで練習している。

入試レベル問題

時間 30分　解答 別冊p.53

得点　　／50

入試 1　――線部①「まるでネットだけがまだ試合が終わったことを認めるまいとしているかのように。」とありますが、この部分の表現について、次のように説明しました。（A）に当てはまる表現技法として最も適切なものをあとのア～エから選び、記号で答えなさい。また、（B）に当てはまる言葉を、文章中から十四字で書き抜きなさい。（岡山県・改）完答25点×1

●この部分には（　A　）が用いられており、体育館に残されたネットと、その前に立つ灰島の姿が重ねられることによって、灰島の（　B　）という気持ちが強調されている。

ア　隠喩　　イ　擬人法　　ウ　対句　　エ　体言止め

（　　）

［　　　　　　　　　　　　　　］（十四字）

入試 2　［　　］に当てはまる言葉として最も適切なものを次から選び、記号で答えなさい。（岡山県・改）25点×1

ア　公明正大　　イ　優柔不断　　ウ　傍若無人　　エ　温厚篤実

（　　）

8 文学的文章

次の文章を読んで、あとの問いに答えなさい。

〔バレーボール部主将の小田は、能力の高い一年生の灰島を入部させたかったが、灰島は、中学のとき、他の部員たちとの関係がうまくいかなかった経験から、小田の誘いを断っていた。校内球技大会終了後、小田が灰島に話しかける場面である。〕

運営テントで総合結果を見届けてから体育館に戻った。仕切りネットが取り払われて掃除も済んだ体育館はがらんとしていたが、男バレの試合が行われていたステージ側コートにだけネットとポールがまだ残っていた。①まるでネットだけがまだ試合が終わったことを認めるまいとしているかのように。コートを包んでいた決勝の熱気も今はもう夕方の空気に冷やされて、急に物寂しく感じられた。

ネットの前に立っている人影があった。②目の前のネットと同じくまだ試合を続けたがっているみたいに、まあ一セットで退場させられたんだから暴れ足りないのも仕方ないだろう、身体の横におろした両手のテーピングはまだ解いていない。

「灰島」

呼びかけに背中がわずかに反応したものの振り返ろうとはしない。マイペースだなと小田は苦笑しつつ近づいていった。

「ネット片してえんかったんか*」

「残しといてもらいました。おれ片すんで」

一週間前のチーム練習初日のときのように、灰島は顎を持ちあげてまっすぐな眼差しをネットの白帯に向けていた。窓から射す陽も弱まって屋内はだいぶ薄暗くなっていたが、瞳の中には光が見えた。物足りなさを抑えきれな

基礎レベル問題

時間 30分　解答 別冊p.53　得点 /50

1 ——線部②「目の前のネットと同じくまだ試合を続けたがっている」とありますが、この灰島の心情を、時間の経過を表す表現とともに描いているひと続きの二文を抜き出し、その初めの五字を書き抜きなさい。 25点×1

□□□□□

2 この文章における、小田と灰島の関係を説明したものとして最も適切なものを次から選び、記号で答えなさい。 25点×1

ア　灰島は、自分の不当な扱いに不満を感じており、その不満を小田にぶつけているが、小田は、そんな灰島の言動に怒りを感じている。

イ　灰島は、周囲のことを考えず自分勝手に行動する自分自身に嫌気を感じているが、小田は、そんな灰島の様子を頼もしく感じている。

ウ　灰島は、自分の弱さに向き合うことができず、小田の優しさを受け入れられないが、小田は、そんな灰島に親近感を感じている。

エ　灰島は、自分の内面にある思いに素直に従えず、小田と接することを拒絶するが、小田は、そんな灰島の心情を理解しようとしている。

（　　）

よくでるポイント　小説に描かれている場面の様子や、登場人物の行動や会話に注意して、登場人物それぞれの心情を理解しよう。

入試レベル問題

時間 30分　解答 別冊 p.54

得点　／100

難

1 次の各文の――線部の名詞は、それぞれあとの名詞の種類のどれに当たりますか。記号で答えなさい。

5点×5

(1) あそこまで車でどのくらいかかるだろう。
(2) 彼（かれ）は、欲（ほ）しいものは全て手に入れた。
(3) 母の日に、たくさんのカーネーションを買った。
(4) 委員長には山本（やまもと）さんを推薦（すいせん）します。
(5) 八時に家を出れば、間に合うだろう。

ア 普通（ふつう）名詞　イ 代名詞　ウ 固有名詞
エ 数詞　オ 形式名詞

難

2 次の各文から、形式名詞を一つずつ抜（ぬ）き出しなさい。

6点×5

(1) 結果は、私の思ったとおりになった。
(2) なるほど、それで昨日は遅刻（ちこく）したわけだ。
(3) この町もずいぶんと変わったものだ。
(4) 困ったときは何でも相談するとよい。
(5) もう少しで乗り過ごすところだった。

入試　ミス注意

3 次の文の――線部の語の品詞を一つ選び、記号で答えなさい。

（大阪府B）　7点×1

● おいしそうな匂（にお）いが、部屋いっぱいに広がる。

ア 名詞
イ 動詞
ウ 形容詞
エ 形容動詞

入試

4 次の文の――線部の語の品詞を一つ選び、記号で答えなさい。

（香川県）　7点×1

● あえて選択肢（せんたくし）を減らすことで、自身の覚悟（かくご）と思考を強める。

ア 動詞
イ 連体詞
ウ 副詞
エ 接続詞

5 次の各文の――線部の品詞名をあとから選び、答えなさい。

5点×5

(1) 私は、ついに目標を達成した。
(2) 面白（おもしろ）い映画だった。でも、あまり人気がない。
(3) こら、廊下（ろうか）を走ってはいけないよ。
(4) 交番を曲がったところに家がある。
(5) 全くおかしなこともあるものだ。

［ 名詞　副詞　連体詞　接続詞　感動詞 ］

難　入試

6 次の文は、どのような品詞で組み立てられていますか。用いられている単語の品詞をすべて選び、記号で答えなさい。

（京都府）　6点×1

● もちろん断られるだろう。

ア 動詞　イ 副詞　ウ 連体詞　エ 助動詞　オ 助詞

7 活用しない自立語

よくでるポイント 単語のうち、活用しない自立語である名詞・副詞・連体詞・接続詞・感動詞の性質と使い方についての知識を深めよう。

基礎レベル問題

時間 30分
解答 別冊p.54

得点 /100

1 名詞の識別 次の各文から名詞を一つずつ抜き出しなさい。 4点×3

(1) 新しい鉛筆を買った。 （　　）
(2) どっちが勝つか予想する。 （　　）
(3) 説明するのは、とても大変なことだ。 （　　）

ミス注意 **2 普通名詞の指摘** 次の文から普通名詞を全て抜き出しなさい。 完答8点×1

＊読書は好きなほうだが、太宰治の小説は読んでいない。
（　　）

難 **3 代名詞の識別** 次の各文の――線部から代名詞を含む文節を一つずつ選び、記号で答えなさい。 4点×3

(1) ア それは、イ こう ウ 考えれば エ 簡単な オ 話だ。
(2) ア あの イ くつは、ウ わたしの エ ものです。
(3) ア きのう、イ 君が ウ 弟と エ いる オ ところを カ 見たよ。

(1)（　　） (2)（　　） (3)（　　）

4 副詞の指摘 次の各文から副詞を一つずつ抜き出しなさい。 4点×3

(1) 妹は、昔はよく泣いたものだ。 （　　）
(2) あなたがそう思うのも無理もない。 （　　）
(3) たとえ雨が降っても、明日は出かけよう。 （　　）

5 連体詞の指摘 次の各文から連体詞を一つずつ抜き出しなさい。 5点×4

(1) 彼は、あらゆる方法を考えてみた。 （　　）
(2) 目的地にいちばん近いのはこの道だ。 （　　）
(3) 来る九月十日に式典を行います。 （　　）
(4) ほんの少しだけ塩を加える。 （　　）

6 接続詞の指摘 次の各文から接続詞を一つずつ抜き出しなさい。 4点×4

(1) 肉を食べた。それに、魚も食べた。 （　　）
(2) 明日はテストだ。そこで、僕は勉強を始めた。 （　　）
(3) 緑茶が好きですか。それとも、紅茶が好きですか。 （　　）
(4) 試合には負けた。しかし、後悔はしていない。 （　　）

難 **7 感動詞の種類** 次の各文の――線部の感動詞の種類をあとから選び、記号で答えなさい。 4点×5

(1) もしもし、どこへ行くのですか。 （　　）
(2) まあ、なんと美しい眺めでしょう。 （　　）
(3) さようなら、また明日会いましょう。 （　　）
(4) はい、私が生徒会長です。 （　　）
(5) あれ、あなたは誰ですか。 （　　）

ア 感動　イ 呼びかけ　ウ 応答　エ あいさつ

入試レベル問題

時間 30分　解答 別冊p.55

得点　　/100

入試 1　次の問いに答えなさい。　9点×2

(1) 次の文の――線部にある付属語の数を答えなさい。　（兵庫県）

●現状を打破するためには、有望な人材に活躍(かつやく)してもらうしかない。　（　　）

(2) 次の文にある動詞の数を答えなさい。　（沖縄県）

●おれの目をしずかに見て、それきりもう何も言わないのだった。　（　　）

入試 2　次の文から形容詞をそのままの形で抜(ぬ)き出して答えなさい。　（岐阜県）　10点×1

●前の図形と区別できる図形を見せると、がぜん注視時間が長くなる。　（　　）

入試 3　次の各文の――線部の語の品詞を一つ選び、記号で答えなさい。　9点×2

(1) それは、あらゆる民族や地域がさまざまな出来事を経験し、その経験を筋道を立て組み立ててゆくことでした。　（山形県）

ア　動詞　イ　形容動詞　ウ　連体詞　エ　副詞　（　　）

(2) あるアメリカ人は、日本でしばらく生活し、日本語に慣れ親しんだ頃(ころ)にアメリカへ帰国した。　（長崎県）

ア　動詞　イ　名詞　ウ　副詞　エ　連体詞　（　　）

入試 4　次の問いに答えなさい。　9点×2

(1) 次の文にある体言の数を答えなさい。　（熊本県）

●初めて父と山に入った時の楽しい時間が思い出された。　（　　）

(2) 次の文にある助詞の数を答えなさい。　（高知県・改）

●話を始めると不思議がってきき耳をたてる。　（　　）

難 5　次の各文から、用言を二つずつ探して、そのままの形で□に抜(ぬ)き出し、その品詞名を（　）に書きなさい。　完答9点×4

(1) 私は、母からおいしいクッキーの焼き方を習いました。

用言 □・品詞名（　　）

用言 □・品詞名（　　）

(2) 音楽室から元気な歌声が聞こえた。

用言 □・品詞名（　　）

用言 □・品詞名（　　）

6 単語の分類

よくでるポイント
十種類の品詞の性質・働きについて理解しよう。そして、「自立語・付属語」「活用する・活用しない」「体言・用言」という基準で、品詞を分類できるようにしよう。

基礎レベル問題

時間 30分
解答 別冊p.55

得点 /100

1 自立語・付属語 次の――線部の単語を、A自立語（単独で文節を作ることができる単語）と、B付属語（単独では文節を作れない単語）とに分け、記号で答えなさい。 3点×10

(1) じっくり考える。（　　） (2) 考えておきます。（　　）
(3) その本は読んだ。（　　） (4) うん、いいよ。（　　）
(5) とても楽しいね。（　　） (6) 私は、中学生です。（　　）
(7) ボールを投げる。（　　） (8) 星がきれいだね。（　　）
(9) 僕にも見せてよ。（　　） (10) 広い庭で遊ぶ。（　　）

2 活用 [例]のように、次の単語を「ない」「た(だ)」を付けた形に直しなさい。 3点×6

[例] 書く 〔 書かない 〕〔 書いた 〕 ※一文節の形。
(1) 泳ぐ （　　）（　　）
(2) 軽い （　　）（　　）
(3) 静かだ （　　）（　　）

3 活用の有無 次の単語の中から、活用するものを四つ選び、記号で答えなさい。 3点×4

ア つまり　イ 待つ　ウ 暑い　エ 大きな
オ 正直だ　カ 思い出　キ ゆっくり　ク 成功する

（　　）（　　）（　　）（　　）

4 品詞 次の表の□①～⑩に当てはまるものをあとから選び、記号で答えなさい。 3点×10

- 単語
  - ①
    - 活用しない
      - 主語になる（体言）……名詞
      - 修飾語になる
        - 主に用言を修飾……⑤
        - 体言を修飾……連体詞
      - 接続語になる……接続詞
      - 独立語になる……⑥
    - 活用する―述語になる（用言）
      - ウ段の音で終わる……⑦
      - ③で終わる……形容詞
      - ④で終わる……⑧
  - ②
    - 活用しない……⑨
    - 活用する……⑩

ア 感動詞　イ 助動詞　ウ 副詞　エ 助詞
オ 動詞　カ 自立語　キ 品詞　ク 付属語
ケ 形容動詞　コ 「い」　サ 「ます」　シ 「だ・です」

①（　　）②（　　）③（　　）④（　　）⑤（　　）
⑥（　　）⑦（　　）⑧（　　）⑨（　　）⑩（　　）

ミス注意
5 体言・用言 次の単語の中から、体言と用言を三つずつ選び、記号で答えなさい。 完答5点×2

ア 中学校　イ おかしい　ウ だから　エ ふと　オ 彼女
カ 小さな　キ きれいだ　ク 北海道　ケ はい　コ 乗る

体言（　・　・　）　用言（　・　・　）

入試レベル問題

時間 30分　解答 別冊p.56

得点　／50

入試 **1** 次の文を文節に区切ったものとして最も適当なものを一つ選び、記号で答えなさい。　（愛媛県）　5点×1　（　　）

● 二つの面で質的な違いがあります。

ア　二つの面で／質的な違いが／あります。
イ　二つの／面で／質的な違いが／あり／ます。
ウ　二つの／面で／質的な／違いが／あります。
エ　二つ／の／面／で／質的な／違い／が／あり／ます。

入試 **2** 次の文を単語に区切り、切れる箇所に／の記号を書きなさい。　（福岡県）　5点×1

● 必死に唇をかんで我慢した。

入試 **3** 次の、文節どうしの関係についての問いに答えなさい。　5点×2

(1) 次の――線部と═線部の関係が主・述の関係になっているものを一つ選び、記号で答えなさい。　（埼玉県）　（　　）

先週末、友達と映画館に行った。チケットを購入した後、飲み物と食べ物を買った。映画はとても感動的で、一緒に行った友達も泣いていた。映画を鑑賞し終わった後、記念にパンフレットを買った。

(2) 次の――線部と═線部の文節どうしの関係として、最も適当なものを一つ選び、記号で答えなさい。　（新潟県）　（　　）

● 川沿いをゆっくり　歩く。

ア　主・述の関係　　イ　修飾・被修飾の関係
ウ　並立の関係　　エ　補助の関係

入試 **4** 次の――線部と═線部の関係が補助の関係になっているものを一つ選び、記号で答えなさい。　（埼玉県）　5点×1　（　　）

● 青い　空を　高く　速く　飛んで　いるのは　新型の　飛行機だ。

5 次の文章中の――線部①～④のうち、二つの文節の関係が他と異なるものを一つ選び、記号で答えなさい。　（千葉県・改）　5点×1　（　　）

先生はこの頃から読書がお好きで、部屋に①置いてあるものの多くは本だったそうです。（中略）若草中学校のみなさんに、「時間の流れは、みんなが思っているほど②遅くない。豊かな人生を送るために、③学校にいる間、いろいろなことに④挑戦してみる姿勢を大事にしてほしい。」とおっしゃっていました。

難 **6** 次の各文の――線部の連文節は、どんな文の成分になっていますか。あとから選び、記号で答えなさい。　4点×5

(1) 今日は、あいにく父も母も外出しています。　（　　）
(2) 外に出て、新鮮な空気を吸った。　（　　）
(3) 急いで歩いたので、汗をたくさんかいた。　（　　）
(4) 僕の担任の西村先生は、音楽の先生です。　（　　）
(5) 勉強と部活動、この二つを両立させることが私の今年の目標だ。　（　　）

ア　主部　　イ　述部　　ウ　修飾部
エ　接続部　　オ　独立部

5 言葉の単位・文の組み立て

よくでるポイント　言葉の単位である「文章・段落・文・文節・単語」についての知識を確実に身につけよう。また、文節どうしのいろいろな結び付きについても理解しよう。

基礎レベル問題

時間 30分　解答 別冊 p.57　得点 /100

1 言葉の単位 次の□に当てはまる語句をあとから選び、書きなさい。（6点×5）

(1) 言葉の単位の中で、最も小さいものを□という。（　）
(2) 言葉の単位の中で、最も大きいものを□という。（　）
(3) ひとまとまりの内容を表して言い終える一続きの言葉を□といい、終わりに句点（。）を付ける。（　）
(4) 文章の中で、行を改め、一字下げて書きだすまとまりを□という。（　）
(5) 意味や発音のうえで不自然にならないように、文をできるだけ短く区切ったまとまりの一つ一つを□という。（　）

段落　単語　文　文章　文節

ミス注意 2 文節 次の文を文節に正しく区切ってあるほうを選び、記号で答えなさい。（6点×2）

(1) ア 私の／好きな／季節は／夏です。
　　イ 私の好きな／季節は／夏です。　（　）
(2) ア 来週は、／肌寒（はださむ）い／日が／続く／そうです。
　　イ 来週は、／肌寒い／日が／続くそうです。　（　）

ミス注意 3 単語 次の文を正しく単語に区切ってあるほうを選び、記号で答えなさい。（6点×2）

(1) ア その｜旅館｜は、｜美しい｜湖｜の｜ほとり｜に｜ある。
　　イ その｜旅館は、｜美しい｜湖の｜ほとりに｜ある。　（　）
(2) ア 弟｜が｜僕（ぼく）｜の｜顔｜を｜じっ｜と｜見｜つめ｜た。
　　イ 弟｜が｜僕｜の｜顔｜を｜じっと｜見つめ｜た。　（　）

4 主語・述語の関係 次の各文から、主語と述語をそれぞれ一文節で抜（ぬ）き出しなさい。（完答8点×2）

(1) 私の父は、高校の教員だ。　主語（　）・述語（　）
(2) 朝、雨が激しく降った。　主語（　）・述語（　）

5 修飾（しゅうしょく）・被（ひ）修飾の関係 次の各文の、――線部の文節が修飾（しゅうしょく）している文節を抜き出しなさい。（5点×2）

(1) 公園の　花が　とても　きれいに　咲（さ）いた。（　）
(2) 祖父の　家は　駅から　かなり　遠い。（　）

6 接続の関係（接続語） 次の各文から接続語を抜き出しなさい。（5点×2）

(1) バス停まで　急いだ。しかし、バスに　乗り遅（おく）れた。（　）
(2) 疲（つか）れたので、ここらで　少し　休みましょう。（　）

7 独立の関係（独立語） 次の各文から独立語を抜き出しなさい。（5点×2）

(1) はい、私は　その　意見に　賛成です。（　）
(2) 友情、それが　この　小説の　主題で　ある。（　）

入試レベル問題

時間 30分　解答 別冊p.57

得点　／100

1 次の——線部の指示する語句が指している部分を抜き出しなさい。　7点×4

(1) 公園の入り口でみんなが来るのを待った。二時にそこで集まる約束をしていたからだ。（　　）

(2) 文化祭に向けて、町の紹介パンフレットを作ることになり、町の産業や特産品、名所、著名人、それらを分担して調べることにした。（　　）

(3) 今度は自分で解決しよう。いつも周囲の人に頼ってばかりいたが、私はそう決心した。（　　）

(4) ここから県立博物館へは、バスで行く方法と、電車と徒歩で行く方法がある。前者のほうが運賃は高いが楽だ。（　　）

難 **2** 次の——線部の指示する語句が指している内容を、文中の言葉を使って書きなさい。　8点×2

(1) 各自がごみを減らすように努めるべきだ。それによって、貴重な資源を有効に使える。（　　）

(2) 辛い食べ物が好きな人と、そうでない人がいる。僕は後者だ。（　　）

入試 **3** 次の——線部の、文章中での働きを説明したものとして適当なものをあとから選び、記号で答えなさい。　8点×1　（大阪府A・改）

●音楽は、人々に感動を与えることができる芸術である。では、指揮者はどんなふうに楽譜を読み解いていくのか。（　　）

ア　前に述べた内容をふまえた新たな話題を後に述べることを示している。

イ　前に述べた内容から予想される結果を後に述べることを示している。

ウ　前に述べた内容の原因となる事実を後に述べることを示している。

エ　前に述べた内容とは反対の内容を後に述べることを示している。

4 次の□に入る、《　》の気持ちに合う語句をあとから選び、記号で答えなさい。　6点×2

(1) ホームランを打った。□、試合は引き分けだった。
《引き分けだったことは、当然の結果だった。》（　　）

(2) 最後まで全力で走った。□、二位だった。
《二位だったことが不本意で、不満がある。》（　　）

ア　だから　　イ　または　　ウ　例えば　　エ　しかし

ミス注意 **5** 次の各文に使われている表現技法をあとから選び、記号で答えなさい。（同じ記号を二度使わないこと。）　6点×6

(1) 夕立だ。夕立だ。（　　）

(2) 湖面がまるで鏡のように光っている。（　　）

(3) 音もなく降り続く雪。（　　）

(4) 僕はきっと忘れないだろう、このすばらしい景色を。（　　）

(5) 風が私にそっとささやく。（　　）

(6) 満月は白い皿だ。（　　）

ア　倒置　　イ　直喩　　ウ　隠喩　　エ　擬人法　　オ　反復

カ　体言止め　　キ　対句　　ク　省略

4 指示する語句・接続する語句

よくでるポイント　指示する語句（「これ・そこ・あちら・どんな」など）と、接続する語句（だから・しかし」など）の働きを理解しよう。

基礎レベル問題

時間 30分　解答 別冊 p.58　得点 /100

1 ミス注意　指示する語句　次の文章中から指示する語句を、出てくる順に三つ抜き出しなさい。　5点×3

僕がいいかげんな返事をしたことが、あとであんな騒ぎになるとは、そのときは思いもしなかった。みんなの困った顔を見たとき、初めてことの重大さに気づき、二度といいかげんな受け答えはしまいと、そう心に誓った。

（　　）（　　）（　　）

2 指示する語句　次の――線部の指示する語句が指している部分を抜き出しなさい。　5点×3

(1) 日曜日にデパートに行き、そこで洋服を買った。（　　）

(2) 昨日、野菜スープを作った。今日はそれを温めて食べた。（　　）

(3) 森にいる野鳥の種類と、その習性について調べる。（　　）

3 接続する語句　次の各文から、接続する語句を抜き出しなさい。　5点×5

(1) 窓を閉めた。なぜなら、風が強いからだ。（　　）

(2) 楽しかったね。さて、明日はどうしようか。（　　）

(3) 足が痛かった。けれども、最後まで走り切った。（　　）

(4) 万年筆、または、ボールペンで書いてください。（　　）

(5) 私の得意教科は、英語と国語、そして、体育です。（　　）

4 接続する語句　次の――線部の語句の代わりに使うことができるものをあとから選び、記号で答えなさい。　5点×4

(1) 雨が激しくなった。そのうえ、雷まで鳴り始めた。（　　）

(2) 希望者は、電話、あるいは、葉書で申し込んでください。（　　）

(3) 探していた商品は品切れだった。それで、予約を入れた。（　　）

(4) 待ち合わせの時間が過ぎた。けれども、誰も来ない。（　　）

ア 要するに　イ もしくは　ウ しかし　エ さらに　オ だから

5 さまざまな表現技法　次の表現技法の説明として適切なものをあとから選び、記号で答えなさい。　5点×5

(1) 倒置（　　）　(2) 直喩（　　）

(3) 隠喩（　　）　(4) 擬人法（　　）

(5) 反復（　　）

ア 普通の言い方と、語順を入れ替える方法。

イ 人間でないものを人間に見立てて表現する方法。

ウ 同じ言葉を二回以上繰り返す方法。

エ 「まるで～」「～ようだ」などの言葉を使ってたとえる方法。

オ 「まるで～」「～ようだ」などの言葉を使わずにたとえる方法。

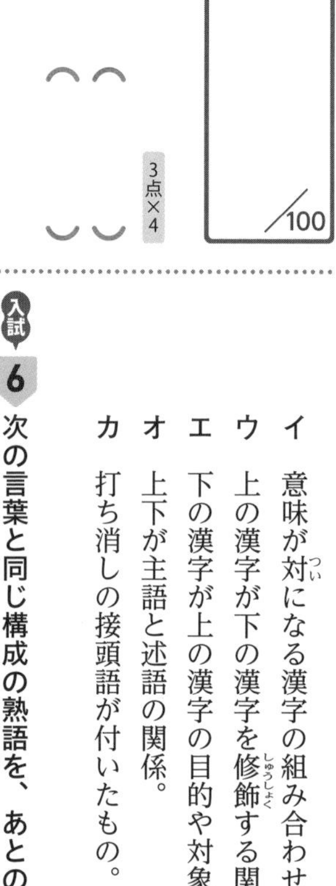

入試レベル問題

時間 30分
解答 別冊p.58

得点　　/100

1 次の言葉の対義語を漢字で答えなさい。　3点×4

(1) 上昇(じょうしょう)（　　）　(2) 主観（　　）
(3) 原因（　　）　(4) 抽象的(ちゅうしょうてき)（　　）

2 次の各文の――線部の言葉の対義語を漢字と平仮名(ひらがな)で答えなさい。　4点×3

(1) 姉は、とても絵が上手だ。（　　）
(2) 面白(おもしろ)かった本を友人に貸す。（　　）
(3) 台風で川の水が濁(にご)る。（　　）

3 次の言葉の類義語をあとから選び、記号で答えなさい。　4点×4

(1) 人造（　　）　(2) 準備（　　）
(3) 欠点（　　）　(4) 容易（　　）

ア 関心　イ 失敗　ウ 満点　エ 精密
オ 簡単　カ 用意　キ 人工　ク 弱点

ミス注意 **4** 次の二つの言葉が対義語の関係にあるものにはア、類義語の関係にあるものにはイを、それぞれ答えなさい。　4点×4

(1) 短所・欠点（　　）　(2) 軽率(けいそつ)・慎重(しんちょう)（　　）
(3) 起床(きしょう)・就寝(しゅうしん)（　　）　(4) 倹約(けんやく)・節約（　　）

5 次の二字熟語の構成をあとから選び、記号で答えなさい。　4点×6

(1) 不要（　　）　(2) 養豚(ようとん)（　　）　(3) 骨折（　　）
(4) 船舶(せんぱく)（　　）　(5) 円盤(えんばん)（　　）　(6) 取捨(しゅしゃ)（　　）

ア 意味が似ている漢字の組み合わせ。
イ 意味が対(つい)になる漢字の組み合わせ。
ウ 上の漢字が下の漢字を修飾(しゅうしょく)する関係。
エ 下の漢字が上の漢字の目的や対象を示す関係。
オ 上下が主語と述語の関係。
カ 打ち消しの接頭語が付いたもの。

入試 **6** 次の言葉と同じ構成の熟語を、あとのア～エの中から一つ選び、記号で答えなさい。　（静岡県）　4点×1

● 握手(あくしゅ)（　　）

ア 創造　イ 越境(えっきょう)
ウ 速報　エ 禍福(かふく)

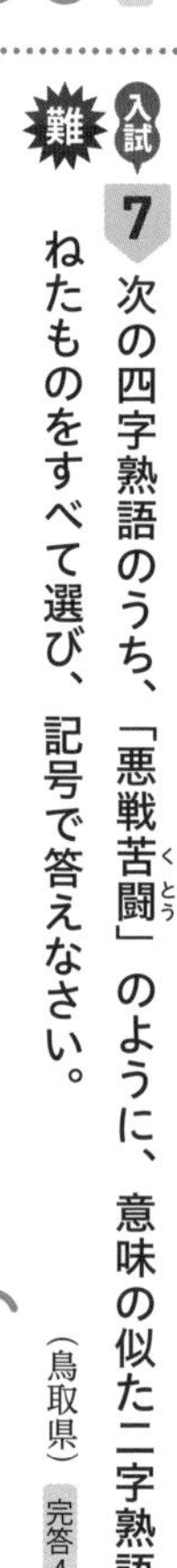

難 入試 **7** 次の四字熟語のうち、「悪戦苦闘(くとう)」のように、意味の似た二字熟語を重ねたものをすべて選び、記号で答えなさい。　（鳥取県）　完答4点×1

（　　）

ア 公明正大　イ 自画自賛
ウ 起承転結　エ 意気消沈(しょうちん)
オ 唯一無二(ゆいいつむに)

8 次の熟語を、[例]にならって漢字一字、または二字の組み合わせに分けて書きなさい。　4点×3

[例] 安全性（ 安全 ＋ 性 ）

(1) 国際連合（　　）
(2) 労働力人口（　　）
(3) 公共職業安定所（　　）

3 対義語・類義語・熟語の構成

よくでるポイント 語句に関する知識の基本となる、対義語・類義語について学習しよう。また、熟語の構成を正しく理解して、語句の意味に関する知識を深めよう。

基礎レベル問題

時間 30分 解答 別冊p.59

得点 /100

1 対義語 次の各文の――線部の言葉の対義語を、漢字と送り仮名で書きなさい。 3点×4

(1) この教科書は、とてもうすい。（　　）
(2) 空の部分をうすい水色で塗る。（　　）
(3) 帰宅して、部屋で上着をぬぐ。（　　）
(4) 建物の入り口で靴をぬぐ。（　　）

2 対義語 次の言葉の対義語をあとから選び、記号で答えなさい。 4点×6

(1) 高尚（　）　(2) 必然（　）
(3) 横断（　）　(4) 実践（　）
(5) 拾得（　）　(6) 解散（　）

ア 集合　イ 縦断　ウ 理論　エ 偶然
オ 遺失　カ 低俗　キ 公然

3 類義語 次の単語の類義語をあとから選び、記号で答えなさい。 4点×6

(1) 風習（　）　(2) 向上（　）
(3) 相違（　）　(4) 賛成（　）
(5) 意外（　）　(6) 特別（　）

ア 習慣　イ 案外　ウ 格別　エ 進歩
オ 差異　カ 同意　キ 特定

4 熟語の構成 次の熟語と同じ構成の熟語をあとから選び、記号で答えなさい。 3点×5

(1) 彫刻（　）　(2) 腹痛（　）
(3) 帰国（　）　(4) 公私（　）
(5) 未定（　）

ア 消火　イ 新鮮　ウ 非常　エ 国営　オ 善悪

ミス注意

5 熟語の構成 次の構成になっている熟語をあとから選び、記号で答えなさい。 3点×3

(1) 漢字一字の言葉を並べたもの。（　）
(2) 漢字一字の言葉のあとに、漢字二字の言葉（熟語）を組み合わせたもの。（　）
(3) 漢字二字の言葉（熟語）のあとに、漢字一字の言葉を組み合わせたもの。（　）

ア 未完成　イ 雪月花　ウ 満足感

6 熟語の構成 次の熟語を、[例]にならって漢字一字、または二字の組み合わせに分けて書きなさい。 4点×4

[例] 手紙文……（手紙 ＋ 文）

(1) 温暖化……（　　）
(2) 特別番組……（　　）
(3) 総天然色……（　　）
(4) 非常事態宣言……（　　）

入試レベル問題

時間 30分　解答 別冊p.59

得点　/100

1 次の太字の漢字の読みを、それぞれ平仮名(ひらがな)で書きなさい。(岐阜県)　2点×5

(1) はがきに**宛先**を書く。（　　）
(2) 名画を見て**衝撃**を受ける。（　　）
(3) 他人に無理を**強**いる。（　　）
(4) **鮮**やかな色の花が咲く。（　　）
(5) チームの士気を**鼓舞**する。（　　）

2 次の太字の漢字の読みを、それぞれ平仮名で書きなさい。(大阪府)　3点×4

(1) 友人を自宅に**招**く。（　　）
(2) チームを優勝へと**導**く。（　　）
(3) **太古**の人々の暮らし。（　　）
(4) **清涼**な山の空気。（　　）

3 次の――線部には、同じ漢字が使われています。読みの違(ちが)いに注意して、――線部の熟語の読みを平仮名で書きなさい。　3点×4

(1) ① 容易に解決できない問題に直面する。（　　）
　　② 父は貿易会社に勤めている。（　　）
(2) ① 平明な言葉で文章を書く。（　　）
　　② 集合は明朝の六時だ。（　　）

4 次の熟語には、①「音＋音」と、②「訓＋訓」の二通りの読み方があります。そのうち、①と②で熟語の意味が異なるものを二つ選び、記号で答えなさい。また、その二通りの読み方を平仮名で書きなさい。　完答5点×2

ア 初日　イ 宝物　ウ 国境　エ 船底
オ 年月　カ 草原　キ 見物　ク 兄弟

(1) 記号（　　）①（　　）②（　　）
(2) 記号（　　）①（　　）②（　　）

5 次の漢字は、成り立ちのうえから何に分類できますか。あとから選び、記号で答えなさい。　4点×9

(1) 月（　　）　(2) 上（　　）　(3) 銅（　　）
(4) 岩（　　）　(5) 木（　　）　(6) 鳴（　　）
(7) 洗（　　）　(8) 二（　　）　(9) 馬（　　）

ア 象形文字　イ 指事文字　ウ 会意文字　エ 形声文字

6 次の漢字は形声文字です。［例］のように、①各組の漢字に共通する音符(おんぷ)（音を表す部分）と、②その音符が表す音を平仮名で書きなさい。　完答5点×4

［例］清 晴 精　① 青　②（せい）

(1) 板 飯 版　① □　②（　　）
(2) 紀 記 起　① □　②（　　）
(3) 径 軽 経　① □　②（　　）
(4) 構 講 購　① □　②（　　）

2 漢字の音訓と成り立ち

よくでるポイント 漢字の音訓についての知識を確実にし、熟語を正しく読み書きできるようにしよう。また、漢字の成り立ち（象形・指事・会意・形声）について理解しよう。

基礎レベル問題

時間 30分
解答 別冊p.60

得点 /100

1 漢字の音訓 **［例］のように、次の漢字の、①音を片仮名で、②訓を平仮名で書きなさい。** 完答3点×6

［例］雪　①（セツ）②（ゆき）

(1) 種　①（　　）②（　　）
(2) 底　①（　　）②（　　）
(3) 旗　①（　　）②（　　）
(4) 姿　①（　　）②（　　）
(5) 縦　①（　　）②（　　）
(6) 源　①（　　）②（　　）

2 漢字の音訓 **読みの違いに注意して、次の――線部の熟語の読みを平仮名で書きなさい。** 3点×8

(1) ① 十分な休養をとった。（　　）
　② 今、七時十分前だ。（　　）
(2) ① 生物クラブに入る。（　　）
　② 生物は腐りやすい。（　　）
(3) ① 兄のほうが僕より一枚上手だった。（　　）
　② 舞台の上手から登場する。（　　）
(4) ① この家は造作がしっかりしている。（　　）
　② 姉は何の造作もなく、やってのけた。（　　）

3 漢字の成り立ち **漢字の主な成り立ちには、象形・指事・会意・形声の四種類があります。それぞれについて説明したものをあとから選び、記号で答えなさい。** 6点×4

(1) 象形文字（　　）　(2) 指事文字（　　）
(3) 会意文字（　　）　(4) 形声文字（　　）

ア 物の形をかたどって、その物を表した漢字。
イ 二つ以上の漢字を組み合わせて、新しい意味を表した漢字。
ウ 音を表す漢字と意味を表す漢字を組み合わせた漢字。
エ 絵や形では表せない抽象的な事柄を、記号やその組み合わせで表した漢字。

ミス注意
4 漢字の成り立ち **次の漢字の成り立ちをあとから選び、記号で答えなさい。** 6点×4

(1) 三（三本の棒で「3」という数を表す。）（　　）
(2) 森（「木」を三つ合わせて、「もり」を表す。）（　　）
(3) 日（太陽の形をかたどっている。）（　　）
(4) 河（「氵」で水の意味を表し、「可」で音を表す。）（　　）

ア 象形文字　イ 指事文字　ウ 会意文字　エ 形声文字

5 漢字の成り立ち **日本で独自に作られた漢字を国字といいますが、その多くは二つ以上の漢字を組み合わせて作られています。次の漢字を組み合わせて作られた国字を書きなさい。** 5点×2

(1) 人＋動 □　(2) 火＋田 □

入試レベル問題

時間 30分　解答 別冊 p.60

得点　/100

入試 **1** 次の行書で書かれた漢字の部首の名称を、平仮名で書きなさい。（高知県）　9点×2

(1) 緑　（　　）
(2) 熊　（　　）

2 [例] のように、次の各組の漢字に共通して付けられる部首を□に書きなさい。　6点×4

[例]《「へん」を付ける》田 冬 東 宿 → 糸

(1)《「へん」を付ける》
平 売 成 寺　□

(2)《「つくり」を付ける》
丁 川 客 原　□

(3)《「たれ」を付ける》
丁 車 付 廷　□

(4)《「かまえ」を付ける》
大 玉 寸 古　□

ミス注意 **3** 次の部首に属する漢字をあとから三つずつ選んで書きなさい。　4点×12

(1)「人」の部　□□□
(2)「心」の部　□□□
(3)「木」の部　□□□
(4)「水」の部　□□□

会 忠 氷 落 査
深 以 情 栄 泉
応 棒 集 信

入試 難 **4** 「歌」や「吹」の字には、「欠」が含まれています。この「欠」は体のどの部分と関係した意味を持ちますか。関係するものとして最も適切なものを、次のア～エの中から一つ選び、記号で答えなさい。（静岡県）　10点×1

ア 目　イ 耳　ウ 頬　エ 口

（　　）

1 漢字の組み立てと部首

よくでるポイント
漢字の学習の基本となる、漢字の組み立てと部首についての知識を身につけよう。また、代表的な部首の名前と意味を確実に覚えて、今後の漢字の学習に役立てよう。

基礎レベル問題

時間 30分　解答 別冊 p.60　得点 /100

1 漢字の組み立て [例] のように、次の漢字を二つの部分に分けなさい。　完答2点×6

[例] 紙　糸 ＋ 氏

(1) 雲　□ ＋ □
(2) 庫　□ ＋ □
(3) 計　□ ＋ □
(4) 写　□ ＋ □
(5) 晴　□ ＋ □
(6) 閣　□ ＋ □

2 漢字の組み立て 次の漢字の色のついた部分は、漢字の組み立てからみると、あとのア～キのどれに当てはまりますか。記号で答えなさい。　3点×7

(1) 安（　　）
(2) 延（　　）
(3) 屋（　　）
(4) 医（　　）
(5) 歌（　　）
(6) 種（　　）
(7) 志（　　）

ア へん　イ つくり　ウ かんむり　エ あし
オ たれ　カ にょう　キ かまえ

ミス注意

3 漢字の部分のよび名 次の漢字の色のついた部分のよび名を平仮名(ひらがな)で書きなさい。　4点×8

(1) 節（　　）
(2) 原（　　）
(3) 動（　　）
(4) 盛（　　）
(5) 陸（　　）
(6) 都（　　）
(7) 祖（　　）
(8) 通（　　）

4 漢字の部分のよび名と意味 次のよび名に当てはまる漢字の部分の形を、□に書きなさい。また、その形が表している意味をあとから選び、（　）に記号で答えなさい。　完答5点×7

(1) れんが(れっか)　□（　　）
(2) りっとう　□（　　）
(3) くさかんむり　□（　　）
(4) くにがまえ　□（　　）
(5) やまいだれ　□（　　）
(6) そうにょう　□（　　）
(7) てへん　□（　　）

ア 走る　イ 囲む　ウ 刀・切る　エ 火　オ 草
カ 言葉　キ 手　ク 病気　ケ 家・屋根

国語

中１範囲の５科の力が実戦レベルまで伸びる問題集

●編集協力　敦賀亜希子、小縣宏行、上保匡代、菊地あゆ子、村西厚子、Joseph Tabolt、編集企画 FUKU、晴れる舎　斉藤貞夫、菊地聡、坪井俊弘、長谷川千穂
●図版制作　(有)アズ、塚越勉、(株)アート工房、ゼム・スタジオ
●イラスト　上保匡代
●写真提供　(株)Gakken 写真資料、正倉院正倉(p105)、©平等院(p107)、その他は写真そばに記載
●カバー・本文デザイン　(株)明昌堂
● DTP　(株)明昌堂　データ管理コード：24-2031-1626(2023)

●この本は、下記のように環境に配慮して製作しました。
・製版フィルムを使用しないCTP方式で印刷しました。
・環境に配慮した紙を使用しています。

別冊 解答と解説

中1範囲の5科の力が実戦レベルまで伸びる問題集

本冊と軽くのりづけされていますので、はずしてお使いください。

●くわしくていねいな解説がついています。
●重要事項をまとめた memo コーナーで、関連内容を整理して確認できます。
●まちがえやすい所には ミス対策 があり、問題を解く上での注意点などがわかります。

英語

英語 解答と解説

1 I am ～. など 本冊p.2・3

基礎レベル問題 p.2

1 (1) (2) (3)

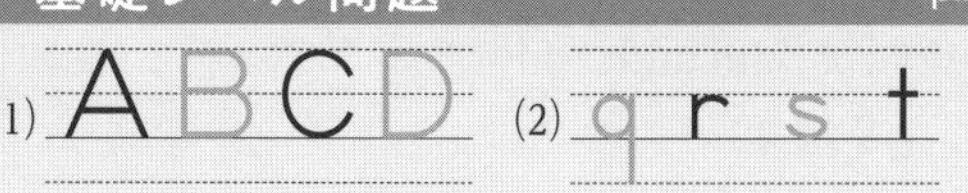

2 (1)**ウ** (2)**ア** (3)**エ** (4)**イ**

3 (1)**am** (2)**I** (3)**am** (4)**I'm**

4 (1)**are** (2)**You** (3)**You're**

5 (1)**not** (2)**am** (3)**not**

6 (1)**Are** (2)**I** (3)**not**

解説

1 アルファベットは、大文字・小文字の正しい字形と順序を確実に覚えておくこと。

2 Good morning.（おはよう）は午前に使うあいさつ。

3 「私は～です」はI am ～.で、I amの短縮形はI'm。

4 「あなたは～です」はYou are ～.で、you areの短縮形はyou're。

5 ミス対策 **「私は～ではありません」は、notの位置に注意。amのあとに入れ、I am not ～.の形。**

6 「あなたは～ですか」はAreで文を始めて、Are you ～?と表す。「あなたは」とたずねているので、答えでは、I(私は)を使う。

入試レベル問題 p.3

1 (1)**I am** (2)**I'm from**
(3)**Are you** (4)**I'm not**

2 (1)**ア** (2)**エ**

3 (1)**I'm[I am] not a soccer fan.**
(2)**Are you from Osaka?**

4 **Nice**

5 **are**

解説

1 (1)(2)「私は～です」はI am[I'm] ～.と表し、「～出身」はfrom ～と表す。 (3)(4)「あなたは～ですか」はAre you ～?と表し、Yes, I am. / No, I'm not.で答える。

2 (1)朝の様子なのでGood morning.（おはよう）が適切。 (2)相手がBye.（さようなら）と言っているので、Goodbye.（さようなら）と応じるのが適切。

3 (1)「私は～ではない」はI am[I'm] not ～.と表す。(2)「あなたは～ですか」はAre you ～?と表す。

4 「はじめまして」はNice to meet you.と表す。

5 「あなたは～出身ですか」はAre you from ～?と表す。

〈対話文の訳〉A：タカシ、あなたは東京出身ですか。B：いいえ、私は北海道出身です。

2 This[He] is ～. など 本冊p.4・5

基礎レベル問題 p.4

1 (1)**This** (2)**is** (3)**is** (4)**is** (5)**He's**

2 (1)**not** (2)**not** (3)**not** (4)**isn't**

3 (1)**a** (2)**an** (3)× (4)**an**
(5)× (6)**a**

4 (1)**Is** (2)**Is** (3)**it** (4)**isn't** (5)**What**

5 (1)**They** (2)**are** (3)**not** (4)**not** (5)**are**

解説

1 「これは～です」はThis is ～.と表し、「あれは～です」はThat is[That's] ～.と表す。また男性について「彼は～です」はHe is[He's]～.と表し、女性について「彼女は～です」はShe is[She's]～.と表す。(5) ミス対策 **He isの短縮形He'sを入れる。**

2 「これ[あれ]は～ではありません」は、This[That] is not ～.と表し、「彼[彼女]は～ではありません」は、He[She] is not ～.と表す。 (3)That'sはThat isの短縮形。isが含まれているので、notを続ける。(4)空所が1つなので、is notの短縮形isn'tを入れる。

3 (2)(4) ミス対策 母音(「ア・イ・ウ・エ・オ」に近い

音）で始まる語のときは、a ではなく an をつける。

memo ▷ **a と an の使い方**
- 1つのものや1人の人の前には a をつける。
- 語の最初が母音の場合、a のかわりに an を使う。
- my（私の）など「～の」を表す語や人の名前や地名の前には a や an をつけない。

4 (1)(3)「これ[あれ]は～ですか」は Is this[that] ～? と表す。 (2)(4)「彼[彼女]は～ですか」は Is he[she] ～? と表す。 (3) Is this[that] ～? には Yes, it is. / No, it's not. または No, it isn't. で答える。主語を it にすることと、is を使うことがポイント。 (4) Is he[she] ～? には Yes, he[she] is. / No, he's[she's] not. または No, he[she] isn't. で答える。 (5)「これ[あれ]は何ですか」は What is this[that]? と表す。what is は what's という短縮形で表すこともある。What is this[that]? には、It is[It's] ～. のように it を主語にして答える。

5 (1)(2)「彼らは～です」は They are[They're] ～. と表し、「私たちは～です」は We are[We're] ～. と表す。you と同じく are を使うことに注意。
(3)(4)「彼ら[私たち]は～ではない」は They[We] are のあとに not。 (5)「彼らは～ですか」は Are they ～?。答えるときも are を使う。

入試レベル問題 p.5

1 (1) **Is that / it's not[it isn't]**
(2) **What's / It's an**

2 (1) **That is not[That's not / That isn't] a bird.**
(2) **Is this your pen?**
(3) **This is Jim. He's[He is] my brother.**
(4) **Is he a good soccer player?**

3 (1) **イ** (2) **イ** (3) **ウ** (4) **イ**

4 **エ**

解説

1 (1)「あれは～ですか」は Is that ～? と表す。No の答えなので、it's not または it isn't を入れる。
(2) ミス対策 たずねる文では空所が1つなので、what is の短縮形 what's を使う。**答えの文では、umbrella が1つのものであることに注意。母音**で始まる語なので前には an を入れる。it is は短縮形の it's を使う。

2 (1)「あれは～ではありません」は That is not[That's not / That isn't] ～. と表す。 (2)「これは～ですか」は Is this ～? と表す。 (3)人を紹介して、「こちらは～です」というときにも This is ～. を使う。 (4)「彼は～ですか」は Is で文を始めて Is he ～? と表す。

3 (1)主語が your favorite song で単数なので is を選ぶ。 (2)～(4)主語が複数なので、are を選ぶ。

4 主語が Sam and Andy（サムとアンディ）なので、are を選ぶ。
〈対話文の訳〉 A：あなたはアメリカ出身の新入生たちを知っていますか。 B：はい。サムとアンディは私のクラスです。

3 I like ～.

本冊p.6・7

基礎レベル問題 p.6

1 (1) **like** (2) **play** (3) **live** (4) **go**
(5) **play** (6) **have** (7) **speak** (8) **study**

2 (1) **don't** (2) **don't** (3) **not** (4) **do**

3 (1) **books** (2) **dogs** (3) **girls**
(4) **watches** (5) **dishes** (6) **glasses**
(7) **countries** (8) **families**

4 (1) **pens** (2) **brothers** (3) **classes**
(4) **boxes** (5) **cities**

5 (1) **three** (2) **eight** (3) **eleven** (4) **twelve**
(5) **seventeen** (6) **twenty** (7) **twenty-six**
(8) **thirty-four** (9) **forty-five**
(10) **one[a] hundred**

解説

1 (2)(5)「（スポーツ）をする」「（楽器）を演奏する」は play。 (6) have の基本の意味は「～を持っている」だが、「（きょうだい）がいる」「（動物）を飼っている」などの意味も表す。

2 「～しません」は動詞の前に don't[do not] を入れる。

3
memo ▷ **名詞の複数形のつくり方**
- 基本は語の最後に s をつける。
- ch、s、x、sh などで終わる語には es。

・country(国)、family(家族)、city(都市)などは、最後のyをiにかえてes。

4 (3)(4) class(授業)、box(箱)の複数形は最後にes。 (5) ミス対策 **city(都市)の複数形はyをiにかえてes。**

5 (7)~(9) 21~99の数は、十の位の数と一の位の数をハイフン(-)でつないで表す。

入試レベル問題 p.7

1 (1) **I play** (2) **study English** (3) **don't like** (4) **have two watches** (5) **read eight books** (6) **go to, seven**

2 (1) **I play the piano.**
(2) **They don't speak Japanese.**
(3) **We like soccer very much.**
(4) **I have twelve pens.**
(5) **We don't watch TV after dinner.**

3 (1) **I live in Chiba.** (2) **I have three cats.**
(3) **I like music.**
(4) **(But) I don't[do not] know (any) English songs(.)**

4 **ア**

解説

1 (3) ミス対策 **「好きではない」は動詞の前にdon't。likeの前にaren'tなどを入れないこと。一般動詞の否定文では、be動詞は使わない。** (4) watchの複数形はesをつける。 (6)「~へ行く」はgo to ~。

2 (1)「~を弾く」というときは楽器名の前にtheをつける。 (3) like ~ very muchで「~がとても好き」。

3 主語I(私は)を補って文をつくる。 (1)「~に住んでいる」はlive in ~。 (2) catsと複数形にすることにも注意。 (4)「~しない」は動詞の前にdon't[do not]を入れる。「知っている」はknow。

4 「~をそうじする」はclean。closeは「~を閉じる」、watchは「~を見る」。

4 Do you ~? 本冊p.8・9

基礎レベル問題 p.8

1 (1) **Do** (2) **Do** (3) **do** (4) **don't** (5) **do**

2 (1) **do** (2) **What** (3) **What music** (4) **What** (5) **want**

3 (1) **How many** (2) **How many** (3) **cars** (4) **watches** (5) **two dogs**

4 (1) **some** (2) **any** (3) **some** (4) **any** (5) **any** (6) **any**

解説

1 「あなたは~しますか」はDo you ~?と表す。Do you ~?にはYes, I do. / No, I don't.で答える。

2 (1)(2)(4)「あなたは何を~しますか」はWhat do you ~?と表す。 (3) ミス対策 **「何の~」はwhat ~。**あとにdo you ~?などの疑問文の形が続く。 (5) What do you ~?には、YesやNoでなく、具体的に答える。

3 (1)~(4)「いくつの~」はhow many ~。how manyのあとには名詞の複数形、そのあとにはdo you ~?などの疑問文の形が続く。 (4) ミス対策 **watchの複数形は最後にes。** (5) How many ~?には数を答える。

4 memo **someとanyの使い方**
・some:「いくつかの」「いくらかの」の意味で、おもにふつうの文(肯定文)で使う。
・any:否定文で「1つも(~ない)」の意味。疑問文で「いくつか(1つでも)」の意味。

入試レベル問題 p.9

1 (1) **No, I don't.** (2) **I have three caps.**
(3) **I study English and math.**
(4) **I like blue.**

2 (1) ① **Do you play soccer?** ② **Yes, I do.**
(2) **What do you do (on Sundays?)**

3 (1) **ウ** (2) **ウ**

4 **(Well,) do you have any bags for my (sister?)**

解説

1 (1)「私の兄[弟]を知っていますか。」「いいえ、知りません」。 (2)「帽子をいくつ持っていますか。」「3つ持っています」。 (3)「金曜日には何を勉強しますか。」「英語と数学を勉強します」。 (4)「何色が好きですか。」「青が好きです」。

2 (1)② Do you ~?にはdoを使って、YesかNoで

答える。 (2)「あなたは毎週日曜日には何をしますか」という文に。2つ目のdoは「する」の意味の動詞。
〈対話文の訳〉A：こんにちは、ケン。あれ、サッカーボールを持っているね。(あなたはサッカーをするの？) B：(うん、するよ。)毎週日曜日にするんだ。あなたは毎週日曜日には何をするの？ A：私は図書館へ行くよ。

3 (1)Aは「彼女の名前を知っていますか」とたずねて、Bの返答のあとで名前やどんな歌手かを説明しているので、空所にはNoの答えが入る。Do you ~?にはdoを使って答える。 (2)Aは「あなたとあなたのお兄さん[弟さん]は野球をしますか」とたずねて、Bは「私たちは同じチームでプレーしています」と言っているので、空所にはYesの答えが入る。続く文の主語(We)に着目して、**ウ**を選ぶ。

4 買い物での対話。「~はありますか」はDo you have any ~?と表す。for my sisterで「妹[姉]のための」。
〈対話文の訳〉A：いらっしゃいませ[何かお手伝いしましょうか]。 B：ええと、妹[姉]のためのかばんはありますか。 A：はい、ございます。こちらは若い女の子の間でとても人気があります。

5 I can ~.

本冊p.10・11

基礎レベル問題

p.10

1 (1)**can** (2)**can** (3)**can make[cook]**
(4)**can ski** (5)**can speak** (6)**can run**

2 (1)**can't[cannot]** (2)**can't[cannot]**
(3)**can't[cannot] play**
(4)**can't[cannot] swim**
(5)**can't[cannot] make[cook]**

3 (1)**Can** (2)**Can** (3)**Can, read** (4)**I can**
(5)**Can, skate** (6)**he can't[cannot]**
(7)**can, speak** (8)**What can**

4 (1)**Can I** (2)**Can you** (3)**Can I**
(4)**Can you**

解説

1 「~できます」はcan ~。canのあとには動詞の原形(もとの形)を置く。

2 「~できません」はcan't[cannot] ~。can't[cannot]のあとには動詞の原形を置く。

3 「~できますか」はCanで文を始める。答えるときもcan / can't[cannot]を使う。 (7)(8)how manyやwhatなどの疑問詞で文を始め、can ~?の疑問文の形を続ける。

4 「~してもいいですか」はCan I ~?、「~してくれますか」はCan you ~?と表す。

入試レベル問題

p.11

1 (1)**イ** (2)**イ** (3)**ア**

2 (1)**My sister can play the piano well.**
(2)**I can't[cannot] go to the library (today.)**
(3)**Can you close the window(s)?**
(4)**What sport(s) can he play?**
(5)**How many trees can you see?**

3 **can't[cannot]**

4 **(例)Can I borrow it[this book](?)**

解説

1 (1)「あなたはテニスができますか」。Can ~?にはcanを使って答える。 (2)「あなたの手紙を読んでもいいですか」。 (3)「私を手伝ってくれますか」。(2)(3)のような、Can I ~? / Can you ~?に対して「いいですよ」と応じるときは、Sure. / OK. / All right. / Of course.などの表現を使う。

2 (1)「~できます」はcan ~。canのあとの動詞はいつも原形。「上手に」はwell。 (2)「~できません」はcan't[cannot] ~。 (3)「~してくれますか」はCan you ~?と表す。 (4)「彼は~できますか」はCan he ~?と表す。「どんなスポーツ」は文頭にWhat sport(s)を置く。 (5)「何本の木」はHow many treesを文頭に置く。

3 絵には「飲食禁止」のマークが描かれているので、「ここであなたたちは食べることができません」の意味になるように、can't[cannot]を入れる。強い禁止を表すmustn't(~してはいけない)も可。

4 たくさんの本を前にして、愛子はメアリーに気になった本についてそれが難しいかどうかたずね、メアリーは試しに読んでみるといいと応じている。愛子は「(それを)借りてもいいですか」とたずね、「もちろん」とメアリーが答える流れにすればよい。「~してもいいですか」はCan I ~?と表す。
〈対話文の訳〉愛子：たくさん本を持っていますね。 メアリー：はい。私は本が大好きです。 愛子：あれ、この本は難しいですか。　メアリー：いいえ。試しに読んでみるといいですよ。　愛子：(それを)借りてもいいですか。　メアリー：もちろんです。

6 命令文

本冊p.12・13

基礎レベル問題 p.12

1 (1) **Open**　(2) **Study**　(3) **Be**　(4) **Be**

2 (1) **Wash**　(2) **Speak[Talk]**　(3) **Come**
(4) **sit**　(5) **Use**　(6) **Be**　(7) **Please**

3 (1) **Don't use**　(2) **Don't play**　(3) **Don't swim**
(4) **Don't speak**　(5) **Don't be**
(6) **Please don't**　(7) **Don't, please**

4 (1) **Let's play**　(2) **Let's go**　(3) **Let's watch**
(4) **Let's study**　(5) **Let's have[eat]**

解説

1 (1)(2)「～しなさい」は動詞で文を始める。　(3)(4) **ミス対策** **You are ～のような be 動詞の文の場合、「～しなさい」というときは、Be ～. の形にする。**

2 (3)(4)この Jim や Miyuki は主語ではなく、相手への呼びかけ。　(5)命令文は「～して」とすすめたり、軽くお願いしたりするときにも使う。　(6) **ミス対策** **be 動詞の命令文。**　(7) please を使うと命令の調子がやわらぐ。please は文のはじめか終わりにつける。

3 「～してはいけない」は Don't ～. の形。　(5) **ミス対策** **be 動詞の文で「～してはいけない」というときは Don't be ～. の形。**　(6)(7) **ミス対策** **Don't ～. の文でも please を使うと「～しないでください」と調子をやわらげることができる。**

4 「～しましょう」は Let's ～. の形。

入試レベル問題 p.13

1 (1) **ウ**　(2) **ア**　(3) **エ**

2 (1) **Wash your hands.**
(2) **Let's play basketball (together).**
(3) **Come here(, please).[Please come here.]**
(4) **Don't swim here.**

3 **ウ**

4 **be**

5 **(例) Let's go to a restaurant and eat something for dinner.(10 語)**

解説

1 (1)絵の状況から**ウ**「ここで走ってはいけません」。
(2)**ア**「昼食を食べましょう」と誘っている。
(3)**エ**「このかさを使って」とすすめている。

2 (2)「～しましょう」は Let's ～. を使う。　(3)軽いお願いにも命令文を使うことがある。

3 「～してください」は Please ～. と表し、「書く」は write を選ぶ。read は「読む」、touch は「触る」。

4 絵には「大声で話をしないように」という内容の指示を表すマークが描かれているので、「ここでは静かにしてください」という意味になるように、be を入れればよい。

5 ②はタクヤが「とてもおなかがすいています」と言って、ロドリゴが「それはいい考えだね！」と応じている場面なので、「レストランに行って、夕食に何か食べましょう」などの文を入れると対話の流れに合う。

7 He likes ～.

本冊p.14・15

基礎レベル問題 p.14

1 (1) **like**　(2) **likes**　(3) **play**　(4) **plays**
(5) **walk**　(6) **walks**

2 (1) **doesn't**　(2) **read**
(3) **doesn't live**　(4) **doesn't know**

3 (1) **Does**　(2) **Does**　(3) **Does, like**
(4) **Does, play**　(5) **does**　(6) **doesn't**

4 (1) **watches**　(2) **goes**　(3) **washes**
(4) **studies**　(5) **has**

解説

1 **ミス対策** **主語が３人称単数で現在の文のときは、動詞に s、es をつける。**３人称単数とは、I と you 以外の単数の人やもののこと。

2 すべて主語が３人称単数なので doesn't ～の形に。doesn't のあとには動詞の原形を置くことに注意。

3 (1)～(4)主語が３人称単数なので Does ～? の形に。動詞を原形にすることに注意。　(5)(6) Does ～? には Yes, ～ does. / No, ～ doesn't. で答える。

4 ３人称単数現在形のつくり方に注意。

memo 動詞の３人称単数現在形（３単現）

・基本：最後に s をつける。live → lives
・es をつける：watch → watches、go → goes、wash → washes など
・y を i にかえて es：study → studies
・ミス対策 have：has と特別な形になる。

入試レベル問題 p.15

1 (1) **She lives in Yokohama.**
(2) **She teaches English.**
(3) **She speaks Japanese.**

2 (1) **Does he play baseball(?)**
(2) **(No,) he doesn't[does not](.)**
(3) **He doesn't[does not] watch baseball games on TV.**

3 **What time does your school begin(?)**

4 **(例)My brother plays it(.)**

解説

1 主語を she にして文をつくる。動詞は３単現にする。(2) teach（教える）の３単現は最後に es をつけることに注意。

2 (1)疑問文は Does で文を始める。 (2) No の答えなので doesn't[does not] を使う。 (3)否定文は doesn't[does not] ～の形にして、動詞を原形にする。
〈対話文の訳〉A：私の兄[弟]は野球が好きなの。 B：いいね！ ぼくも野球が好きだよ。彼は野球をするの？ A：ううん、しないよ。彼はテレビで野球の試合を見るの。

3 「８時15分に」と答えているので、What time を文頭に置いて時刻をたずねる文をつくる。
〈対話文の訳〉A：あなたの学校は１日に何時間授業がありますか。 B：ふだんは６時間あります。 A：あなたの学校は何時に始まりますか。 B：８時15分に始まります。

4 「あなたはピアノを弾きますか」という質問に対してメアリーは「いいえ」と答えているので、「私の兄[弟]がそれを弾きます」という内容にするとよい。my brother は３人称単数なので、play を３単現の plays にする。
〈対話文の訳〉メアリー：私たちはこの部屋でたくさんの時間を過ごします。 愛子：わあ、あなたはピアノを弾くのですか。 メアリー：いいえ。私の兄[弟]がそれを弾きます。

8 曜日、時刻など

本冊p.16・17

基礎レベル問題 p.16

1 (1) **What time** (2) **three fifteen**
(3) **eleven thirty** (4) **four** (5) **eight o'clock**
(6) **It's** (7) **It's two** (8) **What time**
(9) **at seven**

2 (1) **Sunday** (2) **Monday** (3) **Tuesday**
(4) **Wednesday** (5) **Thursday** (6) **Friday**
(7) **Saturday**

3 (1) **What day** (2) **It's** (3) **Saturday**

4 (1) **January** (2) **March** (3) **April** (4) **July**
(5) **August** (6) **November** (7) **December**

5 (1) **first** (2) **second** (3) **fifth** (4) **twelfth**
(5) **twentieth** (6) **twenty-third**
(7) **thirty-first**

6 (1) **date** (2) **February**

解説

1 「何時ですか」は What time is it?。It's ～. の形で時刻を答える。時刻は〈時＋分〉の順に数をいう。
(4)(5) ミス対策 **「４時」などちょうどの時刻はその数だけで表せるが、four o'clock のようにいう場合もある。** (8)「何時に～？」は、What time のあとに do you ～? などを続ける。 (9)「～時に」は at ～。

2 曜日は、はじめの１字を大文字で書く。

3 「何曜日ですか」は What day is it?。

4 月の名前は、はじめの１字を大文字で書く。

5
memo 注意すべき「○番目」（序数）を表す語

次のような語に注意。
・first（１番目）、second（２番目）、third（３番目）
・fifth（５番目）、eighth（８番目）、ninth（９番目）、twelfth（12番目）、twentieth（20番目）
・21～99番目：十の位はふつうの数、一の位は序数で表す。 twenty-first（21番目）

6 「何月何日ですか」は What's the date?。日付は〈月＋日にち〉の順にいい、日にちは序数で表す。

入試レベル問題 p.17

1 (1) **Monday, Thursday**
(2) **February, April** (3) **July, October**
(4) **sixth, eighth** (5) **twelfth, thirteenth**

2 (1) **エ** (2) **ウ** (3) **ア**

3 (1) **I get up at six thirty.**
(2) **We play soccer on Tuesday.**
(3) **My birthday is June thirtieth.**

4 (1) **What time is it?**
(2) **What time do you usually go to bed?**
(3) **It's[It is] September (the) third today.**
(4) **Yumi studies English on Wednesday(s).**

5 (1) **It's November (the) twenty-first.**
(2) **今日は何曜日ですか。** (3) **Sunday**

解説

2 (1)「今日は何曜日ですか」「金曜日です」。 (2)「何時ですか」「1時50分です」。 (3)「今日は何月何日ですか」「5月30日です」。

3 (1)「～時に」は at ～。時刻は〈時＋分〉の順に数をいう。 (2)「～曜日に」は on ～。 (3)「○月○日」は〈月＋日にち〉の順で表す。日にちは序数(「○番目」を表す語)を使うことに注意。

4 (2)「ふつう(たいてい)」は usually で、ふつう一般動詞の前に置く。 (3)「○月○日です」は It's[It is] ～. で表す。「3日」は third。前に the をつけることもある。また、Today is September (the) third. でもよい。 (4) **ミス対策** **「～曜日に」は on ～**。on Wednesdays と複数形にすると「毎週水曜日に」の意味になる。

5 (1)「○月○日です」は It's[It is] ～. と表す。日にちは序数で表す。 (3)直前の「(今日は)土曜日だよ」から、「じゃあ、明日は日曜日だ」となる。
〈対話文の訳〉 A：今日は11月20日？ B：ちがうよ。11月21日だよ。 A：ありがとう。今日は何曜日？ B：土曜日だよ。 A：じゃあ、明日は日曜日だね。

9 How ～? など 本冊p.18・19

基礎レベル問題 p.18

1 (1) **How are** (2) **How do** (3) **by**

2 (1) **How old** (2) **thirteen**
(3) **How much** (4) **It's**

3 (1) **How long** (2) **How tall**
(3) **How far** (4) **How many**

4 (1) **Who is** (2) **She's** (3) **Where is** (4) **on**
(5) **Where do** (6) **live in**

5 (1) **When do** (2) **on Saturday(s)** (3) **Which**
(4) **Which book** (5) **Why do** (6) **Why is**

解説

1 (1) How are[is] ～? で「～はどうですか[元気ですか]」の意味。 (2) how には「どのようにして」の意味もある。 (3) by の後ろに乗り物を表す言葉を続けて、「～で」と交通手段を表す。

2 (1)(2) how old で「何歳」。「～歳」は年齢の数だけでも表せるが、～ year(s) old ともいう。 (3)(4)「(値段が)いくら」は how much。How much is this ～? には It's ～. で値段を答える。

3
memo さまざまな how ～
・長さ：how long ・身長：how tall
・距離：how far
・数：how many＋名詞の複数形

4 (1)「だれ」は who。Who is ～? で「～はだれですか」。 (2) Ms. Brown は女性なので she で答える。空所が1つなので she is の短縮形 she's を使う。 (3)「どこ」は where。Where is ～? で「～はどこですか」。 (4)「～の上に」は on ～。 (5)ここでは Where のあとに do you ～? の疑問文の形を続ける。

5 (1)「いつ」は when。ここでは When のあとに do you ～? の疑問文の形を続ける。 (2)「～曜日に」は on ～。(3)「どちら」は which。Which is ～? で「～はどちらですか」。 (4)「どちらの～」は which ～。 (5)「なぜ」は why。(6) **ミス対策** angry は形容詞なので、ここでは **be 動詞の疑問文**を Why のあとに続ける。

入試レベル問題 p.19

1 (1) **エ** (2) **イ** (3) **ウ** (4) **ア** (5) **カ** (6) **オ**

2 (1) **Who is Jun?**
(2) **Where do you live(?)**
(3) **Why**

3 **イ**

4 **How is the weather (in Tokyo today?)**

5 オ→ウ→エ→イ→ア

解説

1 (1) when は「いつ」。 (2) how old は「何歳」。 (3) how much は「(値段が)いくら」。 (4) how long は「どのくらいの長さ」。 (5) where は「どこ」。 (6)この how は手段をたずねて「どのようにして」。

2 (1)「～はだれ？」は Who is[Who's]～?。 (2)「あなたはどこに住んでいますか」という文に。 (3)直後で Because ～.(～だから)と理由を答えていることに注目。Why?(なぜ)とたずねるのが適切。

〈対話文の訳〉 A：ポール、ジュンを知ってる？ B：知らない。ジュンってだれ？ A：彼は人気の俳優だよ。うちの近くに住んでいるの。 B：へえ！きみはどこに住んでいるの？ A：横浜に住んでいるよ。私は彼が好きなの。 B：なぜ？ A：彼のドラマがとてもおもしろいから。

3 後ろに rice or bread(ごはんかパンか)とあるので、「どちら」の意味を表す which を入れる。

4 B が天気を答えていることに着目して How is the weather in ～?「～の天気はどうですか」とたずねる。

〈対話文の訳〉 A：今日の岩手は寒いです。 B：そちらでは雪ですか。 A：はい、少し。今日の東京の天気はどうですか。 B：くもっていますが暖かいです。

5 B が数を答えているので、〈how many ＋名詞の複数形〉を文頭に置いて数をたずねる。

〈対話文の訳〉 A：すみません。ここでは何冊の本が借りられますか。 B：5冊です。2週間それらをもっていられます。 A：どうもありがとうございます。

10 代名詞

本冊p.20・21

基礎レベル問題

p.20

1 (1) **you** (2) **He** (3) **We** (4) **They** (5) **she**

2 (1) **My** (2) **her** (3) **our** (4) **their** (5) **Your** (6) **its**

3 (1) **him** (2) **her** (3) **them** (4) **us** (5) **me** (6) **you**

4 (1) **mine** (2) **yours** (3) **ours** (4) **Whose** (5) **hers**

解説

1～**4** 代名詞は文中での働きによって形が変化する。正しい形が使えるようにすること。

memo 代名詞

	～は	～の	～を	～のもの
私	I	my	me	mine
あなた	you	your	you	yours
彼	he	his	him	his
彼女	she	her	her	hers
それ	it	its	it	—
私たち	we	our	us	ours
あなたたち	you	your	you	yours
彼(女)ら それら	they	their	them	theirs

3 (3)(4) with や for などの前置詞のあとの代名詞は「～を」を表す形がくる。

4 (4)「だれの」は whose。

入試レベル問題

p.21

1 (1) **Our brother likes her.**
(2) **Please help us. [Help us, please.]**
(3) **Do you play baseball with them?**

2 (1) ① **him** ② **his** ③ **their** (2) **They**

3 **ウ**

4 **his**

5 **(例) Whose racket is this(?)**

解説

1 (1)「私たちの」は our。「彼女を」は her。 (2)「私たちを」は us。 (3)「あなたたちは」は you。「～といっしょに」は with ～。with のあとに代名詞がくるときは「～を」を表す形なので them を使う。

2 (1)①「私は彼を知っています」、②「彼の本は人気ですか」、③「あなたは彼らの本を持っていますか」という文になるようにする。 (2)「その本(複数)は」を「それらは」にかえる。

〈対話文の訳〉 ジェニー：見て。彼、かっこいい！ 由美：彼を知ってるよ。彼は作家だよ。 ジェニー：そうなの？ 彼の本は人気なの？ 由美：うん。

彼にはお姉さん[妹さん]がいて、彼女も作家なんだよ。　ジェニー：わあ。あなたは彼らの本を持っている？　由美：うん、何冊か持ってるよ。おもしろいよ。

3 マイクに「これはあなたたちのものですか」とたずねられて、Yes と答えているので、「私たちのもの」の意味を表す ours を入れる。

〈対話文の訳〉マイク：私は向こうでこのサッカーボールを見つけました。これはあなたたちのものですか。　ケイ：はい、それは私たちのものです。1時間前にサッカーをし終えました。ありがとう。

4 後ろに songs があるので、「彼の歌」となるように he を his にする。

〈対話文の訳〉A：この男性について知っていますか。B：はい、彼は音楽家です。私は彼の歌のいくつかを知っています。

5 メアリーは「これは私の姉[妹]のものです」と答えているので、「これはだれのラケットですか」などの所有者をたずねる文をつくればよい。

〈対話文の訳〉愛子：あなたはテニスをしますか。メアリー：いいえ、しません。　愛子：これはだれのラケットですか。　メアリー：これは私の姉[妹]のです。彼女はテニスが好きです。

11 現在進行形

本冊p.22・23

基礎レベル問題 p.22

1 (1) **watching**　(2) **playing**　(3) **is reading**
(4) **am writing**　(5) **are using**　(6) **is running**

2 (1) **not playing**　(2) **not listening**
(3) **isn't cooking**　(4) **aren't having[eating]**
(5) **isn't swimming**

3 (1) **Are, looking**　(2) **Is, washing[doing]**
(3) **Are, studying**　(4) **I am**　(5) **Is, sleeping**
(6) **he's not[he isn't]**　(7) **Are, playing**
(8) **they are**

4 (1) **What, doing**　(2) **I'm waiting**
(3) **What, doing**　(4) **What are**

解説

1 「～しています」は〈be 動詞＋～ing〉の形で表す。
(4)(5) **ミス対策** **write、use など e で終わる語は e をとって ing。**　(6) **ミス対策** **run は最後の n を重ねて ing。**

2 「～していません」は〈be 動詞＋～ing〉の be 動詞のあとに not を入れる。　(4) have は e をとって ing。
(5) **ミス対策** **swim は最後の m を重ねて ing。**

3 「～していますか」は be 動詞で文を始める。答えるときも be 動詞を使って、Yes か No で答える。

4 (1)(3)「～は何をしているのですか」は What で文を始め、あとに are you doing? などの疑問文の形を続ける。
(4)「あなたは何を～しているのですか」は What で文を始め、あとに are you ~ing? を続ける。

入試レベル問題 p.23

1 (1) **ウ**　(2) **ア**　(3) **エ**

2 (1) **I'm[I am] listening to music.**
(2) **Kevin isn't[is not] swimming in the[a] pool.**
(3) **Who is playing the piano?**

3 (1) **Yes, he is.**
(2) **They're[They are] watching TV.**

4 **(He is) playing baseball with (his classmates now.)**

5 **ウ**

6 **(例) I'm looking for my bag.**

解説

1 (1)「彼女は手紙を書いていますか」「はい、そうです」。
(2)「あなたはあの女の子を見ていますか」「いいえ、ちがいます」。be 動詞を使って答える。
(3)「彼女は何をしていますか」「勉強しています」。

2 (1)「～を聞く」は listen to ～。〈be 動詞＋～ing〉の形に。　(2)「～していません」は〈be 動詞＋ not ＋～ing〉。swim の ing 形は m を重ねて ing。　(3)「だれ」なので Who で文を始め、is playing the piano? を続ける。

3 (1)質問は「タロウはギターを弾いていますか」。絵の内容から「はい」の答え。be 動詞を使って答える。
(2)質問は「リサとケンは何をしていますか」。絵の内容から「テレビを見ている」と答える。答えでは they(彼らは)を使うことに注意。

4 「(野球)をしています」は〈be 動詞＋～ing〉の形で表すので、is playing とする。「～と(いっしょに)」の意味の with を his classmates の前に置く。

5 A が「今、あなたの辞書を使っていますか」とたずねたあと、B は「それを使ってもいいですよ」と続けているので、「いいえ」の返答を選ぶ。Are you ~? には No, I'm not. が適切。

〈対話文の訳〉 A：あなたは今、あなたの辞書を使っていますか。　B：いいえ、使っていません。それを使ってもいいですよ。　A：ああ、ありがとう。私は家に自分のを忘れてきてしまいました。

6 アンの「春樹、あなたは何をしていますか」に対する返答を入れる。ふきだしにはかばんが描かれていて、「私は体育館でそれを見ました」とアンが続けていることから、「私はかばんを探しています」のような英文をつくる。「~を探す」は look for ~。I can't find my bag. なども可。

12 一般動詞の過去の文 本冊p.24・25

基礎レベル問題 p.24

1 (1) **played** (2) **watched** (3) **lived** (4) **used** (5) **liked** (6) **studied** (7) **tried**

2 (1) **went** (2) **came** (3) **had** (4) **made** (5) **got** (6) **did** (7) **saw** (8) **read**

3 (1) **played** (2) **washed [did]** (3) **lived** (4) **used** (5) **studied** (6) **had**

4 (1) **didn't** (2) **didn't** (3) **didn't come** (4) **didn't have [eat]**

5 (1) **Did** (2) **Did, live** (3) **I did** (4) **Did, study** (5) **she didn't** (6) **did, do** (7) **went**

解説

1 動詞の過去形のつくり方の基本は、語の終わりに ed をつける。　(3)~(5) e で終わる語には d だけをつける。　(6)(7) study、try は y を i にかえて ed をつける。

2 どれも過去形が不規則に変化する動詞。　(8)
ミス対策 **read は過去形も read だが、発音だけが[red レッド]とかわる。**

3 すべて過去形の動詞が入る。　(3)(4) live、use は e で終わるので d だけをつける。　(5) study は y を i にかえて ed。　(6) have の過去形は had。

4 「~しませんでした」は didn't ~の形。didn't のあとの動詞は原形にする。

5 「~しましたか」は Did ~? の形。動詞は原形を使う。Yes / No で答えるときは did / didn't を使う。(6)「何をしましたか」は What で文を始め、あとに did ~? の疑問文の形を続ける。

入試レベル問題 p.25

1 (1) ① **went** ② **visited** ③ **came** ④ **had**
(2) **No, she didn't [did not].**

2 **ate [had]**

3 **bought**

4 **ウ**

5 (1) **took** (2) **showing**

6 **(例) I studied math (last night).**

解説

1 (1)すべて過去形に。　(2)質問の英文は「スミスさんは先月大阪へ行きましたか」。スミスさんが行ったのは京都。

〈英文の訳〉　スミスさんは先月京都へ行きました。彼女はいくつかの古いお寺を訪れました。彼女はそれらを気に入りました。
彼女の友人の加藤さんは大阪に住んでいて、彼も京都へ来ました。彼女たちはいっしょに夕食を食べました。

2 A が「昼食に何を食べましたか、マリコ」とたずねているので、eat の過去形 ate を入れて、「私はハンバーガーを食べました」とする。

3 文末に last week（先週）があるので、動詞 buy は過去形の bought にする。

〈対話文の訳〉 A：あなたのかばんはきれいですね。B：ありがとう！　母が先週、私にそれを買ってくれました。

4 後ろの this picture（この絵）に合うのは、draw（〈絵など〉を描く）の過去形の drew。

〈対話文の訳〉 A：これはすばらしい絵ですね！　B：私がこの絵を描きました。　A：そうなのですか。私はそれがとても好きです。

5 (1)絵はトムが写真をとっている様子で、英文には last week（先週）とあるので、「写真をとりました」となるように過去形の took を入れる。
(2)トムはケンに写真を見せているところなので、「トムは今、ケンに写真を見せています」と現在進行形の文になるように、showing を入れる。

6 「昨夜どの教科を勉強しましたか」という質問なので、I studied ～(私は～を勉強しました)と答える。

13 be 動詞の過去の文・過去進行形 本冊p.26・27

基礎レベル問題 p.26

1 (1) **was** (2) **was** (3) **not** (4) **Were** (5) **were**

2 (1) **playing** (2) **having[eating]**
(3) **was cooking** (4) **were studying**
(5) **were swimming**

3 (1) **was not** (2) **were, watching**
(3) **was, doing** (4) **wasn't writing**
(5) **weren't running**

4 (1) **Were, sleeping** (2) **Was, reading**
(3) **she was** (4) **What were**
(5) **were washing[doing]**

解説

1 「～でした」は was、were を使って表す。am、is の過去形は was、are の過去形は were。

2 「～していました」は〈be 動詞の過去形＋～ing〉の形で表す。
(5) Ben and Bob は複数なので、be 動詞は were を使い、swim は最後の m を重ねて ing をつける。

3 「～していませんでした」は〈be 動詞の過去形＋～ing〉の be 動詞のあとに not を入れる。was not の短縮形は wasn't、were not の短縮形は weren't。
(4) write など e で終わる語は e をとって ing。 (5) run は最後の n を重ねて ing。

4 (1)～(3)「～していましたか」は be 動詞の過去形で文を始める。答えるときも、be 動詞を使って答える。
(4)「～は何をしていましたか」は What で文を始め、あとに were you doing? などの疑問文の形を続ける。

入試レベル問題 p.27

1 (1) **Why were you late for school (this morning?)**
(2) **(I) was walking to school (at that time.)**

2 (1) **We were free yesterday.**
(2) **How was your grandmother?**
(3) **What were the students doing?**
(4) **They were making[cooking] curry.**
(5) **Where was your mother going?**

3 **ウ**

4 **エ**

5 **エ→イ→ア→ウ**

解説

1 (1) A が「遅く起きたからです」と理由を述べているので、B は A が遅刻した理由をたずねたと考えて、「今朝あなたはなぜ学校に遅れたのですか」という文をつくる。「学校に遅れる」は be late for school。
(2)起床時刻を聞いて B はそのとき自分がしていたことについて、「そのとき私は歩いて登校しているところでした」と説明したと考える。「歩いて登校する」は walk to school。
〈対話文の訳〉A：こんばんは、デイビス先生。 B：こんばんは、アキラ。今朝あなたはなぜ学校に遅れたのですか。 A：遅く起きたからです。 B：何時に起きたのですか。 A：7時45分です。 B：おや！ そのとき私は歩いて登校しているところでした。

2 (1)主語が We なので、「～でした」は were を使う。
(2)調子をたずねるときは How で文を始める。
(3)「～は何をしていましたか」は What で文を始め、過去進行形の疑問文の形を続ける。 (5)「どこへ」は Where で文を始める。

3 「私は～していました」なので I was ～ing で表す。

4 空所の後ろに続く文で、「彼は阿蘇(あそ)行きの電車を待っていました」と言っているので、エの「駅」を入れると話の流れに合う。
〈対話文の訳〉A：タロウは今どこにいますか。私は彼を探しています。 B：私は彼を駅で見ました。彼は阿蘇行きの電車を待っていました。

5 主語を my sister にして、過去進行形の文になるように was writing を続ける。

14 There is ～. の文 本冊p.28・29

基礎レベル問題 p.28

1 (1) **There is** (2) **There are** (3) **There is**
(4) **There were**

2 (1) **is not** (2) **weren't**
3 (1) **under** (2) **near** (3) **on** (4) **there**
4 (1) **Is there, there is**
(2) **Are there, there aren't**
(3) **Was there, there was**
5 (1) **How many, are there**
(2) **How many, are six**
(3) **How, children, were three**

解説

1 (3) ミス対策 **waterは数えられない名詞なので単数扱いをする。** (4) ミス対策 **過去形にする。**
2 (2) ミス対策 **過去の短縮形にすることに注意。**
3 (3)「壁に」はon the wall。onは接触していることを表す。 (4) ミス対策 **There was ～. のthereには「そこに」の意味はない。「そこに」というときは文の最後にthereを加える。**
4 There is ～. などの疑問文はbe動詞で文を始め、答えるときもthereとbe動詞を使う。
5 「～はいくつありますか[何人いますか]？」は〈How many＋名詞の複数形〉のあとにare there ～?の疑問文の形を続ける。答えの文では、There is[are] ～. を使って、数を答える。

入試レベル問題 p.29

1 (1) **There are no interesting stories in (this book.)**
(2) **Were there any dolphins at the (aquarium?)**
2 (1) **Yes, there is.**
(2) **No, there aren't[are not].**
(3) **There are two (books).**
3 (1) **There are two bikes[bicycles] by the tree.**
(2) **Is there a post office near the station?**
(3) **How many students are there in[at] your school?**
4 ウ
5 ウ
6 were

解説

1 (1) ミス対策 **「1つも～ない」はno ～と表す。**
2 それぞれ質問文は、(1)「窓の下にギターがありますか」。 (2)「机の上に消しゴムはありますか」。
(3)「机の上に本は何冊ありますか」。
3 (3)「何人」と数をたずねるときは、文頭にHow manyを置く。
4 選択肢に続く語句がmany nice restaurantsで複数なので、areを選ぶ。
5 空所に続く語句がa lot of childrenで複数なので、areを選ぶ。
〈対話文の訳〉 A：公園にはたくさんの子供たちがいます。なぜですか。 B：今日、夏祭りがあります。
6 あとのmany treesと、文末の20 years ago(20年前)に着目して、wereにする。
〈対話文の訳〉 A：20年前、この辺りにはたくさんの木がありました。 B：本当ですか。今では高いビルしか見えません。

15 未来の文

本冊p.30・31

基礎レベル問題 p.30

1 (1) **going** (2) **is going** (3) **are going**
2 (1) **isn't going** (2) **Are, going, am**
(3) **is, going**
3 (1) **will** (2) **I'll** (3) **will be**
4 (1) **will not** (2) **won't** (3) **Will, be**
5 (1) **Are, am** (2) **Will, won't** (3) **going, going**
(4) **will, do, will** (5) **Will, be, won't**

解説

1 未来の予定はbe going to ～で表す。beは主語に合わせて、am、is、areを使い分ける。
2 (1)否定文はam、is、areのあとにnotを入れる。
(2)疑問文はbe動詞で文を始める。
3 (1)未来のことは動詞の前にwillを入れて表すこともできる。
(2)I willの短縮形はI'll。 (3) ミス対策 **willのあとのbe動詞は原形のbeにする。**
4 (1)否定文はwillのあとにnot。 (2) ミス対策 **空所の数からwill notの短縮形won'tを入れる。**
(3)疑問文はWillで文を始める。
5 (5)Willのあとのbe動詞が原形beになることに注意。

入試レベル問題 p.31

1 (1) **going** (2) **will** (3) **be** (4) **It'll** (5) **be**

2 (1) **When will it rain today?**

(2) **How long are you going to stay there?**

3 A **(例)What are you going to do (next Sunday?)**

B **(例)Can you go with me?**

4 **イ→エ→オ→ウ→ア**

5 **When will you come back (to Japan?)**

解説

1 (2)(3)「～の天気はどうですか」は How will the weather be ～? でたずねる。 (4)(5) **ミス対策** **未来の文に。It will を短縮形の It'll にする点に注意。**
〈対話文の訳〉ケイト：この週末にあなたの町を訪ねる予定です。この週末の天気はどうですか。　健：この週末は晴れでしょう。

2 (1)天気を表すときは、主語に it を使う。 (2)「どのくらい(長く)」は How long でたずねる。「滞在する」は stay。

3 A デイビッドは日曜日の予定について答えているので、「あなたは次の日曜日に何をする予定ですか」となるように、What are you going to do (next Sunday?) とすればよい。ほかには、Where are you going to go (next Sunday?)「あなたは次の日曜日にどこへ行く予定ですか」などとたずねてもよい。
B テニスの試合のチケットを2枚持っていると話したあとに続く言葉を考える。デイビッドは「もちろん」と応じているので、「いっしょに行きませんか」と誘う文になるように Can you go with me ? などを入れればよい。
〈対話文の訳〉彩香：こんにちは、デイビッド。あなたは次の日曜日に何をする予定ですか。　デイビッド：えーと、午前中に図書館へ行くつもりです。
彩香：午前中だけですか。　デイビッド：はい。
彩香：よかった。次の日曜日の午後に、私はテニスの試合を見に行く予定です。チケットを2枚持っています。いっしょに行きませんか。　デイビッド：もちろん。それはいいですね。

4 疑問詞 Who を文頭に置いて、〈will ＋一般動詞～?〉を続ける。take care of ～で「～の世話をする」の意味を表すので、Who will take care of the dog? で、「だれが犬の世話をするのですか」という意味になる。

5 疑問詞 when を文頭に置いて、主語の前に will を置いた will you ～? の疑問文の形を続ける。
〈対話文の訳〉 A：私は英語を勉強するために来週カナダに行く予定です。　B：本当ですか。あなたはいつ日本に戻りますか。

数学 解答と解説

1 正負の数の加減 本冊p.34・35

基礎レベル問題 p.34

1 (1) **+12**　(2) **−8**

2 **A…−3.5、B…+2.5**

3 **−2.5 km**

4 (1) **14**　(2) $\mathbf{\frac{5}{7}}$　(3) **10.2**

5 (1) **+5>−7**　(2) **−4>−6**

(3) $\mathbf{-\frac{3}{5}>-\frac{3}{4}}$　(4) **−9<−8<+1**

6 (1) **+13**　(2) **−8**　(3) **+6**

(4) **+2**　(5) **0**　(6) **−10**

7 (1) **+3**　(2) **+18**　(3) **−12**

(4) **−8**　(5) **+9**　(6) **−13**

8 (1) **−22**　(2) **+13**　(3) **−3**　(4) **−26**

解説

1 0より大きい数(正の数)は**＋の符号**、0より小さい数(負の数)は **−の符号**をつけて表す。

2 数直線上で**0からどれだけ離れているか**を読む。点Aは、0から左へ3.5めもり離れているので −3.5

3 東を正の数で表すと、西は負の数で表せる。

4 正負の数から ＋、− の符号を取り去ったものになる。

> memo **絶対値**▶数直線上で、ある数に対応する点と原点との距離。

5 (2) ミス対策 **負の数は、絶対値が大きいほど小さい。**

(4) ミス対策 **不等号の向きに注意！** ~~−9<+1>−8~~ ←−9と−8の大小がわからない。

不等号の向きはそろえる。

6 (1) $(+5)+(+8)=+(5+8)=+13$

(2) $(-4)+(-4)=-(4+4)=-8$

(4) $(-7)+(+9)=+(9-7)=+2$

(5) 絶対値の等しい異符号の2数の和は0である。

7 減法は、**ひく数の符号を変えて加法に直す。**

(2) ミス対策 **−(−■)の符号の変化に注意！**

$(+5)-(-13)=(+5)+(+13)=+(5+13)=+18$

8 (1) まず、**正の数の和**、**負の数の和**をそれぞれ求める。

$(-16)+(-11)+(+5)=(-27)+(+5)=-22$

(2)〜(4)は、まず、**加法だけの式**に直す。

(2) $(+9)-(-12)+(-8)=(+9)+(+12)+(-8)$

(3) $(+5)-(+6)+(-3)-(-1)$

$=(+5)+(-6)+(-3)+(+1)$

入試レベル問題 p.35

1 (1) **64点**　(2) **22点**

2 **13個**

3 (1) ① **−0.2<0<3**　② **−1<−0.1<−0.01**

(2) $\mathbf{-8.3、-3、-\frac{22}{9}、0、0.4、1.6、\frac{5}{2}}$

4 (1) **−15**　(2) **−4**　(3) **−4**　(4) **−13**

(5) $\mathbf{-\frac{1}{3}}$　(6) $\mathbf{-\frac{31}{18}}$　(7) **+3**　(8) **−6**

(9) **−4**　(10) **+5**

5 (1) **+0.3**　(2) $\mathbf{+\frac{17}{12}}$

解説

1 (1) $70+(-6)=+(70-6)=64$(点)

(2) $(+13)-(-9)=(+13)+(+9)=22$(点)

2 絶対値が7より小さい整数は、下の数直線より、−6から6までの整数である。

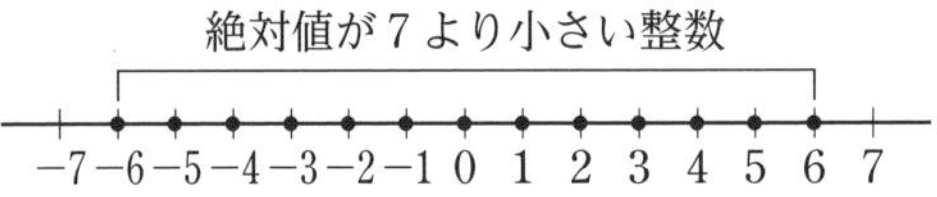

3 (1) ① **(負の数)<0<(正の数)**

② ミス対策 **絶対値の大きさに注意する。**

$1>0.1>0.01$ より、$-1<-0.1<-0.01$

(2) 負の数どうしで比べると、$\frac{22}{9}=2.44\cdots$ だから、

$8.3>3>\frac{22}{9}$ より、$-8.3<-3<-\frac{22}{9}$

また、$\frac{5}{2}=2.5$ だから、$0.4<1.6<\frac{5}{2}$

4 (5) $\frac{1}{2}-\frac{5}{6}=\frac{3}{6}-\frac{5}{6}=-\left(\frac{5}{6}-\frac{3}{6}\right)=-\frac{2}{6}=-\frac{1}{3}$

(6) $-\frac{5}{9}-\frac{7}{6}=-\frac{10}{18}-\frac{21}{18}=-\left(\frac{10}{18}+\frac{21}{18}\right)=-\frac{31}{18}$

(9) $2-11+5=2+5-11=7-11=-4$

(10) $-2+8-5+4=-2-5+8+4$

$=-7+12=+5$

5 (2) $\frac{1}{3}-\left(+\frac{1}{4}\right)-\frac{13}{6}-\left(-\frac{7}{2}\right)$

$=\frac{1}{3}-\frac{1}{4}-\frac{13}{6}+\frac{7}{2}$

$=\frac{4}{12}-\frac{3}{12}-\frac{26}{12}+\frac{42}{12}=+\frac{17}{12}$

2 正負の数の乗除

本冊p.36・37

基礎レベル問題

p.36

1 (1) **30**　(2) **63**　(3) **−44**
(4) **−36**　(5) **−64**

2 (1) **−8**　(2) **−81**　(3) **64**

3 (1) **4**　(2) **−9**　(3) **−8**　(4) **0**

4 (1) **18**　(2) **45**　(3) **−2**　(4) **2**

5 (1) **−4**　(2) **14**　(3) **−3**　(4) **−39**

6 (1) **2**　(2) **24**

7 (1) **ア**　(2) **ウ**　(3) **イ**

8 (1) ① **$24=2^3\times3$**　② **$90=2\times3^2\times5$**
(2) **5**

解説

1 同符号の2数の積は絶対値の積に ＋ の符号、異符号の2数の積は絶対値の積に − の符号をつける。

(2) $(-7)\times(-9)=+(7\times9)=63$

(5) $(-2)\times(-4)\times(-8)=-(2\times4\times8)=-64$

> **memo** 3つ以上の数の積の符号
> 負の数の個数が偶数個→＋、奇数個→−

2 (1) $(-2)^3$
$=(-2)\times(-2)\times(-2)$
$=-8$

> **memo** 累乗
> $5^3=5\times5\times5$ （5の3乗）
> （5を3個かけ合わせたもの）

(2) **ミス対策** $-9^2=\sout{(-9)\times(-9)=81}$ **ではない。**
正しくは、$-9^2=-(9\times9)=-81$

3 (3) $(-48)\div6=-(48\div6)=-8$

(4) 0を0でないどんな数でわっても商は0

4 乗除の混じった計算は、**わる数の逆数をかけて、乗法だけの式に直してから計算**する。

(2) $-18\div2\times(-5)=-18\times\frac{1}{2}\times(-5)=45$

(3) **ミス対策** **負の数の逆数は負の数。符号まで逆にしない。**　$\div(-4)\Rightarrow\times\frac{1}{4}$（×）

(4) $\left(-\frac{3}{2}\right)\div(-12)\times16=\left(-\frac{3}{2}\right)\times\left(-\frac{1}{12}\right)\times16=2$

5 (2) $(-32)\div8-6\times(-3)=(-4)-(-18)=14$

(3) $2\times(4-13)\div6=2\times(-9)\div6=-18\div6=-3$

(4) $(-3)^2+6\times(-2^3)=9+6\times(-8)$
$=9-48=-39$

6 (1) **分配法則 $(a+b)\times c=a\times c+b\times c$** を利用する。

$\left(-\frac{1}{3}+\frac{1}{2}\right)\times12=-\frac{1}{3}\times12+\frac{1}{2}\times12=-4+6=2$

7 数全体の集合のうち、アの部分には、分数や小数がふくまれる。また、ウの自然数にふくまれるのは正の整数で、0はふくまれない。

8 (1)②
$$\begin{array}{r|l} 2 & 90 \\ 3 & 45 \\ 3 & 15 \\ & 5 \end{array}\Rightarrow 90=2\times3^2\times5$$

(2) $45=3^2\times5$ だから、5をかければ、$3^2\times5\times5=3^2\times5^2=(3\times5)^2=15^2$ で、自然数15の2乗となる。

入試レベル問題

p.37

1 (1) **−56**　(2) **$\frac{1}{2}$**　(3) **−2**　(4) **$-\frac{9}{4}$**
(5) **$-\frac{1}{10}$**　(6) **$\frac{1}{8}$**

2 (1) **9**　(2) **$\frac{7}{5}$**　(3) **15**　(4) **−42**

3 (1) **10**　(2) **135**

4 **エ**

5 **297個**

6 **$n=7$**

解説

1 (4) $\frac{3}{8}\div\left(-\frac{1}{6}\right)=\frac{3}{8}\times\left(-\frac{6}{1}\right)=-\left(\frac{3}{\cancel{8}_4}\times\frac{\cancel{6}^3}{1}\right)=-\frac{9}{4}$

2 (1) $-3\times(5-8)=-3\times(-3)=9$

(4) $-6^2+4\div\left(-\frac{2}{3}\right)=-36+4\times\left(-\frac{3}{2}\right)$
$=-36-6=-42$

3 (1) $96\times\left(\frac{1}{6}-\frac{1}{16}\right)=96\times\frac{1}{6}-96\times\frac{1}{16}=16-6=10$

(2) $4.5\times2.5+4.5\times27.5=4.5\times(2.5+27.5)$
$=4.5\times30=135$

4 例えば、$m=2$、$n=-3$ とすると、
ア. $m+n=-1$　イ. $m-n=5$
ウ. $m\times n=-6$　エ. $m\div n=-\frac{2}{3}$

5 **平均＝基準量＋基準量との差の平均** を利用する。
ミス対策 **水曜日の0をたし忘れないように！**
$(14-15+0-11-3)\div5=-3$ より、
$300+(-3)=297$(個)

6 252を素因数分解すると、$252=2^2\times3^2\times7$ だから、$n=7$ のとき、$2^2\times3^2=(2\times3)^2=6^2$ で、自然数6の2乗となる。

3 文字式の表し方

本冊p.38・39

基礎レベル問題

p.38

1 (1) xy　(2) $-ab$　(3) $5(x+3)$　(4) $2a^2b$

(5) $\frac{n}{4}$　(6) $-\frac{x}{y}$　(7) $\frac{a+7}{6}$　(8) $-\frac{xy}{2}$

2 (1) $20m+1$　(2) $\frac{x}{3}-10$　(3) $x-0.1y$

(4) $2a^2+a$　(5) $3a-4bc$　(6) $5x+\frac{y}{4}$

(7) $4(a+b)-c$　(8) $\frac{x+y}{6}-6z$

3 (1) $5a+100$(円)　(2) x^2 cm^2　(3) $4a+3b$

(4) $250x+70$(g)　(5) $\frac{x}{2}$ km/h

(6) $300-30n$(ページ)　(7) $100a+10b+c$(円)

(8) $\frac{9}{100}m$ 人〔$0.09m$ 人〕　(9) $\frac{2}{5}a$ g〔$0.4a$ g〕

4 (1)① 18　② 5　(2)① 19　② -32

解説

1 (1)　記号×ははぶき、アルファベット順に書く。$y\times x=xy$

(2)　数は文字の前に書き、負の数のかっこははぶく。

1 や −1 との積では、1 をはぶいて表す。

$a\times(-1)\times b=(-1)ab=-ab$

(4)　同じ文字の積は、累乗の指数を使って表す。

$a\times b\times a\times 2=2\times a^2\times b=2a^2b$

(6)　記号÷は使わずに、分数の形で書き、−は分数の前に書く。$x\div(-y)=\frac{x}{-y}=-\frac{x}{y}$

(8)　左から順に、×や÷の記号をはぶいていく。

$x\div(-2)\times y=-\frac{x}{2}\times y=-\frac{xy}{2}$

2　＋や−の記号ははぶけないことに注意する。

(3) ミス対策 $x-0.1\times y=x-0.y$ と、**$0.1y$ の 1 をはぶいてしまうミスに注意。**

(4)　$2\times a\times a+a=2\times a^2+a=2a^2+a$

3　ことばの式に文字や数をあてはめ、×や÷の記号をはぶいて表す。

(5)　**速さ＝道のり÷時間** だから、$x\div 2=\frac{x}{2}$(km/h)

(8) ミス対策 **9 %は $\frac{9}{100}$ だから、m 人の 9 %は、**

$m\times\frac{9}{100}=\frac{9}{100}m$(人)　$9m$(人)とはしない。

(9)　4 割は $\frac{4}{10}=\frac{2}{5}$ だから、a g の 4 割の重さは、

$a\times\frac{2}{5}=\frac{2}{5}a$(g)

4 (1)　× を使った式に直し、文字に数を代入する。

①　$2a+8=2\times a+8=2\times 5+8=10+8=18$

(2)② ミス対策 **代入するとき、かっこのつけ間違いに注意！**　$-2x^2=-2\times(-4^2)$ としない。

$-2x^2=-2\times(-4)^2=-2\times 16=-32$

入試レベル問題

p.39

1 (1) $4mn^2$　(2) $10x+\frac{y-2}{3}$

(3) $-(a+b)-\frac{a-b}{c}$　(4) $\frac{5}{x}+7y^2z$

2 (1) $-6\times a\times a\times b$　(2) $6\times x-y\div 5$

(3) $(m+1)\div 3-2\times n\times n$

(4) $7\times a\div(4\times b\times b)+9\times a\times b$

3 (1) $\frac{x}{4}+\frac{8-x}{5}$(時間)　(2) $100a+10b+9$

(3) $\frac{x+y}{2}$ m　(4) $\frac{31}{100}a$ mL〔$0.31a$ mL〕

4 (例)周の長さ

5 (1) 9　(2) 26　(3)① 0　② 7

解説

1 (4)　$5\div x+y\times y\times z\times 7$

$=\frac{5}{x}+7\times y^2\times z=\frac{5}{x}+7y^2z$

2 (4) ミス対策 $\frac{7a}{4b^2}=7\times a\div 4\times b\times b$ **は間違い。**

$\frac{7a}{4b^2}=7a\div 4b^2=7\times a\div(4\times b\times b)$ かっこをつける。

別解　$\frac{7a}{4b^2}+9ab=7\times a\div 4\div b\div b+9\times a\times b$

3 (1)　**時間＝道のり÷速さ** だから、はじめの x km でかかった時間は $\frac{x}{4}$ 時間、残りの $(8-x)$ km でかかった時間は $\frac{8-x}{5}$ 時間である。

(2)

百の位	十の位	一の位
a	b	9

位取り表に表すと、左のようになる。

$100\times a+10\times b+1\times 9=100a+10b+9$

(3)　平均＝合計÷個数(回数)で、記録の合計は $x+y$(m)、回数は 2 回だから、平均は $\frac{x+y}{2}$ m

(4)　31 %$=\frac{31}{100}$ だから、$a\times\frac{31}{100}=\frac{31}{100}a$(mL)

4　$x+y$ は、長方形の縦と横の長さの和だから、$2(x+y)$は、周の長さを表している。

5 (1)　$4a+21=4\times(-3)+21=-12+21=9$

(2)　$-2a+14=-2\times(-6)+14=12+14=26$

(3)①　$2x+3y=2\times(-3)+3\times 2=-6+6=0$

4 文字式の計算 本冊p.40・41

基礎レベル問題 p.40

1 (1) 項…x、$-2y$　x の係数…1、y の係数…-2

(2) 項…a、$-\frac{b}{3}$、$\frac{7}{2}$

a の係数…1、b の係数…$-\frac{1}{3}$

2 (1) $7x$　(2) a　(3) $13x+2$

(4) $4y+6$　(5) $-a-1$　(6) -4

3 (1) $3x+3$　(2) $-a-11$　(3) $7x-2$

(4) $-7a+14$　(5) $-5b$　(6) -10　(7) $2y+5$

4 (1) $14a$　(2) $-24m$　(3) $6x$　(4) $-12a-9$

(5) $-4x+6$　(6) $-2a$　(7) $-6y$　(8) $-8x$

(9) $5x+3$　(10) $-5b+4$　(11) $\frac{1}{3}y-\frac{3}{2}$

5 (1) $5a=b$　(2) $2x=y$　(3) $5y<20$

(4) $a=6b+5$　(5) $3a+b\leqq 14$

解説

1 (1) $x-2y=1x+(-2y)$ ←加法だけの式に直して考える。（1, $-2y$…係数、x, $-2y$…項）

(2) ミス対策 係数は、(数)×(文字)の形にして考える！

$a=1\times a$、$-\frac{b}{3}=\left(-\frac{1}{3}\right)\times b$

2 $mx+nx=(m+n)x$ を使って1つの項にまとめる。

(6) $-4x+5-(-4x)-9=-4x+5+4x-9$

$=-4x+4x+5-9=-4$

3 (4) ミス対策 $-(\ )$のかっこをはずすときは、うしろの項の符号の変え忘れに注意する。

$9-3a-(4a-5)=9-3a-4a+5=-7a+14$

4 (2) $(-3)\times 8m=(-3)\times 8\times m=-24m$

(4) $-3(4a+3)=-3\times 4a+(-3)\times 3=-12a-9$

(6) $-10a\div 5=-\frac{10a}{5}=-\frac{10\times a}{5}=-2a$

(8) わる数が分数のときは、**わる数の逆数をかける乗法に直す。**

$12x\div\left(-\frac{3}{2}\right)=12x\times\left(-\frac{2}{3}\right)=12\times\left(-\frac{2}{3}\right)\times x=-8x$

(9) $(20x+12)\div 4$

$=(20x+12)\times\frac{1}{4}=20x\times\frac{1}{4}+12\times\frac{1}{4}=5x+3$

(10) $(30b-24)\div(-6)=(30b-24)\times\left(-\frac{1}{6}\right)$

$=30b\times\left(-\frac{1}{6}\right)-24\times\left(-\frac{1}{6}\right)=-5b+4$

5 数量の等しい関係は**等式**に、大小関係は**不等式**に表す。

(1) 代金＝単価×個数　(2) 道のり＝速さ×時間

(4) わられる数＝わる数×商＋余り の関係を利用。

memo 不等号の使い方

・aはb以上…$a\geqq b$　・aはb以下…$a\leqq b$

・aはbより大きい…$a>b$　・aはb未満…$a<b$

入試レベル問題 p.41

1 (1) $\frac{11}{12}a$　(2) $\frac{2}{15}x$

(3) $\frac{1}{6}a+4$　(4) $\frac{1}{4}x+5$

2 (1) $-4x+7$　(2) $15a+6$　(3) $3x+4$

(4) $7x+3$　(5) $9a+2$　(6) $3x+1$

(7) $a-4$　(8) $-\frac{5}{18}$

3 (1) $100=6x+y$ 〔$100-6x=y$〕

(2) $3x<5y-20$ 〔$3x<5(y-4)$〕

(3) $3a+4b<3000$

4 (1) (例) **おとな2人と子ども4人の入館料の合計は1600円である。**

(2) (例) **おとな3人の入館料は、子ども7人の入館料以下である。**

5 (1) $5n+1$(本)　(2) 51本

解説

1 (4) $\left(\frac{3}{4}x+2\right)-\left(\frac{1}{2}x-3\right)=\frac{3}{4}x+2-\frac{1}{2}x+3$

$=\frac{3}{4}x-\frac{1}{2}x+2+3=\frac{3}{4}x-\frac{2}{4}x+2+3=\frac{1}{4}x+5$

2 (2) $\frac{5a+2}{7}\times 21=\frac{(5a+2)\times 21}{7}=(5a+2)\times 3=15a+6$

(6) ミス対策 符号の変え間違いに注意！

$2(x+1)-(1-x)=2x+2-1+x=3x+1$

(7) $6\left(\frac{1}{3}a-1\right)-\frac{1}{2}(2a-4)=2a-6-a+2=a-4$

(8) $\frac{2x-3}{6}-\frac{3x-2}{9}=\frac{3(2x-3)-2(3x-2)}{18}$

$=\frac{6x-9-6x+4}{18}=-\frac{5}{18}$

3 (1) 全体の個数＝配った個数＋余り

だから、$100=6\times x+y$

4 (2) $3a \leqq 7b$

おとな3人の入館料≦子ども7人の入館料

5 正六角形が1個ずつ増えると、マッチ棒は5本ずつ増える。正六角形をn個つくるときに必要なマッチ棒の数は、$6+5(n-1)$（本）となる。

英語 数学 理科 社会 国語

5 方程式の解き方

本冊p.42・43

基礎レベル問題

p.42

1 (1) **3**　(2) ㋒

2 (1) $x=49$　(2) $x=20$　(3) $x=-8$　(4) $x=5$　(5) $x=-8$　(6) $x=1.8$

3 (1) $x=10$　(2) $x=5$　(3) $x=7$　(4) $x=-9$　(5) $x=2$　(6) $x=1$

4 (1) $x=1$　(2) $x=-1$　(3) $x=1$

5 (1) $x=4$　(2) $x=-6$　(3) $x=17$　(4) $x=-5$

6 (1) $x=8$　(2) $x=4$　(3) $x=-4$　(4) $x=-7$

7 (1) $x=30$　(2) $x=9$

解説

1 (1) −1、2、3 をそれぞれ x に代入して、**左辺＝右辺 になるもの**をみつける。

> **memo** 方程式の解
> 方程式を成り立たせる値。

2 (1) $x+25-25=74-25$ → $x=49$

(2) $x-12+12=8+12$ → $x=20$

(3) $\dfrac{x}{4}\times4=-2\times4$ → $x=-8$

(5) 符号に注意する。

$-5x\div(-5)=40\div(-5)$ → $x=-8$

> **memo** 等式の性質
> $A=B$ ならば、
> ❶ $A+C=B+C$
> ❷ $A-C=B-C$
> ❸ $AC=BC$
> ❹ $\dfrac{A}{C}=\dfrac{B}{C}$ $(C\neq0)$

3 (1) $x-6=4$
−6 を移項すると、
$x=4+6$
$x=10$

(2) $-4x+5=-15$
5 を移項すると、
$-4x=-15-5$
$-4x=-20$、$x=5$

(3) $3x=2x+7$
$3x-2x=7$
$x=7$

(5) $6x-8=x+2$
$6x-x=2+8$
$5x=10$、$x=2$

4 (3) ミス対策 **かっこをはずすときは、符号に注意！**

$6x=3-(2x-5)$、$6x=3-2x+5$、

$6x+2x=3+5$、$8x=8$、$x=1$

5 **両辺に 10 や 100 をかけて、係数を整数に直す。**

(3) 両辺に 10 をかけて、

$(0.6x+2)\times10=(0.8x-1.4)\times10$

$6x+20=8x-14$、$-2x=-34$、$x=17$

(4) 両辺に 100 をかけて、

$(0.08x+0.3)\times100=0.02x\times100$

$8x+30=2x$、$6x=-30$、$x=-5$

6 (2) 両辺に分母の最小公倍数 6 をかけて、

$\dfrac{1}{2}x\times6=\left(\dfrac{2}{3}x-\dfrac{2}{3}\right)\times6$、$3x=4x-4$、$x=4$

(3) ミス対策 **分母をはらうときは、整数の項に最小公倍数をかけ忘れないように注意。**

両辺に 8 をかけて、$\left(\dfrac{1}{4}x-2\right)\times8=\left(\dfrac{7}{8}x+\dfrac{1}{2}\right)\times8$、

$2x-16=7x+4$、$-5x=20$、$x=-4$

7 (2) $x:12=6:8$

$x\times8=12\times6$

$x=\dfrac{12\times6}{8}$、$x=9$

> **memo** 比例式の性質
> $a:b=c:d$ ならば、
> $ad=bc$

入試レベル問題

p.43

1 (1) $x=4$　(2) $x=-2$　(3) $x=1$　(4) $x=-4$　(5) $x=-3$　(6) $x=\dfrac{1}{2}$　(7) $x=-2$　(8) $a=\dfrac{1}{2}$

2 (1) $x=9$　(2) $x=5$　(3) $x=3$　(4) $x=3$　(5) $x=2$　(6) $x=-10$　(7) $x=6$　(8) $x=11$　(9) $x=-12$　(10) $x=1$

3 (1) $x=15$　(2) $x=18$　(3) $x=12$　(4) $x=6$　(5) $x=4$　(6) $x=5$

解説

1 (2) $-7=-8x-23$
$-7+23=-8x$
$-8x=16$、$x=-2$

(8) $-3a+7=7a+2$
$-3a-7a=2-7$
$-10a=-5$、$a=\dfrac{1}{2}$

2 (1)(2) まず、**分配法則**でかっこをはずす。

(3) まず、両辺に 100 をかけて、**係数を整数に直す。**

(4) ミス対策 **3 にも 10 をかけること。**

両辺に 10 をかけて、$13x+6=5x+30$

(6) かっこをはずしてから、両辺に 10 をかける。

(10) ミス対策 $-\dfrac{x-1}{6}\times6=\cancel{-x-1}$ としないように。

$-\dfrac{(x-1)\times6}{6}=-(x-1)$ と分子にかっこをつけて計算する。両辺に 6 をかけて、

$3(5-3x)-(x-1)=6$、$15-9x-x+1=6$、

$-10x=-10$、$x=1$

3 (4) $5:x=\dfrac{2}{3}:\dfrac{4}{5}$
$5\times\dfrac{4}{5}=\dfrac{2}{3}x$
$x=6$

(5) $2:3=x:(x+2)$
$2(x+2)=3x$
$2x+4=3x$
$-x=-4$、$x=4$

6 方程式の応用 本冊p.44・45

基礎レベル問題 p.44

1 (1) $8-a=4+3a$　(2) $a=1$

2 (1) $3x+9$(本)　(2) $4x-8$(本)

(3) 方程式…$3x+9=4x-8$　子どもの人数…17人

3 (1) 兄…$210x$ m　弟…$70(x+10)$ (m)

(2) 方程式…$210x=70(x+10)$　答え…5分後

4 (1) $120x+360=960$　(2) 5本

5 (1) $5x-1=7x+3$　(2) -2

6 (1) $x+0.8x=450$　(2) 200人

7 (1) $40:15=100:x$　(2) 37.5 g

解説

1 (1)　$4x-a=2x+3a$ に $x=2$ を代入すると、$4\times2-a=2\times2+3a$、$8-a=4+3a$

(2)　$8-a=4+3a$、$-4a=-4$、$a=1$

2 (1) **ミス対策** ~~$3x-9$~~ **ではない。「9本余る」ことは、まだ「9本残っている」ことと考える。**

(3)　(1)、(2)より、鉛筆の本数は等しいから、$3x+9=4x-8$、$-x=-17$、$x=17$

子どもの人数17人は、問題にあてはまる。

3 (1)　**道のり＝速さ×時間** より、兄の進んだ道のりは、$210\times x=210x$(m)　弟は10分前に出発しているので、進んだ道のりは $70(x+10)$(m)

(2)　(1)より、$210x=70(x+10)$、$x=5$

兄が出発してから5分間に進んだ道のりは、$210\times5=1050$(m)で、家から図書館までの道のりより短いから、問題にあてはまる。

4 (1)　ジュースの代金は、$120\times x=120x$(円)だから、代金の合計から方程式は、$120x+360=960$

5 (1)　5倍から1ひいた数 $5x-1$ と、7倍に3を加えた数 $7x+3$ が等しいから、$5x-1=7x+3$

6 (1)　女子の生徒数は $x\times0.8=0.8x$(人)と表せる。

全生徒数が450人だから、$x+0.8x=450$

(2)　(1)より、$x=250$　x は男子の生徒数だから、女子の生徒数は $250\times0.8=200$(人)

ミス対策 **方程式の解をそのまま答えにしない。最後に、求めるものが何であったかを確認しよう。**

7　クッキーを作るときの、小麦粉と砂糖の量の比は変わらないことから比例式をつくる。

$40:15=100:x$　これを解くと、$x=37.5$

入試レベル問題 p.45

1 (1) $a=3$　(2) $a=9$

2 あめ…7個　チョコレート…5個

3 5個

4 午後1時16分30秒

5 73

6 2000円

7 90 mL

解説

1 (1)　$x=5$ を方程式 $7x-3a=4x+2a$ に代入して、$35-3a=20+2a$

この a についての方程式を解くと、$a=3$

(2)　a についての方程式は、$4(8-a)-2=-24+2a$

2　あめの個数を x 個とすると、チョコレートの個数は $12-x$(個)になる。代金の合計から、方程式は、$50x+80(12-x)=750$　これを解くと、$x=7$

したがって、チョコレートの個数は $12-7=5$(個)

3　箱の数を x 個とする。1箱に30個ずつ入れたときのチョコレートの数は、$30x+22$(個)

1箱に35個ずつ入れたときのチョコレートの数は、$35(x-1)+32$(個)

よって、$30x+22=35(x-1)+32$

これを解くと、$x=5$

4　Aさんが午後1時 x 分から走り始めたとすると、Aさんが歩いた時間は x 分、走った時間は $(24-x)$ 分と表せる。

よって、$50x+90(24-x)=1500$

これを解くと、$-40x=-660$、$x=16.5$

16.5分は16分30秒だから、Aさんが走り始めた時刻は午後1時16分30秒。

5　十の位の数を x とすると、もとの自然数は $10x+3$ と表せる。

十の位	一の位
x	3

方程式は、$30+x=10x+3-36 \rightarrow x=7$

ミス対策 **もとの自然数は7ではない。**

x は十の位の数だから、$10\times7+3=73$

6　ワイシャツ1着の定価を x 円とすると、ワイシャツ1着の3割引の値段は、$(1-0.3)x=0.7x$(円)

ワイシャツを5着買ったなかで、3着は割引券を使うから、その代金は $0.7x\times3$(円)

残りの2着は定価で買うので、その代金は $2x$(円)

代金は8200円なので、$0.7x\times3+2x=8200$

これを解くと、$2.1x+2x=8200$、$4.1x=8200$、
$x=2000$

7 必要な牛乳の量を x mL とすると、
$450:x=5:3$
これを解くと、$450\times3=x\times5$、$x=270$
よって、たりない牛乳の量は、
$270-180=90$(mL)

7 比例とグラフ

本冊p.46・47

基礎レベル問題 p.46

1 ㋐、㋒

2 (1) $y=10x$、**比例する**、比例定数…**10**
(2) $y=\dfrac{25}{x}$、**比例しない**
(3) $y=6x$、**比例する**、比例定数…**6**

3 (1) $y=3x$　(2) $y=-6$

4 (1) ア…**−30**　イ…**18**　ウ…**4**　エ…**7**
(2) ア…**24**　イ…**−12**　ウ…**8**　エ…**10**

5 (1) $y=3x$　(2) **10分(後)**　(3) $0\leqq x\leqq10$

6 (1) 点A…**(3、3)**　点B…**(−3、2)**
点C…**(2、0)**　点D…**(4、−5)**
(2) **下の図1**

7 (1) **下の図2**　(2) $y=-\dfrac{2}{3}x$

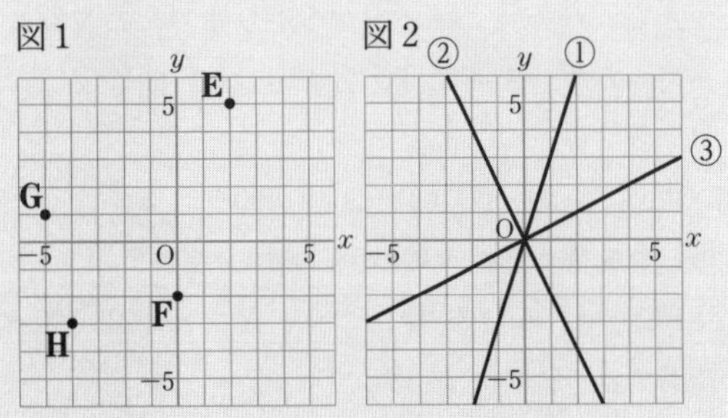

解説

1 ㋐、㋒は、x の値を決めると、y の値はただ1つに決まるので、y は x の関数である。㋑は、シュートした回数でゴールした回数は1つに決まらない。

2 (2) **ミス対策** **式を $y=25x$ などとしないように。時間＝道のり÷速さ にあてはめて式をつくる。**

3 y は x に比例するから、式は $y=ax$ とおける。
(1) $y=ax$ に $x=2$、$y=6$ を代入すると、
$6=a\times2$ より、$a=3$　したがって、$y=3x$
(2) 式は、$y=-2x$ と求められる。

4 (1) $y=ax$ に $x=-2$、$y=-12$ を代入すると、
$-12=a\times(-2)$ より、$a=6$　式は、$y=6x$
(2) $y=ax$ に $x=-2$、$y=6$ を代入すると、
$6=a\times(-2)$ より、$a=-3$　式は、$y=-3x$

5 (3) **ミス対策** **$0\leqq x$ では不十分。水そうには30Lまでしか水が入らないので、入れる時間は10分(後)までになる。**

6 (1) x 軸上の点Cの y 座標は0となる。

7 (1)
> **memo** 比例のグラフのかき方
> ▶原点ともう1つの点を求め、この2点を通る直線をひく。

(2) 点(3、−2)を通るから、$y=ax$ に $x=3$、$y=-2$ を代入して、$-2=a\times3$ より、$a=-\dfrac{2}{3}$

入試レベル問題 p.47

1 (1) $y=-5x$　(2) $y=-4x$　(3) $x=-\dfrac{10}{3}$

2 (1) **(−3、−4)**　(2) ① **(−3、4)**　② **(3、4)**
(3) **24 cm²**

3 (1) ア…⑤　イ…①　ウ…④
(2) **ア**

4 (1) $y=4x$
(2) $0\leqq x\leqq6$
(3) $0\leqq y\leqq24$
(4) **右の図**

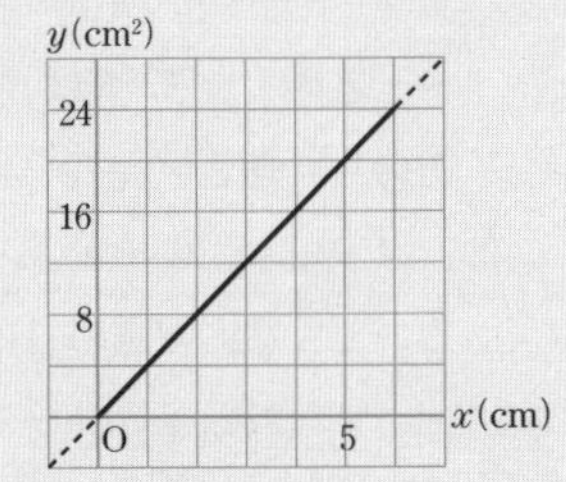

解説

1 (2) $y=ax$ に $x=2$、$y=-8$ を代入して、
$-8=a\times2$ より $a=-4$　式は、$y=-4x$
(3) $y=ax$ に $x=10$、$y=-2$ を代入して、
$-2=a\times10$、$a=-\dfrac{1}{5}$　よって、$y=-\dfrac{1}{5}x$
これに $y=\dfrac{2}{3}$ を代入して、$\dfrac{2}{3}=-\dfrac{1}{5}x$、
$x=-\dfrac{10}{3}$

2 (2)② **ミス対策** **原点について対称な点は、x 座標、y 座標のどちらの符号も変わることに注意！**
(3) 三角形ABCは、ABが8cm、BCが6cmだから、$\dfrac{1}{2}\times8\times6=24$(cm²)

3 (1) アは、点(1、−1)、イは、点(1、2)、ウは、

点(4、1)を通る直線である。

(2)　**右下がり**の直線のグラフを選べばよい。

4 (1)　$y=\frac{1}{2}\times8\times x$ より、$y=4x$

(2)　点 P が、点 A にあるときは $x=0$、点 B にあるときは $x=6$ だから、x の変域は $0\leqq x\leqq6$

(3)　(2)の x の変域に対応する y の変域を考える。
　$x=0$ のとき $y=0$、$x=6$ のとき $y=24$ だから、y の変域は $0\leqq y\leqq24$

(4) **ミス対策** **変域外のグラフは何もかかないか、かくときは答えのように点線(破線)で表す。**

8 反比例とグラフ

本冊p.48・49

基礎レベル問題　p.48

1 ㋐、㋓

2 (1) ア…-1　イ…-2　ウ…-6　エ…2　オ…1

(2) **$\frac{1}{3}$倍になる**　　(3) **$1\leqq y\leqq6$**

3 (1) **36**　(2) **$y=\frac{28}{x}$**　(3) **$y=-\frac{12}{x}$**　(4) **$y=-16$**

4 (1) **$y=-\frac{4}{x}$**

(2)

x	-8	-4	-2	-1	1	2	4	8
y	**-1**	**-2**	**-4**	**-8**	**8**	**4**	**2**	**1**

グラフは右の図

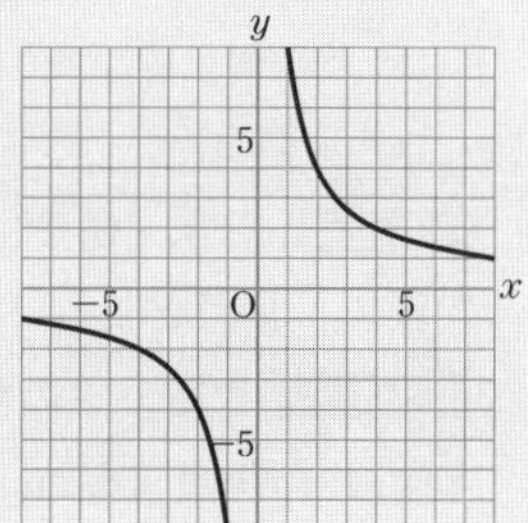

5 (1) **$y=25x$**

(2) **36 m**

6 (1) **$y=\frac{60}{x}$**

(2) **40 分間**

解説

1　$y=\frac{a}{x}$ または、$xy=a$ の形の式を選ぶ。

2 (1)　$y=\frac{6}{x}$ に x の値を代入して、y の値を求める。

(2) **ミス対策** **-3 倍や $-\frac{1}{3}$ 倍などとしないように。**
(1)の表で、たとえば、x の値が 2 から 6 になるときの y の値は、3 から 1 になる。

(3) **ミス対策** **$x=1$ のとき $y=\frac{6}{1}=6$、$x=6$ のとき $y=\frac{6}{6}=1$ より、~~$6\leqq y\leqq1$~~ としない。**

3　y は x に反比例するから、比例定数を a として、
$y=\frac{a}{x}$ とおける。

(2)　$y=\frac{a}{x}$ に、$x=7$、$y=4$ を代入すると、$4=\frac{a}{7}$、
$a=28$　したがって、式は $y=\frac{28}{x}$

(4)　$y=\frac{a}{x}$ に $x=4$、$y=8$ を代入すると、$a=32$
式は $y=\frac{32}{x}$ となり、これに $x=-2$ を代入する。

4 (1)　グラフは点(2、-2)を通るから、$y=\frac{a}{x}$ に $x=2$、$y=-2$ を代入して a の値を求める。

(2)
memo **反比例のグラフのかき方**
▶ x、y の値の組を座標とする点をとり、なめらかな**曲線**で結ぶ。

5 (1)　y は x に比例するから、$y=ax$ に $x=2$、$y=50$ を代入して、$a=25$　式は、$y=25x$

(2)　(1)の式に $y=900$ を代入して、x の値を求める。

6 (1)　毎分 x L ずつ y 分間水を入れると 60 L になるので、$xy=60$ より、$y=\frac{60}{x}$

(2)　(1)の式に $x=1.5$ を代入して、y の値を求める。

入試レベル問題　p.49

1 ウ、エ

2 (1) **$y=-\frac{16}{x}$**　(2) **-20**　(3) **$y=\frac{6}{5}$**　(4) **$x=-4$**

3 (1) 兄…**$y=60x$**　妹…**$y=40x$**　(2) **240 m**

4 (1) **$a=6$**　(2) **$\frac{2}{7}\leqq b\leqq2$**

解説

1　ア～エのそれぞれについて、y を x の式で表し、**式の形が $y=\frac{a}{x}$** であるものを選ぶ。

ア　三角形の面積$=\frac{1}{2}\times$底辺$\times$高さ
　より、$y=\frac{1}{2}\times x\times6$、$y=3x$

イ　正方形の周の長さ$=1$ 辺の長さ$\times4$
　より、$y=x\times4$、$y=4x$

ウ　時間$=$道のり$\div$速さ
　より、$y=\frac{1200}{x}$

エ　平行四辺形の面積$=$底辺$\times$高さ
　より、$36=xy$、$y=\frac{36}{x}$

2 (1) $y=\dfrac{a}{x}$ に、$x=-2$、$y=8$ を代入して、

$8=\dfrac{a}{-2}$、$a=-16$　よって、$y=-\dfrac{16}{x}$

(2) 反比例の関係では、比例定数 $a=xy$ だから、比例定数は、$4\times(-5)=-20$

(3) $y=\dfrac{a}{x}$ に $x=2$、$y=3$ を代入して、

$3=\dfrac{a}{2}$、$a=6$　よって、$y=\dfrac{6}{x}$

この式に $x=5$ を代入して、$y=\dfrac{6}{5}$

(4) $y=\dfrac{a}{x}$ に $x=-6$、$y=2$ を代入して、

$2=\dfrac{a}{-6}$、$a=-12$　よって、$y=-\dfrac{12}{x}$

この式に $y=3$ を代入して、$3=-\dfrac{12}{x}$、$x=-4$

3 (1) 兄は、グラフから $x=20$ のとき $y=1200$ だから、$y=ax$ に代入して $a=60$　よって、$y=60x$

(2) $x=12$ を兄、妹の式に代入して、兄…$y=720$、妹…$y=480$　よって、$720-480=240$(m)

4 (1) 点Aの y 座標は、点Bの y 座標に等しいから 2、よって、A(3、2)

点Aは $y=\dfrac{a}{x}$ のグラフ上の点だから、

$2=\dfrac{a}{3}$、$a=6$

(2) $y=bx$ のグラフの傾きは、点Bを通るとき最も小さくなり、点Dを通るとき最も大きくなる。

$y=bx$ のグラフが点B(7、2)を通るとき、

$2=b\times7$、$b=\dfrac{2}{7}$

点Dの座標は、x 座標が点Aと等しく 3、y 座標が点Cと等しく 6 だから、D(3、6)

よって、$y=bx$ のグラフが点Dを通るとき、

$6=b\times3$、$b=2$

よって、b のとる値の範囲は、$\dfrac{2}{7}\leqq b\leqq2$

9 平面図形の基礎

本冊p.50・51

基礎レベル問題

p.50

1 (1)㋑　(2)㋐　(3)㋒

2 (1) **AB=2AP**　$\left(\dfrac{1}{2}\mathbf{AB=AP}\right)$

(2) **PQ=$\dfrac{1}{3}$PB　(3PQ=PB)**

3 (1) **AC⊥BD**　(2) **AB∥CD**

(3) ㋐ **∠ABC**

㋑ **∠AOD**

4 (1) **点C**

(2) **右の図**

5

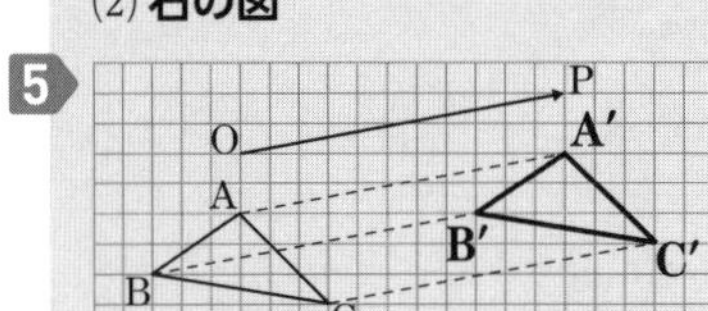

6

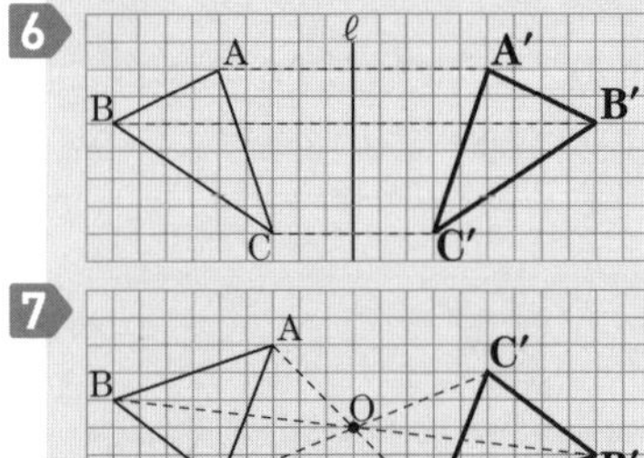

7

8 (1) **△FOE、△OCD**　(2) **BO**

解説

1 ㋐は両端があるから**線分**、㋑は両方向に限りなくのびているから**直線**、㋒は一方にだけのびているから**半直線**である。

2 長さの関係を図に表すとよい。

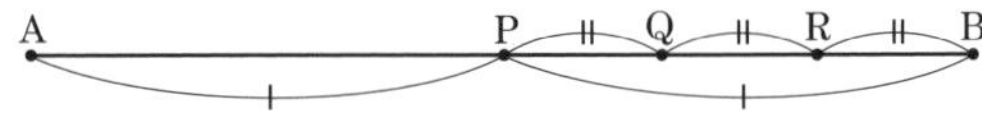

3 (1) ひし形の対角線は垂直に交わる。垂直の記号は⊥

(2) ひし形の向かい合う辺は平行。平行の記号は∥

(3) ミス対策 **∠B、∠O では、どの角を表しているかわからない。頂点をまん中にして、3つの文字で表す。**

4 (2) ミス対策 **直線 ℓ との距離が 3 cm の直線は、ℓ の両側に 1 本ずつある。**

5 点Pは、点Oを右へ 11 めもり、上へ 2 めもり移動させた点だから、点A、B、Cもそれぞれ同じように移動させて、点A′、B′、C′とする。

6 点A、B、Cから直線 ℓ までの距離とそれぞれ等しくなるように、点A′、B′、C′をとる。

7 AO=A′O、∠AOA′=180°になるように点A′をとり、同様にして点B′、C′をとる。

8 (1) 右の図で、△ABO を矢印 AF の方向に平行移動させると △FOE と重なり、矢印 BC の方向に平行移動させると △OCD と重なる。

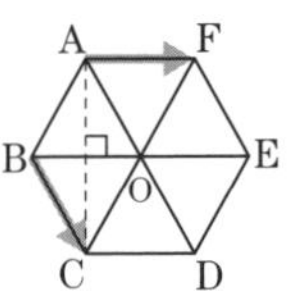

(2) 点Aが点Cに重なるから、BO が対称の軸である。

入試レベル問題　p.51

1 (1) **AF⊥DH**　(2) **BJ∥EG**　(3) **頂点 I**

(4) **$\angle BAF=\frac{1}{2}\angle BAJ$　($2\angle BAF=\angle BAJ$)**

2

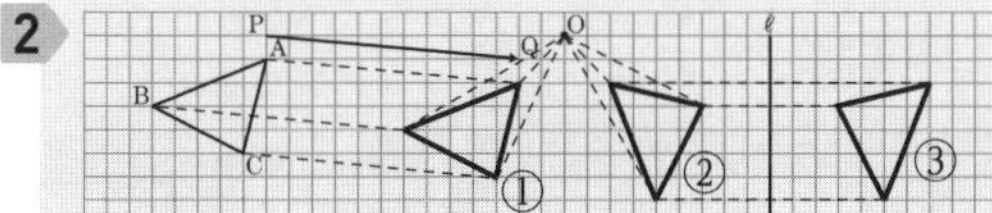

3 (1) **△BCJ、△MDK、△HML**

(2) (例) **点 M を回転の中心として、時計の針と反対の方向に 90° 回転移動させる。**

(3) (例) **まず、△BCJ を平行移動させて △HML に重ねる。次に、HL を対称の軸として対称移動させて △HGL に重ねる。**

4 **135°**

解説

1 (1)~(3)　線対称な図形では、対称の軸は対応する 2 点を結ぶ線分の垂直二等分線になっている。

(4)　∠BAF=∠JAF であることから考える。

2 ②　回転移動で対応する点をとるときは、コンパスや分度器を使ってもよい。方眼を利用してもよい。

3 (1)　△ABI を A→B の方向へ平行移動させると、△BCJ

A→M の方向へ平行移動させると、△MDK

A→H の方向へ平行移動させると、△HML

となる。

(2) **ミス対策** **回転移動では、どの点を回転の中心とするかも答えること。**

(3)　移動のしかたは何通りかある。たとえば、まず、△BCJ を、点 M を回転の中心として時計の針と同じ方向に 90°回転移動させて △HAI に重ねる。次に、HM を対称の軸として対称移動させて、△HGL に重ねることもできる。

4　点 C を回転の中心として時計まわりに 45°の回転移動だから、∠FCB=45°

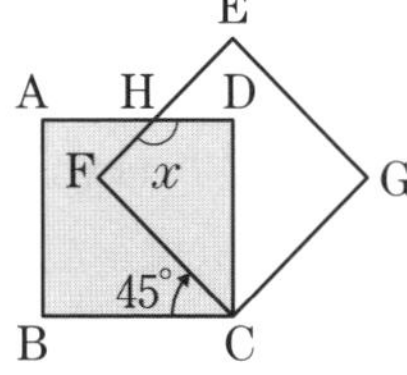

正方形の 4 つの角は 90° だから、∠FCD=90°−45° =45°

また、∠F=∠D=90°

右の図の四角形 FCDH で四角形の 4 つの角の和は 360°だから、$\angle x=360°-45°-90°-90°=135°$

10 作　図　本冊p.52・53

基礎レベル問題　p.52

1　**2**

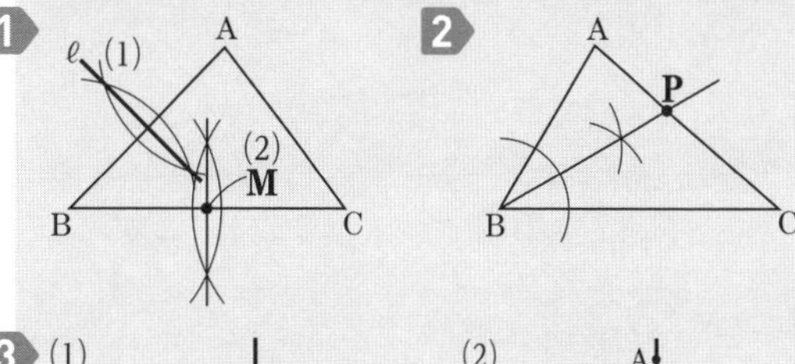

3 (1)　(2)

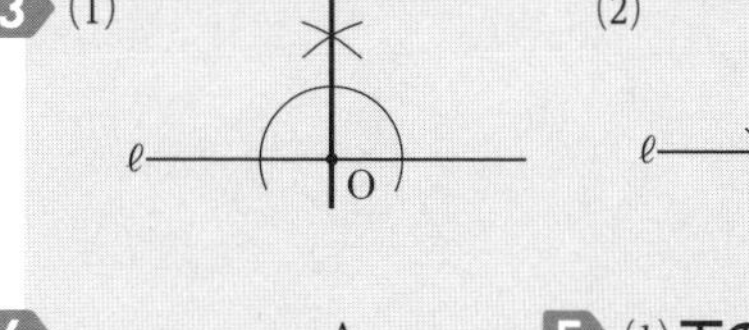

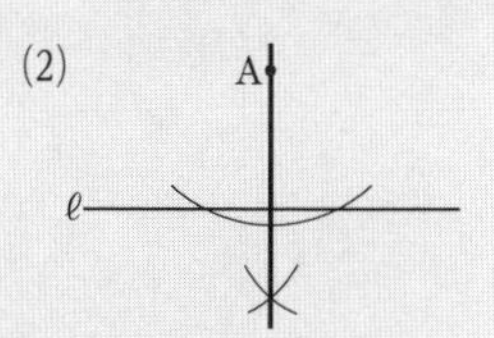

4

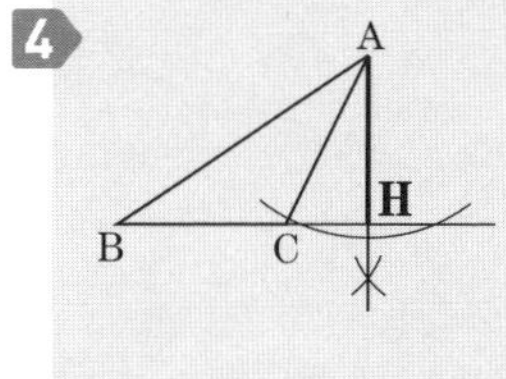

5 (1) **下の図の ∠CAB**

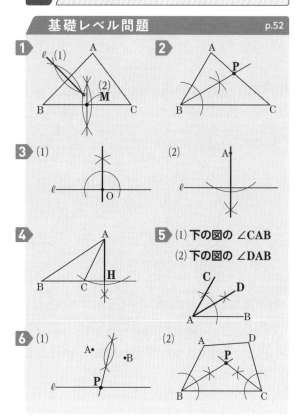

(2) **下の図の ∠DAB**

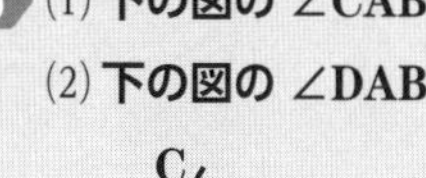

6 (1)　(2)

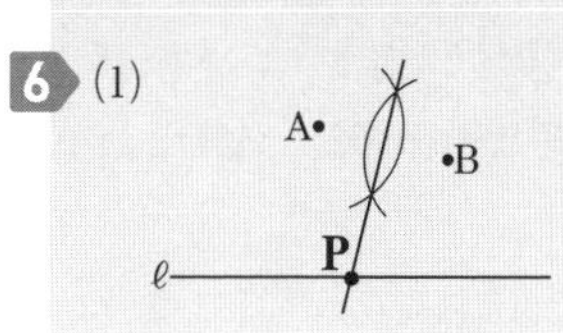

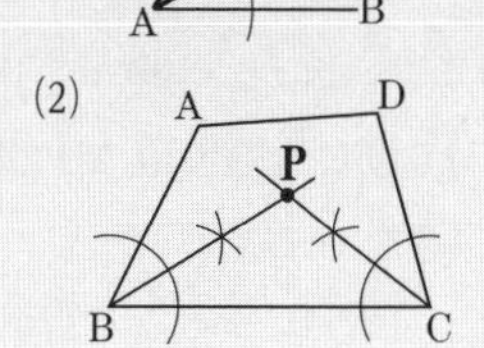

解説

1 (2)　辺 BC の垂直二等分線を作図して、辺 BC との交点を中点 M とすればよい。

3 (1)　180°の角の二等分線を作図すると考える。

4 **ミス対策** **辺 BC を延長して考える。**

点 A を通る半直線 BC の垂線を作図し、半直線 BC との交点を H とする。

5 (1)　正三角形の作図のしかたを利用する。

(2)　30°=60°÷2 より、(1)で作図した ∠CAB の二等分線を作図する。

6 (1)　線分 AB の垂直二等分線を作図し、直線 ℓ との交点を P とすればよい。

(2)　∠ABC、∠BCD の二等分線をそれぞれ作図し、その交点を P とすればよい。

memo **距離が等しい点**

2 点からの距離が等しい点

▶垂直二等分線上にある。

2 辺からの距離が等しい点

▶角の二等分線上にある。

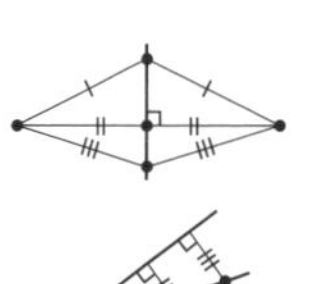

入試レベル問題 p.53

1 (1) **右の図のCH**

(2) **右の図の点N**

2

3

4

5

6

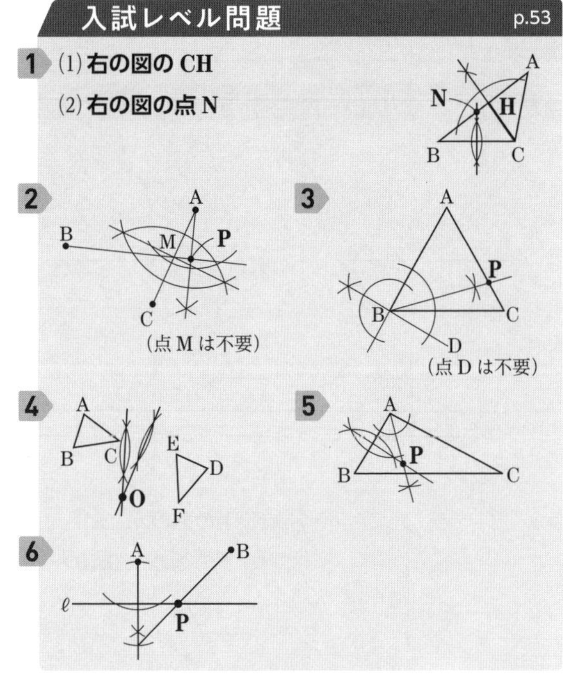

5 2辺から等しい距離にある点は、その2辺がつくる角の二等分線上にある。

また、2点から等しい距離にある点は、その2点を結ぶ線分の垂直二等分線上にある。

(作図の手順)

❶ ∠BACの二等分線を作図する。

❷線分ABの垂直二等分線を作図する。

❸❶の角の二等分線と❷の垂直二等分線との交点をPとする。

6 直線ℓについて点Aと対称な点A′をとり、線分A′Bとℓとの交点をPとすればよい。

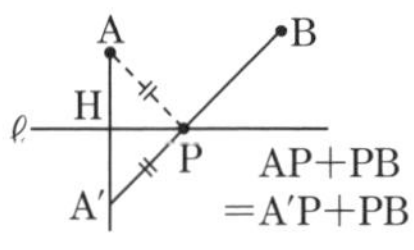

(作図の手順)

❶点Aから直線ℓへの垂線を作図する。

❷その垂線上に、AH=A′Hとなる点A′をとる。

❸ A′Bとℓとの交点をPとする。

解説

1 (1) 点Cを通る辺ABの垂線を作図し、ABとの交点をHとする。

(2) BN=CNとなる点Nは辺BCの垂直二等分線上にある。

2 線分ACの中点は、線分ACの垂直二等分線とACとの交点である。

(作図の手順)

❶線分ACの垂直二等分線を作図し、ACとの交点をMとする。

❷直線BMをかく。

❸点Aから直線BMへの垂線を作図し、BMとの交点をPとする。

3 △ABPで、∠BAP=60°、∠APB=75°のとき、

∠ABP=180°−(60°+75°)=45°

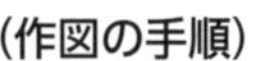

(作図の手順)

A
60°
75°
P
45°
B
C

❶点Bを通る直線ABの垂線BDを作図する。

❷ ∠ABDの二等分線を作図し、辺ACとの交点をPとする。

4 回転移動で、対応する点は回転の中心から等しい距離にあるから、線分ADの垂直二等分線と線分BE(CF)の垂直二等分線の交点をOとすればよい。

ミス対策 **必ず、対応する2点を選んで、垂直二等分線を作図すること。**

11 円とおうぎ形の計量 本冊p.54・55

基礎レベル問題 p.54

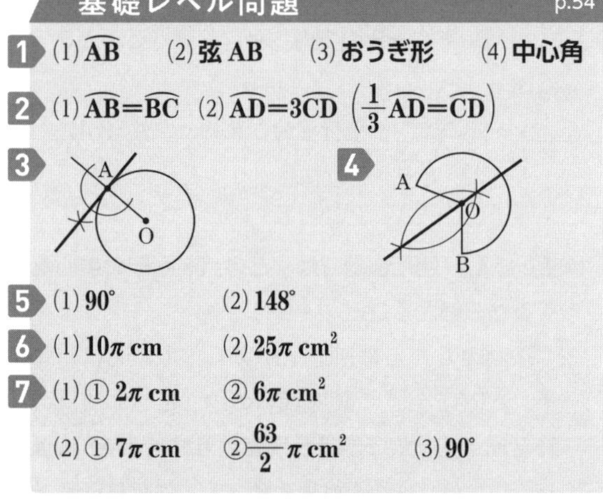

1 (1) $\overset{\frown}{AB}$ (2) **弦AB** (3) **おうぎ形** (4) **中心角**

2 (1) $\overset{\frown}{AB}=\overset{\frown}{BC}$ (2) $\overset{\frown}{AD}=3\overset{\frown}{CD}$ $\left(\frac{1}{3}\overset{\frown}{AD}=\overset{\frown}{CD}\right)$

3

4

5 (1) **90°** (2) **148°**

6 (1) 10π **cm** (2) 25π **cm²**

7 (1) ① 2π **cm** ② 6π **cm²**

(2) ① 7π **cm** ② $\frac{63}{2}\pi$ **cm²** (3) **90°**

解説

3 **円の接線は接点を通る半径に垂直**だから、半直線OAをかき、点Aを通るOAの垂線を作図すればよい。

4 おうぎ形OABは線対称な図形で、点AとBが対応するから、線分ABの垂直二等分線が対称の軸になる。∠AOBの二等分線を作図してもよい。

5 (1) 半直線PAは円Oの接線で、OAは半径だから、∠PAO=90°

(2) **ミス対策** **点Bも接点なので、∠PBO=90°**

∠AOB=360°−(90°+32°+90°)=148°

6 (2) 半径は5cmだから、面積は、$\pi\times5^2=25\pi(\text{cm}^2)$

7

memo おうぎ形の計量

弧の長さ ▶ $\ell=2\pi r\times\frac{a}{360}$

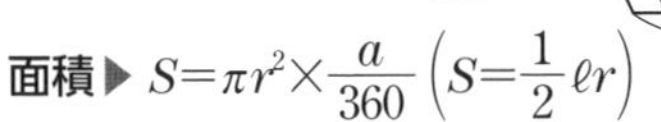

面積 ▶ $S=\pi r^2\times\frac{a}{360}\left(S=\frac{1}{2}\ell r\right)$

(1)① $2\pi\times6\times\frac{60}{360}=2\pi(\text{cm})$

② $\pi\times6^2\times\frac{60}{360}=6\pi(\text{cm}^2)$

(2)① $2\pi\times9\times\frac{140}{360}=7\pi(\text{cm})$

② $\pi\times9^2\times\frac{140}{360}=\frac{63}{2}\pi(\text{cm}^2)$

別解 (1)②と(2)②は、①で求めた弧の長さを利用して、$S=\frac{1}{2}\ell r$ にあてはめて求めてもよい。

(3) おうぎ形の面積は中心角の大きさに比例するから、中心角は **$360^\circ\times\frac{\text{おうぎ形の面積}}{\text{円の面積}}$** で求められる。$360^\circ\times\frac{25\pi}{\pi\times10^2}=360^\circ\times\frac{1}{4}=90^\circ$

入試レベル問題 p.55

1 ウ

2

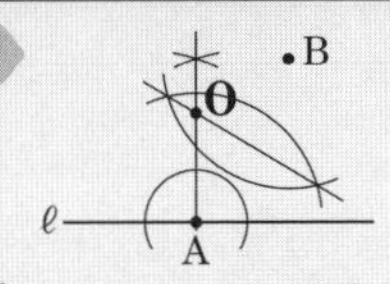

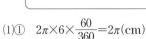

3 (1) **右の図の円O** (2) **140°**

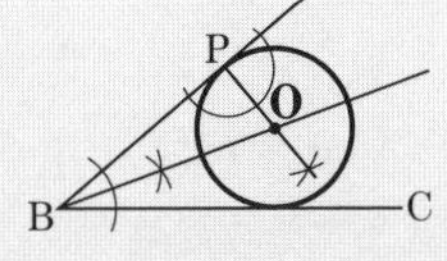

4 (1) **5π cm²**

(2) **30π cm²**

(3) **30°**

5 (1)① **$\frac{35}{9}\pi+8(\text{cm})$** ② **$\frac{70}{9}\pi\text{cm}^2$** (2) **$128-32\pi(\text{cm}^2)$**

解説

1 円の中心は、弦の両端から等距離にあるので、4点A、B、C、Dのうち、いずれか2点を結ぶ2本の弦の垂直二等分線の交点となる。弦BCの垂直二等分線と弦CDの垂直二等分線の交点は、それぞれB、CとC、Dから等距離にあるので、ウが正しい。

2 円の接線は、その接点を通る半径に垂直だから、OA⊥ℓ。また、OA=OBだから、点Oは線分ABの垂直二等分線上にある。

(作図の手順)

❶点Aを通る直線ℓの垂線を作図する。

❷線分ABの垂直二等分線を作図する。

❸❶の垂線と❷の垂直二等分線との交点をOとする。

3 (1) 点Pを通る辺ABの垂線と、∠ABCの二等分線を作図し、その交点を円の中心Oとして半径OPの円をかけばよい。

(2) $360^\circ-(90^\circ+40^\circ+90^\circ)=140^\circ$

4 (1) $\pi\times5^2\times\frac{72}{360}=5\pi(\text{cm}^2)$

(2) $\frac{1}{2}\times5\pi\times12=30\pi(\text{cm}^2)$

(3) $360^\circ\times\frac{3\pi}{2\pi\times18}=30^\circ$

memo 1つの円で、おうぎ形の弧の長さや面積は、中心角の大きさに比例する。

5 (1)① $2\pi\times9\times\frac{50}{360}+2\pi\times5\times\frac{50}{360}+(9-5)\times2$

$=\frac{35}{9}\pi+8(\text{cm})$

ミス対策 線分の長さをたし忘れないこと。

② $\pi\times9^2\times\frac{50}{360}-\pi\times5^2\times\frac{50}{360}=\frac{70}{9}\pi(\text{cm}^2)$

(2) 右の図の㋐の部分の面積は、

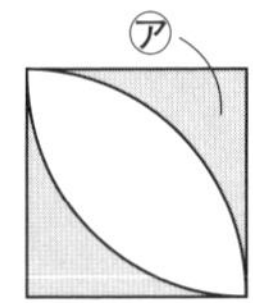

$8^2-\pi\times8^2\times\frac{90}{360}=64-16\pi(\text{cm}^2)$

したがって、

$(64-16\pi)\times2=128-32\pi(\text{cm}^2)$

12 いろいろな立体 本冊p.56・57

基礎レベル問題 p.56

1 (1) **三角錐** (2) **三角柱** (3) **四角錐** (4) **正八面体**

2 ア…**正方形** イ…**正五角形** ウ…**6**

エ…**6** オ…**12** カ…**20**

3 ア…**H** イ…**D** ウ…**A**

エ…**B** オ…**D** カ…**C**

4 縦…**10 cm** 横…**8π cm**

5 弧の長さ…**12π cm**

中心角…**216°**

6 ア…**D** イ…**B**

ウ…**D**

7 **右の図**

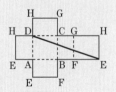

解説

1 (4) すべての面が合同な正三角形で、面が8つある多面体なので、正八面体である。

2 **memo** **正多面体** ▶ 次の5種類ある。

正四面体 正六面体 正八面体 正十二面体 正二十面体

3 面 EFGH をもとにして、順に求めていく。

4 側面の縦の長さは円柱の高さに等しい。横の長さは底面の円周に等しいから、$2\pi \times 4 = 8\pi$(cm)

5

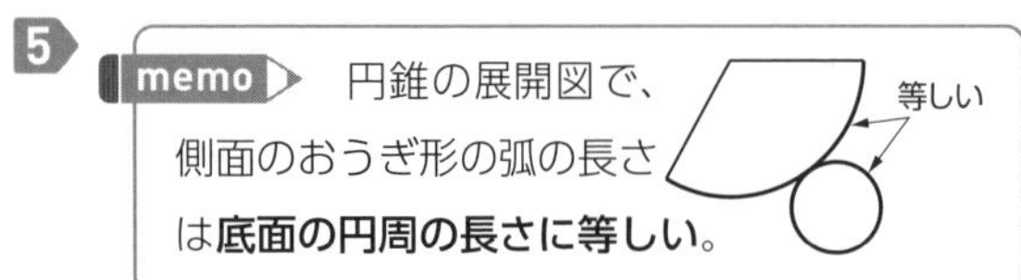

弧の長さ…$2\pi \times 6 = 12\pi$(cm) ←底面の円周に等しい

中心角…$360° \times \dfrac{12\pi}{2\pi \times 10} = 216°$

別解 中心角を $x°$ として、比例式に表して求める。

$(2\pi \times 10) : 12\pi = 360 : x$　これを解いて、$x = 216$

6 正四面体 ABCD の見取図は、右の図のようになる。展開図を組み立てたときに、どの辺とどの辺が重なるかを考えるとよい。

D(ア、ウ)　B(イ)　C　A

7 長さが最も短くなるときのひもは、展開図上では、点 D と点 E を結ぶ線分になる。

ミス対策 **通る辺に注意する。**

右の図は 2 点 D、E を結んでいるが、辺 BC、FG を通っていないので、まちがい。

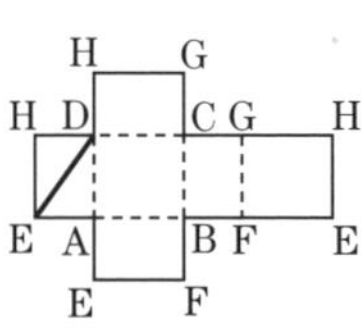

入試レベル問題　p.57

1 (1) **ア、イ、ウ、オ**　(2) **イ、オ、キ**
(3) **カ**　(4) **ア、ウ**　(5) **キ**

2 **135°**

3 (1) **正八面体**　(2) **4**　(3) **4**
(4) **頂点 E**　(5) **辺 JI**

4

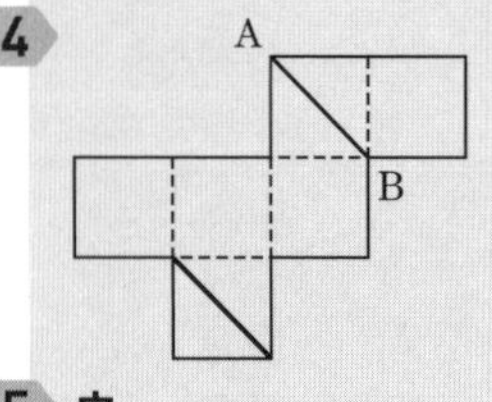

5 **ウ**

解説

2 側面のおうぎ形の $\overset{\frown}{AB}$ の長さは、底面の円の円周の長さに等しいから、$\overset{\frown}{AB} = 2\pi \times 3 = 6\pi$(cm)

また、円 O の円周は、

$2\pi \times 8 = 16\pi$(cm)

おうぎ形の弧の長さは中心角に比例するから、

中心角は、$360° \times \dfrac{6\pi}{16\pi} = 135°$

3 (1) この展開図を組み立ててできる立体は、右の図のような正八面体である。

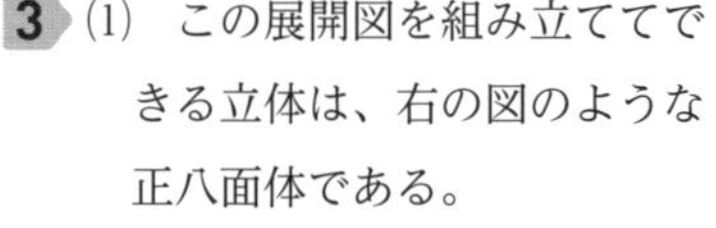

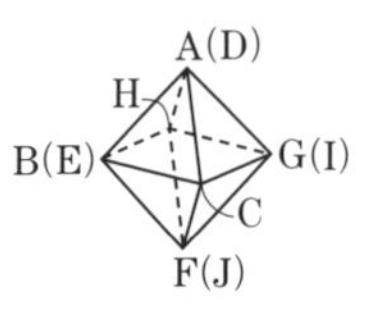

(4)(5) **ミス対策** **対応する点を、1 つずつ調べる。**たとえば、辺 HG と HI が重なることから点 G と I が重なり、それぞれのとなりの点 F と J が重なることがわかる。

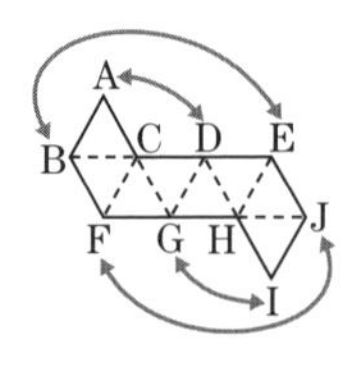

4 立方体とその展開図は、下の図のようになる。線分 AB と平行で、長さが等しくなる線分は線分 EG である。

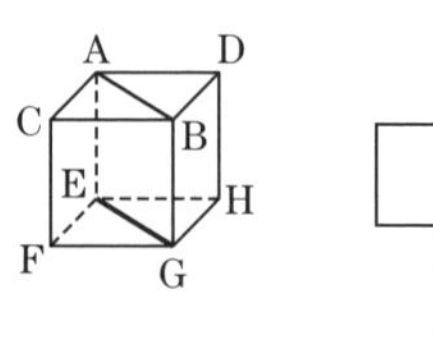

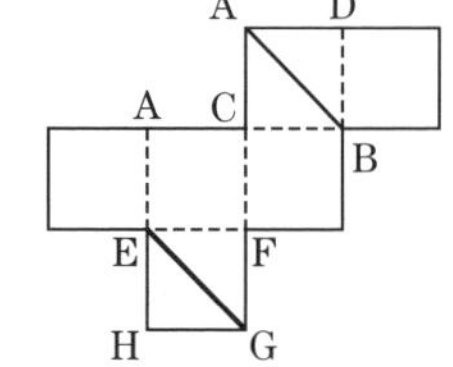

5 展開図を組み立ててできる立方体は、下の図のようになる。

ア　線分 PA は立方体の 1 辺の長さ。

イ　線分 PB は立方体の面の対角線の長さ。

ウ　線分 PC は立方体の対角線の長さ。

エ　線分 PD は立方体の面の対角線の長さ。

よって、ウが最も長い線分になる。

13 直線や平面の位置関係　本冊p.58・59

基礎レベル問題　p.58

1 (1) ○　(2) ×　(3) ×

2 (1) **辺 AE、辺 EH、辺 DH、辺 AD**
(2) **面 ABFE、面 DCGH**
(3) **辺 AE、辺 DH、辺 EF、辺 HG**

3 (1) **面 ABC、面 DEF、面 CBEF**　(2) **面 DEF**

4 ㋑、㋒

5 (1) **正しくない**　(2) **正しい**

6 (1) **円**　(2) **三角形**

7 (1) **円錐**　(2) **球**　(3) **円柱**

8 (1) **円柱**　(2) **四角錐(正四角錐)**

解説

1 memo 平面の決定条件
- 1つの直線上にない3点を通る
- 交わる2直線をふくむ
- 平行な2直線をふくむ
- 1直線とその直線上にない1点をふくむ

2 (3) ミス対策 **辺EHは辺BCと平行なので、ねじれの位置ではない。**

3 (1) 面ADFCと垂直な辺BC、EFをふくむ面を答えればよい。

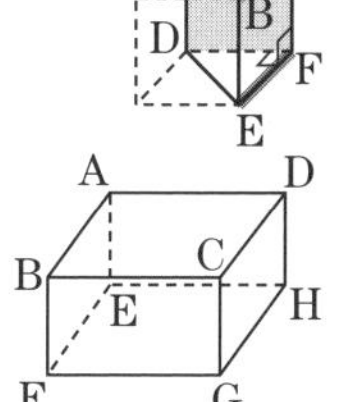

4 右の図の直方体で考える。

㋐…面ABFEに垂直な辺ADと辺BCは垂直ではないので正しくない。

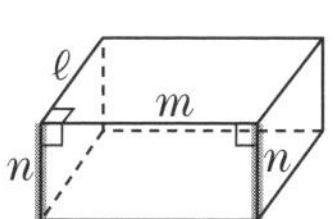

㋓…辺BCに垂直な辺ABと辺DCは垂直ではないので正しくない。

5 (1) 右の図で、ℓとnは**交わる**か、**ねじれの位置**にある。

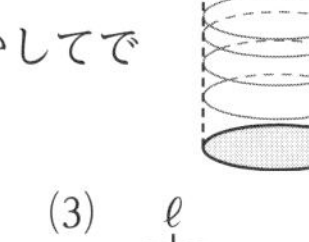

6 角柱や円柱は、底面をそれと**垂直な方向**に、一定の距離だけ**平行**に動かしてできた立体と考えられる。

7 (1)

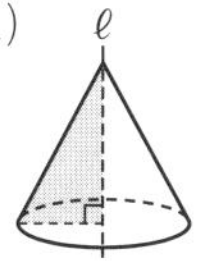

(2)

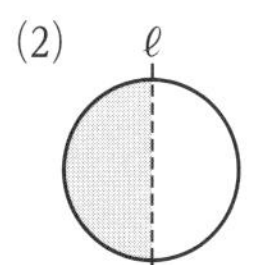

(3)

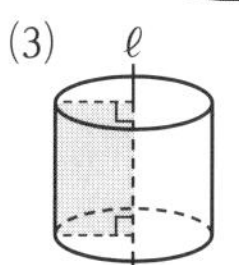

8 投影図で、上の図は**立面図**、下の図は**平面図**。

(1)

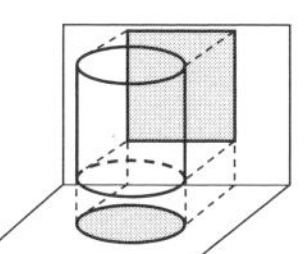

(2)

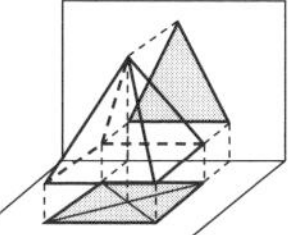

入試レベル問題 p.59

1 (1) **面ABCDE、面FGHIJ**
(2) **面BGHC、面CHID、面DIJE**
(3) **辺CH、辺DI、辺EJ**
(4) **辺CH、辺DI、辺EJ、辺GH、辺HI、辺IJ、辺JF**

2 (1) **ア、オ**　(2) **オ**　(3) **ア、エ、オ**

3 **エ**

4 (1) **イ**　(2) **オ**　(3) **エ**

5 **ウ**

解説

1 (4) ミス対策 **辺DCや辺DEは延長すると、辺ABの延長線と交わるので、ねじれの位置ではない。**

2 組み立てると右の図のような三角柱になる。

(3) 底面の直角をつくる2つの辺をそれぞれふくむ2つの面ウとエは、垂直に交わる。

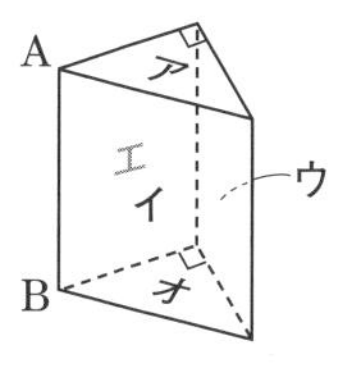

3 ア 右の図のように、平面Aと平面Bは平行であるが、直線ℓと直線mは平行でない。

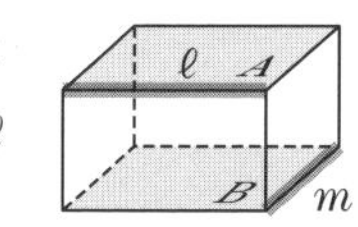

イ 右の図のように、直線ℓと直線mは平行であるが、平面Aと平面Bは平行でない。

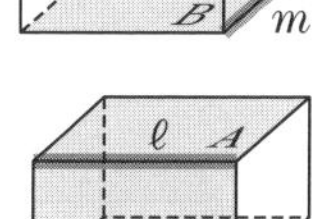

ウ 右の図のように、平面Aと平面Bは垂直であるが、直線ℓと平面Bは垂直でない。

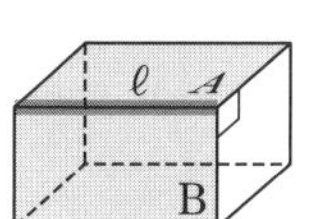

エ 右の図のように、直線ℓと平面Bが垂直であるならば、平面Aと平面Bは垂直である。

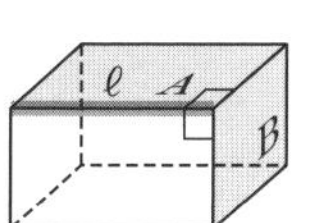

5 アは四角錐、イは球、エは円錐、オは三角柱の投影図である。

14 立体の計量

本冊p.60・61

基礎レベル問題 p.60

1 (1) **24 cm²**　(2) **288 cm²**　(3) **336 cm²**

2 (1) **16π cm²**　(2) **80π cm²**　(3) **112π cm²**

3 (1) **1500 cm³**　(2) **81π cm³**

4 (1) **4π cm²**　(2) **120°**　(3) **12π cm²**　(4) **16π cm²**

5 (1) **36 cm²**　(2) **120 cm³**

6 (1) **36π cm²**　(2) **36π cm³**

7 (1) **円柱**　(2) **128π cm³**

解説

1 (2) 側面積は、縦12 cm、横(6+10+8)cmの長方形の面積だから、$12\times(6+10+8)=288$(cm²)

(3) ミス対策 **角柱や円柱の底面は2つあることに注意。**側面積＋底面積×2＝288+24×2

2 (2) **側面の長方形の横の長さは、底面の円周の長さに等しいので、**側面積は、$10\times(2\pi\times4)=80\pi$(cm²)

(3) $80\pi+16\pi\times2=112\pi$(cm²)
側面積　底面積

3 (1) $\underline{10\times10}_{\text{底面積}}\times\underline{15}_{\text{高さ}}=1500(\text{cm}^3)$

(2) $\underline{\pi\times3^2}_{\text{底面積}}\times\underline{9}_{\text{高さ}}=81\pi(\text{cm}^3)$

4 (1) 半径 2 cm の円の面積だから、$\pi\times2^2=4\pi(\text{cm}^2)$

(2) **おうぎ形の中心角 ＝360°×$\dfrac{\textbf{弧の長さ}}{\textbf{円周}}$** より、

$360°\times\dfrac{2\pi\times2}{2\pi\times6}=120°$

(3) $\pi\times6^2\times\dfrac{120}{360}=12\pi(\text{cm}^2)$

(4) $\underline{12\pi}_{\text{側面積}}+\underline{4\pi}_{\text{底面積}}=16\pi(\text{cm}^2)$

5 (2) $\dfrac{1}{3}\times36\times10=120(\text{cm}^3)$

ミス対策 $\dfrac{1}{3}$**をかけるのを忘れないように注意。**

6

> **memo** 球の表面積と体積
>
> $S=4\pi r^2$　　$V=\dfrac{4}{3}\pi r^3$　（半径 r、表面積 S、体積 V）

(1) $4\pi\times3^2=36\pi(\text{cm}^2)$

(2) $\dfrac{4}{3}\pi\times3^3=36\pi(\text{cm}^3)$

7 (1) 右の図のような円柱ができる。

(2) 底面の半径が 4 cm、高さが 8 cm の円柱だから、

$\pi\times4^2\times8=128\pi(\text{cm}^3)$

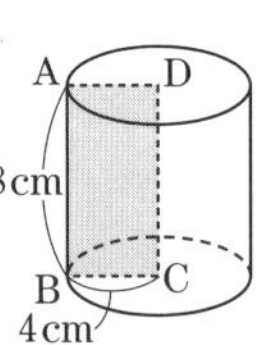

入試レベル問題　p.61

1 (1) 表面積…**138 cm²**　体積…**90 cm³**

(2) 表面積…**384 cm²**　体積…**384 cm³**

2 (1) **3 cm**　(2) **36π cm²**　(3) **45π cm²**

3 **90π cm³**

4 **24π**

5 **4 cm**

解説

1 (1) 底面は、上底 3 cm、下底 7 cm、高さ 3 cm の台形だから、底面積は、$\dfrac{1}{2}\times(3+7)\times3=15(\text{cm}^2)$

側面積は、$6\times(5+4+3+3+3)=108(\text{cm}^2)$

したがって、表面積は、$108+15\times2=138(\text{cm}^2)$

体積は、$15\times6=90(\text{cm}^3)$

(2) 側面積は、底辺 12 cm、高さ 10 cm の二等辺三角形の 4 つ分だから、$\dfrac{1}{2}\times12\times10\times4=240(\text{cm}^2)$

したがって、表面積は、$240+12\times12=384(\text{cm}^2)$

体積は、$\dfrac{1}{3}\times12\times12\times8=384(\text{cm}^3)$

2 (1) **底面の円周の長さと側面のおうぎ形の弧の長さが等しい**ことから、底面の半径を x cm とすると、

$2\pi x=2\pi\times12\times\dfrac{90}{360}$ より、$x=3$

(2) $\pi\times12^2\times\dfrac{90}{360}=36\pi(\text{cm}^2)$

(3) $\underline{36\pi}_{\text{側面積}}+\underline{\pi\times3^2}_{\text{底面積}}=45\pi(\text{cm}^2)$

3 右の図のような円柱である。

この円柱の体積は、

$\pi\times3^2\times10=90\pi(\text{cm}^3)$

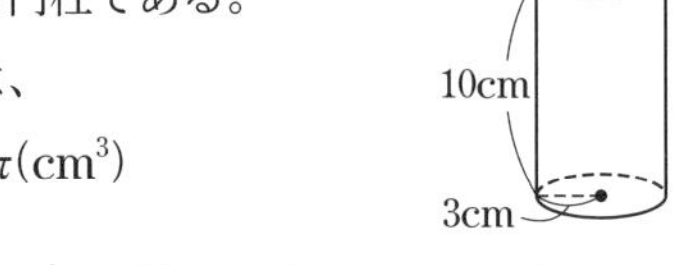

4 できる立体は、右の図のように、円柱から円錐を取り除いた立体になる。

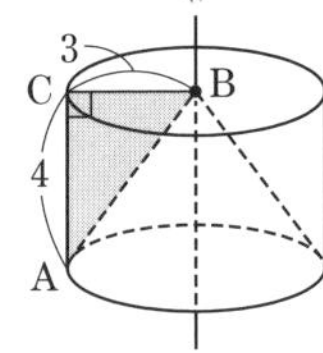

円柱の体積は、

$\pi\times3^2\times4=36\pi$

円錐の体積は、

$\dfrac{1}{3}\pi\times3^2\times4=12\pi$

よって、求める立体の体積は、

$36\pi-12\pi=24\pi$

5 正方形（ひし形）の面積は、**対角線×対角線÷2** で求められる。

正方形 ABCD の面積は、$4\times4\div2=8(\text{cm}^2)$

正四角錐の高さを h cm とすると、

角錐の体積＝$\dfrac{1}{3}$×底面積×高さ より、

$\dfrac{1}{3}\times8\times h=\dfrac{32}{3}$ より、$h=4$

15 データの活用　本冊p.62・63

基礎レベル問題　p.62

1 (1) **10 m 以上 15 m 未満（の階級）**　(2) **5 m**

(3) **17.5 m**　(4) **16（人）**

2 **右の図**

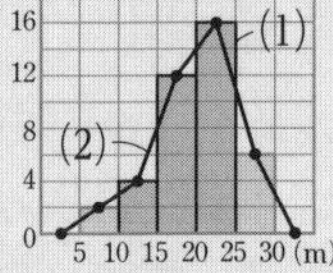

3 (1) ア…**0.10**　イ…**0.40**

ウ…**0.85**　エ…**1.00**

(2) ① **15%**　② **55%**

4 (1) ア…**47**　イ…**153**　(2) **49.4 g**

(3) **48 g 以上 50 g 未満（の階級）**　(4) **49 g**

5 (1) **5.5 cm**　(2) **25.5 cm**　(3) **26 cm**

6 (1) **0.648**　(2) **表**

解説

1 (1) 記録が10mの人は、10m以上～15m未満の階級に入っている。5m以上～10m未満ではない。以上、未満に注意すること。

(2) $10-5=5$(m)

(3) 階級値は、度数分布表で、それぞれの階級の真ん中の値だから、$\frac{15+20}{2}=17.5$(m)

2 (2) 両端の階級の左右には度数が0の階級があるものと考えて、線分を横軸までのばす。

3 (1)

> **memo** 相対度数$=\frac{\text{その階級の度数}}{\text{度数の合計}}$

ア…$\frac{4}{40}=0.10$　イ…$\frac{16}{40}=0.40$

ウ…15～20の階級の累積相対度数に、20～25の階級の相対度数を加えて、$0.45+0.40=0.85$

(2)① 表の累積相対度数より、0.15 → 15%

② $1.00-0.45=0.55$ → 55%

4 (1)ア…$47\times1=47$　イ…$51\times3=153$

(2) $\frac{494}{10}=49.4$(g)

> **memo** 平均値(度数分布表から求める場合)
> 平均値$=\frac{\text{(階級値×度数)の合計}}{\text{度数の合計}}$

(3) データの個数が10で偶数だから、中央値が入る階級は、重さが軽いほうから数えて5番目と6番目のデータが入る階級。

(4) 度数が最も多いのは48g以上50g未満の階級だから、この階級の階級値を答える。

5 データを大きさの順に並べると、

22、22.5、22.5、23、23、23.5、24、24.5、25、25.5、25.5、26、26、26、26、26.5、26.5、27、27.5

(1) **範囲=最大値−最小値**だから、$27.5-22=5.5$(cm)

(2) データの個数は19で奇数だから、中央値は、$(19+1)\div2=10$(番目)の値になる。

(3) 最も多く出てくる値は、26cm

6 (1) 表になる相対度数$=\frac{\text{表になった回数}}{\text{投げた回数}}$だから、

$\frac{518}{800}=0.6475$ → 0.648

(2) 表が出る相対度数は0.5より大きいから、表が出る確率のほうが大きい。

入試レベル問題 p.63

1 (1) ア…**0.05**　イ…**0.10**　ウ…**0.25**

エ…**0.35**　オ…**0.15**　カ…**0.10**

(2) **右の図**

相対度数
0.30
0.20
0.10
0
7.0 7.4 7.8 8.2 8.6 9.0 9.4 (秒)

(3) **1年1組のほうがよい。**

(理由例) **1年1組のグラフのほうが、全体的に左に多く分布しているから。**

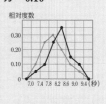

2 **イ**

3 相対度数…**0.30**　累積相対度数…**0.55**

4 $\boldsymbol{a=8}$

解説

2 ア　A中学校の最頻値は、6時間以上7時間未満の階級の階級値、B中学校の最頻値は、7時間以上8時間未満の階級の階級値。

イ　8時間以上9時間未満の階級の相対度数は、

A中学校は、$\frac{7}{30}=0.233\cdots$

B中学校は、$\frac{21}{90}=0.233\cdots$　だから、等しい。

ウ　A中学校の7時間未満の生徒の人数は、

$0+3+10=13$(人)

この割合は、$\frac{13}{30}\times100=43.3\cdots$(%)

エ　B中学校の中央値は45番目と46番目の値の平均値で、45番目の値も46番目の値も7時間以上8時間未満の階級に入っている。

3 20m以上24m未満の階級の度数は6人だから、

この階級の相対度数は、$\frac{6}{20}=0.30$

24m以上28m未満の階級の累積度数は、

$4+6+1=11$(人)

よって、28m未満の累積相対度数は、

$\frac{11}{20}=0.55$

4 6人の生徒の平均値は、

$\frac{1+3+5+a+10+12}{6}=\frac{a+31}{6}$(冊)

中央値は、3番目と4番目の値の平均値だから、

$\frac{5+a}{2}$(冊)

この2つの値が等しいから、$\frac{a+31}{6}=\frac{5+a}{2}$

これを解くと、$a=8$

理科 解答と解説

1 生物の観察、植物のからだのつくり 本冊p.66・67

基礎レベル問題 p.66

1 (1) A…**アオミドロ**　B…**ゾウリムシ**
(2) **A、C、E**　(3) **B、D**

2 (1) **単子葉類**　(2) **双子葉類**
(3) **主根**　(4) **ひげ根**

3 (1) A…**花弁**　B…**おしべ**
C…**がく**　D…**めしべ**
(2) **C→A→B→D**

4 (1) a…**柱頭**　b…**やく**
c…**胚珠**　d…**子房**
(2) **種子**　(3) ① **c**　② **d**　③ **b**

5 (1) **A**　(2) a…**胚珠**　b…**花粉のう**
(3) **裸子植物**

6 (1) A…**平行脈**　B…**網状脈**
(2) A…**ア、ウ**　B…**イ、エ**

解説

1 (1)　Cはクンショウモ、Dはミジンコ、Eはミカヅキモである。
(2)、(3)　A、C、Eの緑色の生物は**藻類**(そうるい)**とよばれるなかま**である。

> memo ミドリムシ
> ミドリムシは緑色をしていて、べん毛を使って動き回り、**植物と動物の両方の特徴**(とくちょう)をもつ。

2 (1)、(4)　**単子葉類**(たんしようるい)はひげ**根**(ね)というたくさんの細い根をもち、**葉脈**(ようみゃく)**は平行**になっている(**平行脈**(へいこうみゃく))。
(2)、(3)　**双子葉類**(そうしようるい)の根は太い**主根**(しゅこん)とそこからのびる細い**側根**(そっこん)からなり、**葉脈は網目状**(あみめじょう)になっている(**網状脈**(もうじょうみゃく))。

3 (2)　外側から、がく→**花弁**(かべん)→おしべ→めしべの順。

4 (1)　めしべの**柱頭**(ちゅうとう)の下の部分を花柱(かちゅう)という。おしべの先の小さな**袋**(ふくろ)を**やく**といい、中には花粉が入っている。
(3)　受粉(じゅふん)後、**子房**(しぼう)の部分は**果実**(かじつ)になり、**胚珠**(はいしゅ)の部分は**種子**(しゅし)になる。

5 (1)、(2) ミス対策 **りん片**(ぺん)**の形に注目。先がするどくとがっているほうが雌花**(めばな)**のりん片。**

6　被子植物は単子葉類と双子葉類に分けられ、それぞれ次のような特徴をもつ。

	双子葉類	単子葉類
子葉(しよう)の数	2枚	1枚
根	主根と側根	ひげ根
葉脈	網状脈	平行脈

入試レベル問題 p.67

1 (1) **子房**　(2) **受粉**　(3) **C**　(4) ④
(5) a…**B**　b…**C**　(6) **イ、エ**
(7) **被子植物**

2 (1) **イ**　(2) (めしべ→)**b→c→a**
(3) **ア**　(4) ① **ア**　② **ウ**

解説

1 (1)　Aは柱頭(ちゅうとう)、Bはやく、Cは胚珠である。
(4) ミス対策 マツの胚珠は雌花のりん片にあり、**子房はなく、むきだし**になっている。雄花(おばな)のりん片には**花粉**(かふん)**のう**があり、サクラのやくにあたる。
(6)　マツの花には、花弁やがく、おしべ、めしべはないが、サクラと同じ種子植物なので、種子になる**胚珠**がある。

2 (1)　**ルーペは必ず目に近づけて持つ**。観察するものが動かせるときには観察するものを動かして見やすい位置に調整し、観察するものが動かせないときにはルーペを目に近づけたまま顔ごと動かして見やすい位置に調整する。
(3)　アブラナでは、花粉がついて受粉が起こるのはめしべの先の**柱頭**(A)である。マツでは、花粉がついて受粉が起こるのは雌花の**りん片の胚珠**(C)である。なお、Bは**子房の中にある胚珠**、Dは**花粉のう**である。
(4)　**種子植物**は**被子植物**(ひししょくぶつ)と**裸子植物**(らししょくぶつ)に分けられる。被子植物は**胚珠が子房**の中にある植物であり、裸子植物は**子房がなく胚珠がむきだし**の植物である。

2 植物の分類

本冊p.68・69

基礎レベル問題

p.68

1 (1) A…**子房**　B…**胚珠**　C…**胚珠**
(2) **被子植物**　(3) **裸子植物**　(4) **種子**

2 (1) **被子植物**　(2) **子房**　(3) **双子葉類**
(4) **胞子**

3 (1) **A**　(2) **C**

4 (1) **葉**　(2) **胞子のう**
(3) **胞子**　(4) **イ**

5 (1) **A**　(2) **胞子**　(3) **コケ植物**
(4) **区別はない。**

解説

1 (4) **ミス対策** どちらも受粉後に胚珠の部分が**種子**になるが、子房のないイチョウには果実はできない。

2 (1)、(2) 種子植物は、胚珠が子房の中にある被子植物と、子房がなく胚珠がむきだしの裸子植物に分けることができる。
(3) **被子植物**は、発芽のときの**子葉が２枚**である**双子葉類**と、発芽のときの**子葉が１枚**である**単子葉類**に分けることができる。

3 (1)、(2) 雌花は新しい枝の先端につき、雌花のりん片には将来種子になる部分である胚珠がついている。

4 (1) **ミス対策** イヌワラビのからだは、**地上に出ている部分の全体が葉**で、茎は地下にある。
(3) シダ植物は、種子をつくらず、胞子でふえること以外は種子植物の特徴と似ている。

5 (1) **ミス対策** ゼニゴケの雌株と雄株は、かさのようなものの形のちがいから区別できる。
(4) コケ植物には根、茎、葉の区別がなく、水はからだ全体で吸収する。

入試レベル問題

p.69

1 (1) **種子植物**　(2) **イ、エ**　(3) **被子植物**
(4) 名称…**双子葉類**　記号…**イ**

2 (1) **胞子のう**　(2) **葉(の裏側)**　(3) **ウ**
(4) **イ**　(5) **シダ植物**

3 **エ**

解説

1 (2)、(3) A・Bは裸子植物、C～Eは被子植物。
(4) **ミス対策** Cは単子葉類、D・Eは双子葉類である。

2 (1) Aはスギゴケの雌株にできる**胞子のう**。
(2)～(4) シダ植物の胞子のうは葉の裏側にできる。

memo シダ植物とコケ植物

	シダ植物	コケ植物
ふえ方	胞子	
根・茎・葉	区別がある	区別がない
水の吸収	根から吸収	からだ全体

3 Aは子房の中に胚珠がある被子植物であり、胚珠がむきだしになっているのはBの裸子植物である。
Cは双子葉類であり、根は太い主根とそこからのびる細い側根からなる。
Dは単子葉類であり、葉脈は平行(平行脈)になっている。
Fは花弁がもとのほうでくっついている。Eは花弁が１枚１枚離れている。

3 動物の分類

本冊p.70・71

基礎レベル問題

p.70

1 (1) **脊椎動物**
(2) A…**哺乳類**　B…**両生類**
C…**鳥類**　D…**は虫類**　E…**魚類**

2 (1) **ア、ウ、エ**　(2) **ア**　(3) **イ、ウ、エ**
(4) **ウ、エ**　(5) **ウ、エ**　(6) **ア、エ**

3 (1) **無脊椎動物**　(2) **節足動物**
(3) **外骨格**　(4) **軟体動物**　(5) **外とう膜**
(6) ① **A**　② **C**

4 (1) **草食動物**　(2) **肉食動物**　(3) **卵生**
(4) **胎生**　(5) **哺乳類**　(6) **えら**

解説

1 **魚類**、**両生類**、**は虫類**、**鳥類**、**哺乳類**の５種類の**脊椎動物**をしっかり覚えておこう。
ミス対策 まちがいやすい動物に注意！
イルカ、クジラは哺乳類、ペンギンは鳥類、イモリは両生類、ヤモリはは虫類。

2 (1) ウニは**節足動物**にも**軟体動物**にもふくまれない**無脊椎動物**である。

(2) ナマコ、ミミズは節足動物にも軟体動物にもふくまれない無脊椎動物である。

(3) **外とう膜**は、軟体動物の内臓をおおうやわらかい膜である。**昆虫類**はからだが頭部・胸部・腹部の3つに分けられ、胸部や腹部には空気をとり入れる気門という穴がある。昆虫類は気門から空気をとり入れ、気管で呼吸している。

(4)、(5) クモはクモ類、ムカデはムカデ類である。

(6) 無脊椎動物である軟体動物は背骨をもたない。また、軟体動物の中には、マイマイやナメクジのように陸上で生活するものもいる。なお、水中で生活する軟体動物はえらで呼吸するが、陸上で生活する軟体動物は肺で呼吸する。

3 (2) **節足動物**のうち、A は**昆虫類**、B は**甲殻類**である。

(6)② **ミス対策** **軟体動物**のなかまには、**イカ**や**タコ**のほかに**貝のなかま**がある。貝殻は**外とう膜**の外側につくられたもので、外骨格ではない。

4 (6) **両生類**は、**子(幼生)のときはえらと皮膚で呼吸**をし、**親(成体)になると肺と皮膚で呼吸**をする。

入試レベル問題 p.71

1 (1) A…**両生類**　B…**鳥類**　E…**は虫類**
(2) **えら**
(3) **胎生**

2 (1) A…ア　B…エ　C…ウ
(2) ㋐…**哺乳類**　㋑…**は虫類**
㋒…**節足動物**

3 (1) **外とう膜**　(2) **節**　(3) エ

解説

1 (1) C は魚類、D は哺乳類である。
(2) 水中生活をする魚類は一生えら呼吸である。
(3) 胎生は哺乳類だけである。

memo 体表や卵・産卵場所・産卵(子)数

	体表	卵と産卵場所	産卵(子)数
魚類	うろこ	殻がない 水中	多い ⇕ 少ない
両生類	湿っている		
は虫類	うろこ	殻がある 陸上	
鳥類	羽毛		
哺乳類	毛	胎生	

2 脊椎動物はふえ方、呼吸などによって分類する。無脊椎動物は、外骨格、からだの節の有無で分類する。

3 (1) 軟体動物の内臓は、外とう膜というやわらかい膜でおおわれている。

(2) 節足動物である**昆虫類**や**甲殻類**は、からだやあしに**節**があり、からだが**外骨格**というかたい殻でおおわれている。これに対して、軟体動物には外骨格や節がない。

(3) ミジンコは節足動物(甲殻類)のなかまであり、クラゲ、イソギンチャク、ミミズは、節足動物・軟体動物以外の無脊椎動物のなかまである。

なお、軟体動物のなかまには、イカやアサリ(貝)のほか、タコやマイマイ、ウミウシなどもふくまれる。

4 物質の性質と気体 本冊p.72・73

基礎レベル問題 p.72

1 (1) ア、エ　(2) **非金属**
2 (1) **質量**　(2) **小さくなる。**　(3) **8.96 g/cm³**
3 (1) **空気調節ねじ**　(2) ア　(3) **B**
4 (1) **白くにごる。**　(2) **二酸化炭素**　(3) **有機物**
5 (1) ア、ウ、オ、キ　(2) エ、カ、ク
6 (1) A…**下方置換法**　B…**上方置換法**
(2) **C**　(3) **B**
7 (1) ① **A**　② **D**　③ **C**　④ **B**　⑤ **D**
(2) ① **C**　② **A**

解説

1 (1) 金属に共通する性質は、**金属光沢**がある、**電気を通し**、**熱をよく伝える**、**延性**(線状にのびる)と**展性**(うすく広がる)があることである。

2 (3) $\frac{448.0\ \mathrm{g}}{50.0\ \mathrm{cm^3}}=8.96\ \mathrm{g/cm^3}$

3 (1) 上のねじが**空気調節ねじ**、下のねじが**ガス調節ねじ**である。

(2) **ミス対策** **真上から見て、閉めるときは時計回り、ゆるめるときは反時計回りである。**

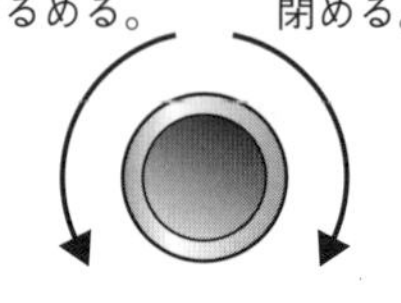

4 燃えて、二酸化炭素ができるような、炭素をふくむ物質を**有機物**という。ただし、炭素や一酸化炭素は無機物である。

5 (1) アのデンプンは熱すると、こげてやがて炭になる。さらに熱すると炎を出して燃え、二酸化炭素と水ができる。

6 (1) **ミス対策** **気体を出すガラス管の向きに着目！ガラス管が水中なら水上置換法、空気中で上向きなら上方置換法、下向きなら下方置換法。**

(3) アンモニアは**空気より軽く**、**水に非常にとけやすい気体**なので、上方置換法以外の方法では集めることはできない。

7 (2) ほかの気体の発生法は、**二酸化炭素**は石灰石にうすい塩酸を加える。**アンモニア**は塩化アンモニウムと水酸化カルシウムを混ぜて加熱する。

入試レベル問題 p.73

1 (1) **非金属**
(2) **A、D** (3) **B** (4) **A、D**
(5) **二酸化炭素**

2 (1) **メスシリンダー** (2) **18.0 cm³**
(3) **グラム毎立方センチメートル**
(4) **2.7 g/cm³** (5) **アルミニウム**

3 (1) **窒素** (2) **ア**
(3) **(CとDの気体は、A、B、Eの気体に比べて、)(例)水にとけやすい性質があるから。**

解説

1 (3) Aはとけてしたたりながらよく燃える。Bは加熱してもほとんど変化しない。Cは加熱すると赤くなって燃え、黒色の物質(酸化鉄)に変わり、気体は発生しない。Dは黒くこげて燃える。

(4)、(5) **ミス対策** 有機物が燃えると、石灰水を白くにごらせる**二酸化炭素**が発生する。

2 (2) $48.0\ \mathrm{cm}^3 - 30.0\ \mathrm{cm}^3 = 18.0\ \mathrm{cm}^3$

(4) $\dfrac{48.6\ \mathrm{g}}{18.0\ \mathrm{cm}^3} = 2.7\ \mathrm{g/cm}^3$

3 (1) 実験Ⅱから、**空気とほぼ質量が等しいので窒素**であることがわかる。

(2) **ミス対策** 実験Ⅱから、A、Cは**空気より質量が小さい**のでアンモニアか水素のいずれかとわかる。実験Ⅲから、Cは**水にとけやすい**ことがわかるので、Cがアンモニア、Aが水素である。

(3) 気体が水にとけると体積が減り、ペットボトル内の気圧が下がってペットボトルがへこむ。

5 水溶液の性質 本冊p.74・75

基礎レベル問題 p.74

1 (1) **溶媒** (2) **溶質** (3) **120 g**

2 (1) **ア、ウ** (2) **イ**

3 (1) A…**溶質** B…**溶媒** (2) **15 %**
(3) **16 g** (4) **90 g**

4 (1) **ろ過**
(2) A…**ろうと**
B…**ろ液**
(3) **ガラス棒**
右図

5 (1) **溶解度** (2) **飽和水溶液**
(3) 10 ℃…**B** 60 ℃…**A**

6 (1) **結晶** (2) **A** (3) **再結晶**

解説

1 (3) **ミス対策** **水溶液の質量＝溶質の質量＋溶媒の質量**

2 (1) **ミス対策** 塩化銅水溶液のように色のついた水溶液もあり、水溶液がすべて無色とは限らない。

(2) 水溶液の溶質は均一に散らばり、温度や水の量が変化しなければ、溶質が出てくることはない。

3 (2) $\dfrac{15\ \mathrm{g}}{15\ \mathrm{g}+85\ \mathrm{g}} \times 100 = 15\ \%$

(3) $200\ \mathrm{g} \times \dfrac{8}{100} = 16\ \mathrm{g}$

(4) 砂糖水の質量は、$10\ \mathrm{g} \times \dfrac{100}{10} = 100\ \mathrm{g}$

水の質量は、$100\ \mathrm{g} - 10\ \mathrm{g} = 90\ \mathrm{g}$

4 (3) ろ過する液がろうとの外にこぼれないように、**ガラス棒を伝わらせて静かに注ぐ**。

5 (1) **溶解度**は物質の種類と水の温度によって決まっている。

6 (2) **ミス対策** 飽和水溶液を冷やしたとき、たくさんの結晶が現れる物質は、**温度による溶解度の差が大きい物質**である。硝酸カリウムは、塩化ナトリウムよりも温度による溶解度の差が大きい。

入試レベル問題 p.75

1 (1) ①**高い** ②**変化しない**

(2) **硝酸カリウム**

(3) ①**硝酸カリウム** ② **32.3 g** ③**ろ過**

④**(水溶液を加熱して)水を蒸発させる。**

2 (1) **C**

(2) 最も多い…**C** 最も少ない…**A**

(3) ①**ウ** ②**イ**

解説

1 (1) 多くの物質(ぶっしつ)の溶解度(ようかいど)は、硝酸(しょうさん)カリウムのように、温度が高いほど大きくなるが、**塩化ナトリウムの溶解度はほとんど変化しない。**

(2) 溶解度の大きい硝酸カリウムの飽和水溶液(ほうわすいようえき)の質量(しつりょう)のほうが大きい。

(3) ② 63.9 g−31.6 g=32.3 g

④ **水にとける物質の質量は、水の質量に比例する**から、水を蒸発(じょうはつ)させれば、とけきれなくなった溶質(ようしつ)が結晶(けっしょう)となって現れる。

> **memo** **再結晶(さいけっしょう)の方法**
>
> **水溶液(すいようえき)を冷却(れいきゃく)する方法**→温度による溶解度の差が大きい物質ほどとり出せる。
>
> **水を蒸発させる方法**→溶解度に関係なく、どの固体の水溶液でもとり出せる。

2 (1) 水の温度が 60 ℃のときの**溶解度**は、物質 **A** が約 37 g、物質 **B** が約 58 g、物質 **C** が約 110 g である。水の量が 1.5 倍の 150 g になると、とける量も 1.5 倍になるので、60 ℃の水 150 g にとける物質の質量は、物質 **A** は 37 g × 1.5 = 55.5 g、物質 **B** は 58 g × 1.5 = 87 g、
物質 **C** は 110 g × 1.5 = 165 g である。

(2) 水の温度が 40 ℃のときの溶解度と 20 ℃のときの**溶解度の差が大きいほど、多くの結晶**が出てくる。

(3) ① 水の温度が 40 ℃のときの物質 **C** の溶解度は約 64 g である。水が 150 g から 10 g 蒸発しているので、140 g の水にとける物質 **C** の質量は、$64\text{ g} \times \dfrac{140\text{ g}}{100\text{ g}} = 89.6\text{ g}$

よって、出てくる結晶の質量は、
180 g − 89.6 g = 90.4 g となる。

② $\dfrac{89.6\text{ g}}{89.6\text{ g} + 140\text{ g}} \times 100 = 39.0\cdots$

よって、39 %となる。

(別解)①が解けなくても、グラフより 40 ℃における溶解度を読みとれば良い。

$\dfrac{64\text{ g}}{100\text{ g} + 64\text{ g}} \times 100 = 39.0\cdots$

よって、39 %となる。

6 物質の状態変化 本冊p.76・77

基礎レベル問題 p.76

1 (1) **状態変化** (2) **イ、ウ、カ**

2 (1) A…**気体** B…**固体** C…**液体**

(2) **質量**

3 (1) a…**固体** b…**液体**

(2) **液体から気体に変化している。**

(3) **固体が液体に変化するときの温度(氷がとけるときの温度)**

(4) A…**沸点** B…**融点**

4 (1) **液体**

(2) 固体…**D** 液体…**A、C** 気体…**B**

5 (1) **混合物** (2) **純粋な物質(純物質)**

(3) **ア**

6 (1) **出てきた気体を冷やして液体にするため。**

(2) **沸騰石** (3) **エタノール**

(4) **エタノール**

解説

1 温度によって物質の状態が固体、液体、気体に変化することを**状態変化(じょうたいへんか)**という。

2 状態変化では、物質の**粒子(りゅうし)そのものは変化しない**で、**粒子の集まり方が変わる**ため、質量は変化しないが、体積が変化する。

3 (4) **融点(ゆうてん)**は固体が液体に変化するときの温度、**沸点(ふってん)**は液体が**沸騰(ふっとう)**して気体に変化するときの温度。

4 温度が、融点より低いときは**固体**、融点と沸点の間のときは**液体**、沸点より高いときは**気体**。

(2) 20 ℃は、**A** と **C** では融点と沸点の間の温度、**B** では沸点より高く、**D** では融点より低い。

5 (3) 砂糖水のような**水溶液は水と溶質の混合物(こんごうぶつ)**。

6 (2) **沸騰石(ふっとうせき)**は、必ず加熱前に入れておく。

(4) ミス対策 エタノールの沸点(78℃)は水の沸点(100℃)より低いので、先にエタノールが沸騰して多く気体になって出てくる。

入試レベル問題 p.77

1 (1) **融点**

(2) a 点…**ア**　　b 点…**エ**　　c 点…**イ**

(3) **14 分後**

(4) **変化しない。**

2 (1) **5分後**

(2) **D→A→C→B**

(3) **蒸留**

(4) **物質の種類によって沸点がちがうから。**

解説

1 (2) 物質の融点では、**固体から液体への状態変化**が起こっている。融点より低い温度では固体、高い温度では液体の状態である。

(3) 温度が再び上昇し始めた時間である。

(4) ミス対策 純粋な物質の融点や沸点は物質固有の値で、**加熱する質量を変えても変化しない**。ただし、融点や沸点に達するまでの時間は変化する。

2 (1) ミス対策 グラフで、温度の上昇がゆるやかになる5分後から、沸騰が始まったと考えられる。

(2) 水とエタノールの混合物の**蒸留**では、**沸点が低いエタノールが先**に気体となって多く出てくる。エタノールはにおいがあり、火をつけると燃えるという性質があるので、においがするほど、また、よく燃えるほど、回収した順番が早いといえる。AとDは、におい・火をつけたときの反応がほぼ同じであるが、実験を始めたばかりの早い時間では集まる液体の体積が少ないので、Dが1本目だと考えられる。

(3)、(4) 液体を加熱して沸騰させ、出てくる気体を冷やして再び液体にする方法を蒸留という。沸点は物質の種類によって異なるため、蒸留を行うと、混合物中の物質をある程度分離することができる。

7 光と音 本冊p.78・79

基礎レベル問題 p.78

1 (1) 入射角…**イ**　　反射角…**ウ**　　(2) **等しい。**

2 (1) A…**入射角**　　B…**屈折角**　　(2) **A**

(3) **エ**　　(4) **全反射**

3 (1) A 点…**焦点**　　B の距離…**焦点距離**

(2) 下図

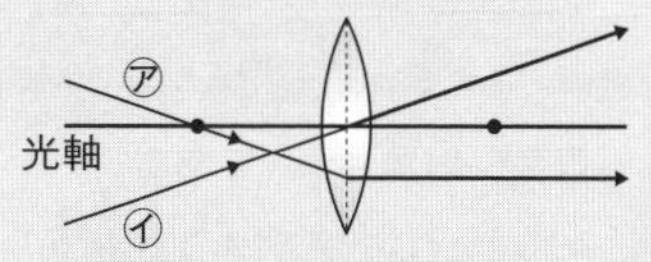

4 (1) **実像**　　(2) 向き…**上下左右の向きが逆。**

大きさ…**大きい。**

(3) ①**ア**　　②**小さくなる。**

5 **エ、オ**

6 (1) **B**　　(2) **A**　　(3) **振幅**

(4) **振動数**

解説

1 (1) 入射角、反射角は、鏡の面の垂線と光との間の角度であることに注意。

2 光が**空気→水(ガラス)**のとき、**入射角＞屈折角**

光が**水(ガラス)→空気**のとき、**入射角＜屈折角**

(4) **全反射**は、光が**水やガラスの中から空気中に進む**とき起こるが、逆に進むときは起こらない。

3 次の3つの光線の進み方は、像の作図に使うので、しっかりつかんでおこう。

①光軸に平行な光は**焦点を通る**。

②凸レンズの中心を通った光は**そのまま直進する**。

③焦点を通った光は**光軸に平行に進む**。

4 (2) ミス対策 実像の向きは、**物体と上下左右の向きが逆**で、実像の大きさは物体の位置によって決まる。

(3) ミス対策 物体を焦点から遠ざけると、実像の位置は焦点に近づき、像の大きさは小さくなる。

5 音は空気などの物体が**振動**して、**波**となって伝わり、空気などの物体が移動するわけではない。音は**固体中**や**液体中でも伝わる**が、振動する物体がなければ、音は伝わらない。

6 音の大きさは**振幅**、音の高さは**振動数**によって決まる。振幅が大きいほど音が大きく、振動数が多いほど音が高い。

入試レベル問題 p.79

1 (1) **50°**　(2) **大きい。**

(3) A…ウ　B…エ

2 (1) **実像**

(2) 位置…**遠ざかる。**　大きさ…**大きくなる。**

(3) **虚像**　(4) **大きい。**

3 (1) **150 Hz**　(2) **ア**

解説

1 (1) 入射角(にゅうしゃかく)＝反射角(はんしゃかく)＝50°である。

(2)、(3) Aのときは、**入射角＞屈折角(くっせつかく)**

Bのときは、**入射角＜屈折角**

2 (2) ミス対策 **実像(じつぞう)の位置や大きさは、焦点距離(しょうてんきょり)の2倍の位置を中心につかんでおこう。**

物体の位置	像の位置	像の大きさ
①焦点距離の2倍	焦点距離の2倍	物体と同じ
②焦点と2倍の間	2倍の位置の外	物体より大
③2倍の位置の外	焦点と2倍の間	物体より小

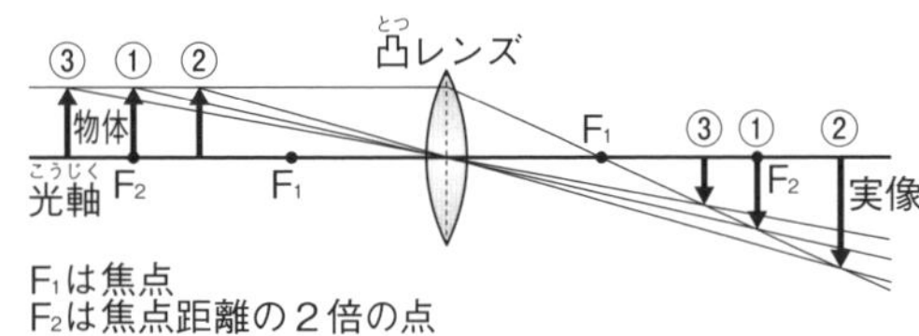

(3)、(4) 虚像(きょぞう)は物体より大きく、同じ向きである。

memo 虚像の作図

凸レンズの中心を通る光と焦点を通る光を逆に延長し、その交点が虚像のできる位置。

凸レンズ
虚像
物体
光軸　焦点　焦点

3 (1) 図より、横軸の2目盛り(0.02秒)の間に3回振動(しんどう)していることがわかる。よって、**1秒間に振動する回数(振動数(しんどうすう))**は、3 ÷ 0.02 s = 150 Hz

(2) 高い音ほど振動数は多くなるので、同じ時間内に見られる山の回数が多い**ア**の波形になる。**イ**の波形は低い音、**ウ**と**エ**の波形は同じ高さで大きさが異なる音を表している。

8 力のはたらき　本冊p.80・81

基礎レベル問題 p.80

1 (1) **重力**　(2) **3 N**

2 (1) **弾性力**　(2) **6 cm**　(3) **比例の関係**

3 (1) ①**イ**　②**ア**　③**ウ**　(2) **ウ**

4 (1) ①**等しい**　②**(同)一直線**　③**反対(逆)**

(2) **a、b**

5 (1) **質量**　(2) **300 g**　(3) **1 cm**

6 **イ**

解説

1 (2) 図の矢印の長さは1.5 cm。1 Nを0.5 cmで表すから、1.5 cmの長さは3 Nを表す。

2 (1) のびたばねがもとにもどろうとする**弾性力(だんせいりょく)**(弾性の力)である。

(2) 図2のグラフを読みとると、0.8 Nのとき、ばねののびは6 cmである。

(3) グラフは**原点を通る右上がりの直線**なので、**力の大きさとばねののびは比例する**ことがわかる。

3 (1) ① 物体の運動をさまたげようとする力で、**摩擦力(まさつりょく)**である。

② 物体に外から力を加えて変形させても、もとにもどろうとする性質を**弾性**といい、弾性によって生じる力を**弾性力**という。

③ 磁石の極の間ではたらき合う力を、**磁力(じりょく)**という。

(2) 重力(じゅうりょく)や磁力、**電気の力**(＋の電気と－の電気の間ではたらき合う力)などは、離(はな)れていてもはたらく力である。

4 (1) 2力がつり合うためには、**大きさが等しく向きが反対で、2力が一直線上**にあることが必要である。

(2) 「**2力のつり合い**」は1つの物体にはたらく2力だから、本にはたらく力aと力bがつり合いの関係にある。

5 (1) 上皿てんびんではかることのできる**物体そのものの量**を**質量(しつりょう)**という。

(2) 質量は月面上でも地球上と変わらないので、300 gの分銅とつり合う。

(3) ミス対策 月面上での重力(じゅうりょく)は地球上の$\frac{1}{6}$になるので、ばねののびも$\frac{1}{6}$になる。

よって、$6\,\mathrm{cm} \times \frac{1}{6} = 1\,\mathrm{cm}$

6 2力がつり合うためには**4**の(1)の3つの条件が必要であるので、イだけがつり合っている。

入試レベル問題 p.81

1 (1) (2)

机 本 物体 ひも 引く。

2 (1) A…**3 cm** B…**1.5 cm** (2) **1.0 N**

(3) **ばね B**

3 (1) **1.0 cm** (2) **4倍**

解説

1 (1) 長さ4目盛りの矢印を、机の面から**上向き**にかく。

(2) 摩擦力は**物体が動く向きとは逆向き**にはたらく。長さ5目盛りの矢印を左向きにかく。

2 (2) ばね B のグラフから、ばねののびが 2.5 cm のとき、力の大きさは 1.0 N である。

(3) たとえば、ばねののびが 2 cm のとき、ばね A には 0.4 N、ばね B には 0.8 N の力がはたらく。

3 (1) 質量 20 g の磁石にはたらく重力の大きさは、20 g ÷ 100 g/N = 0.2 N となる。よって、**図1**のグラフより、ばねののびは 1.0 cm になる。

(2) 磁石 A にはたらく力では、ばねが磁石 A を引く上向きの力が、磁石 A にはたらく下向きの重力(0.2 N)と磁石 B が磁石 A を引く下向きの磁力の和とつり合っている。

・磁石 A と磁石 B の距離が 2.0 cm(ばねののびは 5.0 cm)のとき、ばねが磁石 A を引く力は、**図1**のグラフより 1.0 N なので、磁石 B が磁石 A を引く磁力は、
1.0 N − 0.2 N = 0.8 N になる。

・磁石 A と磁石 B の距離が 4.0 cm(ばねののびは 2.0 cm)のとき、ばねが磁石 A を引く力は、**図1**のグラフより 0.4 N なので、磁石 B が磁石 A を引く磁力は、
0.4 N − 0.2 N = 0.2 N になる。

よって、0.8 N ÷ 0.2 N = 4倍である。

9 火山と火成岩 本冊p.82・83

基礎レベル問題 p.82

1 (1) **マグマ** (2) **プレート**

(3) ①**火山灰** ②**溶岩**

2 (1) **B→A→C** (2) **B**

3 (1) **鉱物**

(2) A…**長石** B…**黒雲母**

4 (1) **火成岩** (2) 火山岩…**イ** 深成岩…**ア**

5 (1) **等粒状組織** (2) **深成岩** (3) **イ、ウ**

6 (1) **斑状組織** (2) A…**斑晶** B…**石基**

(3) **火山岩**

解説

1 マグマは、プレートが沈(しず)みこむ地下深くでつくられ、火山ができる。

2 (1) マグマの**ねばりけが大きいほど流れにくい**ので、盛り上がった形の火山になる。

(2) マグマのねばりけが大きいほど白っぽい。

> memo 代表的な火山
> **傾斜がゆるやか**→マウナロア(ハワイ)
> **円すい形**→富士山、桜島、浅間山
> **盛り上がった形**→昭和新山、雲仙普賢岳(うんぜんふげんだけ)

3 (1) 鉱物(こうぶつ)はマグマの成分が結晶(けっしょう)になったもの。

(2) 鉱物には、A のような**無色鉱物**と、B のような**有色鉱物**がある。

4 (2) ミス対策 **マグマが急に冷える**か、**ゆっくり冷える**かによって、つくり(組織)の異なる火成岩(かせいがん)ができる。

5 (1) マグマの成分がすべて結晶に成長し、**ほぼ同じ大きさの結晶**がすきまなく並んだつくりを**等粒状(とうりゅうじょう)組織(そしき)**という。

(3) おもな深成岩(しんせいがん)は、**花(か)こう岩(がん)**、**せん緑岩(りょくがん)**、**斑(はん)れい岩(がん)**の3種類である。

6 (1)、(2) 結晶にならなかった**石基(せっき)**の中に、**斑晶(はんしょう)**(大きな結晶)が散らばっているつくりを**斑状組織(はんじょうそしき)**という。

(3) おもな火山岩(かざんがん)は、**流紋岩(りゅうもんがん)**、**安山岩(あんざんがん)**、**玄武岩(げんぶがん)**の3種類である。

ミス対策 深成岩と火山岩は、石基（結晶になっていない部分）の有無で区別しよう！

入試レベル問題 p.83

1 (1) **a、c、e、f**　(2) a…**カクセン石**　b…**長石**　(3) **黒っぽくなる。**

2 (1) A…**玄武岩**　B…**花こう岩**

(2) a…**長石**　b…**輝石**　(3) ㋑

(4) **地下の深い場所**

3 (1) **イ**　(2) ①**ア**　②**ウ**

解説

1 細長い柱状の有色鉱物はカクセン石、白色の鉱物は長石である。

2 (2) aはすべての火成岩にふくまれているので長石、bは短い柱状で斑れい岩やせん緑岩にふくまれているので輝石である。

(4) 等粒状組織をもつせん緑岩は、マグマが地下深くでゆっくり冷えてできたものである。

3 (1) 火山の形や火山灰の色は、**マグマのねばりけ**によって異なる。図1は、マグマのねばりけが強い順に、A→C→Bである。また、火山灰の色は、**マグマのねばりけが強いものほど白っぽくなる。**

(2) マグマのねばりけが強いと内部でできた気泡がぬけにくく、爆発的な噴火になることが多い。

10 地震

本冊p.84・85

基礎レベル問題 p.84

1 (1) **震源**　(2) **震央**

2 (1) A…**初期微動**　B…**主要動**

(2) A…**P波**　B…**S波**

(3) **初期微動継続時間**　(4) **(波の)速さ**

3 (1) **10秒**　(2) **B**　(3) **B、C、A**

4 (1) **ゆれの大きさ**　(2) **10段階**

(3) 大きさ…**大きくなる。**　範囲…**広くなる。**

(4) **マグニチュード**

5 (1) **断層**

(2) A…**横に引っ張る力**　B…**横から押す力**

6 (1) **海溝**　(2) **はね返る(反発する)とき**

解説

1 (2) 地震が発生したとき、震央は**地表で最も早くゆれ始める地点**である。

2 (2) **ミス対策** P波は、Primary Wave（最初の波）、S波は、Secondary Wave（2番目の波）からとったもの。

3 (2) 主要動のゆれが最も大きい地点である。

(3) 初期微動継続時間の長さは、**震源からの距離にほぼ比例する**ので、Bが震源に最も近く、Aが震源から最も遠い。

4 (1) **震度**は主要動のゆれの大きさを示したもの。

(2) 震度は、0、1、2、3、4、5弱、5強、6弱、6強、7の10段階に分けられている。

5 (1)、(2) **ミス対策** **横に引っ張る力によってできる断層を正断層、横から押す力によってできる断層を逆断層という。**

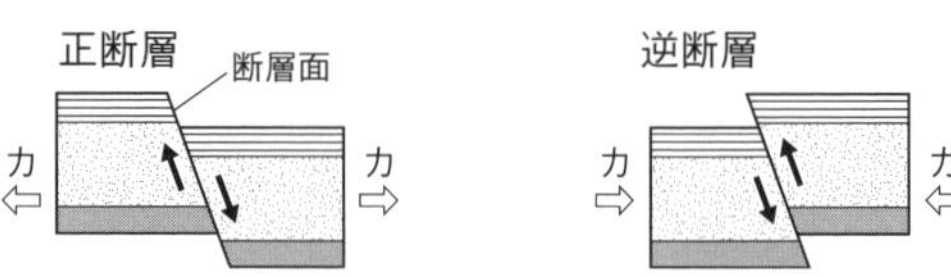

6 (2) 引きずりこまれたBのプレートが、反発してはね返ったときに発生する振動が地震である。

入試レベル問題 p.85

1 (1) **B**　(2) **6 km/s**　(3) **長くなる。**

(4) **同心円**　(5) **6時42分55秒**

2 (1) **ウ**　(2) **イ**

3 (1) **ウ**　(2) **深くなっている。**

(3) **津波**

4 **ウ**

解説

1 (1) 主要動のゆれの大きさを比べる。

(2) P波は、地震の発生から10秒後に60 kmの地点に達しているから、P波の速さは、

$$\frac{60\text{ km}}{10\text{ s}} = 6\text{ km/s}$$

(4) 地震の波は、地質が同じ地域では一定の速さで伝わるから、ゆれ始めの等しい地点を結ぶとほぼ震央を中心に同心円状になる。

(5) B地点では、地震が発生してから10秒後にゆれ始めたから、地震が発生した時刻は、6時43

分 05 秒の 10 秒前である。

memo 地震の波の速さを求める式

$$速さ〔km/s〕=\frac{震源からの距離〔km〕}{地震発生から地震の波が到着するまでの時間〔s〕}$$

2 (1) ふつう、震度が最も大きい地点の近くに震央がある。

(2) 震度は、**地震のゆれの大きさ**を表し、10 段階に分けられる。震度は地盤によって異なり、震央から同じ距離でも同じ震度になるとは限らない。

3 (1) 巨大地震はプレートの境界で発生しやすい。

(2) 大陸プレートの下に沈みこむ海洋プレートに沿うように震源が分布している。

4 図の地震計は、おもりをばねでつるしているので、おもりと針は地震のゆれの影響を受けにくくなる。

11 地層と堆積岩 本冊p.86・87

基礎レベル問題 p.86

1 (1) **泥、砂、れき**　(2) **れき**　(3) **A**

2 (1) **F 層**　(2) **粒の大きさ**　(3) **D 層**

3 (1) A…**砂岩**　B…**泥岩**　C…**れき岩**
(2) **粒の大きさ**　(3) **流水(川の水)**

4 (1) **示相化石**　(2) ① **B**　② **A**　③ **D**

5 (1) **示準化石**
(2) A…**中生代**　B…**新生代**　C…**古生代**

6 (1) **しゅう曲**　(2) **海岸段丘**　(3) **B**

解説

1 (1) 砂は直径 0.06～ 2 mm の粒。砂より大きい粒がれき、小さい粒が泥である。

(3) ミス対策 **粒が大きいものほど速く沈む**ので、海岸近くにはれきが堆積する。

2 (1) 下の層ほど古く、上の層ほど新しい。

(2) 砂、泥、れきは粒の大きさで区別される。

(3) 地層の中に**火山灰**や**凝灰岩**の層があるとき、火山活動があったことを示す。

3 **れき岩**、**砂岩**、**泥岩**は、流水のはたらきによって運ばれたれき、砂、泥が海底に堆積してできたものである。これらの堆積岩は**粒の大きさで区別する**ことができる。

4 代表的な**示相化石**である。それぞれ推定できる生活環境を覚えておこう。

5 代表的な**示準化石**である。ほかにフズリナ(古生代)、恐竜(中生代)、マンモス(新生代)などがある。

6 ミス対策 A のしゅう曲は両側から押しつける**大きな力がはたらき続けてできた地層**。B の海岸段丘は、**土地が急激に隆起する**ことがくり返されて、平らな海底が地表に現れてできた地形である。

入試レベル問題 p.87

1 (1) **露頭**　(2) **柱状図**　(3) **A 層**
(4) **C 層**　(5) **うすい塩酸**
(6) 記号…**B、D**　名称…**かぎ層**

2 (1) 示準化石…**B、C、D**　示相化石…**A、E**
(2) **ウ**　(3) **C**

3 (1) **イ**　(2) ① **遠く**　② **近づいた**

解説

1 (3) 粒が小さいものほど沈みにくいので、岸から離れるほど小さい粒が堆積する。一方河口や岸に近いほど大きい粒が堆積。

(5) **石灰岩**は**炭酸カルシウム**の殻をもつ生物の死がいなどが堆積して固まった岩石である。塩酸と反応して二酸化炭素が発生する。

(6) **火山灰**は同じときに広範囲に堆積する。離れた地層を比較するとき、火山灰の層はよい目印になる。このような層を**かぎ層**という。ほかに同じ**示準化石をふくむ層**もかぎ層となる。

2 アサリ、サンゴは示相化石である。フズリナは古生代、恐竜は中生代、ナウマンゾウは新生代のそれぞれ代表的な示準化石である。

(2) ミス対策 **ア**は**示準化石**として、**ウ**は**示相化石**として、それぞれ適している生物の条件である。

3 (1) 地下の岩石が大きな力を受けて破壊され、ずれ動いたものを**断層**という。

(2) A 層～C 層の堆積の順番は、C 層→B 層→A 層であり、粒子の大きさが大きくなっていくので海岸線に近づいていったと考えられる。

社会 解答と解説

1 世界のすがた

本冊p.90・91

基礎レベル問題 p.90

1 (1) 3　(2) X－**ユーラシア**　Y－**南アメリカ**

(3) A－**インド洋**　B－**太平洋**　(4) **ア**

2 (1) **赤道**　(2) **イ**　(3) **本初子午線**　(4) **ウ**

3 (1) X－**ヨーロッパ**　Y－**オセアニア**

(2) **ア**　(3) **経線(緯線)**

4 (1) **エ**　(2) **イ**　(3) **エクアドル**

(4) 国－**カナダ**　州－**北アメリカ**

(5) **中国(中華人民共和国)、インド**(順不同)

解説

1 (1)　太平洋は、陸地すべての合計面積よりも広い。

(4)　この地図は経線と緯線が直角に交わるメルカトル図法による地図で、航海図などに利用されるが、距離・面積・形や方位は正しく表せない。

2 (4)　本初子午線はイギリスの首都ロンドンにある旧グリニッジ天文台を通る経度0度の経線。

3 (1) **ミス対策** **オセアニア州を「オーストラリア州」としないように注意！**

(3)　アフリカ大陸がヨーロッパ諸国の植民地支配を受けた際、経線と緯線にそって境界線を引かれたため、現在でも直線的な国境線が多い。

4 (1)　イのオーストラリアは島ではなく、大陸である。

入試レベル問題 p.91

1 (1) **C→A→B→D**　(2) **あ**

(3) **南極大陸**　(4) **ウ**

2 (1) ① **B**　② **C**　③ **D**　④ **A**　(2) **W**

解説

1 (1)　中心からの距離・方位が正しく描かれた**地図Ⅱ**中の同心円を読み取る。東京から最も距離が遠い地域は、南アメリカ大陸の東岸である。

(2)　**地図Ⅱ**で東京からAまでを結ぶ直線が最短距離となる。この線は、ユーラシア大陸の北部を通ることがわかる。

(3)　南極大陸には南緯90度の地点がある。

(4)　東京を通る経線は、東京から見て北と南の方位を示す線でもあり、方位が正しく表された**地図Ⅱ**においては直線となる。

2 (1)　①インドはヒマラヤ山脈をはさんで中国に隣接している。②イタリアは地中海に面し、国土は長靴のような形である。③チリの西側は太平洋に面し、東側はアルゼンチンと国境を接している。④タイの北部はインドシナ半島に位置し、南部にはマレー半島がのびている。

(2)　Bのインドは、人口・面積とも最大であるWのアジア州に含まれる。人口・面積とも第2位のXはアフリカ州、人口・面積とも最下位のZはオセアニア州、残るYは北アメリカ州である。

2 日本のすがた

本冊p.92・93

基礎レベル問題 p.92

1 (1) ① **イ**　② **エ**　(2) a－**ア**　b－**イ**

(3) **極東**

(4) 西端－**与那国島**　南端－**沖ノ鳥島**

(5) X－**北方領土**　Y－**ロシア**

(6) A－**領土**　B－**領海**　C－**領空**　(7) **200**

2 A－**7**　B－**1**　C－**14**

3 (1) **愛**　(2) ① **九州**　② **近畿**　③ **東北**

(3) **北陸**　(4) **ウ**

解説

1 (1)　日本とほぼ同じ緯度の国は、中国、イラン、地中海沿岸の国々、アメリカ合衆国などである。ほぼ同じ経度にある国は、ロシアと中国の東部、パプアニューギニア、オーストラリアなど。オーストラリアのほぼ中央を、日本の標準時子午線である東経135度線が通る。

(2)　北緯20度はアフリカ大陸北部、東経154度はオーストラリア大陸東部の沖にあたる。

(4) **ミス対策** **日本の南端は沖ノ鳥島！南端を南鳥島としないように。南鳥島は東端。**

(5)　北方領土は日本固有の領土であるが、第二次世界大戦末期にソ連に占領され、ソ連解体後はロシアが不法に占拠している。

(6)　B日本は領土の海岸線から12海里(約22km)を領海と定めている。

(7) 200海里は約370km。

2 0度と日本の標準時子午線である東経135度の間が9等分されているので、経線は15度おきに引かれている。Aは東経30度に位置するので、(135－30)÷15により7時間、Bは東経150度に位置するので、(150－135)÷15により1時間、Cは西経75度に位置するので、(75＋135)÷15により14時間の時差となる。

3 (1) Aは愛媛県、Bは愛知県。

(3) 北陸には新潟県・富山県・石川県・福井県が含まれる。

(4) かつては大阪府が面積最小であったが、大阪湾岸の埋立地の増加により香川県が最小となった。

入試レベル問題 p.93

1 (1)①**ウ** ②**ウ→イ→ア→エ**

(2)①**ウ** ②**エ**

③(解答例) **日本の排他的経済水域が減少し、水域内の水産資源や鉱産資源の権利を失う。**

2 (1) **島根県** (2) **エ** (3) **ウ**

解説

1 (1) ①日付変更線のすぐ西にある場所が、最も早く1日を迎える。②ウは1時間、イは3時間半、アは8時間、エは17時間の日本との時差がある。

(2) ①Cは沖ノ鳥島、Dは与那国島。②北方領土は、択捉島・国後島・色丹島・歯舞群島をいう。③排他的経済水域は、海岸線から200海里以内で、領海を除く海域。排他的経済水域内の水産資源や鉱産資源は、沿岸国のものとなる。

2 (1) あの秋田県、いの静岡県、うの福井県は県名と県庁所在地名が同じである。えの島根県の県庁所在地は松江市。

ミス対策 **愛媛県の県庁所在地は松山市。松江市と混同しないように。**

(2) Aは関東地方。三重県は近畿地方、静岡県は中部地方、岡山県は中国・四国地方に含まれる。

(3) 日本政府は1895年に、尖閣諸島が自国の領土であることを宣言して、沖縄県に編入した。

3 世界の気候とくらし 本冊p.94・95

基礎レベル問題 p.94

1 (1)**ア** (2)**ウ** (3)**イ** (4)**焼畑農業**

2 (1)**イ** (2)**エ** (3)**ア** (4)**エ**

3 (1)**ウ** (2)**ア** (3)**エ** (4)**イ**

解説

1 (1) 高床の住居は熱帯の地域で多くみられる。地面から床を高くすることによって、湿気を防ぐことができるほか、増水に備えることもできる。

(3) 写真はモンゴルの遊牧民が住む、ゲルと呼ばれる組み立て式の住居。遊牧民は移動しながら生活をするため、移動しやすいように組み立て式の住居を使っている。

(4) 焼畑を行った区画の土地の栄養分がおとろえる前に栽培をやめ、別の場所に移動して新たに焼畑を行う。移ったあとの区画はゆっくりと森林が再生していく。

2 (1) イのヒンドゥー教は、インドの民族宗教。

(2) アはキリスト教、イはヒンドゥー教、ウは仏教の説明。

(3) **ミス対策** **牛肉を食べないのはヒンドゥー教徒！** ヒンドゥー教では牛は神聖なものとされている。

(4) ドイツはキリスト教徒、イランはイスラム教徒、インドはヒンドゥー教徒が多い国。

3 (1) イスラム教では、女性が人前で肌を出すことを禁じているため、イスラム教徒の女性は写真のような全身をおおう服を身につけている。

(2) 写真Ⅱの衣服はサリーとよばれ、インドやネパール、スリランカなどの女性が身につけている。

(3) アルパカは、その毛が寒さを防ぐためのポンチョなどの衣服の材料とされる。アンデス山中ではリャマも飼育されている。

(4) ア・イ・ウが三大穀物である。米は炊いたり蒸したりして食べる。とうもろこしはひいた粉がトルティーヤなどの原料となる。

入試レベル問題　p.95

1 (1)①**ウ**　②(解答例)**湿気を防ぐため。**

(2)〔例〕**降水量が少なく、樹木が育ちにくい地域**

(3)A－**ア**　B－**イ**　C－**エ**　D－**ウ**

(4)**ア・ウ**(順不同)

2 (1)①**B**　②**A**　③**C**　(2)②

解説

1 (1)　写真は、東南アジアや南アメリカなどの熱帯地域でみられる高床の住居。ヤシの葉や竹などを材料につくられている。

(2)　日干しれんがは土をこねて固め、太陽の熱で乾かしたもの。樹木が育ちにくい乾燥帯の地域で住居の材料とされている。

(3)　Aのアテネは夏に高温乾燥、冬に比較的降水量の多い地中海性気候。Bのカイロはほとんど雨が降らず年平均気温は20℃をこえる砂漠気候。Cのリマはほとんど雨が降らない砂漠気候。南半球にあるため、北半球とは季節が逆になる。Dのニューヨークは日本と同じ温暖湿潤気候。

(4)　なつめやしと小麦は乾燥に強い農作物である。イのキャッサバは熱帯、エの米は温帯を中心に熱帯・冷帯でも栽培されている。

2 (1)　①は仏教、②はキリスト教、③はイスラム教。仏教は東アジアや東南アジアのインドシナ半島の国々などに分布している。キリスト教はヨーロッパ、南北アメリカ、オセアニアの国々などに分布している。イスラム教は中央アジアから西アジア、北アフリカにかけての国々と、東南アジアのインドネシア、マレーシアに分布している。

(2)　①の仏教は経、③のイスラム教はコーランを教典としている。

4 アジア州・ヨーロッパ州のようす　本冊p.96・97

基礎レベル問題　p.96

1 (1)①**ラオス**　②**カザフスタン**　③**イラク**

(2)**季節風(モンスーン)**　(3)**米**　(4)**エ**

(5)**石油(原油)**　(6)**エ**　(7)**ASEAN**

2 (1)**フィヨルド**　(2)**キリスト**

(3)**エ**　(4)**ユーロ**　(5)**イ**　(6)**ア**　(7)**イ**

解説

1 (1)　①東南アジアのメコン川は、ラオスとタイの国境を流れている。②中央アジアのカスピ海は、面積が最大の湖。③ペルシア湾の周辺には、イラク・サウジアラビアなどの産油国がある。

(2) **ミス対策** **季節風の風向きをおさえておこう！**
季節風は、夏は海洋から大陸に向かって吹き、冬は反対に大陸から海洋に向かって吹く。

(3)　米は、輸出量ではインドが世界一で、生産量では中国が世界一。

(4)　プランテーションでは熱帯性の作物を生産するので、小麦はあてはまらない。

(5)　サウジアラビアは、石油の埋蔵量・生産量ともに世界有数。

(6)　インド南部のベンガルールでは、アメリカとの約半日の時差を利用して、シリコンバレーのICT企業と協力して、24時間体制でソフトウェアなどの開発を行っている。

(7)　東南アジア諸国連合(ASEAN)では、域内の関税を撤廃している。

2 (1)　フィヨルドは波が静かで水深も深いので、港として利用され、大型船の航行も可能である。

(2)　おもにカトリック・プロテスタント・正教会の３つの宗派がある。

(3)　永世中立国であるスイスは、EUに加盟していない。

(5)　アメリカの航空機に対抗するため、EU加盟国が共同で航空機を製造するようになった。

(6)　地中海沿岸の国々が上位にきていることから、オリーブと判断する。ぶどうの生産量も地中海沿岸の国々が上位だが、中国とアメリカ合衆国も上位にくる。

(7)　ヨーロッパには熱帯雨林地域がない。

入試レベル問題　p.97

1 (1)**ヒマラヤ**　(2)**B**　(3)**漢族(漢民族)**

(4)①**B**　②**A**　③**C**

2 (1)**B**　(2)**エ**　(3)**ア**

解説

1 (2)　Aはサウジアラビア、Bはインド、Cは中国、Dはマレーシア。ヒンドゥー教はインドの民族宗教で、ネパールやスリランカにも広がっている。

(3) 漢族をのぞく残り1割の人口に、50種を超える少数民族が含まれている。

(4) ①Bインドの ICT 産業の発展には、数学教育が進んでいることも背景にある。③Cの中国では、経済特区における税金を優遇するなどして外国企業を誘致している。

2 (1) ラテン系言語はヨーロッパ南部に分布している。Aはゲルマン系言語、Cはスラブ系言語。

(2) イギリスの首都ロンドンは、北海道の札幌よりも北に位置するが、北大西洋海流と偏西風の影響で、冬でも平均気温は5℃を下回らない。

(3) スウェーデンやデンマーク、東ヨーロッパの多くの国々がユーロを導入しておらず、独自の通貨を使用している。

5 アフリカ州・北アメリカ州のようす

本冊p.98・99

基礎レベル問題

p.98

1 (1) **①ナイル川　②サハラ砂漠**

(2) **イ**　(3) **カカオ(豆)**

(4) **イ**　(5) **レアメタル**　(6) **イ**

2 (1) **ヒスパニック**　(2) **イ**　(3) **ア**

(4) **サンベルト**　(5) **シリコンバレー**　(6) **ウ**

解説

1 (2) アフリカ東部にはイギリス、西部にはフランスの植民地だった国が多い。

(3) コートジボワール・ガーナなどギニア湾岸の国々が上位を占めている。

(4) ケニアでは、イギリス植民地だった時代にプランテーションで茶の生産が始まった。

(5) レアメタルは携帯電話などの電子機器に使われる金属。近年、レアメタルを求めて世界各国がアフリカに進出している。

(6) Xはサハラ砂漠の南端に接するサヘルと呼ばれる地域で、砂漠化の被害が深刻。

2 (1) ヒスパニックは、工場や農場など比較的賃金の安い労働者として雇われることが多い。

(2) 北部では春小麦、南部では冬小麦という、収穫時期の異なる小麦が栽培されている。

(3) ■はアパラチア山脈周辺に集中している。アメリカ合衆国ではアパラチアで石炭、五大湖西岸のメサビで鉄鉱石、メキシコ湾岸で石油が産出する。

(4) サンベルトはアメリカ合衆国の北緯37度以南の地域で、気候が温暖であることから、こう呼ばれる。

(5) シリコンバレーはサンフランシスコの近郊にある地域で、先端技術産業や情報通信技術産業(ICT 産業)などの企業・研究所・大学などが集中している。

(6) アメリカ合衆国は小麦のほか、大豆やとうもろこしなどの輸出量も世界有数で、「世界の食料庫」と呼ばれる。このグラフは、ロシアとカナダが上位にきていることから小麦と判断する。大豆ととうもろこしの輸出の場合は、南アメリカのブラジルが上位にくる。

入試レベル問題

p.99

1 (1) **①D　②B　③A**

(2) [例] **森林を焼いてできた灰を肥料として活用(18字)**

2 (1) **イ**　(2) **ウ**　(3) **アメリカ合衆国**　(4) **エ**

(5) **A**

解説

1 (1) ①は南アフリカ共和国、②はエジプト、③はガーナについて述べている。

(2) 森林を焼くことで耕地を得られると同時に、その灰を肥料として利用できる。耕作して土地がやせてくると、ほかの土地に移動して焼畑を行う。休ませた土地はゆっくりと森林にもどっていく。

2 (1) Xのアメリカ合衆国の南東部は、かつて黒人奴隷による綿花の栽培がさかんだった。

ミス対策 **アメリカ合衆国の農業の分布をおさえよう。**アメリカ合衆国では地域によって土壌や気候がちがうので、それぞれの地域に合った農業が行われている。この農業を適地適作という。

(2) 現在、アメリカ合衆国におけるヒスパニックの人口は、ヨーロッパ系(白人)についで多い。

(3) 北アメリカの3か国は、米国・メキシコ・カナダ協定(USMCA)を結んでいる。

(4) アはサンフランシスコ、イはロサンゼルス、ウはシカゴ、エはニューヨーク。

(5) ロッキー山脈の東に広がるグレートプレーンズは乾燥した大平原、ミシシッピ川の西に広がるプレーリーは湿潤な大草原である。

6 南アメリカ州・オセアニア州のようす　本冊p.100・101

基礎レベル問題　p.100

1 (1) **アンデス**　(2) **ポルトガル**　(3) **ウ**
(4) **エ**　(5) **エ**
(6) **バイオエタノール(バイオ燃料)**

2 (1) **①アボリジニ　②イギリス**
③移民　(2) **ア**　(3) **イ**　(4) **ウ**

解説

1 (2)　Bの国はブラジルで、ポルトガルの植民地支配を受けた。南アメリカの国々では、ブラジルを除(のぞ)くほとんどの国がスペインの植民地支配を受けた。

(3)　パンパはアルゼンチン北部からウルグアイにかけて広がる一大農業地帯で、小麦・とうもろこし・大豆(だいず)の栽培(さいばい)や、乳牛・肉牛の飼育がさかん。アのプレーリーはアメリカ合衆国(がっしゅうこく)の中央部に広がる大草原、イのセルバは南アメリカのアマゾン川流域に広がる熱帯雨林地域。エのパタゴニアは、チリとアルゼンチンの南部の地域。

(4)　ブラジルはコーヒー(豆)の生産量・輸出量ともに世界一。コーヒーの生産量では、ブラジルと同じ南アメリカのコロンビアが上位にくることを覚えておこう。

(5)　Dはアマゾン川流域の地域で、熱帯雨林が生い茂(しげ)る。この地域では、農地開発や鉄道の整備などのために熱帯雨林の伐採(ばっさい)が進んでいる。

2 (1)　オーストラリアの歩みは、イギリス人の入植→アボリジニの減少→白豪(はくごう)主義→多文化主義の順におさえよう。現在はアボリジニの先住民としての権利が尊重(そんちょう)されるようになっている。

(2)　オーストラリアでは、1960年ごろには輸出品の約40%を羊毛が占(し)めていた。

(3) **ミス対策** **オーストラリアの鉱産資源の分布をおさえておこう！**　オーストラリアではおおまかに東部で石炭、西部で鉄鉱石が産出する。

(4)　オーストラリアから日本への輸出品は、石炭をはじめ天然ガス、鉄鉱石などの鉱産資源が中心となっている。

入試レベル問題　p.101

1 (1) **X**　(2) **①[例]仕事(生活する場所)を探す**
②スラム(ファベーラ)　(3) **ウ**　(4) **スペイン**

2 (1) **①アボリジニ**
②イギリス人　③○
(2) **イ**　(3) **a－ウ　b－ア**

解説

1 (1)　Yの東部には、ブラジル高原が広がっている。Zの東部には、大草原のパンパが広がっている。

(2)　こうした貧しい人々が集まって住んでいる居住環境(かんきょう)の悪い地域をスラムといい、ブラジルではファベーラとも呼ばれる。経済発展(はってん)にともない、仕事を求めて農村部から都市部に移住する人々が急増した。

(3)　Bの地域には、世界的な鉄鉱石の産出地であるカラジャス鉄山がある。

(4)　15世紀以降、北アメリカ大陸に到達(とうたつ)したスペイン人が、中南アメリカへ急速に植民地(しょくみんち)を広げていった。中南アメリカでは、ブラジルを除く大半の国でスペイン語が広く話されている。また、キリスト教を信仰(しんこう)する人が多い。

2 (1)　①マオリはニュージーランドの先住民。②オーストラリア、ニュージーランド、フィジーなど、オセアニアの多くの国は、かつてイギリスの植民地支配を受けた。

(2)　羊の放牧は、牧草がよく育つ南東部・南西部でさかん。これらの地域では、羊の飼育と小麦の栽培を組み合わせていることも多い。

(3)　aオーストラリアはかつて「羊の背に乗る国」と呼ばれ、羊毛の輸出が経済を支えていた。bオーストラリアの石炭をはじめとする鉱産資源は、地表をけずって掘り下げていく露天(ろてん)掘りによって採掘(さいくつ)されてきた。

7 文明のおこりと日本の成り立ち

本冊p.102・103

基礎レベル問題

p.102

1 (1) A－**エジプト文明**　D－**中国文明**

(2) A－**エ**　C－**ウ**　(3) a－B　b－C

(4) **くさび形文字**　(5) **イスラム**

2 (1) **甲骨文字**　(2) **孔子**

(3) **秦**　(4) **シルクロード**

3 (1) **イ**

(2) A－**イ・ウ**　B－**エ・カ**

C－**ア・オ**(順不同)

(3) ①**打製石器**　②**弥生土器**　③**イ**

解説

1 (1)　地図中のAはエジプト文明、Bはメソポタミア文明、Cはインダス文明、Dは中国文明の発生地である。

> **memo** 四大文明
>
> **エジプト文明**…ナイル川流域、太陽暦、ピラミッド、象形文字(神聖文字／ヒエログリフ)
>
> **メソポタミア文明**…チグリス川・ユーフラテス川流域、太陰暦、くさび形文字
>
> **インダス文明**…インダス川流域、モヘンジョ＝ダロ、青銅器、インダス文字
>
> **中国文明**…黄河流域、長江流域、殷墟、甲骨文字、青銅器

(4)　aはくさび形文字、bは絵文字のインダス文字である。

2 (1)　占いの結果が亀の甲や牛の骨に刻まれ、これが漢字のもとになった。

(3)　中国を統一した始皇帝は、中国で初めて皇帝と名乗ったため、始皇帝と呼ばれている。

(4)　絹(シルク)の交易がさかんだったため、シルクロード(絹の道)と呼ばれた。

3 (1)　岩宿遺跡は群馬県で発見された。アの登呂遺跡(静岡県)とエの吉野ヶ里遺跡(佐賀県)は弥生時代、ウの三内丸山遺跡(青森県)は縄文時代の遺跡。

(3)①　石を打ち欠いたままの石器を打製石器、石を磨いてつくったものを磨製石器と呼ぶ。

③　前方後円墳は、写真の大仙(大山)古墳など、大型の古墳に多くみられる。

入試レベル問題

p.103

1 (1) **エ**　(2) A－**エ**　B－**カ**　C－**ウ**

(3) a－**イ**　b－**ウ**

2 (1) **旧石器**　(2) **磨製石器**

(3) **竪穴住居**　(4) **エ**

(5) ①**イ**　②**大王**

解説

1 (1)　森林にかわって乾燥した草原が広がるようになったアフリカ東部で、最初の人類が生まれた。

(2)　Aはメソポタミア文明、Bは中国文明、Cはエジプト文明の特色。古代文明は、北回帰線から北側の同じような緯度の地域に成立した。

(3)　aはパルテノン神殿でギリシャ文明、bはスフィンクスとピラミッドでエジプト文明の遺跡である。いずれも大型の建造物は石でつくられていた点に注目する。

2 (1)　人類が主に打製石器を用いていた時代である。岩宿遺跡が発見されるまで、日本に旧石器時代はなかったと考えられていた。

(2)　「磨製」とは磨き上げてつくったものという意味である。

(3)　竪穴住居は暑さや寒さをしのぎやすいつくりだった。

(4)　卑弥呼が中国に使者を送ったころの中国は、魏・呉・蜀が勢力を争う三国時代であった。

> **memo** 中国の国(王朝)の移り変わり
>
> **殷**…殷墟、甲骨文字、青銅器
>
> **周**…封建制度
>
> **春秋・戦国時代**…孔子、儒教
>
> **秦**…中国を統一、始皇帝、万里の長城
>
> **漢**…大帝国の建設、シルクロード

(5)　①稲荷山古墳(埼玉県)で大王の名を刻んだ鉄剣が発見されたことで、5世紀には大和政権の勢力が関東地方まで広がっていたことが明らかになった。②大王は、のちの7世紀ごろには「天皇」と呼ばれるようになった。

8 古代国家の歩みと東アジア世界

本冊p.104・105

基礎レベル問題

p.104

1 (1) A－エ　B－ウ　C－ア

(2) a－イ　b－ア

(3) ①大化の改新　②公地・公民

(4) 壬申の乱　(5) エ

2 (1) 大宝律令

(2) ①長安　②聖武天皇　③天平文化

(3) A－イ　B－ウ

(4) ①イ　②エ　③ア

解説

1 (1) Aは「才能や功績のある人を用いた」とあることから冠位十二階、Bは「使者を中国に派遣」とあることから遣隋使、Cは「役人に対し、天皇の命令に従うことなどの心構え」とあることから十七条の憲法である。

(2) 蘇我氏は仏教の導入をめぐって争った物部氏をほろぼし、政治の実権をにぎった。

(3) ②公地・公民の方針に基づいて、班田収授法が実施された。

(4) 天智天皇の死後、その子と弟が戦い、弟が勝利して即位し、天武天皇となった。

(5) アは桓武天皇、イは天智天皇、ウは聖武天皇に関連する都である。

2 (1) 大宝律令が制定された701年は奈良時代ではないので注意すること。奈良時代は710年から。

(2) ①東西南北の方位に沿った規則正しい街路などが、唐の長安のつくりにならっている。

(3) 調・庸は、成年男子に課せられた税である。

> **memo** 人々に課せられた税
>
> **租**…口分田の収穫高の約3％の稲を納める。
>
> **調**…織物や地方の特産物を納める。
>
> **庸**…労役に従う代わりに布を納める。
>
> **雑徭**…1年間に60日を限度として、国司のもとで労役に従う。
>
> **兵役**…防人→九州北部の防衛、衛士→都の警備にあたる。

(4) ウは3世紀の日本のようすを記した中国の歴史書である。

入試レベル問題

p.105

1 (1) ①聖徳太子　②遣隋使

(2) 中臣鎌足（藤原鎌足）

(3) ①イ　②ア

(4) ①ア　②c－口分田　d－租

③（解答例）新しく開墾した土地の永久私有を認める。

2 (1) 法隆寺　(2) ア　(3) 正倉院

(4) 防人

解説

1 (1)① 聖徳太子は、推古天皇の摂政として政治を行った。

(2) 中大兄皇子とまちがえないようにすること。中大兄皇子はのちの天智天皇である。

(3) ①は673年、672年の壬申の乱のあとのこと。②は7世紀初めの聖徳太子の死後のことである。

(4)① イは鎌倉幕府の将軍を補佐した役職、ウは朝廷で天皇を補佐した役職、エは九州の防衛にあたった兵役。

② c口分田は、人口が増加した奈良時代初めには不足するようになった。

③ 墾田永年私財法により、新しく開墾した土地に永久私有権が認められると、貴族や寺社がきそって開墾を進めた。新たに開かれた私有地はのちに荘園と呼ばれるようになった。

2 (1) 聖徳太子が建てた寺院である。飛鳥時代には、それまで権威の象徴であった古墳にかわり、仏教寺院がつくられるようになった。

(2) 行基は布教をしながら諸国をまわって橋や用水路をつくるなど、社会事業を行って民衆にしたわれていたことから、聖武天皇が大仏づくりに協力を求めた。

(3) 正倉院には、シルクロードを通って唐からもたらされたインドや西アジアの品が納められた。

(4) 『万葉集』に収められた防人の和歌である。九州へおもむく男性が、家族と別れる悲しさをうたっている。

9 平安京と国風文化 本冊p.106・107

基礎レベル問題 p.106

1 (1) ア (2) a－エ b－イ

(3) エ (4) ① A－ア B－エ

② 摂関政治

2 (1) 空海 (2) ア (3) かな文字

(4) ① 物語－源氏物語 作者－紫式部

② 枕草子

(5) 浄土信仰(浄土の教え、浄土教)

解説

1 (1) 桓武天皇は、仏教勢力が政治に口を出すようになった平城京を離れ、律令制を立て直すために都を移した。

> **memo ▶ 桓武天皇の政策**
> - 仏教勢力の排除
> - 国司の不正のとりしまり
> - 労役や兵役の軽減
> - 班田収授法の実行

(2) 「蝦夷を征討する将軍」としての征夷大将軍に任じられた。この称号はのちに、幕府の頂点に立つ武士の棟梁を意味するようになった。

(3) 唐のおとろえ、財政難、危険な航海などが、遣唐使停止の理由となった。

(4)① イは国司、ウは大宰府についての説明。

② 摂関政治は、11世紀前半の藤原道長・藤原頼通父子のときに全盛となった。

2 (1) **ミス対策** **空海－真言宗－高野山金剛峯寺、最澄－天台宗－比叡山延暦寺、の組み合わせをきちんとおさえておくこと。**

(2) イは10世紀の中国である。

(3) かな文字の登場によって、漢字だけでは表現できなかった日本人の感情を表現できるようになった。

(4) 『源氏物語』－紫式部、『枕草子』－清少納言、の組み合わせをきちんとおさえておくこと。

(5) 11世紀には、仏教の力が衰える末法の時代が来るという考えが広まった。自然災害や反乱が多発したこともあり、阿弥陀仏にすがって死後に極楽浄土へ生まれ変わることを願う浄土信仰が広まった。

入試レベル問題 p.107

1 (1) ア (2) エ

(3) 天台宗 (4) ① ア ② イ

(5) ① 藤原道長

②(解答例) 天皇が幼いときは摂政として、天皇が成人したのちは関白として藤原氏が行った政治。

2 (1) ウ (2) 寝殿造 (3) 大和絵

(4) 平等院鳳凰堂 (5) イ

解説

1 (1) 以後約1100年近くにわたって、京都には朝廷が置かれていた。

(2) ア・イは大化の改新以降の律令制の整備、ウは奈良時代の政策である。

(4) ①は8世紀末、②は9世紀末のできごと。

(5)① 藤原道長は、摂関政治の栄えるようすを「この世をばわが世とぞ思ふ 望月の欠けたることも無しと思えば」という和歌によんだ。

② 藤原氏は娘を天皇のきさきにし、その子を幼いうちから天皇の位につけることで、朝廷の実権をにぎった。

2 (1) 空海が真言宗を広めた金剛峯寺は和歌山県にある。

(2) 寝殿造は建物どうしが廊下で結ばれ、広い庭や池が設けられているのが特徴である。

(4) 平等院鳳凰堂は、藤原頼通が極楽浄土のようすをこの世に再現するために建てた阿弥陀堂である。

(5) アは奈良時代の歌集、ウ・エは奈良時代の歴史書である。

> **memo ▶ 文化の移り変わり**
> **古墳文化**…前方後円墳、埴輪、副葬品
> **飛鳥文化**…聖徳太子、法隆寺
> **天平文化**…奈良時代の文化、正倉院、唐招提寺、『万葉集』、『古事記』
> **国風文化**…平安時代の文化、日本風の貴族文化、寝殿造、かな文字、『源氏物語』(紫式部)、『枕草子』(清少納言)

10 武士のおこりと鎌倉幕府 本冊p.108・109

基礎レベル問題 p.108

1 (1) **源氏**

(2) ①**イ** ②**藤原純友**

(3) **院政**

(4) ①**平清盛** ②**平治の乱** ③**太政大臣**

(5) **宋(南宋)**

2 (1) **壇ノ浦の戦い** (2) **源頼朝**

(3) **ウ** (4) **ア** (5) **二毛作**

(6) **定期市**

3 (1) ①**金剛力士像** ②**平家物語**

(2) ①**ア** ②**カ**

解説

1 (2)① Aは前九年合戦、Bは後三年合戦が起こった地域である。

② 関東で乱を起こした平将門とまちがえないようにすること。

2 (1) 壇ノ浦は現在の山口県下関市にある。この地での戦いで、源義経を総大将とする源氏の軍が平氏の軍を破り、平氏を滅ぼした。

(3) 関白・摂政・太政大臣は、いずれも朝廷の役職である。鎌倉幕府の執権は、将軍に代わって政治を行った役職である。

(4) 後鳥羽上皇は政権を朝廷に取りもどそうとして乱を起こしたが、幕府の大軍に敗れた。

3 (1)① 金剛力士像は鎌倉文化を代表する彫刻で、運慶・快慶らが制作した。

② 『平家物語』は軍記物の最高傑作といわれ、平家一門の盛衰を描くとともに、世のはかなさを説いた。

(2) ミス対策 **浄土宗と浄土真宗は、宗派の名前が似ているので注意すること。**

memo 鎌倉新仏教の宗派と開いた人物

念仏宗

浄土宗…法然　浄土真宗(一向宗)…親鸞

時宗…一遍

日蓮宗(法華宗)…日蓮

禅　宗

臨済宗…栄西(えいさい)　曹洞宗…道元

入試レベル問題 p.109

1 (1) ①**後鳥羽**

②(解答例) **朝廷の監視や西国武士の支配をする。**

(2) ①**保元の乱** ②**日宋貿易**

(3) **エ**

(4) **X－ア Y－イ** (5) **C→B→E→A→D**

2 (1) **浄土真宗－ウ 禅宗－イ**

(2) **イ** (3) **ア**

解説

1 (1)② 六波羅探題は、朝廷が乱を起こさないように監視したり、西国の武士が朝廷と結んで反乱を起こしたりしないように監視した。

memo 平安～鎌倉時代の主な戦乱

平将門の乱…平将門、関東中心に起こす

藤原純友の乱…藤原純友、瀬戸内海中心

前九年合戦…陸奥の安倍氏が国司に反乱

後三年合戦…出羽の清原氏内部の争い

保元の乱…平清盛、源義朝らの天皇方が勝利

平治の乱…平清盛が源義朝を破る

壇ノ浦の戦い…平氏が滅亡、源義経が活躍

承久の乱…後鳥羽上皇が兵をあげる→失敗

(2)② 平清盛は大輪田泊(現在の神戸港)を修築して、中国の宋との貿易を奨励した。

(4) 領地の分割相続がくり返された結果、しだいに土地が減り、御家人の生活は苦しくなっていった。

(5) Aの承久の乱ののち、Dの北条泰時は六波羅探題の長官となった。その後執権となり、御成敗式目(貞永式目)を定めた。

2 (1) 浄土の教えは「阿弥陀仏」「念仏」の2語がキーワードとなる。

(2) アの『新古今和歌集』は藤原定家、ウの『金槐和歌集』は源実朝、エの『徒然草』は兼好法師(吉田兼好(けんこうほうし))である。

(3) 平安時代の末に日宋貿易が行われたことから考える。イ・エは飛鳥時代から奈良時代にかけて使われた。ウは江戸時代の貨幣。

11 モンゴルの襲来と日本 本冊p.110・111

基礎レベル問題 p.110

1 (1) ① A ②ウ ③文永の役
(2) フビライ(＝ハン) (3) エ
(4) (永仁の)徳政令

2 (1) イ (2) ウ (3) 管領
(4) イ (5) 明
(6) ①座 ②馬借 (7) 一揆(土一揆)

3 (1) 書院造
(2) 絵画－水墨画 作者－雪舟
(3) 世阿弥 (4) 御伽草子

解説

1 (1)① 馬に乗り、よろい・かぶと姿のBが日本の幕府軍である。
③ 元軍の襲来は、1274年の文永の役、1281年の弘安の役の順である。
(2) 日本攻撃を指揮した元の皇帝は、第5代皇帝フビライ＝ハンである。初代皇帝のチンギス＝ハンとまちがえないように。

2 (1) アの後鳥羽上皇は承久の乱を起こし、ウの白河上皇は院政を始め、エの桓武天皇は平安京に都を移した。
(3) ミス対策 「執権」と「管領」を間違えないように！
鎌倉幕府の執権と室町幕府の管領は、同じような役割を果たした役職である。
(5) 勘合は、倭寇と正式な貿易船を区別するために使用された合い札である。
(7) 徳政令とは、借金を帳消しにするための法令である。

3 (1) 書院造では、床の間、違い棚、明かり障子、たたみなどが用いられた。

> **memo いろいろな建築様式**
> **校倉造**…三角形の木材を組み合わせて壁にしたつくり、正倉院
> **寝殿造**…庭園をもつ、日本風の貴族の屋敷
> **書院造**…禅宗寺院の様式を取り入れた建築様式、現代の和風建築のもと、東求堂同仁斎

(4) 『一寸法師』、『浦島太郎』など多くの御伽草子が、現代でも昔話として伝えられている。

入試レベル問題 p.111

1 (1) イ (2) ウ
(3) ア (4) 足利尊氏
(5) 勘合
(6) [例]輸入した品物を他の国や地域へ輸出
(7) 下剋上 (8) イ

2 (1) A－ア・オ(順不同) B－ウ・カ(順不同)
(2) C－ア D－イ

解説

1 (1) 元軍は対馬・壱岐から博多湾岸にかけて襲来した。
(2) ウの御成敗式目を制定したのは北条泰時で、1232年のことである。
(3) 北朝は京都に、南朝は奈良県の吉野に置かれた。
(5) dの中国は、明という国(王朝)だったことから、この貿易を日明貿易という。日明貿易は、勘合という合い札を使用したことから勘合貿易とも呼ばれる。
(6) 「万国津梁の鐘」には、「琉球は中国や日本の国の間にあってわき出る理想の島であり、船をもって万国のかけ橋となっている。」とある。
(7) 守護大名やその家臣の中から、領国を独自に支配する戦国大名が現れた。
(8) 一揆は、その目的によって土一揆(徳政一揆)、国一揆、一向一揆などに分けられる。

> **memo いろいろな一揆**
> **正長の土一揆**…1428年、近江(現在の滋賀県)の馬借や農民が徳政令を要求して起こした。
> **山城の国一揆**…1485年、山城国(現在の京都府)で地侍(国人)らが守護大名の畠山氏を追放し、8年間自治を行った。
> **加賀の一向一揆**…1488年、加賀(現在の石川県)の浄土真宗(一向宗)の信徒らが守護大名を滅ぼし、約100年間自治を行った。

2 (1) 写真のAは金閣で足利義満、Bは銀閣で足利義政が建てたものである。イの円覚寺は鎌倉時代に建てられた寺院、エの足利尊氏は室町幕府の初代将軍。
(2) C惣では寄合が開かれ、用水や山野の管理に関する村のおきてを定めた。

太丘が、約束をしていたのに自分を置いて先に行ってしまったことに対して腹を立てたことを押さえる。

(3) 直前の元方の言葉に注目。友が、「日中」に父と約束していたのに正午になっても来なかったことを「信無し」、子に対して父を罵ったことを「礼無し」と述べていることから判断する。友は陳親子に対する二つの無作法を指摘されて、恥ずかしく思ったのである。

(4) この文章の中心的な内容は、陳太丘が去ったあとに訪ねてきた友人と、陳太丘の息子の元方のやりとりであることを捉える。元方が、無作法な態度をとった父の友人に臆することなく堂々と正論を主張しているのである。**ア**のように陳太丘が友人に「反省させよう」としたかどうかはこの文章には書かれていない。**イ**「友情」についてもこの文章では触れられていない。元方は**エ**のように「機転をきかせて話題を変え」たわけではない。

(5) 古文では、**主語や助詞の「は・が・を」が省略されている**ことが多いので、補いながら読み進めることが大切である。

(6) ミス対策 古文でも、指示語は直前の内容を指すことが多い。この場合も、根元が光っている一本の竹の、「筒の中」を指している。

(7)『竹取物語』は、**現存する日本最古の物語**といわれている。

入試レベル問題 p.116

(1) **ほしいままに**

(2) **Ⅰ** 例 **災難にあう**(5字)

Ⅱ 例 **財宝を守る用心**(7字)

Ⅲ 例 **苦しめ悩ませる**(7字)

(3) **つねに足る事を知るべし**

解説

(1) ワ行の「ゐ・ゑ・を」は「い・え・お」と読むので、「ほしゐままに」の「ゐ」は「い」に直す。

(2) Ⅰ は前後の「身体を悪くするなどの」と「原因」という言葉に注目。原文中で欲が深いことで起こる弊害を「これわざはひの本也」と述べていることを押さえ、この部分の左の現代語訳を参考にして答える。

Ⅱ は財宝のことについて述べた部分なので、財宝を多く持つ弊害について述べた「わづらはすとは、用心に隙なき心なり」の部分の左の現代語訳を参考にして答える。

Ⅲ は「財多ければ身をわづらはす」と述べられていることに注目し、「わづらはす」の部分の左の現代語訳を参考にして答える。

(3) 「心がけるべき」ことを問われている。最後の一文で「〜べし」と述べられていることに注目。作者の考えや感想は、最後に述べられることが多いことを押さえておく。

11 漢文 本冊 p.114・115

基礎レベル問題 p.115

1 (1) ウ (2) ア (3) イ

2 (1) ウ (2) イ

3 (1) ①イ ②エ (2) ①エ ②ア (3) ①ア ②イ

解説

1 ミス対策 **漢文を日本語の文章として読む**ことを「**訓読する**」ということを覚えておこう。

memo **白文・訓読文・書き下し文**

白文…漢字のみで書かれている、もとのままの漢文。

訓読文…白文に訓点(返り点や送り仮名などの、漢文を日本語の文章として読むための記号)を付けて、読み方を示したもの。

書き下し文…訓読の決まりにしたがって、漢字仮名交じりの文に改めたもの。

2 (1)「**決死の覚悟で物事に当たること**」を「**背水の陣**」という。(2)「**違うように見えても、実際は似たり寄ったりのこと**」を「**五十歩百歩**」という。アの「**塞翁が馬**」は、「**人間の運命は予測しがたいということ**」。エの「**蛇足**」は、「**あっても役に立たない余計なもの**」。

3 故事成語は、由来(故事)と意味をセットで覚えるとよい。①のウは「四面楚歌」の由来で、意味は、「**孤立して助けがないこと**」。②のウの意味を表す故事成語は「**守株**」。

入試レベル問題 p.114

1 (1) イ・ウ〈順不同〉 (2) イ

(3) エ (4) ウ

解説

(1) ミス対策 ——線部①「至る」を含む一文の主語を正しく捉える。「去りて後乃ち至る」のうち、「去りて」の主語は冒頭にある陳太丘。友が約束の時間を過ぎても来なかったので、先に行ったのである。陳太丘が去った後に「至る(到着した)」のは友である。よって、主語が「友」とは異なるものを選ぶ。——線部**ア**「問ふ」の主語は同じ文の初めにある「客(＝友)」、——線部**イ**「答へて」の主語は元方(＝陳太丘の息子)。——線部**ウ**「去る」の主語は陳太丘。——線部**エ**「期す」の主語は同じ文の初めにある「君(＝友)」。——線部**オ**「罵る」の主語も「君(＝友)」。**カ**「引く」の主語は同じ文の初めにある「友人」。

(2) ——線部②のあとに続く客(＝友・友人)の言葉に、怒った理由が述べられていることに注目。陳

にも、小田の呼びかけに振り返ろうともせず、小田に「マイペースだな」と苦笑させてしまう様子が描かれている。これらに合うのは、好き勝手にふるまうことを表す、ウ「傍若無人」である

9 説明的文章

本冊 p.118・119

基礎レベル問題 p.119

1 能力が発揮できない

2 土俵

3 戦わずして勝つ・できるだけ戦わない

解説

1 「そんな」は指示語で、直前の内容を指しているが、この「そんな」は、「そんな考え方はおかしい」「そんなはずはない」のように、程度の甚だしさを否定的に強調することが多い。この――線部①も、「そんな競争に苦しむくらいだったら……逃げ出しても構いません」と、「競争」の否定的な甚だしさを強調している。筆者は、「あなたの能力が発揮できない」ような「競争」なら、逃げ出しても構わないと述べているのである。

2 「土俵」とは、一般的には「相撲の競技場」を指すが、議論や対決などが行われる場を、比喩的に述べる場合にも多く用いられる。この文章でも、「戦い」「競争」の場のたとえとして用いている。

3 ――線部③の次の一文に、「それ以外の場所では、全部負けてしまってもいい」とある。筆者は、「ニッチ」＝「ナンバー1になれるオンリー1のポジション」で「勝負すること」をすれば、それ以外の場所では「全部負けてしまってもいい」と述べている。この筆者の考えは、「古代中国の思想家・孫子」や「歴史上の偉人たち」がたどりついた「戦略」を踏まえているのである。

入試レベル問題 p.118

1 おそらく彼

2 A 勝てない場所
B 例 できるだけ戦わなくても生きられる(16字)

解説

1 前後の部分に注目して、どのような内容を指すか、手がかりをつかむ。ここでは、どのようにして「『戦わない戦略』にたどりついた」のかと考える。15行目に「どうやってこの境地にたどりついたのでしょうか」という問いかけがあり、その答えが指し示す内容に当たる。

2 A…あとの部分に、――線部⑤に関する説明がある。空欄の直後の「見つける」を手がかりにして、何を見つけるのかと考える。B…直後の一文「そして、……たどりついたのです。」に着目する。

10 古文

本冊 p.116・117

基礎レベル問題 p.117

1 (1) a いうもの　b よろず　c うつくしゅうて　d いたり
(2) 名をば、さぬきのみやつことなむいひける。
(3) ウ　(4) 翁　(5) が[は]　(6) ア　(7) ア

解説

1 (1) c「iu」は「yû」と読むので、「うつくしうて」の「しう」は「しゅう」となる。

memo 歴史的仮名遣いの読み方の原則

① 語頭以外の「は・ひ・ふ・へ・ほ」→「わ・い・う・え・お」と読む。
② ワ行(「わ・ゐ・う・ゑ・を」)の「ゐ・ゑ・を」→「い・え・お」と読む。
③ 「ぢ・づ」→「じ・ず」と読む。
④ 母音が「au・iu・eu・ou」と連続するとき→「ô・yû・yô・ô」と読む。

(2) 冒頭に「今は昔、竹取の翁といふものありけり。」という一文があるが、これは職業をいったもので、名前ではないので注意する。二行目に「名をば〜」とある。

(3) 古文の「あやし」は、現代語の「あやしい」の「怪しく思う。不審に思う」という意味とは少し異なるので、注意しよう。ここでは、「不思議に思う」という意味で使われている。根元の光る竹を見た翁が不思議に思ったのである。

(4) 登場人物は「翁」と「三寸ばかりなる人(かぐや姫)」の二人であるが、――線部③の場面では、「三寸ばかりなる人」はまだ出てきていない。

3 ア

4 ウ

5 (1) **副詞** (2) **接続詞** (3) **感動詞** (4) **名詞** (5) **連体詞**

6 ア・イ・エ（順不同）

解説

1 (2)「もの」は、本来の「物」という普通名詞の意味を失った**形式名詞**。

2 形式名詞は、本来の普通名詞「通り」「訳」「物」「時」「所」と異なり、普通は**平仮名で表記される**。

3 **ミス対策** 品詞を識別するときは、まず、自立語か付属語か、活用する単語か活用しない単語かを考える。

「匂い」は、活用しない自立語の名詞。名詞は、活用しない自立語で、人や物事の名前を表す。文の成分としては、助詞「が」「は」「も」などを伴って主語になる。この文でも、「匂い」は「が」を伴って、主語の働きをしている。

4 「あえて」は、活用しない自立語の副詞。副詞は、活用しない自立語で、単独で、主に用言（動詞・形容詞・形容動詞）を修飾する連用修飾語になる働きをもつ。副詞には、状態の副詞・程度の副詞・呼応の副詞の三種類がある。この文では、「あえて」は「減らす」という文節を修飾し、その状態を表している。

5 副詞は主に**動詞・形容詞・形容動詞**を、連体詞は**専ら名詞**を修飾する品詞である。

6 文がどのような品詞の語で組み立てられているかを把握することを、品詞分解という。品詞分解の問題では、まず、文を文節に分け、それぞれの文節ごとに、用いられている単語について、品詞を確認していけばよい。この文を文節に分けると、「もちろん／断られるだろう」のように二文節に分けられる。さらに、単語に分けると、「もちろん（副詞）／断ら（動詞）／れる（助動詞）／だろ（助動詞）／う（助動詞）」のようになる。用いられている品詞は、副詞、動詞、助動詞の三つ。

8 文学的文章

本冊 p.120・121

基礎レベル問題

p.121

1 **窓から射す**

2 エ

解説

1 ——線部②は、試合が終わっても残されている「目の前のネット」を「まだ試合を続けたがっている」灰島の心情に見立てた表現である。ここには、灰島の試合後の「暴れ足りない」気持ちが表れている。この表現は、小説の中では、小田の視点で描かれているが、この表現の後、小田は、灰島と会話しながら、灰島の「ネットの白帯に向けていた」「まっすぐな眼差し」の中に、「物足りなさを抑えきれないような、灰島自身の内に滾るぎらぎらした光」を感じ取ったのである。設問の条件に従って、「窓から射す陽も弱まって屋内はだいぶ薄暗くなっていた」という「時間の経過を表す表現」から抜き出す。

2 **1**で捉えたように、灰島は、校内球技大会の試合後に「物足りなさ」を感じ、「内に滾るぎらぎらした光」を抱えている。しかし、小田が「迷惑そうに言い返された」という表現からわかるように、灰島に寄り添おうとする小田を意識的に拒んでいる。小田は、そんな灰島の心情を「いったいなにがこいつの中のブレーキになっているのか」と、理解しようと思っているのである。

入試レベル問題

p.120

1 A イ　B **バレーがやりたくてたまらない**

2 ウ

解説

1 A…「ネットだけが……認めるまいとしているかのように」とたとえている。人ではないものの様子を、人に見立てて表す擬人法である。B…直後に描かれた灰島の様子に着目する。両手のテーピングをまだ解いていないところが「まだ試合を続けたがっているみたい」だというのだから、バレーボールへの強い思いがわかる表現を探す。終わりのほうの「こんなにもわかりやすく……渇望を放出してる」の部分に注目する。

2 直後の「人の気持ちなど意にも介さなそう」は、人の気持ちなど気にしない様子を表す。前半部分

(1)「あらゆる」は連体詞。連体詞は、活用しない自立語で、単独で体言(名詞)を修飾する連体修飾語だけになる働きをもつ。この文では、「あらゆる」は、「民族や地域が」という体言(名詞)を含む連文節を修飾している。(2)「ある」という形になる単語には、「存在する」という意味のある動詞と、直前の文節を補助する形で用いられている動詞(補助動詞)と、単独で体言(名詞)を修飾する連体修飾語だけになる働きをもつ、活用しない自立語である連体詞がある。この文の「ある」は、「アメリカ人は」という体言を含む文節を修飾しているので、連体詞。

4 (1)体言とは名詞のこと。名詞は、活用しない自立語で、人や物事の名前を表す。文の成分としては、助詞「が」「は」「も」などを伴って主語になる。この文での体言は、「父」「山」「時」「時間」の四つ。「父」「山」「時間」は、一般的な物事の名前を表す体言(普通名詞)、ここでの「時」は、本来の意味が薄れ補助的・形式的に用いられている体言(形式名詞)。(2)助詞は、活用しない付属語で、語句と語句との関係を示したり、さまざまな意味を付け加えたりする働きがある。文の中から助詞を探すときは、まず文節に区切り、それぞれの文節にある自立語に付いている付属語のうち、活用しないものを見つければよい。「話を始めると不思議がってきき耳をたてる。」を文節に区切ると、「話を／始めると／不思議がって／きき耳を／たてる。」となり、「話を」の「を」、「始めると」の「と」、「不思議がって」の「て」、「きき耳を」の「を」が助詞。

5 (1)「習い」は、言い切りの形が「習う」で、ウ段の音で終わるので**動詞**。(2)「元気な」は、言い切りの形が「元気だ」で、「だ」で終わるので**形容動詞**。「聞こえ」は、言い切りの形が「聞こえる」で、ウ段の音で終わるので**動詞**。

7 活用しない自立語

本冊 p.122・123

基礎レベル問題 p.123

1 (1)**鉛筆** (2)**どっち** (3)**こと**
2 **読書・小説**〈順不同〉
3 (1)ア (2)ウ (3)イ
4 (1)**よく** (2)**そう** (3)**たとえ**
5 (1)**あらゆる** (2)**この** (3)**来る** (4)**ほんの**
6 (1)**それに** (2)**そこで** (3)**それとも** (4)**しかし**
7 (1)イ (2)ア (3)エ (4)ウ (5)ア

解説

1 名詞は、活用しない自立語の中で、人や物事などの名称を表す言葉。主に五つの種類があるので覚えておこう。

memo 名詞の種類
①**普通名詞**……一般的な物事を表す。
②**固有名詞**……人名など特定のものに付けられた名前を表す。
③**形式名詞**……本来の意味を失って、他の語に修飾されて使われる。
④**数詞**……数量や順序を表す。
⑤**代名詞**……人や物事などを指し示す。

2 **ミス対策** 「ほう」は本来の意味を失った**形式名詞**。「太宰治」は人名なので**固有名詞**。

3 (1)**ア**「それ」が事物・場所などを指し示す代名詞。**イ**「こう」は副詞なので注意。(2)**ウ**「わたし」が人物を指し示す代名詞。**ア**「あの」は連体詞なので注意。(3)**イ**「君」が人物を指し示す代名詞。

4 副詞は、**主に動詞・形容詞・形容動詞を修飾し**、**「どのように・どのくらい」などを表す**単語。(1)「よく」は「泣いた」、(2)「そう」は「思うのも」、(3)「たとえ」は「降っても」という、用言を含む文節を修飾している。

5 連体詞は、**専ら名詞を修飾する**働きの単語。(1)「あらゆる」は「方法を」、(2)「この」は「道だ」、(3)「来る」は「九月十日に」、(4)「ほんの」は「少しだけ」という、体言を含む文節を修飾している。

6 接続詞は、**専ら接続語になる**単語。前後の文や文節をいろいろな関係でつなぐ働きをする。

7 感動詞は、**専ら独立語になり**、**感動・呼びかけ・応答など**、**話し手の感情を表す**。

入試レベル問題 p.122

1 (1)イ (2)オ (3)ア (4)ウ (5)エ
2 (1)**とおり** (2)**わけ** (3)**もの** (4)**とき** (5)**ところ**

6 単語の分類

本冊 p.124・125

基礎レベル問題 p.125

1 (1) A (2) B (3) A (4) A (5) B (6) B (7) A (8) A (9) B (10) A

2 (1) **泳がない・泳いだ** (2) **軽くない・軽かった** (3) **静かでない・静かだった**

3 イ・ウ・オ・ク〈順不同〉

4 ①カ ②ク ③コ ④シ ⑤ウ ⑥ア ⑦オ ⑧ケ ⑨エ ⑩イ

5 〈体言〉ア・オ・ク 〈用言〉イ・キ・コ〈各順不同〉

解説

1 自立語と付属語を識別する問題では、まず、文を文節に区切るとよい。**文節の頭にある単語が自立語、自立語のあとに付いているのが付属語**である。ただし、付属語は一文節に一つもない場合もあるので注意しよう。

memo **自立語と付属語**

自立語…単独で文節を作ることができる単語。一文節に必ず一つあり、常に文節の頭にある。
付属語…単独では文節を作れない単語。必ず自立語のあとに付く。一文節に一つもない場合もあれば、一文節に複数ある場合もある。

2 (1)「泳ぎはしない」、(2)「軽くはない」、(3)「静かではない」などと二つの文節にしないこと。

3 **活用**とは、**単語が他の単語に続いたり、そこで言い切ったりするときに、語形が規則的に変化すること**。活用するかしないかは、イ「待たナイ」「待てバ」、ウ「暑くナイ」「暑けれバ」のように、あとに**「ナイ」「バ」**などを付けて、語形の変化を確かめるとよい。

4 品詞とは、**文法上の性質によって分類した単語のグループ**のこと。①・②には**自立語か付属語か**が、③・④には**言い切りの形**が、⑤〜⑩には**品詞名**が入る。

5 **ミス対策** **体言は名詞**だけ、**用言は動詞・形容詞・形容動詞の三つ**である。イの「おかしい」は**形容詞**、キの「きれいだ」は**形容動詞**、コの「乗る」は**動詞**。ちなみに、ウの「だから」は接続詞、エの「ふと」は副詞、カの「小さな」は連体詞、ケの「はい」は感動詞である。

入試レベル問題 p.124

1 (1) **3** (2) **2**

2 **長く**

3 (1) **ウ** (2) **エ**

4 (1) **4** (2) **4**

5 〈用言・品詞名の順に〉
(1) **おいしい・形容詞 習い・動詞**〈順不同〉
(2) **元気な・形容動詞 聞こえ・動詞**〈順不同〉

解説

1 (1)文に含まれている単語を自立語と付属語に分けるときは、まず文を文節に区切り、自立語は常に文節の最初にあり単独で文節を作ることができる単語であること、付属語は必ず自立語のあとに付き自立語と組みになって文節を作る単語であることを考えて、それぞれの文節に含まれている単語が自立語か付属語かを判断しよう。「有望な人材に活躍してもらうしかない」を自立語と付属語に分けると、「有望な(自立語)／人材(自立語)／に(付属語)／活躍し(自立語)／て(付属語)／もらう(自立語)／しか(付属語)／ない(自立語)」となり、「に」「て」「しか」の三つが付属語。(2)動詞は、活用する自立語で、用言(動詞・形容詞・形容動詞)の一つである。言い切りの形(終止形)がウ段の音で終わり、動作・変化・存在などを表す。文の成分としては、単独で述語になる。文に含まれている動詞を探すときは、まず文を文節に区切り、それらの性質・働きを考えて判断しよう。文節に区切ると、「おれの／目を／しずかに／見て、／それきり／もう／何も／言わないのだった。」となる。各文節のうち、「見て」の「見(見る)」、「言わないのだった」の「言わ(言う)」が動詞。

2 形容詞は、活用する自立語で、用言(動詞・形容詞・形容動詞)の一つである。言い切りの形(終止形)が「い」で終わり、状態・性質などを表す。文の成分としては、単独で述語になる。文に含まれている形容詞を探すときは、それらの性質・働きを考えて判断しよう。「長く」は、言い切りの形にすると「長い」になる。

3 品詞を識別するときは、まず、自立語か付属語か、活用する単語か活用しない単語かを考える。

5 **他の文節の内容を詳しく説明する文節（修飾語）と、説明される文節（被修飾語）との関係を、修飾・被修飾の関係**という。

6 **接続語**は、**文と文、文節と文節などをつなぐ働きをする文節**。(1)の「しかし」のように**一単語の接続語**と、(2)の「疲れ／た／ので（三単語）」のように、**「〜ので」「〜ば」などが付く形で複数の単語からできた接続語**がある。

7 **独立語**は、**他の文節との直接の係り受けの関係がなく、比較的独立している文節**。(1)「はい」は応答、(2)「友情」は提示を表す独立語。

入試レベル問題 p.126

1 ウ
2 必死に／唇／を／かん／で／我慢し／た。
3 (1)ウ (2)イ
4 ウ
5 ③
6 (1)ア (2)ウ (3)エ (4)イ (5)オ

解説

1 言葉の単位には、文章（談話）・段落・文・文節・単語がある。そのうち、意味を壊さず、発音しても不自然にならないように文をできるだけ短く区切った言葉の単位が文節である。文中に「ネ」「サ」「ヨ」などを入れてみて区切れるところが文節の切れ目になる。この文では、「二つの（ネ）面で（ネ）質的な（ネ）違いが（ネ）あります。」のようになり、「ネ」の入るところが文節の切れ目になる。エの「二つ／の／面／で／質的な／違い／が／あり／ます。」の切れ目は、単語の切れ目。

2 「必死に」は、言い切ると「必死だ」になるので、意味のある言葉としてはこれ以上分けることができない。また「我慢し」は、言い切ると「我慢する」になるので、意味のある言葉としては、ここで区切ることができる。

3 (1) ウ「友達も」と「泣いていた」は、主語「友達も」と述部「泣いていた」で、「誰が—どうする」という形の主・述の関係（主語・述語の関係）になっている。主語は、「〜が」だけではなく「〜も」のような形になることもある。ア「映画館に」と「行った」は、「映画館に」が「行った」という文節について「どこに」を詳しく説明しており、修飾・被修飾の関係になっている。イ「飲み物と」と「食べ物を」という二つの文節どうしは、どちらも「買った」という文節を修飾しており、文の中で対等な役割で並んでいる並立の関係になっている。エ「パンフレットを」と「買った」は、「パンフレットを」が「買った」という文節について「何を」を詳しく説明しており、修飾・被修飾の関係になっている。(2)「ゆっくり」と「歩く」は、「ゆっくり」が「歩く」という文節について「どのように」を詳しく説明しており、修飾・被修飾の関係になっている。この場合の「どのように」を表している文節「ゆっくり」を修飾語、修飾語が係っている文節「歩く」を被修飾語という。

4 ウ「飛んで」と「いるのは」は、「いるのは」が「飛んで」に意味を補っており、補助の関係になっている。ア「青い」と「空を」は、「青い」が「空を」という文節について「どのような」を表しており、修飾・被修飾の関係になっている。イ「高く」と「速く」という二つの文節どうしは、どちらも「飛んでいるのは」という連文節を修飾しており、文の中で対等な役割で並んでいる並立の関係になっている。エ「新型の」と「飛行機だ」は、「新型の」が「飛行機だ」という文節について「どのような」を表しており、修飾・被修飾の関係になっている。

5 ③「学校にいる」の「学校に」と「いる」は、「学校に」が「いる」という文節について「どこに」を表しており、修飾・被修飾の関係になっている。③以外は、全て補助の関係。①「置いてある」は「ある」が「置いて」に意味を補っている。②「遅くない」は「ない」が「遅く」に意味を補っている。④「挑戦してみる」は「みる」が「挑戦して」に意味を補っている。

6 **連文節**とは、**二つ以上の文節がまとまって、一つの文の成分を作るもの**。(1)「父も母も」は「誰が」を表していて、**主語と同じ働き**をしている。(2)「新鮮な空気を」は「吸った」を**修飾**している。(3)「急いで歩いたので」は「汗をたくさんかいた」理由を表している**接続部**。(4)「音楽の先生です」は「何だ」を表していて、**述語と同じ働き**をしている。(5)「勉強と部活動」は**他の文節から独立**して、事柄を提示している。

説明・補足…前の事柄についての説明や補いをあとで述べる。
転換…前の事柄から話題を換える。

5 **倒置**は、言葉の勢いや意味の流れを強調し、印象を強める。**直喩・隠喩・擬人法**は、いずれも**比喩(たとえ)**で、印象深く、生き生きとしたイメージを作り出す。**反復**は、リズムを生み出し、印象を強める。

入試レベル問題 p.128

1 (1) **公園の入り口** (2) **町の産業や特産品、名所、著名人** (3) **今度は自分で解決しよう(。)** (4) **バスで行く方法**

2 (1) 例 **各自がごみを減らすこと(。)** (2) 例 **辛い食べ物が好きではない人(。)**

3 ア

4 (1) ア (2) エ

5 (1) オ (2) イ (3) カ (4) ア (5) エ (6) ウ

解説

1 (1)「入り口」だけでは、答えとして不十分である。(2)「それら」と、「ら」とあることから、複数の物事を指していることがわかる。(3)「決心した」具体的な内容を答える。(4)**「前者」は、前の部分で二つの事柄を並べて示したうちの、先に挙げたほうを指す。**

2 (1)「それ」の部分に当てはまる形にするために、**文末を「こと(。)」で結ぶ。**(2)「そうでない人」では答えが不明確なので、「そう」が指す内容を明らかにして答える。「辛い食べ物がきらいな人(。)」なども正解。

3 「では」は、**転換**の語句である。

4 (1)**順接の「だから」**が入って、「ホームランを打ったおかげで～」と、引き分けという**結果に納得する気持ち**を表す。(2)**逆接の「しかし」**が入って、「最後まで全力で走ったのに～」と、二位という**結果に満足していない気持ち**を表す。

5 ミス対策 **直喩と隠喩の違い**を押さえておこう。**直喩は「～ようだ」などの言葉を使って**たとえる方法。(2)は「まるで……ように」という言葉を使って、湖面が光る様子を鏡にたとえているので**直喩**。**隠喩は「～ようだ」などの言葉を使わずに**たとえる方法。(6)は「～ようだ」などの言葉を使わずに「月」を「白い皿」にたとえているので**隠喩**。

(1)「夕立だ。」を二回繰り返しているので**反復**。

(3)文末が「雪」という体言(名詞)で終わっているので**体言止め**。(4)は倒置。「僕はこのすばらしい景色をきっと忘れないだろう。」が一般的な語順。

(5)「風」を人間に見立てて表現しているので**擬人法**。

5 言葉の単位・文の組み立て 本冊p.126・127

基礎レベル問題 p.127

1 (1) **単語** (2) **文章** (3) **文** (4) **段落** (5) **文節**

2 (1) ア (2) イ

3 (1) ア (2) イ

4 〈主語・述語の順に〉(1) **父は・教員だ** (2) **雨が・降った**

5 (1) **花が** (2) **遠い**

6 (1) **しかし** (2) **疲れたので**

7 (1) **はい** (2) **友情**

解説

1 **言葉の単位**には、大きいものから順に、**文章**(談話)→段落→文→文節→単語の五つがある。

2 ミス対策 文節とは、**意味を壊さないように、発音しても不自然にならない範囲で、文をできるだけ短く区切ったひと区切り**のこと。

memo **文節の区切り方**
文中に話し言葉で「ネ」「サ」「ヨ」を入れて、**自然に切れるところが文節の切れ目**である。
例 私は、ネ 富士山に ネ 登った ネ ことが サ ある。ヨ

3 ミス対策 単語とは、意味のある言葉としてはそれ以上分けることができない、最も小さい言葉の単位のこと。「の」「に」「ます」など、他の言葉との関係を示したり、他の言葉に意味を添えたりする言葉も、一つの単語であることに注意しよう。

4 **主語・述語(主・述)の関係**とは、**「何が・何だ」「何が・どうする」「何が・どんなだ」などの関係。**文の中からその形になる部分を一文節で探す。

るいは二字の言葉に分けていくとよい。

入試レベル問題 p.130

1 (1) **下降［降下］** (2) **客観** (3) **結果** (4) **具体的［具象的］**

2 (1) **下手だ** (2) **借りる** (3) **澄む**

3 (1) キ (2) カ (3) ク (4) オ

4 (1) イ (2) ア (3) ア (4) イ

5 (1) カ (2) エ (3) オ (4) ア (5) ウ (6) イ

6 イ

7 ア・オ〈順不同〉

8 (1) **国際＋連合** (2) **労働＋力＋人口** (3) **公共＋職業＋安定＋所**

解説

1 (1)「上昇」「下降」は、二字それぞれが対になっている関係の対義語。(3)「原因」「結果」は熟語全体で対になる関係の対義語。(4)「抽象的」は「実際の事柄から離れて、様子・内容がはっきりしない様子」という意味。

2 (1)「上手だ」は様子を表す言葉（**形容動詞**）、(2)「貸す」、(3)「濁る」はものの動きを表す働きの言葉（**動詞**）なので、同じ働きをもつ言葉どうしの対義語を考える。

3 (1)「人造」は「自然のものに似せて人間が作る」という意味。

4 ミス対策 (1)「短所・欠点」と「長所（優れた点）」という対義語の関係も覚えておこう。

5 (3)「骨折」は「骨が折れる」と言い換えられるので、**主語と述語の関係の熟語**。(4)「船舶」の「船」と「舶」はどちらも「船」を意味する漢字。

6 「握手」は「手を握る」で、「下の漢字が上の漢字の目的や対象になる構成」。イ「越境」が「境を越える」で、これと同じ構成。ア「創造」は「似た意味の漢字の組み合わせ」、ウ「速報」は「上の漢字が下の漢字を修飾する関係」、エ「禍福」は「意味が反対や対になる漢字の組み合わせ」。

7 四字熟語の構成には

(1)一字の漢字が対等に並んだ構成

（例）起承転結・喜怒哀楽

(2)意味が似た二字熟語を重ねた構成

（例）公明正大・唯一無二

(3)意味が反対や対になる二字熟語を重ねた構成

（例）一進一退・質疑応答

(4)上と下の二字熟語が主語・述語の関係にある構成

（例）本末転倒・意気消沈

などがある。

8 (3)まず「公共」と「職業安定所」の二つに大きく分けてから考えるとよい。

4 指示する語句・接続する語句

本冊p.128・129

基礎レベル問題 p.129

1 **あんな・その・そう**

2 (1) **デパート** (2) **野菜スープ** (3) **森にいる野鳥**

3 (1) **なぜなら** (2) **さて** (3) **けれども** (4) **または** (5) **そして**

4 (1) エ (2) イ (3) オ (4) ウ

5 (1) ア (2) エ (3) オ (4) イ (5) ウ

解説

1 ミス対策 語頭に「**こ・そ・あ・ど**」**が付く言葉**を探して、それが**他の言葉や物事などを指し示す働き**をしているかどうかを確かめる。

2 (1)は「どこで洋服を買ったのか」、(2)は「何を温めて食べたのか」、(3)は「何の習性について調べるのか」と、見当をつけてから探すとよい。

3 接続する語句の種類には、順接、逆接、並列・累加、対比・選択、説明・補足、転換がある。そのなかで、(2)「さて」は、前の事柄から話題を変えることを表す転換の語句である。

4 (1)は**並列・累加**、(2)は**対比・選択**、(3)は**順接**、(4)は**逆接**の接続する語句を選ぶ。

memo 接続する語句の種類

順接…前の事柄を原因・理由とする事柄をあとで述べる。

逆接…前の事柄と逆の事柄をあとで述べる。

並列・累加…前の事柄にあとの事柄を並べたり、付け加えたりする。

対比・選択…前後の事柄を比べたり、どちらかを選んだりする。

した漢字。**形声文字**（例 晴［日＋青］）には、**その漢字の音を表す部分が含まれている。**

5 国字は、「畑・峠」などのように、**訓だけで音をもたないものがほとんど**だが、「働（ドウ・はたら－く）」のように、音と訓をもつ国字もある。

入試レベル問題 p.132

1 (1) **あてさき** (2) **しょうげき** (3) **し** (4) **あざ** (5) **こぶ**

2 (1) **まね** (2) **みちび** (3) **たいこ** (4) **せいりょう**

3 (1) ①**ようい** ②**ぼうえき** (2) ①**へいめい** ②**みょうちょう**

4 (1) ア ①**しょにち** ②**はつひ** (2) キ ①**けんぶつ** ②**みもの**
〈(1)(2)は各順不同〉

5 (1) ア (2) イ (3) エ (4) ウ (5) ア (6) ウ (7) エ (8) イ (9) ア

6 (1) ①反 ②**はん** (2) ①己 ②**き** (3) ①圣 ②**けい** (4) ①冓 ②**こう**

解説

1 (2)「衛」は形の似ている「衡」と間違えないように注意する。(4)「鮮やか」は、送り仮名の付け方に注意して覚える。音読みは「セン」。「鮮明」「鮮烈」などの熟語と合わせて覚える。(5)「鼓舞」は「励まし、気持ちを奮い立たせること」。

2 (1)「招く」は、送り仮名にも注意する。音読みは「ショウ」。「招待」「招致」などの熟語と合わせて覚える。(2)「導く」も、送り仮名の付け方に注意して覚える。音読みは「ドウ」。「先導」「主導権」などの熟語と合わせて覚える。(4)「清涼」の「涼」の訓読みは「すず（しい）」「すず（む）」。

3 ――線部の熟語に共通している漢字は、複数の音をもつ漢字である。

4 **ミス対策** 短文を作ると、読み方によって熟語の意味が変わるか変わらないかを判断しやすい。**ア**「初日」は「最初の日」、「初日」は「元日の朝の太陽」。**キ**「見物」は「見て楽しむこと」、「見物」は「見る価値のあるもの」。イ「宝物」は「ホウモツ・たからもの」、ウ「国境」は「コッキョウ・くにざかい」、エ「船底」は「センテイ・ふなぞこ（ふなそこ）」。

5 (2)「上」は、「・一」という記号によって、ものの上を示した形が変化したもので、**指事文字**。**形声文字**は、**音を表す漢字と意味を表す漢字を組み合わせたもの**で、(3)「銅」は「同（ドウ）」、(7)「洗」は「先（セン）」が音を表している。

6 各組の漢字に共通している部分を探す。

3 対義語・類義語・熟語の構成 本冊p.130・131

基礎レベル問題 p.131

1 (1) **厚い** (2) **濃い** (3) **着る** (4) **履く**

2 (1) カ (2) エ (3) イ (4) ウ (5) オ (6) ア

3 (1) ア (2) エ (3) オ (4) カ (5) イ (6) ウ

4 (1) イ (2) エ (3) ア (4) オ (5) ウ

5 (1) イ (2) ア (3) ウ

6 (1) **温暖＋化** (2) **特別＋番組** (3) **総＋天然＋色** (4) **非常＋事態＋宣言**

解説

1 **対義語とは、ある言葉と反対の意味を表す言葉**のことだが、必ずしも一対一の対応になるとは限らないので注意する。同じ言葉でも複数の意味をもつ言葉もあるので、文の中での意味に注意するとよい。

2 対義語を考えるときには、言葉の意味を正確に捉えるとともに、対になる漢字が含まれているかどうかに注意するとよい。

3 (3)「相違」は、「二つのものの間に違いがあること」という意味。オ「差異」が最も近い。

4 二字熟語の構成の種類を覚えよう。

memo **二字熟語の主な構成**
①似た意味の漢字の組み合わせ
②意味が対になる漢字の組み合わせ
③上の漢字が下の漢字を修飾する関係
④下の漢字が上の漢字の目的や対象を示す関係
⑤上下が主語と述語の関係
⑥打ち消しの接頭語が付いたもの

5 **ミス対策** ア「未完成」は「完成」に**打ち消しの意味を表す漢字「未」**が付いたもの。「未完」という熟語もあるが、それにとらわれないように注意する。

6 言葉の意味を考えて大きく分けてから、一字あ

国語 解答と解説

1 漢字の組み立てと部首 本冊p.134・135

基礎レベル問題 p.135

1 (1)雨＋云 (2)广＋車 (3)言＋十
(4)冖＋与 (5)日＋青 (6)門＋各〈各順不同〉

2 (1)ウ (2)カ (3)オ (4)キ (5)イ (6)ア (7)エ

3 (1)**たけかんむり** (2)**がんだれ** (3)**ちから**
(4)**さら** (5)**こざとへん** (6)**おおざと**
(7)**しめすへん** (8)**しんにょう[しんにゅう]**

4 (1)灬・エ (2)刂・ウ (3)艹・オ (4)囗・イ
(5)疒・ク (6)走・ア (7)扌・キ

解説

1 上下・左右に分けられない場合は「**たれ・にょう・かまえ**」に当たる部分を探すとよい。

2 漢字を組み立てている部分の名称を覚えよう。

memo 漢字を組み立てている部分（■の部分）

〈へん〉〈つくり〉〈かんむり〉〈あし〉〈たれ〉〈にょう〉〈かまえ〉

3 **ミス対策** (5)の「こざとへん」は「へん」、(6)の「おおざと」は「つくり」であることに注意する。

4 (2)の「刂（りっとう）」は「刀」という漢字の形が変化したもの。

入試レベル問題 p.134

1 (1)**いとへん** (2)**れっか（れんが）**

2 (1)言 (2)頁 (3)广 (4)囗

3 (1)会・以・信 (2)忠・情・応 (3)査・栄・棒
(4)氷・深・泉〈(1)〜(4)は各順不同〉

4 エ

解説

1 (1)「糸（いとへん）」や(2)「灬（れっか・れんが）」は、行書と楷書で字形が変わるので注意。

この他に、行書の問題では「禾（のぎへん）」と「ネ（しめすへん）」を見分ける問題も頻出する。

2 (1)「ごんべん」を付けると「評・読・誠・詩」、(2)「おおがい」を付けると「頂・順・額・願」、(3)「まだれ」を付けると「庁・庫・府・庭」、(4)「くにがまえ」を付けると「因・国・団・固」となる。

3 **ミス対策** 漢字の左側にくると、「人」は「亻」に、「心」は「忄」に、「水」は「氵」になることを覚えておこう。

4 「欠」は「あくび」「かける」とよばれる部首で、口を大きく開けた人の象形であることから、答えはエの「口」。

2 漢字の音訓と成り立ち 本冊p.132・133

基礎レベル問題 p.133

1 (1)①**シュ** ②**たね** (2)①**テイ** ②**そこ**
(3)①**キ** ②**はた** (4)①**シ** ②**すがた**
(5)①**ジュウ** ②**たて** (6)①**ゲン** ②**みなもと**

2 (1)①**じゅうぶん** ②**じっぷん（じゅっぷん）**
(2)①**せいぶつ** ②**なまもの**
(3)①**うわて** ②**かみて**
(4)①**ぞうさく** ②**ぞうさ**

3 (1)ア (2)エ (3)イ (4)ウ

4 (1)イ (2)ウ (3)ア (4)エ

5 (1)**働** (2)**畑**

解説

memo 漢字の音訓

音…中国語での発音をもとにした読み方。
例 海（カイ） 林（リン）

訓…漢字の意味と同じ意味の日本語を当てはめた読み方。
例 海（うみ） 林（はやし）

2 (3)①「上手」は「人より更に優れていること」。②「上手」は「（客席から見て）舞台の右の方」。(4)②「造作」は、「面倒。手間のかかること」。

3・4 **ミス対策** 会意文字と形声文字を混同しやすいので注意する。**会意文字** 例 男［田＋力］は、**二つ以上の漢字を組み合わせて、新しい意味を表**

②